A EXPERIÊNCIA DOS ORIXÁS

Dados Internacionais de Catalogação na Publicação (CIP)
(Câmara Brasileira do Livro, SP, Brasil)

Berkenbrock, Volney J.
  A experiência dos orixás: um estudo sobre a experiência religiosa no Candomblé/Volney J. Berkenbrock. 4. ed. – Petrópolis, RJ: Vozes, 2012.

  Bibliografia.

  4ª reimpressão, 2020.

  ISBN 978-85-326-2023-1

  1. Candomblé (Culto) 2. Cristianismo e outras religiões 3. Orixás I. Título.

97-2397   CDD-291.2967

Índices para catálogo sistemático:
1. Cristianismo e candomblé: Religião   291.2967

Volney J. Berkenbrock

A EXPERIÊNCIA DOS ORIXÁS

Um estudo sobre a
experiência religiosa
no Candomblé

Em coedição

Petrópolis

© 1995, by Verlag Norbert M. Borengässer Bonn, Alfter

Título do original em alemão: *Die Erfahrung der Orixás – Eine Studie über die religiöse Erfahrung im Candomblé.*
Tradução e adaptação da obra à língua portuguesa pelo autor.

© da edição brasileira: 1998 Editora Vozes, Petrópolis – RJ
Rua Frei Luís, 100
25689-900 Petrópolis, RJ
www.vozes.com.br
Brasil

CID – Centro de Investigação e Divulgação
Rua Montecaseros, 95
25689-900 Petrópolis, RJ
Brasil

COORDENAÇÃO
Elói Dionísio Piva
Nilo Agostini
José Ariovaldo da Silva

Todos os direitos reservados. Nenhuma parte desta obra poderá ser reproduzida ou transmitida por qualquer forma e/ou quaisquer meios (eletrônico ou mecânico, incluindo fotocópia e gravação) ou arquivada em qualquer sistema ou banco de dados sem permisão escrita da editora.

CONSELHO EDITORIAL

Diretor
Gilberto Gonçalves Garcia

Editores
Aline dos Santos Carneiro
Edrian Josué Pasini
Marilac Loraine Oleniki
Welder Lancieri Marchini

Conselheiros
Francisco Morás
Ludovico Garmus
Teobaldo Heidemann
Volney J. Berkenbrock

Secretário executivo
João Batista Kreuch

*Editoração e org. literári*a: Maria Helena M. da Silva

ISBN 978-85-326-2023-1 (Brasil)
ISBN 3-923946-28-7 (Alemanha)

Editado conforme o novo acordo ortográfico.

Este livro foi composto e impresso pela Editora Vozes Ltda.

À memória de meu irmão Vilson
e
a uma florzinha chinesa

SUMÁRIO

PREFÁCIO, 13

PREFÁCIO À EDIÇÃO BRASILEIRA, 17

PRIMEIRA PARTE: TEMA E OBJETIVO DESTE TRABALHO

Capítulo 1: O contexto brasileiro da Teologia da Libertação, 21
1. O ponto de partida: ver a realidade, 23
2. A descoberta do pobre, 24
3. A descoberta do outro, 26

Capítulo 2: As religiões afro-brasileiras como desafio para o Cristianismo, 31
1. Primeiro desafio: Perceber a presença das religiões afro-brasileiras, 35
2. Não somos filhos sem pais (a questão histórica), 36
3. Da atitude de combate para um encontro positivo (a questão pastoral), 38
4. Do conhecimento ao diálogo (a questão teológico-sistemática), 41

Capítulo 3: Motivações teológicas, 45
1. O Vaticano II: a descoberta de sinais da verdade fora da Igreja, 46
2. A opção franciscana, 50
3. A Conferência de Santo Domingo e as religiões afro-brasileiras, 52

Capítulo 4: Observações metodológicas, 57
1. O ponto de partida, 57
2. Uma religião sem escritura, 57
3. Por que o Candomblé?, 58
4. Os conceitos religiosos e sua grafia, 58

SEGUNDA PARTE: OLORUM, ORIXÁS E AS PESSOAS HUMANAS NO CANDOMBLÉ

Capítulo 5: Introdução às religiões afro-brasileiras, 61

1. O surgimento das religiões afro-brasileiras, 61

   1.1. Origem: As religiões africanas antes da colonização e escravidão, 62

   1.2. A deportação de africanos para o Brasil, 65

   1.3. A escravidão, 69
   a) O tráfico de escravos, 69
   b) O tráfico de escravos e a mistura de povos africanos, 80
   c) A vida dos escravos no Brasil, 84

   1.4. A "catolicização" forçada dos escravos, 96

   1.5. A Igreja Católica e a escravatura, 104

2. Consequências teológicas e religiosas da escravização e da "catolicização" forçada, 110

   2.1. Perdas, 111

   2.2. Adaptações religiosas e teológicas, 113

   2.3. Criação de novos elementos religiosos, 116

   2.4. Reafricanização, 119

3. Os cultos e as religiões afro-brasileiras, 124

   3.1. Pré-história das religiões afro-brasileiras no Brasil, 124

   3.2. O sincretismo, 132

   3.3. O espiritismo kardecista, 143

   3.4. A Umbanda, 148

   3.5. A preservação da identidade, 159

4. Outras observações sobre as religiões afro-brasileiras, 163

5. A posição da Igreja Católica perante as religiões afro-brasileiras, 168

Capítulo 6: O Candomblé, 176

1. Elementos de história do Candomblé, 176

2. Olorum, Aiye, Orum e as três forças: a cosmovisão religiosa, 179

   2.1. Os dois níveis de existência: Aiye e Orum, 180

   2.2. Olorum, 184

   2.3. As três forças: Iwá, Axé e Abá, 187

3. A ordem do mundo e a preservação do equilíbrio: o culto e seus locais, 188

    3.1. O Terreiro, 191

    3.2. O culto, 197

    3.3. O sacrifício, 203

4. A organização sociorreligiosa: Comunidades e Famílias, 206

5. A feitura do santo: alguns elementos da iniciação, 213

Capítulo 7: Os Orixás, 221

    1. Quem são os Orixás?, 221

    2. Âmbito e influência da ação dos Orixás: Pessoa e Instituição, 224

    3. Os Orixás como seres: descrição, 228

        3.1. Exu, 229

        3.2. Oduduwa, 235

        3.3. Yemanjá, 236

        3.4. Xangô, 237

        3.5. Oyá, 238

        3.6. Oxum, 239

        3.7. Obá, 240

        3.8. Ogum, 240

        3.9. Oxossi, 241

        3.10. Omolu, 242

        3.11. Nanã, 243

        3.12. Oxumaré, 244

        3.13. Ossaim, 244

        3.14. Ibeji, 245

        3.15. Iroko, 246

        3.16. Ifá, 246

        3.17. Oxalá, 248

    4. O relacionamento entre pessoas (fiéis) e Orixás: a responsabilidade pela ordem do universo, 250

    5. O mal: um distúrbio no equilíbrio, 256

Capítulo 8: Axé: energia que tudo traspassa, movimenta e possibilita, 259

    1. Axé: ligação entre seres humanos e Orixás, 260

2. Dinâmica da vida, 263

3. O significado do Axé na organização social e religiosa e a sua transmissão, 265

TERCEIRA PARTE: A EXPERIÊNCIA DOS ORIXÁS – UM BALANÇO

Capítulo 9: A eterna busca da unidade perdida, 273

1. A origem como critério, 273

2. Todo ser humano é portador de um Orixá, 276

3. Os Orixás não podem viver sem seus filhos, 280

Capítulo 10: A integração do ser humano como consequência da experiência religiosa, 284

1. O conceito de pessoa e de integração, 284

2. A experiência religiosa como caminho de integração, 289

3. A comunidade como lugar de integração, 293

Capítulo 11: A troca: a possibilidade de vida, 295

1. O ser humano na comunidade como mantenedor da vida, 295

2. A forte ligação com o aquém na relação com o Orixá, 296

QUARTA PARTE: CRISTIANISMO E CANDOMBLÉ

Capítulo 12: Atitudes fracassadas, 304

1. A "Ilusão da Catequese", 304

2. O perigo do encampamento teológico, 308

3. Envio missionário cristão: não obrigatoriedade de conversão, 311

4. O Cristianismo como culminação do Candomblé, 315

Capítulo 13: Identidade Cristã e Candomblé, 320

1. Ser cristão: A identidade no seguimento de Jesus Cristo, 321

2. A identidade cristã diante do Candomblé: discernimentos, 325

2.1. A história como história da salvação, 325

2.2. A força integradora da identidade cristã, 331

2.3. Graça e reconciliação, 336

Capítulo 14: Questões em aberto, 341

1. A questão da dupla militância religiosa, 341

2. A utilização de elementos religiosos, 347

3. Um dilema: assumir ou censurar, 351

4. Deficiências no Cristianismo a partir do ponto de vista do Candomblé, 353

5. Deficiências do Candomblé a partir do ponto de vista cristão, 358

6. Objetivos comuns, 362

PENSAMENTO FINAL, 365

ANEXO 1: ENTREVISTAS, 368

ANEXO 2: GLOSSÁRIO, 439

REFERÊNCIAS, 448

PREFÁCIO

Em Forquilhinha (SC), lugar onde nasci e passei minha infância na década de 60, o mundo era católico. Este mundo católico não se limitava apenas às missas dominicais, aos batizados, casamentos ou enterros. Também a escola ou o engajamento de meu pai no Sindicato dos Trabalhadores Rurais era algo evidente neste mundo católico. Algum tempo mais tarde, fiquei sabendo que também existiam outras Igrejas. Visto eu não tinha, porém, ainda, nenhuma delas.

Que existiam também outras religiões, isto me foi ensinado mais tarde ainda. Nestas primeiras tomadas de conhecimento, elas não eram, porém, descritas como religiões, mas sim como "superstição", "coisa do diabo". Palavras como "Macumba", "Umbanda" ou "Candomblé" se usavam até com um certo temor. Supostamente aconteciam lá coisas incríveis e cruéis, que por um lado me punham medo, mas por outro despertavam curiosidade. Visto eu não tinha ainda por muito tempo alguma casa de "Macumba", "Umbanda" ou "Candomblé".

Por estímulo de nosso professor de Sociologia das Religiões, Pedro Ribeiro de Oliveira, entrei pela primeira vez – acompanhado de colegas do curso – em uma casa de Umbanda nos anos 80, quando estudava Teologia. Embora eu já tivesse me ocupado em nível acadêmico com as religiões afro-brasileiras, confesso que entrei no Terreiro com um certo temor. O temor e a curiosidade da infância ainda estavam presentes. Tive uma grande surpresa. Nós nos apresentamos bravamente no Terreiro como franciscanos e estudantes de Teologia e fomos recebidos com muita hospitalidade. Diversos rostos conhecidos das missas puderam ser reconhecidos no Terreiro. Depois do culto, que durou diversas horas, o temor tinha praticamente desaparecido; a curiosidade havia, porém, aumentado.

Marcado sobretudo pela influência da Teologia da Libertação e de sua análise da realidade, comecei a me ocupar mais intensivamente com as religiões afro-brasileiras, especialmente com o Candomblé. Por que as pessoas procuram esta religião? Que experiência religiosa é feita lá? O que as pessoas esperam destas religiões? Como surgiram as religiões afro-brasileiras? Qual é a compreensão religiosa que está por detrás do sistema religioso do Candomblé? Como posso eu, um católico, entender e classificar estas religiões? Qual é a atitude correta dum católico perante estas religiões? Logo notei que estas não eram apenas perguntas pessoais minhas, eram também questões da Igreja Católica no Brasil e da reflexão teológica. A pesquisa da experiência religiosa no Candomblé levantou também outras questões pertinentes à identidade da fé cristã e à autocompreensão da Igreja Católica: questões referentes ao *status* da experiência religiosa, tendo em vista a revelação, questões referentes à ação do Espírito Santo neste mundo, questões referentes à compreensão de evangelização e inculturação para a Igreja no Brasil, questões referentes ao papel desempenhado pela Igreja Católica na história do Brasil e assim por diante.

Muitas destas questões tentei responder no trabalho aqui apresentado. Outras questões ainda não podem ser respondidas: a história de um encontro positivo – esta é a posição que defendo – entre católicos e fiéis do Candomblé no Brasil é ainda muito jovem para que se possa fazer um balanço amplo. Minha esperança é que este trabalho possa ajudar a dar mais um passo no sentido de um encontro positivo entre católicos e membros do Candomblé.

Entrementes, meu temor diante do Candomblé já desapareceu. Cresceu em mim uma grande simpatia por esta religião. Se isto destruiu o meu "mundo católico"? Não. Apenas aprendi que meu mundo católico não é o único.

Gostaria de, neste lugar, dizer uma palavra de agradecimento a todas aquelas pessoas que colaboraram na elaboração deste estudo. Um muito obrigado a muitos fiéis do Candomblé que se dispuseram a conversar e dar informações sobre sua experiência e compreensão religiosa. Entre estes, quero agradecer especialmente Ialorixá Edelzuita, Babalorixá Mário César Barcellos, Pegigan Gilmar Tavares, Babalorixá Jobi, Babalorixá Bira de Xangô, Babalorixá Robson de Ogum, Babalorixá Zito de Xangô, Ialorixá Antonieta de Oxalá, Babalorixá Luís de Jagum, Babalorixá Dica de Omolu, Ialorixá Eurides de Oxum, Axogun Expedito, Abiã Marcelo e Babalawô Fernandes Portugal. Um muito obrigado especial também a Frei David Raimundo dos Santos, que abriu-me muitas portas ao Candomblé. Um obrigado também a todos aqueles que acompanharam minha pesquisa com ideias, observações críticas e encorajamento, especialmente Willy Gaertner († 1992), Leonardo Boff, Günter Risse, Horst von der Bey, Roque Morschel e Regina Kaufmann. Agradeço também ao Prof. DDr. Dr. h.c. H. Waldenfels, SJ, que foi o orientador de minha tese.

Às províncias franciscanas de São Paulo e Düsseldorf e à Missionszentrale der Franziskaner – especialmente seu diretor, Frei Andreas Müller – agradeço por terem possibilitado minha estadia na Alemanha para a apresentação deste trabalho como tese de doutorado em Teologia na Universidade Friedrich-Wilhelms em Bonn.

Bonn, 13 de fevereiro de 1995
Volney J. Berkenbrock

PREFÁCIO À EDIÇÃO BRASILEIRA

A obra que o leitor tem em mãos foi publicada originalmente em língua alemã como 4º volume da coleção "Begegnung – Kontextuell-dialogische Studien zur Theologie der Kulturen und Religionen" (Encontro – Estudos contextuais e de diálogo sobre Teologia das Culturas e Religiões). Como se trata de um assunto de interesse do público brasileiro, é com alegria que a colocamos à disposição em língua portuguesa. Para tornar a obra mais fluente, resolvemos simplificar o texto, diminuindo sobretudo o imenso aparato de notas de rodapé que consta na edição original, bem como retirando certas elucidações que não são necessárias ao público brasileiro. O texto segue, porém, basicamente a edição original, mesmo diante do fato de o autor (e tradutor) sentir-se por vezes tentado a modificá-lo em muitos aspectos.

Sendo um estudo de um teólogo católico sobre a experiência religiosa no Candomblé, esta obra entende-se, sobretudo, como uma contribuição e incentivo ao diálogo entre cristianismo e Candomblé. Temos a firme esperança de que esta obra possa servir a esta causa.

Petrópolis, 2 de abril de 1997
Volney J. Berkenbrock

PRIMEIRA PARTE

TEMA E OBJETIVO DESTE TRABALHO

Capítulo 1: O CONTEXTO BRASILEIRO DA TEOLOGIA DA LIBERTAÇÃO

Nos anos 60, muitos cristãos engajados do Brasil e de muitos países da América Latina começaram a questionar-se sobre a relação que existe entre a fé cristã e a realidade social. Eram cristãos engajados sobretudo nos chamados movimentos sociais cristãos. A questão básica nesta reflexão era: o que significa ser cristão nesta realidade? Com isso, se perguntava pela posição do cristão numa situação de falta de liberdade política e de injustiça social. O Brasil encontrava-se sob uma ditadura militar (1964-1985) – bem como diversos outros países latino-americanos – e a injustiça social empurrava milhões de brasileiros para as favelas. A fé, não entendida como compreensão sobre afirmações de verdades, mas como um compromisso, uma atitude e forma de vida, levou os cristãos a refletir sobre a relação existente entre fé e uma prática cristã diante da situação de falta de liberdade e de injustiça. Pontos centrais desta reflexão eram as perguntas pelo relacionamento entre fé e pobreza, entre Evangelho e justiça social. Estes questionamentos serviram de base para uma nova forma de se entender e fazer Teologia. Forma esta que ficou conhecida – segundo uma expressão de Gustavo Gutiérrez – como Teologia da Libertação. É uma Teologia que surge a partir da práxis e pretende ser uma reflexão crítica sobre a práxis. A práxis cristã – a práxis libertadora – é tanto ponto de partida como objetivo desta Teologia. Uma práxis libertadora é entendida tanto como condição quanto como objetivo desta Teologia. A prática libertadora é o primeiro passo na Teologia da Libertação[1]. A Teologia (reflexão so-

---

1. Cf. BOFF, L.; BOFF, C.: *Teologia da Libertação*, 15-18.

bre a fé) é já um segundo momento que depende e está em função do primeiro. A Teologia da Libertação "é a reflexão de fé da práxis de libertação"[2]. Com isso, fica claro que, na Teologia da Libertação, a libertação está em primeiro plano e não a Teologia. E libertação é entendida primeiramente como libertação da situação pecaminosa de pobreza e injustiça. A motivação para este engajamento pela libertação advém da experiência de fé, do encontro com Deus no rosto dos pobres e injustiçados. "À luz da fé, o cristão descobriu aí a aparição desafiante do Ser Sofredor Jesus Cristo"[3]. A Teologia da Libertação é a reflexão da fé que propõe-se a enfrentar o desafio desta descoberta.

Nos primeiros momentos, a Teologia da Libertação concentrou suas reflexões, sobretudo na relação entre fé e pobreza, entre Evangelho e justiça social. Este leque de questionamentos foi, porém, logo ampliado para muitos outros aspectos, como, por exemplo, à pergunta pela relação entre fé e estrutura social, fé e estrutura eclesial, fé e política e assim por diante. Tendo partido de uma análise social, passando por uma reflexão sociopolítica e eclesial, o leque de questionamentos levantados pela Teologia da Libertação ampliou-se sempre mais, para chegar nos últimos anos a mais um desafio: a questão cultural. Este questionamento não é nenhuma mudança de rumo da Teologia da Libertação, mas sim uma consequência direta de seu ponto de partida: a pergunta pela relação entre fé cristã e sua atitude perante a realidade. A esta realidade pertencem não apenas em grande quantidade os pobres e empobrecidos, mas também uma pluralidade religiosa e cultural que também se questiona pela atitude de fé cristã. Hoje se pode dizer, pois, que existiram duas grandes descobertas na e para a reflexão da Teologia da Libertação: a descoberta do pobre e a descoberta do outro. Ambas as descobertas são consequência de uma Teologia orientada pela prática, na

---

2. BOFF, L.; BOFF, C.: Teologia, 20.
3. BOFF, L.; BOFF, C.: Teologia da Libertação, 14.

qual a práxis permanece sempre como referência e a realidade sempre como ponto de partida.

1. O PONTO DE PARTIDA: VER A REALIDADE

Como método, ficaram consagrados na Teologia da Libertação os três passos: ver-julgar-agir, ou – como o elaborou C. Boff – mediação socioanalítica, mediação hermenêutica e mediação prática[4]. Uma fé, que pretenda colocar-se diante do desafio da realidade, necessita primeiramente levar a sério a realidade. A realidade social onde os cristãos vivem é analisada com a ajuda das ciências do social. "A mediação das análises sociais é então apresentada como uma exigência da Práxis da Fé, na medida em que esta se quer encarnada"[5]. Num segundo momento, os conhecimentos da análise social são confrontados com a Sagrada Escritura através de uma leitura bíblica, feita a partir dos questionamentos da realidade. A Teologia da Libertação rejeita basicamente uma interpretação bíblica que pretenda ser atemporal. Num terceiro passo da Teologia da Libertação, os conhecimentos adquiridos nos primeiros são direcionados para o ponto de onde partiram: a práxis. A relação entre teoria e práxis na fé é o ponto central deste terceiro passo, no qual a práxis tem prioridade sobre a teoria e é seu critério de verificação[6]. Neste método dos três passos da Teologia da Libertação fica claro que a realidade é a referência imprescindível para a Teologia. "O que difere a Teologia da Libertação de outras teologias é especialmente o fato de que ela parte consciente e expressamente de seu contexto social e histórico concreto e entende este ponto de partida como um momento inerente à Teologia"[7]. Este método obriga a Teologia a confrontar-se sempre novamente com a realidade. Neste confronto, sempre aparecem e tomam relevância novos

---

4. Sobre a metodologia da Teologia da Libertação: BOFF, C. Teologia.
5. BOFF, C.: Teologia, 21.
6. Ibid., 335-353.
7. BOFF, L.; KERN, B.; MÜLLER, A. (org.).: Werkbuch, 19.

aspectos, de modo que nunca se pode dizer que o processo de perceber a realidade tenha chegado ao seu fim.

2. A DESCOBERTA DO POBRE

A realidade que mais marcou e influenciou a Teologia da Libertação é a realidade de pobreza. Realidade esta que talvez seja o maior ponto em comum dos muitos povos da América Latina. Justamente das fileiras de cristãos que se engajaram em favor dos pobres e contra a pobreza é que surgiu a necessidade de se pensar uma Teologia adequada a esta realidade.

Os pobres aparecem primeiro como necessitados, como pessoas que não têm o suficiente para uma vida humana digna. Numa análise mais acurada, o fenômeno da pobreza não é visto apenas como um problema socioeconômico, mas como consequência da injustiça social reinante na América Latina. Os pobres são vítimas de uma estrutura que não permite uma distribuição mais justa dos bens. O documento da III Assembleia Geral do Episcopado Latino-americano em Puebla constata com toda a clareza: "Ao analisar mais a fundo tal situação, descobrimos que esta pobreza não é uma etapa casual, mas sim produto de determinadas situações e estruturas econômicas, sociais e políticas, embora haja também outras causas da miséria. A situação interna de nossos países encontra, em muitos casos, sua origem e apoio em mecanismos que, por estarem impregnados não de autêntico humanismo, mas de materialismo, produzem, em nível internacional, ricos cada vez mais ricos às custas de pobres cada vez mais pobres. Esta realidade exige, portanto, conversão pessoal e transformações profundas das estruturas que correspondam às legítimas aspirações do povo a uma verdadeira justiça social; tais mudanças ou não se deram ou têm sido demasiado lentas na experiência da AL"[8].

---

8. Puebla n. 30.

A descoberta do pobre não permaneceu, porém, apenas no nível socioeconômico (o pobre como necessitado), nem apenas no nível negativo (o pobre como vítima). O pobre também foi descoberto positivamente em sua capacidade de resistência, em sua vontade de sobrevivência em meio às dificuldades. A Teologia da Libertação também foi descobrindo em sua reflexão os pobres em sua riqueza espiritual, como portadores de esperança, como testemunhas de solidariedade, como portadores de otimismo e alegria. Os pobres são também capazes de realizar seus projetos e suas alternativas históricas. Quer dizer, "os pobres deixam de ser um simples objeto de ajuda sem nada a dar ou a partilhar... Superam o estado de objetos, de seres dominados e transformam-se em sujeitos de sua história"[9]. Um outro aspecto nesta descoberta do pobre foi de importância capital para a Teologia da Libertação: o encontro com o Cristo sofredor nos pobres. "Esta situação de extrema pobreza generalizada adquire, na vida real, feições concretíssimas, nas quais deveríamos reconhecer as feições sofredoras de Cristo, o Senhor, que nos questiona e interpela"[10]. Jesus, que se fez Ele mesmo pobre (cf. 2Cor 8,9), viu nos pobres os primeiros destinatários da boa-nova (cf. Lc 4,18). O anúncio do Evangelho aos pobres é tido como um sinal dos tempos messiânicos (cf. Mt 11,5; Lc 7,22)[11]. Nos rostos de esperança dos pobres continua a viver a esperança de uma libertação mais ampla, que foi anunciada por Jesus como Reino de Deus[12]. A experiência de encontrar Deus nos pobres é a força que sustenta muitos cristãos em sua luta em favor dos pobres. Dom Aloísio Lors cheider destaca: "O que sustenta a práxis e a teoria da Teologia da Libertação é uma experiência espiritual: o encontro com Deus nos pobres"[13]. Com isso, o pobre não é apenas destinatário do anúncio do Evangelho. Ele é em si

---

9. AGOSTINI, N.: Evangelização, 28.
10. Puebla nº 31.
11. Cf. Puebla nº 1.142.
12. Cf. SAYER, J.: Pastoral, 69.
13. LORSCHEIDER, A.: Armen, 34.

portador da boa-nova, portador do Evangelho. Os cristãos e as Igrejas que se engajam no trabalho com os pobres são por eles evangelizados: "O compromisso com os pobres e oprimidos e o surgimento das Comunidades de Base ajudaram a Igreja a descobrir o potencial evangelizador dos pobres, enquanto estes a interpelam constantemente chamando-a à conversão, e porque muitos deles realizam em sua vida os valores evangélicos de solidariedade, serviço, simplicidade e disponibilidade para acolher o dom de Deus"[14].

3. A DESCOBERTA DO OUTRO

No processo de percepção da realidade, os cristãos do Brasil não se defrontam apenas com a problemática da pobreza. A situação de pobreza e a luta pela libertação desta condição é sem dúvida um dos pontos fortes da Teologia da Libertação. A partir disto é que esta Teologia e a Igreja fizeram a opção preferencial pelos pobres, opção esta que é uma característica da Igreja latino-americana. Observando-se a situação do Brasil ou do continente como um todo, percebe-se – ao lado da questão da pobreza – uma outra característica marcante: a variedade cultural; aspecto este também digno de ser levado em conta na reflexão teológica. Só no Brasil, percebe-se a grande variedade de culturas dos povos indígenas, cuja população foi a tal ponto dizimada no processo de colonização, que hoje não compõe 1% da população brasileira. Ao lado destes encontramos os muitos descendentes de povos africanos – os afro-brasileiros –, os descendentes dos invasores e imigrantes portugueses, os descendentes dos demais imigrantes europeus – sobretudo espanhóis, italianos e alemães – e de imigrantes asiáticos, especialmente os japoneses. Cada um destes grupos culturais perfez um determinado caminho histórico. Caminho este que para as culturas oprimidas é um caminho de sofrimento, pois a cultura e religião "branca e vencedora" não permitiu nenhum espaço ou opção para o desenvolvimento das culturas e religiões

---

14. Puebla n. 1.147.

"vencidas". Estas, em nível cultural e religioso, criaram apenas mecanismos de sobrevivência. Esta realidade cultural do Brasil – que ganhou importância nos últimos anos dentro da reflexão da Teologia da Libertação, sobretudo com a discussão em torno da inculturação – é o ponto de partida para este trabalho.

Na pluralidade religioso-cultural do país, especialmente nas grandes cidades, as religiões assim chamadas afro-brasileiras são uma constante. Trata-se no caso de religiões especialmente dos descendentes de africanos, trazidos para o Brasil como escravos. À base da fé trazida pelos escravos africanos nasceram, no Brasil, religiões como, por exemplo, o Candomblé, a Umbanda, o Batuque ou a Casa de Minas. A existência destas religiões e sua presença na sociedade brasileira foram por muito tempo ignoradas pela Igreja e pela Teologia e somente no documento final da IV Assembleia Geral do Episcopado Latino-americano em Santo Domingo (1992) elas são, pela primeira vez num documento eclesial de âmbito latino-americano, classificadas como religiões. Membros destas religiões são milhões de pessoas cuja situação social não se diferencia da maioria da população latino-americana: eles são muitas vezes pobres, vítimas da injustiça social, da opressão, de estruturas que produzem "ricos cada vez mais ricos às custas de pobres cada vez mais pobres"[15]. O pano de fundo cultural é, porém, outro: eles não deixaram sua forma de pensar africana, sua mundividência africana, sua forma religiosa africana de interpretar o mundo e a vida. Este novo fato percebido na realidade leva os cristãos a colocarem-se a mesma pergunta que caracterizou o surgimento da Teologia da Libertação: O que significa concretamente ser cristão em uma determinada situação histórica? Se num primeiro momento da Teologia da Libertação esta "determinada situação histórica" foi pensada mais em nível social, político e econômico, hoje o questionamento é dirigido a também outros aspectos da realidade. A questão que se coloca para os cristãos numa realidade marcada pela presença de religiões afro-brasileiras

---

15. Puebla n. 30.

é: O que significa ser cristão num contexto de religiões afro-brasileiras? O que significa ser cristão numa realidade com outras características culturais e religiosas? Esta pergunta pelo ser-cristão num contexto de uma outra situação cultural e religiosa não é uma questão somente brasileira na Teologia da Libertação. Ela está presente em toda a América Latina onde a alteridade cultural dos povos autóctones e dos afro-americanos ganha importância na reflexão teológica.

Se num primeiro momento da Teologia da Libertação foram muito importantes a descoberta do pobre como portador do Evangelho, a descoberta da importância do ponto de vista do pobre e de sua força no processo de libertação, hoje fala-se da importância da descoberta do outro como um novo desafio à reflexão teológica no Brasil e na América Latina. E se a descoberta do pobre teve consequências profundas para a reflexão teológica latino-americana e levou os cristãos a repensar sua responsabilidade diante das estruturas sociais e políticas e a entender sua práxis a partir da fé como uma práxis libertadora, a descoberta do outro traz consequências ainda mais profundas para a reflexão teológica. Quer dizer, se a descoberta do pobre levou a repensar a compreensão da prática cristã, a descoberta do outro leva a refletir sobre a identidade cristã em si. A partir de qual compreensão cultural e filosófica foi pensado o ser-cristão até agora? A descoberta do outro leva a refletir sobre a chave cultural que determinou até agora a identidade cristã. Quando na descoberta do pobre, o objetivo é – dito de forma simplificada – libertá-lo de sua situação de pobreza; na descoberta do outro, não se pode dizer que o objetivo deva ser mudar esta alteridade. A descoberta do ser-outro é antes um valor positivo, que pode enriquecer e evangelizar o próprio eu. O que significa ter uma atitude libertadora perante o outro? O teólogo Paulo Suess vê exatamente no outro o grande desafio para a Igreja na América Latina, "pois, primeiramente, temos que descobrir na Igreja quem é o 'outro'. Os pobres sempre se integraram na Igreja. De alguma forma, sempre houve um lugar, um nicho para os pobres. O desafio em si começa com o outro, que não é deixado ser outro na Igreja"[16].

Na descoberta do outro há, sem dúvida, a chance de que a Igreja ganhe um tanto em universalidade. Antes, porém, que se comece a refletir qual é o lugar do outro, o que se pode aprender do outro ou como deve ser o Cristianismo no Brasil com a participação do outro, não se pode pular o primeiro passo do método da Teologia da Libertação: o ver. O outro precisa ser primeiro conhecido, percebido em sua realidade. Quem é o outro e como ele pensa são as primeiras questões levantadas pela descoberta do outro. Sobre as eventuais consequências e sobre o questionamento teológico resultante da descoberta do outro, iremos refletir na quarta parte deste trabalho.

Nesta descoberta do outro está a descoberta das religiões afro-brasileiras e – para a presente obra – a descoberta do Candomblé em especial. O objetivo desta obra é justamente descobrir o mundo religioso do Candomblé como uma contribuição para a descoberta – descoberta para o cristão! – de um outro concreto na realidade brasileira. O próprio título do trabalho (*A experiência dos Orixás*) já reflete uma primeira descoberta neste mundo religioso diferente que é o Candomblé: a base desta religião está ancorada no culto aos Orixás, forças da natureza e antepassados sobrenaturais das pessoas humanas.

A descoberta do Candomblé é, sem dúvida, para a Igreja no Brasil, um pouco de descoberta duma parte (desconhecida) da própria história, da história do "encobrimento" do outro, numa expressão de E. Dussel[17]. Por isso, o desafio da descoberta do outro no Candomblé traz consigo um outro desafio: o confronto com a própria história, com a história da presença da Igreja Católica no Brasil[18].

---

16. SUESS, P.: Perspektive, 13.
17. Cf. DUSSEL, E.: Erfindung, 10.
18. "Em poucas palavras, trata-se não apenas de uma decisão em favor do pobre, mas pelo outro, pelo outro empobrecido. E esta opção precisa ter presente que papel obscuro a Igreja teve no empobrecimento do 'outro'. Por isso, a cooperação é uma questão de justiça e não apenas uma questão de boa vontade ou de compaixão." WAGUA, A.: Folgen, 480.

Este é, pois, o contexto geral no qual o presente trabalho deve ser entendido: o esforço da reflexão da Teologia da Libertação em trazer à tona a realidade da alteridade, do ser-outro, nas diversas regiões da América Latina. Para a realidade brasileira, a descoberta do outro toma contornos concretos nos fiéis do Candomblé, da Umbanda, da Macumba e assim por diante. Esta obra pretende contribuir para aclarar alguns destes contornos.

Capítulo 2: AS RELIGIÕES AFRO-BRASILEIRAS COMO DESAFIO PARA O CRISTIANISMO

Depois de termos visto o quadro geral no qual se insere este trabalho, veremos neste capítulo o âmbito mais específico. O objetivo específico é oferecer aos cristãos (católicos em especial) do Brasil uma contribuição para o conhecimento do Candomblé e sua experiência religiosa. Esta contribuição é oferecida na esperança de que seja um incentivo para um encontro positivo entre os cristãos e os fiéis do Candomblé. A expressão "encontro positivo" é utilizada aqui em duplo sentido. "Encontro positivo" quer, em primeiro lugar, expressar uma nova atitude dos cristãos, uma atitude que se distancie do combate ao Candomblé, atitude esta que caracterizou este (des)encontro no passado. Em segundo lugar, através da expressão "encontro positivo" se quer abrir a possibilidade aos cristãos – depois de conhecê-lo – de ver o Candomblé de fato como religião; e não apenas no papel. Isto é, que o Candomblé seja visto em seu "sujeito religioso", que seja percebido em sua autonomia como uma religião (definição positiva) e não como "religião não cristã" (definição negativa).

Quanto à abrangência geográfica, este trabalho limita-se ao Brasil. A composição populacional do assim chamado maior país católico do mundo é um aglomerado de diversos povos. Os descendentes da população aqui residente antes da chegada dos portugueses formam hoje apenas uma pequeníssima parte da população. Os descendentes dos imigrantes europeus – principalmente dos portugueses – e dos africanos, para cá trazidos como escravos, formam a grande parte da população. A história do entrelaçamento destes povos deixou suas marcas, que podem ser percebidas tanto em nível socioeconômico quanto cultural e religioso.

Os escravos trazidos ao Brasil foram batizados católicos. Mas com o batismo apenas não ocorreu nenhum processo de conversão. As convicções religiosas trazidas da África continuaram a ser cultivadas no Brasil. As práticas religiosas foram conservadas, mesmo sob as mais difíceis condições. Somente após a abolição legal da escravatura (1888) e a proclamação da república (1889) é que surgiram pouco a pouco condições para os negros organizarem-se em grupos religiosos[1]. A liberdade religiosa, garantida pela constituição da república, não trouxe porém grandes vantagens aos negros e suas organizações religiosas. Eles tiveram que continuar a lutar da mesma forma contra preconceitos, discriminações e perseguições. Estes descendentes de africanos formam hoje no Brasil cerca de 40% da população brasileira.

Esta participação tão expressiva dos descendentes de africanos na população brasileira não faz apenas com que os brasileiros tenham os mais variados tons de cor de pele. A influência dos descendentes dos negros marca o país das mais diversas formas, seja através da riqueza de sua música, arte ou culinária, como também pelo pensamento e comportamento. Da mesma forma, a geografia religiosa do Brasil é marcada pela presença das religiões oriundas da África. As assim chamadas religiões afro-brasileiras são vestígios deixados pela história da escravatura[2].

No recenseamento geral feito em 1980, apenas 678.000 brasileiros declararam-se membros de uma religião afro-brasileira[3]. Não se deve, porém, deixar-se enganar pensando que este número reflita a

---

1. Até a proclamação da república, o catolicismo era a religião do estado.
2. Como esta obra trata exclusivamente da problemática do Brasil, será usada a expressão "religiões afro-brasileiras"; quase não será usada a expressão mais ampla "religiões afro-americanas", expressão que se refere à mesma questão.
3. Fonte: *IX Recenseamento Geral do Brasil*, IBGE, 1980.

realidade, pois o número dos que de fato frequentam as religiões afro-brasileiras é muito maior. A discriminação, até hoje ainda existente na sociedade brasileira frente às religiões de origem afro, leva, por um lado, muitos membros destas religiões a não reconhecerem publicamente sua pertença religiosa. Por outro lado, é muito alto no Brasil o número de pessoas com dupla militância religiosa, quer dizer, pessoas que frequentam ao mesmo tempo uma religião afro-brasileira e a Igreja Católica. E estas, quando perguntadas pela pertença religiosa, informam ser católicas. Esta informação é muitas vezes, porém, mais expressão de uma pressão social do que reflexo da convicção e prática religiosa. Este fato ainda é um vestígio da escravidão. Quando se observa, porém, os levantamentos sobre o número de lugares de culto de religiões afro-brasileiras, fica mais clara a dimensão de sua presença: segundo dados de 1987, existia no Brasil cerca de 450.000 locais de culto de religiões afro-brasileiras. Nesta mesma época, o número de igrejas católicas não chegava a 50.000[4]. Este grande número de locais de culto afro-brasileiro deixa transparecer melhor a densidade de sua presença no Brasil e deveria por si só já ser um ponto de questionamento para a Igreja Católica. E não é assim que os membros de religiões afro-brasileiras sejam grupos estranhos, desconhecidos aos católicos. Muitos frequentam ao mesmo tempo um culto afro-brasileiro e a Igreja Católica. Além disso, muitos símbolos católicos e ideias religiosas do Cristianismo foram assumidos pelas religiões afro-brasileiras, tendo-se formado um sincretismo religioso. Também este sincretismo tem suas raízes ainda na escravidão.

Apesar desta proximidade geográfica, as religiões afro-brasileiras são em grande parte ainda terreno desconhecido pela Igreja Católica. Sua presença foi e é praticamente despercebida pela Igreja. Claro que se sabe da existência destes grupos. Mas eles são muitas

---

4. Cf. ORO, A.P.: Mobilidade, 314. Somente na cidade de São Paulo existiriam 18.000 locais de culto de rito afro-brasileiro. Cf. KLOPPENBURG, B.: Sincretismo, 214.

vezes mais classificados como grupos folclóricos e suas práticas religiosas desmerecidas como superstição[5]. Como estes grupos até agora quase não foram percebidos como religiões, foi praticamente impossível acontecer um encontro positivo em nível religioso entre estes e católicos[6]. O primeiro e grande desafio para a Igreja é – antes mesmo que se fale de um encontro positivo com estas religiões ou de um diálogo inter-religioso – ver e reconhecer estes grupos como religiões. Isto exige, em primeiro lugar, uma revisão da própria história da presença da Igreja Católica no Brasil, sua atitude diante da escravatura e mais tarde diante das religiões afro-brasileiras, cujo surgimento e forma atual não podem ser entendidos sem a participação da Igreja Católica.

Dentro da Igreja Católica tornam-se cada vez mais fortes as vozes daqueles – através de bispos, ordens, congregações, grupos engajados socialmente – que procuram uma revisão da história, para facilitar uma atitude positiva diante das religiões afro-brasileiras. Além de conhecer a história, faz-se necessário conhecer estas religiões mesmas. Para poder levar o outro a sério em sua alteridade, é imprescindível conhecer o melhor possível seus costumes, suas atividades religiosas, sua organização, suas convicções e suas experiências religiosas. O presente trabalho entende-se como uma tentativa de responder a estas vozes, à medida em que procura tanto uma revisão da história como um conhecimento mais de perto destas religiões. Pode ser que ao final da pesquisa haverão mais perguntas que respostas. Faz-se necessário, porém, neste dado contexto histórico, assumir o desafio por parte da Igreja Católica de conhecer as religiões afro-brasileiras de forma nova e mais tolerante, para assim se poder criar uma base para um novo encontro.

---

5. Cf. SOMETTI, J.: Maravilhoso, 92.
6. As religiões afro-americanas foram por muito tempo ignoradas ou marginalizadas, como reconhece o Documento de Santo Domingo, n. 137.

1. PRIMEIRO DESAFIO: PERCEBER A PRESENÇA DAS RELIGIÕES AFRO-BRASILEIRAS

"Vinte anos depois da Declaração *Nostra aetate* do Concílio Vaticano II, o diálogo com as religiões não cristãs latino-americanas ainda não ocupou suficientemente a atenção dos teólogos... Até hoje, o mundo iorubá latino-americano tem ficado longe de nossa Teologia e de nossa pastoral. A Teologia latino-americana tem levado em conta a religião e cultura dos negros só em termos de 'religiosidade popular', não lhe reconhecendo sequer o nome de 'religião'. É uma incongruência não levar a sério a fé não cristã de milhares de latino-americanos, pois equivaleria (quase) a mantê-los no silêncio teológico, histórico e cultural que lhes foi imposto durante séculos de racismo e escravidão. Também eles têm sua parte de contribuição ao processo teológico e libertador do Continente"[7]. Esta constatação permanece até hoje basicamente atual. Houve sim alguma mudança em alguns pontos, mas não uma mudança substancial. Visto num todo, o mundo afro-americano e suas religiões não recebe por parte da Igreja Católica nenhuma atenção especial, nem é combatido generalizadamente. A atitude reinante é simplesmente a de ignorar tais religiões. Em nível oficial, a Igreja Católica da América Latina evitou por muito tempo reconhecer as religiões afro-americanas – como também as religiões indígenas – como religiões.

Condições, porém, para se ver de forma positiva as religiões afro-brasileiras na Igreja e na Teologia, já foram basicamente criadas. É preciso que estas condições sejam vistas e utilizadas. Para a Igreja do Brasil é um desafio utilizar concretamente frente às religiões afro-brasileiras a abertura teológica que foi criada pela própria Igreja para impulsionar o contato e o diálogo com religiões não cristãs. O maior empecilho está em ver estas religiões como religiões. Por muito tempo, elas foram tratadas de forma indiferenciada e colocadas sob conceitos coletivos, que reuniam diversas coisas

---

7. ESPÍN, O.: Iroko, 29.

na área de religiões. O Documento de Puebla é um bom exemplo para este tratamento indiferenciado destas religiões. No documento se fala em "outras formas religiosas e pararreligiosas"[8]. Com uma tal classificação, estas religiões não recebem nenhum rosto próprio. O desafio da percepção destas religiões consiste principalmente no fato de percebê-las em sua autonomia, em seus conteúdos, naquilo que elas têm de próprio, antes de se partir para uma avaliação ou classificação.

2. NÃO SOMOS FILHOS SEM PAIS (A QUESTÃO HISTÓRICA)

Uma nova atitude da Igreja perante estas religiões não pode ser desligada do contexto. E a este contexto pertence a história do encontro entre cristãos e as religiões afro-brasileiras. A história deste encontro pode ser resumida na expressão "500 anos de descobrimento e conquista". Para a Teologia no Brasil, no entanto, não é importante apenas rever os encontros e des-encontros ocorridos no passado. Para uma Teologia que pretenda ser capaz de dialogar com as religiões afro-brasileiras é importante a convivência atual, os atuais pontos de contato. O conhecimento sobre o passado cria a possibilidade para uma outra atitude. Isto significa, por outro lado, assumir que pertence a uma nova percepção das religiões afro-brasileiras levantar questões e deixar-se questionar sobre o passado e sobre consequências históricas originadas por atitudes no passado. O lado cristão não pode procurar um encontro com os membros das religiões afro-brasileiras, fazendo de contas que este é o primeiro encontro.

A questão das religiões afro-brasileiras pressupõe para os cristãos do Brasil uma discussão sobre a própria história. Um dos capítulos mais tristes da história do Brasil e da América Latina é justamente a história da deportação de milhões de africanos[9]. Estes foram caça-

---

8. Puebla n. 1.112.
9. "Durante os quatro séculos passados, é indubitável que vários milhões de africanos negros foram transportados como escravos, violentamente arrancados de suas terras, separados de suas famílias e vendidos como mercadoria. A escravidão dos negros e a matança dos índios foram o maior pecado da expansão colonial do Ocidente". Santo Domingo, n. 246.

dos e presos na África, transportados para o Brasil e outros países das Américas e aqui vendidos como escravos[10]. Embora o fenômeno da escravidão seja algo muito antigo na história da humanidade, a história da escravidão entre a África e as Américas é algo sem precedentes ou comparações, devido, sobretudo, às dimensões, ao extremo uso da violência, ao tempo de duração, ao desprezo humano e à ganância pelo lucro por parte dos traficantes de escravos. E eram quase todos cristãos os que exploravam o negócio com escravos, eram cristãos os que possuíam as companhias de tráfico de escravos, eram cristãos os que compravam, vendiam e utilizavam os escravos nas Américas. Instituições da Igreja Católica participavam do sistema escravista, não como promotoras, mas como beneficiárias. Paróquias, dioceses, ordens e congregações estavam entre os possuidores de escravos[11].

As religiões afro-brasileiras surgiram como uma das consequências da história da colonização do Brasil, da história da escravidão. A história do contato dos filhos e filhas da Igreja Católica com os membros das religiões afro-brasileiras não é, pois, nenhuma história inocente. Nesta questão, os católicos de hoje não podem se considerar filhos sem pais. Isto já foi afirmado por diversos setores da Igreja e por várias vezes já foi apontada a participação pecaminosa de católicos no comércio escravista. Ao falar do tema, o Papa João Paulo II, em seu discurso na Ilha Gorée (Senegal) a 22 de fevereiro de 1992, não deixou de apontar para esta culpa: "Estes homens, mulheres e crianças (referindo-se aos escravos) foram vítimas de um comércio vergonhoso, no qual participaram homens que foram batizados, mas que com certeza não viviam sua fé [...] Este pecado do humano contra o humano, este pecado do humano contra Deus, precisa ser reconhecido com toda humildade e verdade". E o papa continuou: "Aqui, deste santuário de sofrimento dos negros, imploramos aos céus por perdão"[12].

---

10. O Brasil foi o país que mais importou escravos da África.
11. Cf. SILVA, A.A. da: Evangelização, 380-381.
12. JOÃO PAULO II: Ansprache, 9.

Quando hoje olhamos a história dos 500 anos de presença do Evangelho nas Américas e apontamos para o lado de sombras, isto não o fazemos por prazer de criticar[13]. Ao olharmos o lado sombrio da história, fica-nos claro quão grande pode ser para os cristãos o abismo entre ideal e realização[14]. Este aspecto não é sem importância num encontro positivo com membros das religiões afro-brasileiras. Por outro lado, um encontro verdadeiro entre cristãos e membros das religiões afro-brasileiras não pode acontecer se a própria história desta convivência é posta de lado.

3. DA ATITUDE DE COMBATE PARA UM ENCONTRO POSITIVO (A QUESTÃO PASTORAL)

O ponto de partida para toda reflexão – também a teológica – sobre as religiões afro-brasileiras por parte dos cristãos precisa ser a realidade. As linhas teológicas gerais para uma Teologia e Pastoral por parte da Igreja Católica diante de outras religiões já foram dadas, especialmente através dos documentos do Concílio Vaticano II. As linhas teológicas para um encontro ou um futuro diálogo entre católicos e membros das religiões afro-brasileiras ainda estão por ser elaboradas. Tanto na área sistemática como e sobretudo na área da Teologia Pastoral seria de suma importância uma reflexão teológica. Resistência contra contatos, encontros positivos, diálogo e cooperação entre católicos e membros de religiões afro-brasileiras virão com certeza das próprias fileiras dos católicos. A primeira resistência já é o próprio reconhecimento destes grupos como religiões. Não se trata aqui de um reconhecimento oficial que parta de algum órgão ou instituição da Igreja Católica – o que aliás já ocorreu no Do-

---

13. O reconhecimento dos erros e o pedido de perdão como precondição para uma nova evangelização foi um momento importante em 1992 na passagem dos 500 anos de história da Igreja no continente. Cf. BARTOLUCCI, E.: Pastoral, 538; KING, D.A.: Pastoral, 376.
14. "500 anos de opressão ocorreram com a ajuda da religião cristã. Se isto ocorreu com a ajuda da religião cristã, temos aí um problema na religião cristã. E isto nós gostaríamos de rever e retrabalhar de forma sincera e crítica". SCHWANTES, M.: Wurzel, 6.

cumento de Santo Domingo –, mas de um reconhecimento na prática a ser percebido na atitude dos membros da Igreja perante os membros das religiões afro-brasileiras. A imagem dominante em muitos católicos sobre estas religiões é ainda a de que se trata de heresias e que suas atividades religiosas não passam de superstição ou bruxaria[15]. Esta atitude é até de certo modo compreensível, pelo fato de ela somente através do Vaticano II ter deixado de ser a posição da Igreja perante outras religiões, quando do reconhecimento por parte da Igreja de valores próprios nas religiões e quando se refletiu sobre a possibilidade de "sementes de verdade" nas mesmas. Até então, a atitude perante outras religiões era a de combate, por elas estarem em contradição com a fé católica, e condenação, por serem falsas. Esta atitude valia tanto para a reflexão teológica como para a prática pastoral. Esta atitude, que se expressava tanto na doutrina como no anúncio e na prática da fé e não foi refletida de forma crítica pelos fiéis, está presente de muitas formas ainda hoje. Não se pode esperar que esta mentalidade, que se enraizou durante séculos, mude de um dia para o outro. O que foi combatido em nome da fé não pode de uma hora para a outra ser visto de forma positiva. Somente depois do conhecimento do lado positivo do outro (no nosso caso, das religiões afro-brasileiras) é que com o tempo poderá ser mudada a compreensão e a atitude. É tarefa da reflexão teológica preparar este caminho e há indícios de que já houve uma mudança positiva, no sentido de uma maior abertura, nesta questão.

Do ponto de vista da pastoral, há dois fenômenos específicos que fazem parte do relacionamento com as religiões afro-brasileiras: a questão do sincretismo e a da dupla militância religiosa. Iremos refletir mais adiante neste trabalho sobre estes dois fenômenos, não, porém, com o objetivo de buscar uma "solução" pastoral, mas no sentido de tentar entender estes fenômenos. Iremos refletir sobre a lógica interna que impulsiona o processo de sin-

---

15. Cf. ESPÍN, O.: Iroko, 36.

cretismo. Esta "lógica interna" será reconhecida como "a lógica do objetivo" e não como "a lógica da origem". Nesta mesma "lógica do objetivo" é que procuraremos entender o fenômeno da dupla militância religiosa. Fenômeno este que não pode ser entendido como expressão da perda de uma ou de outra identidade religiosa. Ele é, antes de tudo, uma herança da história e aponta para um mecanismo de sobrevivência religiosa em situação de extrema dificuldade.

Tanto o sincretismo como a dupla militância religiosa não serão tratados em primeira linha como problemas que necessitam de uma solução. Eles aparecem em primeiro lugar como fatos da realidade que não podem deixar de ser vistos. Quando se defende uma nova atitude diante das religiões afro-brasileiras, uma atitude positiva, que possa conduzir ao diálogo, faz-se também necessária uma nova atitude perante estes dois fenômenos. E se acima falávamos da necessidade de um reconhecimento de fato dos grupos afro-brasileiros como religiões como condição para uma nova atitude, faz parte duma nova atitude diante dos fenômenos do sincretismo e da dupla militância religiosa a superação de uma certa "mentalidade de posse". No caso do sincretismo, a superação da mentalidade de que "nossos" elementos religiosos (cristãos) são usados pelos outros; no caso da dupla militância religiosa a mentalidade de que "nossos" católicos frequentam (erroneamente), de vez em quando, outros grupos religiosos. Uma nova atitude por parte dos cristãos diante dos fenômenos do sincretismo e da dupla militância religiosa não pode passar, porém, de um extremo ao outro, da rejeição à aceitação acrítica de todo sincretismo ou dupla militância religiosa. Mesmo sendo compreensivo para com as pessoas que vivem esta situação, é necessário um processo de discussão sobre a problemática que estes fenômenos levantam no encontro entre cristãos e membros das religiões afro-brasileiras.

4. DO CONHECIMENTO AO DIÁLOGO (A QUESTÃO TEOLÓGICO-SISTEMÁTICA)

Uma nova atitude dos cristãos perante as religiões afro-brasileiras deverá concorrer para um processo de diálogo inter-religioso. A disposição – de ambos os lados – para o diálogo deve ser a consequência de uma nova forma de convivência. Esta nova forma de relação deverá ter consequências tanto para o trabalho pastoral como para a reflexão teológica. Para o nosso enfoque, isto significa concretamente que o processo de discussão com as religiões afro-brasileiras também deve dar frutos no nível da reflexão teológica. O diálogo exige um conhecimento mútuo das convicções religiosas. Para os cristãos, isto significa a disponibilidade para conhecer o mundo religioso, as atividades e experiências religiosas das religiões afro-brasileiras. Cada uma das religiões afro-brasileiras – seja o Candomblé, o Batuque, a Umbanda ou a Casa de Minas – tem suas características próprias. O interesse que deve acompanhar este processo de conhecer estas características não deve aqui ser tanto o interesse sociológico, antropológico ou etnológico. Os conhecimentos sob estes pontos de vista são sem dúvida imprescindíveis para um estudo sobre as religiões afro-brasileiras. Os aspectos, porém, a serem observados mais acuradamente, são as respostas dadas por estas religiões a perguntas básicas do humano, como a pergunta pelo sentido, pela verdadeira realização, a pergunta pelo sentido da morte, a pergunta pelo objetivo da vida. Como estas questões são colocadas, tratadas e resolvidas nas religiões afro-brasileiras? Cada uma destas religiões tem aqui respostas que às vezes coincidem, mas há também divergências. Em diversos casos há também respostas que são coincidentes com as do Cristianismo. Em outros aspectos há já uma grande diferença para com a resposta cristã.

É tarefa de um possível diálogo discutir as diferenças de concepções teológicas, bem como perceber como estas concepções teológicas estão presentes na prática da vida dos fiéis. As perguntas pelo sentido da vida, pela felicidade, pelo início ou pela realização final não são tanto respondidas nas religiões afro-brasileiras no nível da reflexão teórica. Realização, vida, sentido, são buscados muito mais através de determinadas atividades religiosas. Há, nas religiões afro-brasileiras, um caminho bem concreto a ser seguido, que conhece diferenças nas diversas religiões, mas que é sempre entendido como um caminho, que é o processo de iniciação. Este processo não é em primeiro lugar um processo de acúmulo de conhecimentos, mas um processo de experiência religiosa. A experiência religiosa, a experiência da transcendência e suas forças é algo imprescindível nas religiões afro-brasileiras. A vida é lida e interpretada a partir destas experiências. Através destas experiências são transmitidos felicidade, realização, integração, espírito comunitário. A explicação teológica ou a reflexão é sempre um segundo passo. Apesar disso, ela também tem sua importância nas religiões afro-brasileiras, porque elas formam uma tradição, dentro da qual as experiências religiosas são interpretadas e realizadas. A tradição refletida é importante como âmbito, como moldura, como ato secundo. A experiência é o decisivo.

Aqui já se pode notar que, tendo em vista um futuro diálogo, a teologia terá de se perguntar sobre o nível em que deverá ser feito o diálogo. No caso das religiões afro-brasileiras, está-se diante de religiões que não têm nenhuma tradição escrita, religiões que são transmitidas oralmente[16]. Especialmente por isso, não se pode falar de uma unidade estrita de tradição dentro de cada uma destas religiões. Não apenas, mas também por causa deste grande pluralismo entre as religiões afro-brasileiras é que este trabalho irá concentrar suas observações em apenas uma destas religiões, o Candomblé. E, mesmo dentro do Candomblé, há diversas tradições, não existindo uma unidade geral. Um núcleo é sempre uma comunidade. Não existe nenhuma instância superior – seja texto, doutrina, instituição

---

16. Existe naturalmente material escrito, tanto sobre as religiões afro-brasileiras como escritos elaborados por membros mesmo destas religiões. Em muitos casos, estes textos são inclusive bem-vistos e bastante lidos pelos fiéis das religiões afro-brasileiras. Mas, em nenhum caso, estes textos têm algum caráter normativo para a religião.

ou pessoa – que esteja acima de uma comunidade ou diante da qual uma comunidade deva obediência.

No encontro entre Cristianismo e Candomblé encontram-se, pois, duas formas muito distintas de se fazer teologia. Por um lado, uma com uma grande tradição escrita, com a Sagrada Escritura como texto-fonte, que sempre serve de referência para a reflexão; por outro lado, uma com uma grande tradição oral, que cada vez é transmitida adiante e na qual a experiência religiosa de cada pessoa ocorrida dentro da comunidade serve de fonte para a reflexão. No encontro entre cristãos e membros do Candomblé se encontram, pois, formas bem diferentes de refletir sobre a fé. Irá pertencer ao diálogo que estas diferenças não apenas sejam conhecidas, mas que haja de ambos os lados uma abertura para um enriquecimento mútuo. Do lado católico este enriquecimento deverá ter suas consequências não apenas na pastoral e na liturgia, mas também na própria reflexão teológica. A tradição teológica do Cristianismo, marcada consideravelmente pela tradição de reflexão europeia, tem aqui a chance de uma ampliação e através desta a chance de ganhar em universalidade, mesmo que contextualmente limitada. A importância deste enriquecimento para um país como o Brasil, marcado fortemente tanto pela presença de descendentes de africanos como pela presença da tradição cristã, compreende-se por si mesma. No âmbito do diálogo com as religiões afro-brasileiras deve surgir para a Igreja do Brasil uma teologia afro-americana própria[17].

Esperamos que a busca de um encontro positivo com as religiões afro-brasileiras – e, no caso presente, especialmente com o Candomblé – possa trazer um enriquecimento para a Igreja e a teologia. É uma esperança justa, através da experiência do encontro com o outro, poder encontrar também Deus através do outro. Também é justo esperar que este encontro não seja estéril. Um encontro positivo não vive, porém, apenas de esperanças próprias. Há tam-

---

17. CELAM (org.): Arbeitsdokument n. 684.

bém esperanças em relação ao outro. Se o outro irá realizar estas esperanças ou modificar sua atitude por causa de minhas esperanças, isto já é uma outra questão. Este trabalho não tem por objetivo analisar a atitude do Candomblé perante o Cristianismo ou defender uma determinada atitude a ser tomada. Não negamos, porém, ter algumas expectativas em relação ao Candomblé. Estas expectativas podem ser colocadas em três diferentes níveis:

a) A expectativa que ocorra no Candomblé uma discussão sobre a história comum. Não é apenas importante saber como nós cristãos interpretamos a história comum a partir do ângulo da fé; é também importante saber como esta mesma história é vista e interpretada pelo outro, no caso concreto, pelo Candomblé. Numa revisão crítica da história da América Latina, da história da escravatura, nós cristãos usamos categorias religiosas e falamos de pecados cometidos na história, falamos da necessidade de pedido de perdão. Há a expectativa de saber como por sua vez o Candomblé interpreta a mesma história a partir da fé.

b) A expectativa de que a tentativa de uma nova atitude por parte dos cristãos perante o Candomblé seja por este levada a sério e não seja respondida com desconfiança ou com a acusação de que se trata apenas de uma nova tática missionária.

c) E, por fim, a expectativa de que por parte do Candomblé também haja a disposição para um encontro positivo com o Cristianismo, tendo em vista um diálogo inter-religioso. Esta expectativa precisa, porém, estar ligada com a consciência de que as diferenças entre Cristianismo e Candomblé – tanto em termos de conteúdo como de organização ou de promessa de realização – devem levar à procura de uma forma de diálogo que impeça que os dois lados falem de tal maneira que o outro não entenda.

Capítulo 3: MOTIVAÇÕES TEOLÓGICAS

Três motivações teológicas animaram esta tentativa de conhecer a experiência religiosa das religiões afro-brasileiras e em especial do Candomblé: a declaração *Nostra aetate* do Vaticano II com o seu reconhecimento de raios da verdade fora da Igreja, a atitude de Francisco de Assis perante os "infiéis" e o apelo da Conferência de Santo Domingo em favor duma busca de possibilidades de diálogo com as religiões afro-americanas. São motivações a serem entendidas em três diferentes níveis. *Nostra aetate* abriu à Igreja do mundo inteiro novas perspectivas para um encontro com os fiéis de outra crença. Quando levamos a sério o reconhecimento de sinais da verdade nas outras religiões feito por *Nostra aetate*, somos então chamados a procurar e a perceber estes sinais nas religiões concretas, com as quais nos encontramos. Com isto, está colocada a pedra fundamental da atitude da Igreja diante de outras religiões: o reconhecimento de verdade, ou de parte de verdade fora de si mesma. Por isso, o concílio exorta os cristãos ao diálogo e cooperação com os fiéis de outras religiões[1].

Como membro da ordem franciscana, é para mim de grande importância a atitude tomada por São Francisco de Assis perante as pessoas de outra fé. Num tempo em que a palavra de ordem era a guerra contra o Islamismo, Francisco coloca para seus confrades um novo paradigma para o encontro com aqueles que professam outra fé. Ele aconselha os confrades "que quiserem ir para entre os sarracenos ou outros infiéis" a "absterem-se de rixas e disputas, submetendo-se 'a todos os homens por causa do Senhor' (1Pd 2,13) e

---

1. NA 2.

confessando serem cristãos"[2]. Na tradição da atitude de São Francisco, a ordem conclama hoje seus membros a dedicarem-se, a conhecer e a entender as culturas nas quais eles vivem.

A Conferência de Santo Domingo representou um avanço na atitude da Igreja Católica perante as religiões afro-americanas. No documento final da Conferência de Santo Domingo, pela primeira vez um documento eclesial de âmbito latino-americano utiliza o conceito "religião" ao referir-se às tradições religiosas afro-americanas. Os bispos exortam os católicos a procurar "ocasiões de diálogo com as religiões afro-americanas"[3].

1. O VATICANO II: A DESCOBERTA DE SINAIS DA VERDADE FORA DA IGREJA

Desde que o Concílio Vaticano II aprovou em outubro de 1965 a "Declaração sobre a relação da Igreja para com as religiões não cristãs", o tema vem ganhando importância dentro da Igreja. A declaração *Nostra aetate* não é um dos documentos mais importantes do concílio, nem é uma palavra definitiva sobre o relacionamento da Igreja com as religiões não cristãs. Este documento pode ser antes caracterizado como uma introdução ao tema. Este estímulo teve consequências diversas na Igreja. Por um lado, iniciou uma discussão intraeclesial sobre o significado das outras religiões para a própria Igreja; por outro lado, animou os cristãos católicos a abrirem-se para um relacionamento com as outras religiões. A exortação do concílio em *Nostra aetate* para colóquios e cooperação com fiéis de outras religiões não permaneceu sem resultados e impulsionou, inclusive, o surgimento tanto de uma teologia das religiões como do diálogo inter-religioso.

Este trabalho entende-se no rastro das consequências de *Nostra aetate* para a Igreja. Ele não pretende fazer uma reflexão geral sobre

---

2. Regra não bulada, 16,6. SÃO FRANCISCO DE ASSIS: Escritos, 152.
3. Santo Domingo n. 138.

o relacionamento dos cristãos para com os fiéis de outras religiões, mas é antes um passo concreto que utiliza a abertura proporcionada por *Nostra aetate*.

Com razão, afirma o teólogo alemão J. Zehner a este respeito: "*Nostra aetate* tornou-se um marco. Depois do confronto, a Igreja Católica passa para a cooperação com as religiões universais"[4]. Embora na declaração apenas quatro religiões não cristãs sejam explicitamente mencionadas – o Hinduísmo, o Budismo, o Islamismo e o Judaísmo –, o concílio fala, porém, das "outras religiões espalhadas por todo o mundo"[5].

O primeiro sinal desta nova posição da Igreja Católica é um novo espírito que deve caracterizar o relacionamento para com as outras religiões. "O caminho apologético 'missionário' habitual não é aqui percorrido"[6]. Pelo contrário, a atitude básica da Igreja Católica perante outras religiões não é caracterizada na declaração conciliar pela delimitação ou rejeição, mas é privilegiada uma atitude básica positiva[7]. E esta posição é justificada com a própria tarefa da Igreja de "promover a unidade e o amor entre as pessoas e com isso entre os povos"[8]. Esta nova posição básica deixa-se reconhecer, sobretudo, em duas afirmações.

Por um lado, as experiências religiosas dos povos – e as diferentes religiões como expressões legítimas destas experiências – são re-

---

4. ZEHNER, J.: Dialog, 53.
5. NA 2.
6. Cf. RAHNER, K.; VORGRIMLER, H.: Konzilskompedendium, 350.
7. "Quando se tem presente a declaração do Concílio de Florença de 1442, fica claro que se iniciou uma nova época, na valorização pela tradição católica das outras religiões. Naquela época afirmou-se: '(A Santa Igreja Romana)... acredita firmemente, confessa e anuncia, que ninguém fora da Igreja Católica, nem pagão, nem judeu, nem infiel, nem algum dos separados da unidade, terá participação na vida eterna; e, além do mais, que está destinado ao fogo eterno, preparado para o diabo e seus anjos, aquele que não se unir à Igreja antes de sua morte'. Apesar das afirmações da Escritura e da Tradição, os padres conciliares assumem pela primeira vez na história da doutrina da Igreja Católica uma posição que valoriza as religiões universais". ZEHNER, J.: Dialog, 12.
8. NA 1.

conhecidas como uma "certa percepção daquela força misteriosa que preside o desenrolar das coisas e acontecimentos da vida humana"[9]. Com isso, a legitimidade destas experiências religiosas é reconhecida para a Igreja Católica como de relevância teológica. A consequência que segue a este reconhecimento da relevância teológica é formulada para a Igreja pelo próprio texto conciliar: "A Igreja Católica nada rejeita do que há de verdadeiro e santo nestas religiões. Considera ela com sincera atenção aqueles modos de agir e viver, aqueles preceitos e doutrinas. Se bem que em muitos pontos estejam em desacordo com os que ela mesma tem e anuncia, não raro, contudo, refletem lampejos daquela Verdade que ilumina a todos os homens"[10]. A seriedade com que se vê uma outra religião ganha uma outra dimensão que simplesmente a do puro relacionamento humano quando se afirma reconhecer nela presença da verdade. Este levar a sério torna-se teologicamente relevante para a própria Igreja e por isso é necessário que esta relevância seja refletida pela teologia, seja através da elaboração de uma teologia das religiões, seja através do diálogo com uma religião não cristã. O levar a sério outra religião supõe não apenas que se faça na teologia uma reflexão específica sobre esta religião ou sobre o seu significado, nem apenas que se elabore uma motivação teológica para um diálogo com esta religião específica. O reconhecimento de que em outras religiões há presença da verdade é um fato que influencia necessariamente a teologia como um todo.

Por outro lado, o concílio dirige como consequência do reconhecimento do valor da experiência religiosa de outras religiões uma exortação aos católicos, no sentido de que esta nova posição encontre também um reflexo na atitude prática de cada católico perante outra religião: "Exorta, por isso, seus filhos a que, com prudência e amor, através do diálogo e da colaboração com os seguidores de ou-

---

9. NA 2.
10. NA 2.

tras religiões, testemunhando sempre a fé e vida cristãs, reconheçam, mantenham e desenvolvam os bens espirituais e morais, como também os valores socioculturais que entre eles se encontram"[11]. Através desta exortação, o concílio abre caminho para maiores possibilidades de encontro, o que representa positivamente um desafio para os católicos nos países ou situações em que eles entram em contato com pessoas que professam outra religião. Este desafio é de ser entendido tanto no sentido de que os católicos busquem possibilidade de diálogo com membros de outras religiões e as conheçam, como também que católicos e membros de outras religiões possam juntos descobrir e buscar objetivos comuns.

Até que ponto esta exortação do concílio aos filhos e filhas da Igreja para um diálogo e colaboração com os que professam outra religião encontrou eco em relação a religiões, países e situações concretas, depende de muitos fatores e nem todos eles são condicionados apenas pelo lado católico. Esta nova posição perante as religiões não cristãs foi uma novidade dentro da própria Igreja, para a qual a própria Teologia de um modo geral não estava necessariamente preparada. "Este despreparo da Teologia católica fica exemplarmente claro no fato de que nos volumes suplementares do 'Lexikon für Theologie und Kirche' com os comentários sobre o Concílio Vaticano II, ao contrário dos outros com comentários minuciosos, o texto de *Nostra aetate* foi o único que ficou sem comentário"[12]. Apesar deste despreparo, o texto é importante por preparar o caminho para um novo relacionamento da Igreja Católica com outras religiões e coloca um mínimo de orientações para este relacionamento. Com *Nostra aetate*, apresenta-se a possibilidade de se construir um relacionamento numa base positiva, o que não é necessariamente evidente no relacionamento entre diferentes religiões e historicamente nada evidente no relacionamento da Igreja Católica com reli-

---

11. NA 2.
12. WALDENFELS, H.: Begegnung, 75-76.

giões não cristãs. Os padres conciliares convidam os membros da Igreja Católica a mudar este relacionamento. Este convite permanece até hoje um desafio em todos os níveis e âmbitos da Igreja. Ele vale tanto para a teologia e Igreja em geral como também para cada cristão ou comunidade em particular, que estão em contato com fiéis de outra fé em sua situação concreta. A aceitação deste convite permanece na maioria das vezes condicionada e limitada a um determinado contexto.

2. A OPÇÃO FRANCISCANA

Evocando a tradição franciscana e o dia da paz em Assis (27 de outubro de 1986) o documento final do Capítulo Geral da Ordem Franciscana de junho/julho de 1991 exorta os membros da ordem a engajarem-se em favor do diálogo inter-religioso: "Conscientes das exigências que o discernimento dos sinais dos tempos nos colocam, sugerimos que: [...] Nos países em que há uma presença especial de outras religiões, as províncias se esforcem em procurar formas de diálogo inter-religioso e procurem novas iniciativas de aproximação no espírito do capítulo 16 da *Regula non bullata* e do dia da paz em Assis"[13]. No capítulo 16 da *Regula non bullata* ("Dos que quiserem ir para entre os sarracenos e outros infiéis"), Francisco prescrevera: "E os irmãos que partirem poderão proceder de duas maneiras espiritualmente com os infiéis: o primeiro modo consiste em absterem-se de rixas e disputas, submetendo-se 'a todos os homens por causa do Senhor' (1Pd 2,13) e confessando serem cristãos. O outro modo é anunciarem a palavra de Deus quando o julgarem agradável ao Senhor"[14]. E com esta intenção de não iniciar "rixa nem disputa", Francisco mesmo foi ao encontro dos muçulmanos.

Esta atitude de Francisco, difícil de ser entendida em seu tempo, quer ser cultivada pela ordem franciscana e servir de modelo para

---

13. Documento Final do Capítulo Geral da Ordem Franciscana, n. 24.
14. NbReg 16,5-7a.

os membros da ordem no contato com fiéis de outra crença[15]. Toda a família franciscana foi convidada pelos superiores gerais franciscanos a "facilitar a troca de experiências de fé, teologia e vida franciscana entre religiões, países e regiões do planeta"[16].

Esta posição, recomendada aos franciscanos em geral, é reforçada e posta em prática pelos franciscanos na América Latina na medida em que os membros da Ordem demonstram a mesma atitude de Francisco – de não começar rixa nem disputa – diante das religiões afro-americanas. A mensagem do 2º congresso histórico franciscano realizado em Quito (1992) vê "o diálogo e a cooperação ecumênica com outras Igrejas e religiões" como sinais de vida e esperança na América Latina e os membros da família franciscana são convidados a darem aqui a sua contribuição: "O diálogo com outras culturas e religiões, que não se encontram dentro da tradição ocidental, deve ser permanentemente vivido e cultivado pelos membros da família franciscana"[17]. Os superiores provinciais franciscanos da América Latina mencionam o conhecimento das culturas afro-americanas como um ponto programático para a ordem no continente: "Nós queremos conhecer e nos fazer presentes nas culturas autóctones, afro-americanas e nas novas culturas para inculturar os valores evangélicos e evangelizar a partir destas culturas"[18].

A atitude básica dos franciscanos diante de outras religiões que se deixa inspirar no modelo de São Francisco é decididamente não uma atitude de disputa ou de argumentação contra as religiões. E esta atitude origina-se "não de motivos táticos ou estratégicos, mas é um princípio advindo da vontade de Deus, pois ele é um Deus da

---

15. "Conforme decisão conciliar (IV Concílio do Latrão), foi iniciada no ano de 1217 a 5ª cruzada pela reconquista de Jerusalém. Neste contexto de uma inimizade geral reinante contra os muçulmanos, é difícil de compreender como pode Francisco ter-se decidido ir 'para entre' os muçulmanos". HOEBERICHTS, J.: Franziskus, 47.
16. SCHALÜCK, H. et al.: Botschaft, 277.
17. Mensagem final do congresso nº 53. In: ROTZETTER, A.; MORSCHEL, R.; VON DER BEY, H. (org.): Conquista, 290.
18. UCLAF (org.): Botschaft n. 4.5.

fraternidade e da paz, um Deus que é ele mesmo 'humilitas' e que quer que esta humildade, que se revelou em Jesus, seja seguida pelos irmãos na medida em que eles forem submissos a todas as criaturas"[19]. Os franciscanos querem redescobrir esta atitude de São Francisco e torná-la realidade. Ir para entre os membros das religiões afro-brasileiras e ser – pela vontade de Deus – a eles submissos, seria uma atitude totalmente nova na América Latina, onde os negros em sua grande maioria – do ponto de vista histórico – foram (obrigados a ser) submissos.

3. A CONFERÊNCIA DE SANTO DOMINGO E AS RELIGIÕES AFRO-BRASILEIRAS

O tema das religiões afro-americanas não é novo para a Igreja Católica latino-americana. Qual a atitude a ser tomada pela Igreja diante destas religiões não era, porém, clara. Por um lado, havia a exortação do Vaticano II ao diálogo e à colaboração, por outro lado a atitude perante as religiões afro-americanas sempre foi marcada pela desconfiança. O documento final da III Assembleia Geral do Episcopado Latino-Americano em Puebla serve bem de exemplo desta atitude dúbia da Igreja Católica perante estas religiões. O Judaísmo e o Islamismo são mencionados expressamente e destacados seus valores positivos[20]. Um diálogo é aqui claramente desejado. As religiões afro-americanas não são nem mencionadas. Ao invés disso, fala-se simplesmente de "outras religiões não cristãs" (n. 1104) ou das "outras (depois do Judaísmo e Islamismo) formas religiosas ou pararreligiosas" (n. 1112). Entre estas "outras" não é feita

---

19. HOEBERICHTS, J.: Franziskus, 57.
20. "Tanto em nível continental como em algumas nações em particular, tem começado a estruturar-se o diálogo com o judaísmo. Contudo, verifica-se a persistência de certa ignorância acerca de seus valores permanentes e algumas atitudes deploradas pelo próprio Concílio. O monoteísmo islâmico, a busca do absoluto e de respostas aos enigmas do coração humano, características das grandes religiões não cristãs, constituem pontos de aproximação para um diálogo que, em forma incipiente, já acontece em alguns lugares." Puebla n. 1.110-1.111.

qualquer diferenciação e apesar duma exortação geral ao diálogo inter-religioso ("Incrementar o diálogo ecumênico entre as religiões e com os não crentes, com vistas à comunhão, buscando áreas de participação para o anúncio universal da salvação", n. 1096), estas "outras" formas religiosas são vistas com uma certa desconfiança: "Nas outras formas religiosas ou pararreligiosas, nota-se a busca de respostas para as necessidades concretas do homem, um desejo de contato com o mundo da transcendência e do espiritual. Observa-se, todavia, nelas, junto com um proselitismo muito acentuado, a tentativa de subjugar pragmaticamente a transcendência espiritual do homem" (n. 1112) ou: "Informar e orientar nossas comunidades, baseados num lúcido discernimento, a respeito das formas religiosas ou pararreligiosas acima mencionadas e das distorções que elas contêm para a vivência da fé cristã" (n. 1124).

A IV assembleia geral do episcopado (Santo Domingo) ocupou-se concretamente – principalmente em sua preparação – com o tema das religiões afro-americanas. Tanto nos documentos preparatórios quanto nos resultantes da conferência fala-se diversas vezes explicitamente da presença de religiões afro-americanas na América Latina. Não mais se fala de "outras religiões não cristãs", mas sim especificamente de "religiões afro-americanas". Em dois documentos preparatórios, no "Documento de Consulta" e na "Secunda Relatio", são mencionadas nominalmente quatro religiões afro-americanas: Vodu, Candomblé, Santerías e Umbanda[21]. A presença destas religiões afro-americanas é vista como um dado da sociedade plurirreligiosa latino-americana. "O pluralismo religioso é uma nova realidade. Ele nos exorta a distinguir os espíritos e a fortalecer nossa fé"[22]. O fato de que as religiões afro-americanas são mencionadas

---

21. "Deste modo, surgiram grandes sincretismos como o Vodu, o Candomblé, as Santerías e mais tarde a Umbanda com seus cultos extáticos". CELAM (org.): Documento, 21-22. "Foram fundadas sempre mais irmandades de negros. Surgiram religiões sincretistas: Vodu, Candomblé, Santerías e Umbanda". Secunda Relatio, 62.
22. Secunda Relatio, 204.

como tal e não mais se encontram, como no documento de Puebla, sob a denominação de "formas religiosas e pararreligiosas", mostra que houve um reconhecimento destes grupos como religiões, o que é um passo muito importante. Em documentos, até então a Igreja latino-americana havia evitado falar de religiões.

Nos documentos preparatórios da Conferência de Santo Domingo é bastante corrente a temática das culturas afro-americanas. Os esforços pela preservação e desenvolvimento destas culturas na América Latina devem ser apoiados pela Igreja[23]. Os valores destas culturas afro-americanas – e também de suas religiões – são avaliados de forma positiva: "Por isso, os ritos, usos e costumes das religiões indígenas e afro-americanas, seu senso de festa e ritos de passagem devem ser avaliados de forma positiva; neles deveriam ser reconhecidas com alegria sementes da revelação"[24]. Esta atitude diferente dos cristãos frente às religiões afro-americanas que é exigida pela IV Assembleia Geral do Episcopado Latino-Americano se faz notar no próprio documento da assembleia. O esforço em ver estas religiões de forma positiva é um passo de qualidade em comparação com a posição do documento anterior (Puebla). A atitude dominante não é mais a da desconfiança. Isto não significa, porém, que se tenha assumido uma posição totalmente acrítica perante estas religiões. "Quando falamos sobre valores positivos das culturas e religiões, isto não significa que fechamos os olhos para os erros e pecados que cada cultura histórica traz em si"[25]. Também as dificuldades no relacionamento com estas religiões não são escondidas.

Uma primeira dificuldade é a própria recordação dos "500 anos da América Latina". Os documentos em torno da Conferência de Santo Domingo admitem que uma festa dos 500 anos da América Latina causaria compreensivelmente desconforto para os povos indí-

---

23. Cf. CELAM (org.): Documento, 121; Secunda Relatio, 182; CELAM (org.): Arbeitsdokument n. 249.
24. CELAM (org.): Arbeitsdokument, n. 249.
25. Secunda Relatio, 170.

genas e afro-americanos[26]. Uma forma conveniente de recordar esta data, tendo em vista a história do relacionamento entre a população negra (e por muito tempo escrava) e a Igreja Católica, era e permanece um desafio para a Igreja. Aponta-se claramente para algumas dificuldades que a Igreja hoje tem em seu relacionamento para com as religiões afro-americanas, entre elas a realidade do sincretismo[27]. Esta questão é um desafio para a Igreja latino-americana. O sincretismo deve ser evitado, sem fechar, porém, a possibilidade de diálogo[28]. Exige-se uma mudança dos que praticam a dupla militância religiosa, mostrando-se, porém, compreensão para os cristãos que se encontram nesta situação: "Embora as religiões de origem africana e indígena estejam integradas em suas respectivas culturas e representam um fundamento para a identidade dos respectivos grupos, elas não facilitam suficientemente valores cristãos e eclesiais. Respeitamos a posição subjetiva daqueles cristãos que vivem nelas; é necessário, porém, uma mudança para que se possa experimentar com perfeição a adoração de Deus em espírito e verdade"[29].

Nos documentos preparatórios para Santo Domingo e em suas conclusões se fala expressamente pela primeira vez em âmbito latino-americano do desejo de um diálogo com as religiões afro-americanas. Através do diálogo, os cristãos devem tentar entender o sentido profundo destas religiões, valorizá-las e assumir o positivo[30]. O diálogo não deve ser buscado por motivos táticos. É teológico o motivo que leva ao diálogo: a procura pelos sinais da presença de Deus nas culturas e religiões[31]. A ação do Espírito, que prepara e realiza a obra salvadora de Jesus Cristo, não se limita apenas à Igreja. Ele age na história de toda a humanidade. "Este Espírito vivifica todas as

---

26. Cf. CELAM (org.): Documento, 168; Secunda Relatio, 175.
27. Cf. CELAM (org.): Documento, 169.
28. Cf. Santo Domingo n. 138.
29. CELAM (org.): Arbeitsdokument n. 678.
30. Cf. Secunda Relatio, 71.
31. Cf. Secunda Relatio, 167-168.

culturas e religiões da humanidade e faz delas instrumentos de salvação e de vida. Não ouvir a voz do Espírito na história dos povos, não reconhecer sua presença nos sinais dos tempos é fechar-se à ação de Deus e pecar contra o Espírito Santo"[32]. Por isso, a Igreja deve "buscar ocasiões de diálogo com as religiões afro-americanas e com as religiões dos povos indígenas, atentos em descobrir nelas as 'sementes do verbo'"[33].

O diálogo só pode surgir e dar frutos quando estas religiões são conhecidas. O conhecimento destas religiões serve tanto para desfazer mal-entendidos entre cristãos e membros destas religiões – "Nós deveríamos conhecer melhor os 'Orixás' africanos dos sincretismos religiosos específicos afro-americanos, para poder distingui-los melhor dos santos católicos"[34] – como deve fazer também com que estes conhecimentos sobre a riqueza destas religiões promovam um respeito mútuo, uma cooperação e possa levar inclusive a uma oração conjunta[35].

Esta atenção positiva da Igreja Católica perante as religiões afro-americanas e o apelo ao diálogo devem ser, porém, seguidos de fatos. É tempo de conhecer-se, de atenção mútua. Este processo já foi em muitos lugares iniciado, às vezes através do trabalho e iniciativa de pessoas, que com paciência e dedicação tiveram a coragem de vencer preconceitos e manter-se abertos aos sinais da ação do Espírito de Deus no outro[36]. Necessário se faz que este processo continue.

---

32. Secunda Relatio, 169.
33. Santo Domingo n. 138.
34. CELAM (org.): Arbeitsdokument n. 680.
35. Cf. Secunda Relatio, 205.
36. Do lado católico merece destaque aqui, sobretudo, o trabalho pioneiro do sacerdote francês François de l'Espinay em Salvador da Bahia, o trabalho do antigo abade beneditino de Salvador Dom Timóteo, como também o do franciscano Frei David Raimundo dos Santos nas imediações do Rio de Janeiro.

Capítulo 4: OBSERVAÇÕES METODOLÓGICAS

1. O PONTO DE PARTIDA

O ponto de partida para conhecer o Candomblé a ser usado neste estudo é a história. Através da história chegaremos ao Candomblé. O Candomblé mesmo será apresentado através de "círculos concêntricos": partindo de uma apresentação geral do Candomblé, iremos chegar à experiência religiosa nele vivida e à experiência específica dos Orixás vivida pelos iniciados na religião. Não é interesse deste trabalho pesquisar ou descrever do ponto de vista técnico o decorrer das muitas e variadas atividades religiosas do Candomblé, mesmo porque muitas delas são de caráter secreto e assim devem permanecer. Às vezes, porém, serão necessárias tais descrições, nas quais o interesse central não estará, porém, tanto nos detalhes da descrição, mas sim em perceber o significado religioso de tais atividades e descobri-lo, tendo em vista um encontro do Cristianismo com o Candomblé.

2. UMA RELIGIÃO SEM ESCRITURA

O Candomblé – bem como as outras religiões afro-brasileiras – é uma religião na qual as tradições são transmitidas oralmente. Não há nenhum texto que seja uma fonte ou que tenha o *status* de uma escritura sagrada. Os materiais escritos usados para este estudo são em sua maioria obras de sociólogos, antropólogos ou etnólogos sobre o Candomblé. Por isso, é também compreensível que este trabalho sobre a experiência religiosa no Candomblé tenha tido influência destas ciências. Uma teologia das religiões ou um encontro de religiões não pode prescindir da contribuição destas ciências, sobretudo da sociologia e da etnologia das religiões.

3. POR QUE O CANDOMBLÉ?

Até agora falou-se neste trabalho quase que exclusivamente de religiões afro-americanas ou religiões afro-brasileiras. A escolha do Candomblé como enfoque principal neste trabalho não significa de modo algum uma maior valorização do Candomblé perante as outras religiões afro-brasileiras ou uma desvalorização destas outras perante o Candomblé. Como foi escolhido o Candomblé, poderia perfeitamente ter sido escolhida uma outra religião. Contatos pessoais e amizade com membros do Candomblé, que já existiam antes do início da pesquisa e que foram aprofundados durante a mesma, e novos contatos e amizades feitos durante a pesquisa contribuíram para esta escolha. Houve o interesse pessoal de conhecer mais de perto a religião destes amigos e manter com eles um contato em vista dum diálogo religioso. O fato de existir sobre o Candomblé um maior volume de material escrito e de estudos do que sobre qualquer outra religião afro-brasileira foi também um fator que contribuiu para a escolha do Candomblé como enfoque principal deste estudo.

4. OS CONCEITOS RELIGIOSOS E SUA GRAFIA

Os conceitos religiosos serão usados como normalmente eles se usam no Candomblé, sem a utilização de uma tradução, na esperança de que seu significado fique claro no decorrer do trabalho. No final do livro (Anexo 2) há um glossário que irá explicar de forma sucinta o significado de cada conceito, facilitando assim a compreensão. Este glossário não é, porém, um glossário geral dos termos do Candomblé ou das religiões afro-brasileiras, mas simplesmente uma explicação dos termos utilizados neste trabalho. Para facilitar a leitura e compreensão de leitores não familiarizados com a grafia técnica dos termos de origem Yoruba, será utilizada neste trabalho a grafia aportuguesada dos termos, grafia esta também utilizada na maior parte da literatura sobre as religiões afro-brasileiras. Em caso de termos com grafias variadas, optou-se pela mais comum.

SEGUNDA PARTE

OLORUM, ORIXÁS E AS PESSOAS HUMANAS NO CANDOMBLÉ

Capítulo 5: INTRODUÇÃO ÀS RELIGIÕES AFRO-BRASILEIRAS

1. O SURGIMENTO DAS RELIGIÕES AFRO-BRASILEIRAS

"A continuação, modificação e expansão de cultos africanos no Brasil precisa necessariamente ser descrita e interpretada a partir do pano de fundo histórico da escravidão brasileira. Para isto, é preciso entrar na questão do papel dos escravos afro-brasileiros durante os quatro primeiros séculos de história brasileira, na questão de suas condições de vida e, com isso, nas possibilidades de conservação das tradições africanas"[1]. Esta premissa colocada na tese doutoral de Koch-Weser permanece uma regra para todos os trabalhos que pretendem se ocupar de forma mais ampla com o tema das religiões afro-brasileiras. No primeiro parágrafo deste capítulo ocupar-nos-emos justamente com a problemática da escravatura brasileira, sem a preocupação, porém, de fazer um estudo detalhado sobre o tema. Será dada apenas uma visão geral da problemática e com isso colocado o pano de fundo histórico do surgimento das religiões afro-brasileiras. Esta questão histórica é de importância decisiva para o entendimento do desenvolvimento destas religiões. Na história da escravidão no Brasil não pode ser esquecido de forma alguma o papel (negativo e comprometido) desempenhado pelo Cristianismo, sobretudo pela Igreja Católica. Justamente num diálogo positivo entre Cristianismo e religiões afro-brasileiras é imprescindível que se tenha diante dos olhos este papel. O papel histórico da Igreja Católica na questão da escravatura também será objeto de análise neste estudo.

---

1. KOCH-WESER, M.R.M.: Yoruba-Religion, 86.

1.1. Origem: As religiões africanas antes da colonização e escravidão

Do ponto de vista histórico, a África é o campo de origem e o Brasil, o campo de desenvolvimento das religiões afro-brasileiras. Religiões africanas formam a base, a partir da qual se desenvolveram as religiões no Brasil. Este desenvolvimento posterior é influenciado por diversos fatores, tanto a influência de outras religiões (Cristianismo, religiões dos indígenas, Espiritismo), como influências contextuais (situação de escravatura, proibição da prática de religiões africanas, falta de pessoas iniciadas/formadas etc.). Apesar de todas estas influências e situações, as tradições e religiões africanas são ainda até hoje fonte para estas religiões no Brasil. Considerações sobre religiões afro-brasileiras exigem sempre este retorno ao pano de fundo africano.

Este retorno é, no entanto, dificultado por diversos fatores. Uma primeira dificuldade é a própria utilização do conceito África como uma unidade, pois apenas visto de fora representa este continente uma unidade. Visto mais de perto a África é um conjunto de muitos povos, culturas, línguas e – o que é relevante para este trabalho – religiões. Somente na África Negra são mais de 1.000 grupos étnicos com suas respectivas religiões[2]. Quais destas religiões e em que medida tiveram alguma influência na formação das religiões afro-brasileiras, isto não se consegue mais detectar com precisão. Outra dificuldade é a questão do local e época da escravização. Os dados sobre época e origem dos escravos trazidos para o Brasil são muito poucos. Onde se deveria pois fazer este retorno à origem? O tráfico de escravos durou mais de 300 anos. Neste período, houve também modificações nas religiões na África, tanto pelo contato com o Cristianismo e o processo de cristianização como pelas mudanças na geografia populacional ocasionada pelo comércio de escravos.

Outra dificuldade são as religiões mesmas, que não são religiões homogêneas, mas sim grupos de religiões, com pontos em comum

---

2. Ibid., 27.

e com variações. "As tradições religiosas que variam de povo para povo, não são uniformes, mesmo em um único povo"[3]. E além do mais, trata-se de tradições que se mantêm oralmente e não através de escritos. Muitas destas tradições são passadas adiante apenas para o círculo de iniciados. Isto se refere especialmente a muitos ritos, dos quais apenas iniciados podem participar, ou apenas pessoas que detêm uma determinada função no culto. O caráter do segredo em muitas práticas religiosas tem um papel importante.

Outras dificuldades poderiam ser aqui elencadas, mas este trabalho não pretende falar das dificuldades ou daquilo que é impossível, mas exatamente o contrário: observar, analisar, valorizar aquilo que é possível. Que muitas questões permanecerão em aberto, já se pode prever.

Quantas religiões africanas chegaram ao Brasil através de escravos é incerto. As religiões que aqui chegaram precisam, porém, ser analisadas no contexto das demais religiões africanas, que, apesar das muitas variações, apresentam também algumas características em comum, características estas que podem ser quase todas encontradas novamente nas religiões afro-brasileiras. De uma forma simplificada, poderíamos apresentar como características comuns os seguintes aspectos[4]:

a) A religião diz respeito mais à sociedade que ao indivíduo. Todas as esferas da vida da sociedade são abarcadas pela religião. Uma separação entre parte sagrada e parte profana da vida é inconcebível[5]. A religião abrange o todo e tudo tem um e seu sentido dentro da religião[6]. Ela é a origem de sentido para a ordem como um todo.

---

3. Ibid., 28.
4. Ibid. Yoruba-Religion, 27s.; ALMEIDA CINTRA, R. de: Cultos, 505. Toda simplificação traz consigo, sem dúvida, o perigo da descaracterização. Cf. GERBERT, M.: Religionen, 36.
5. Cf. AMADO, W.J. et al.: Religião, 46.
6. "Fato é que a maioria das línguas africanas não tem uma palavra originariamente própria para dizer 'religião'... A religião traspassou de tal forma todos os aspectos da vida, que não mais se pode retirar um único elemento da herança comum". McVEIGH, M.: Afrika, 434.

b) A fé num ser supremo (Deus), que é caracterizado de formas muito diversas. Em alguns povos, dirige-se culto intenso a este ser e entende-se que ele esteja próximo do humano e interfere na vida das pessoas. Para outros povos, este ser supremo é apresentado como distante das pessoas e da sociedade. Sua existência e importância não são negadas, mas a ele não se presta culto. Uma interferência deste ser distante na vida da sociedade ou em sua ordem não é esperada. Ele é visto, geralmente, em ligação com outra dimensão da existência (céu, além), que aquela na qual a vida humana e da sociedade acontecem (terra, aquém). A este ser supremo também é atribuída a criação, seja de forma direta, seja de forma indireta, por exemplo, através da distribuição de forças ou tarefas criacionais[7]. Ele também é visto como juiz supremo, embora "a maioria dos povos africanos acredite que Deus castiga pelos erros já nesta vida, de modo que seu juízo interfere na vida humana. A imagem de um castigo no além é, com poucas exceções, desconhecida"[8].

c) A crença numa existência após a morte – seja lá esta entendida como for – e, ligado a isto, o culto aos mortos são também patrimônio comum das religiões africanas. A noção sobre esta vida após a morte é muito variada. Os mortos são cultuados ou como indivíduos ou como antepassados coletivos. Esta crença não inclui, porém, a esperança numa realização final ou vida feliz. A condição da existência pós-morte não é entendida como recompensa ou castigo pela vida antes da morte, pois tanto recompensa como castigo são recebidos antes da morte. Com isso, mostra-se uma outra característica marcante das religiões africanas: uma forte ligação com o aquém.

d) Outra característica comum das religiões africanas é a crença na existência de espíritos. Estes são entendidos como seres ou forças intermediárias entre o ser superior e as pessoas[9]. As pessoas podem entrar em contato com eles e até manter com eles um certo relacio-

---

7. Cf. AMADO, W.J. et al.: Religião, 55.
8. KOCH-WESER, M.R.M.: Yoruba-Religion, 28.
9. Cf. AMADO, W.J. et. al.: Religião, 56; TOSSOU, K.J.: Geister, 244.

namento[10]. Estes não são entendidos basicamente como sendo bons ou maus. Do ponto de vista da origem, pode-se distinguir duas espécies de espíritos: os que foram criados como espíritos e aqueles dos quais se pensa que tiveram uma vida na terra e após a morte tornaram-se seres-espíritos. Assim há, por exemplo, lendas que falam da criação, onde determinados espíritos já estavam presentes, e há lendas que contam da vida humana nesta terra que tiveram espíritos antes de tomarem esta condição.

Também há de se mencionar que entre os escravos trazidos ao Brasil havia muçulmanos. Estes muçulmanos eram negros ou mestiços de negros e hamitas, que haviam sido islamizados antes da deportação e escravização. Eram, pois, povos originariamente não muçulmanos, cujas religiões originárias não haviam sido esquecidas com a islamização, tendo-se formado um sincretismo entre fé islâmica e religiões tradicionais. Este sincretismo é que foi trazido por escravos ao Brasil[11]. Por diversos motivos, o Islamismo, como comunidade de fé, trazido ao Brasil pelos escravos, desapareceu.

1.2. A deportação de africanos para o Brasil

Quando no ano de 1500 o navegador português Pedro Álvares Cabral tomou posse em nome do rei português Dom Manuel da terra mais tarde chamada de Brasil, os portugueses estavam interessados sobretudo em ouro e especiarias. Depois de uma curta permanência em terra, os portugueses constataram que nem uma nem outra coisa podiam ser adquiridas. Os portugueses não puderam encontrar logo de sua chegada nem ouro nem prata, nem qualquer ou-

---

10. "Como o africano não entende estes seres espíritos de forma racional abstrata, mas de forma pessoal, estabelece com eles relações pessoais e expressa com isso o próprio ser dependente do outro numa dimensão pessoal constitutiva da existência humana". TOSSOU, K.J.: Geister, 244.
11. Cf. BASTIDE, R.: Religiões, 204. O Islamismo não é uma religião africana e é aqui citado apenas por ter sido a religião de alguns escravos trazidos ao Brasil. Como, porém, a fé islâmica não exerceu qualquer influência no desenvolvimento posterior das religiões afro-brasileiras, não iremos tratar do tema com mais detalhes.

tro metal. O rei de Portugal foi logo informado[12]. Os habitantes encontrados na terra não produziam nada que pudesse ser vendido no mercado europeu de então. Estes "não aram, nem possuem bois ou vacas", relatou Pero Vaz de Caminha. Esta primeira expedição não trouxe a Portugal muito lucro e, por isso, também não muito interesse por esta terra.

Um ano mais tarde, a coroa portuguesa enviou uma outra expedição, para examinar o país mais de perto e descobrir possíveis fontes de lucro. Esta expedição teve maior sucesso e descobriu ao longo da costa uma espécie de madeira, da qual facilmente se poderia extrair uma tinta[13]. O cristão convertido do Judaísmo, Fernão de Noronha, recebeu sozinho da coroa portuguesa a incumbência e a permissão para explorar a madeira. Portugal também estava interessado em produzir açúcar no país. Dom Manuel ordenou no ano 1516 que se fizesse a tentativa de plantar cana e produzir dela açúcar. Data do ano de 1521 o primeiro relato de que se produziu açúcar no Brasil[14]. A colonização, propriamente dita, do país começou, porém, apenas a partir de 1530, com a expedição de Martim Afonso de Sousa, que introduziu a agricultura e a produção de açúcar no Brasil. Este produto tinha sido levado para a Europa pelos árabes e começara a ser produzido mais tarde na Sicília e na Espanha. Seu preço era, porém, tão elevado, que apenas as famílias nobres o podiam consumir. No ano de 1440, uma arroba de açúcar custava 18,30 gramas de ouro[15]. Quando Portugal apoderou-se do Brasil, os portugueses já dominavam o mercado mundial de açúcar. A maior produção era feita na Ilha da Madeira e em 1540 havia já 100 navios empregados no trabalho de transporte do açúcar português[16].

---

12. Do primeiro relatório sobre o Brasil de Pero Vaz de Caminha, escrivão da expedição de Pedro Álvares Cabral, ao rei de Portugal.
13. Trata-se de "Pau-Brasil", árvore à qual o país deve seu nome.
14. Cf. CHIAVENATO, J.J.: Negro, 29.
15. Ibid., 27.
16. Ibid.

Para poder expandir a produção de açúcar em território brasileiro, os portugueses precisavam de mão-de-obra. Inicialmente tentaram servir-se da força de trabalho indígena, escravizando-os. Esta tentativa mostrou-se ser não rentável. Os índios não estavam acostumados a esta forma de trabalho na terra e recusaram-se ao trabalho, apesar da opressão cruel que sofriam, morrendo em massa, especialmente através de doenças transmitidas pelos europeus e contra as quais eles não tinham resistência.

Esta forma de escravização indígena sofreu logo protestos. O Papa Paulo III condenou no ano 1537 na bula "Veritas Ipsa" a escravização indígena. A coroa portuguesa proibiu-a em 1566[17]. Depois que a escravização dos índios mostrou não ser rentável e ocasionou protestos, o problema da falta de mão de obra foi resolvido através da importação de escravos negros. Pouco a pouco, os escravos indígenas foram substituídos por escravos negros[18]. Já no ano de 1549, os donos de plantações receberam o direito de importar ao Brasil cada qual 120 escravos da Guiné ou da Ilha de São Tomé. Esta é a primeira permissão legal para a importação de escravos africanos ao Brasil de que se tem notícia[19]. É de se supor, porém, que, já antes desta data, havia escravos negros nas plantações de cana-de-açúcar de São Vicente. Quando exatamente entraram os primeiros escravos africanos no Brasil, não se pode mais determinar com certeza. As expedições de Pero Capico (1516 e 1526), que foi o primeiro a tentar plantar cana-de-açúcar no Brasil, e de Martim Afonso de Sousa (1531) podem ter introduzido os primeiros escravos negros no Brasil. Há também a notícia de que um tal de Bixorda teria trazido escravos negros ao Brasil no ano de 1538[20].

---

17. Proibição esta que não deve ter sido respeitada, pois há uma nova proibição no ano de 1680. Cf. KOCH-WESER, M.R.M.: Yoruba-Religion, 71.
18. Cf. HURBON, L.: Igreja, 532.
19. Cf. KOCH-WESER, M.R.M.: Yoruba-Religion, 71.
20. Cf. BERGMANN, M.: Povo, 23.

Quando no ano de 1548 o povoado de São Vicente foi ameaçado através de ataques indígenas, Luís de Góis escreveu ao rei português pedindo ajuda. Nesta carta consta o pedido ao rei para que tenha piedade das muitas almas cristãs que na Vila de São Vicente, entre homens, mulheres e crianças eram mais de 600, além dos escravos, mais de 3 mil[21]. Não fica claro, porém, se se trata de escravos negros. Talvez se trate tanto de índios escravizados como de escravos negros, pois a escravização de negros já era naquele tempo uma realidade em Portugal e suas colônias. Em favor da suposição de que já antes de 1549 escravos negros haviam sido trazidos para o Brasil está o fato de que em 1550 o Brasil já lidera a produção mundial de açúcar – o que necessitaria de muita mão de obra – e que a escravidão de africanos já era praticada por Portugal há mais de 100 anos[22].

"No ano de 1434, os portugueses já compravam cargas inteiras de navios de escravos do norte da África, a serem utilizados tanto no trabalho doméstico, na agricultura em geral e especialmente na plantação de cana-de-açúcar na Ilha de São Tomé"[23]. Dez anos mais tarde, os portugueses organizaram uma expedição à África para prender escravos. O escrivão da expedição noticia a prisão de 239 negros[24]. Os escravos negros eram utilizados em Portugal sobretudo na agricultura, de modo "que os primeiros negros que chegam ao Brasil não vêm da África: eles são trazidos de Portugal, já como escravos treinados"[25]. No início não havia nenhum comércio organizado de escravos, de forma que não se pode falar em tráfico de escravos. Os primeiros escravos trazidos ao Brasil devem ter vindo junto com colonizadores, quase que como parte de sua bagagem.

---

21. Cf. BEOZO, J.O.: Mulher, 79.
22. Cf. CHIAVENATO, J.J.: Negro, 29, 46; SUESS, P.: Geschichte, 303.
23. HURBON, L.: Sklavenhandel, 506. E.D. Genovese data a entrada dos primeiros escravos africanos em Portugal no ano de 1441. Cf. GENOVESE, E.D.: Mundo, 81.
24. 165 negros da Ilha de Zaar, 60 da Ilha de Tider e 14 do Cabo Branco. Cf. J.J. Chiavenato, Negro, 46.
25. CHIAVENATO, J.J.: Negro, 52-53.

Estes primeiros escravos de portugueses eram advindos de diversos pontos da costa ocidental da África, dominados por Portugal. A maioria advinha da Ilha de São Tomé e de Angola. Com a introdução do primeiro governador geral do Brasil, Tomé de Souza (1549), deve ter sido intensificado o número de escravos trazidos ao Brasil. Ao mesmo tempo cresceu rapidamente o número de engenhos.

A partir da metade do século XVI, o tráfico de escravos entre a África e o Brasil foi intenso, organizado e cruel. O lucro era a principal força impulsionadora do tráfico. Ele durou mais de 300 anos e sua abolição deve-se mais a interesses econômicos que humanitários.

1.3. A escravidão

a) *O tráfico de escravos*

Caça, guerra, compra: através destes métodos, os africanos foram escravizados. No início da fase do comércio escravista, os portugueses caçavam pessoas na África e o produto da caça era escravizado. Este método era, porém, muito arriscado. Os caçadores de escravos europeus tinham contra si não apenas a geografia desconhecida, como também os chefes africanos, que controlavam rigidamente seus territórios. Por fim, as doenças espalhadas pelos europeus fizeram a caça de escravos praticamente impossível. Quando, porém, o comércio de escravos se estabilizou e a quantia necessitada era grande, os comerciantes europeus de escravos procuraram trabalhar em conjunto com chefes africanos, comprando destes pessoas para serem escravizadas. Os escravizados eram em sua maioria ou prisioneiros de guerras ou produto de caça com objetivo escravizador. Os traficantes de escravos provocavam inimizades entre chefes africanos, aumentando assim as guerras e consequentemente o número de pessoas feitas disponíveis para a escravização. Muitos chefes africanos vendiam também súditos ou rivais pelo poder. Por fim, a sede de lucro de chefes africanos também contribuiu para o aumento do número de escravizados. Estes trocavam seus "produtos" por produtos europeus, tabaco e cachaça brasileiros. Sem a colaboração de chefes africanos, o tráfico de escravos não teria atingido as proporções que atingiu, nem teria sido mantido por tanto tempo[26]. Não se pretende de modo algum com esta constatação colocar a responsabilidade pelo tráfico de escravos e suas consequências em chefes africanos. Este trabalho conjunto de chefes africanos com traficantes europeus mais se poderia chamar de cooptação que de colaboração.

O volume da necessidade de fornecimento de mão de obra crescia na colônia Brasil nas mesmas proporções do crescimento do número de engenhos e de plantações de cana-de-açúcar. Estes concentravam-se no início da colonização, sobretudo nas províncias da Bahia e Pernambuco. Já no final do século XVI, porém, escravos eram levados para Paraíba, Alagoas e Sergipe. O interesse principal, no entanto, dos traficantes de escravos no século XVI não era o Brasil, mas sim as colônias espanholas nas Américas, que eram mais ricas e pagavam melhor preço pelos escravos. Apesar disso, o número de escravos trazidos ao Brasil cresceu rapidamente. Estima-se em dois a três mil o número de escravos africanos no Brasil por volta de 1570. Duas décadas depois, este número já deve ser de nove a dez mil e na virada do século em torno de 15 mil. Segundo estas estimativas, no primeiro século de colonização foram trazidos para o Brasil cerca de 30 mil escravos africanos[27]. Neste mesmo período, o número de engenhos subiu para mais de 100. Cada engenho possuía em média de 20 a 300 escravos. A expansão da produção açucareira em Pernambuco no início do século XVII exigia mais mão de obra. Entre 1600 e 1630 devem ter sido trazidos para Pernambuco cerca de 75 mil africanos. O número de índios escravizados era também grande nesta época, embora a política portuguesa tivesse como consequência a dizimação destes, fazendo com que o número de índios es-

---

26. Cf. KOCH-WESER, M.R.M.: Yoruba-Religion, 81-82; BERGMANN, M.: Povo, 24; STOLBERG, C.F.: Afrika, 5.
27. Cf. BERGMANN, M.: Povo, 24-25. O número de índios escravizados é estimado em 30 mil no ano de 1600. Cf. HOORNAERT, E.: Evangelização, 58.

cravizados diminuísse, enquanto aumentava o número de escravos africanos. No final do século XVI, os africanos já totalizavam mais de 25% da população conhecida da colônia.

Durante as invasões holandesas (1624-1654), a maioria dos índios colocou-se ao lado destes contra os portugueses[28]. A política de amizade dos holandeses perante os índios teve como consequência a necessidade de um maior número de escravos africanos para o trabalho. Os holandeses também recorreram ao tráfico de escravos para garantir a mão de obra. Os holandeses tomaram dois domínios portugueses na África para garantir o fornecimento de escravos ao Brasil[29]. O número de escravos africanos trazidos pelos holandeses é estimado em 33 mil. Durante a ocupação holandesa, faltava mão de obra na Bahia. Quando do cessar-fogo entre portugueses e holandeses em 1641, os holandeses permitiram que os portugueses da Bahia importassem diretamente escravos de quatro pontos da Costa da Mina (hoje Costa do Benin), porém, sob duas condições: Os escravos só poderiam ser trocados por tabaco baiano e cada carregamento de escravos tinha que pagar 10% de imposto à fortificação holandesa em São Jorge da Mina. A coroa portuguesa não tinha nenhum lucro através deste comércio direto de escravos entre a África e a Bahia, pois os produtos portugueses não eram envolvidos na transação. O rei português, Dom João IV, renovou em 1644 a permissão para este tráfico, sob a condição, porém, de que estes escravos não poderiam ser vendidos em qualquer outro porto – especialmente

---

28. Os holandeses tomaram Salvador em 1624 e foram expulsos pelos portugueses um ano mais tarde. Em 1630 ocorreu uma segunda invasão, com a ocupação de diversas cidades. A tentativa holandesa de tomar parte da colônia portuguesa para si fracassou definitivamente em 1654 com a capitulação destes perante as tropas portuguesas em Pernambuco. Nestas batalhas, foram envolvidas diversas tribos indígenas, tanto ao lado de portugueses como de holandeses. As tribos que lutaram ao lado dos holandeses foram, com a derrota destes, praticamente dizimadas. Com o tratado de paz de 1661, encerraram-se as contendas e a pretensão holandesa de tomar parte da colônia.
29. Trata-se de São João da Mina e Angola. Os holandeses mantiveram sob seu controle São João da Mina até quase o final da época do tráfico de escravos, enquanto Angola foi recuperada pelos portugueses em 1648. Cf. BERGMANN, M.: Povo, 26.

em Pernambuco ou Rio de Janeiro – a não ser o de Salvador. Com isso, Salvador da Bahia transformou-se no maior e mais significativo centro do tráfico escravista, de modo que, mesmo após a expulsão dos holandeses, a coroa portuguesa não mais conseguiu quebrar este monopólio da Bahia. Este comércio direto de escravos é o motivo pelo qual a Bahia tem hoje ainda a maior concentração de negros no Brasil.

Entre 1580 e 1640 Portugal não era nenhuma monarquia independente e encontrava-se sob a regência da coroa espanhola. Este fato não concorreu, porém, para nenhuma grande modificação na política praticada em relação à colônia Brasil. Quando, em 1640, a monarquia foi restaurada através do Rei Dom João IV, Portugal havia perdido suas colônias na Ásia e não detinha mais o monopólio do comércio de escravos na África. Portugal não era também mais nenhuma potência mundial nos mares. Estes eram agora dominados por holandeses, ingleses e franceses[30]. A Portugal não sobrou outra alternativa que a de concentrar-se em sua colônia na América do Sul. Ao lado da produção de açúcar, incentivou-se a produção de tabaco. Novas áreas foram abertas para a agricultura, os índios que aí moravam foram combatidos com mais intensidade e a importação de escravos da África foi intensificada na segunda metade do século XVII. Entre 1600 e 1650 foram trazidos cerca de 200 mil africanos ao Brasil e nos 50 anos seguintes entre 300 e 500 mil.

A descoberta de ouro no Brasil influenciou fortemente o comércio de escravos para o Brasil no século XVIII[31]. Primeiro foram utilizados os escravos que já se encontravam no Brasil na extração do ouro. Mais tarde passou-se a importar africanos diretamente para o trabalho do ouro. Segundo J.J. Chiavenato, entre os anos de 1700 e 1800 foi extraído no Brasil tanto ouro como a metade de ouro do resto do mundo nos séculos XVI, XVII e XVIII[32]. Toda produção de ouro do

---

30. Cf. BERGMANN, M.: Povo, 27.
31. A descoberta de ouro ocorreu primeiro nas margens do São Francisco, depois em Minas Gerais e mais tarde nas imediações de Cuiabá. Cf. BERGMANN, M.: Povo, 28.
32. Cf. CHIAVENATO, J.J.: Negro, 34.

Brasil foi sustentada pelo trabalho escravo. O porto da Bahia tem aqui um papel importante. Pelos registros portuários, entre 1678 e 1815 foram feitas deste porto 1770 viagens à África para buscar escravos. 1731 destas viagens tinham a Costa da Mina como objetivo e somente 39 delas o Congo ou a Angola. 626 navios estavam ocupados no transporte de escravos e mais de um terço deles realizou apenas uma única viagem[33].

Um navio negreiro demorava de 6 a 18 meses para fazer a viagem. Na África, os escravos eram comprados a troco de tabaco. Um navio podia carregar em torno de 10 mil rolos de tabaco e com esta carga comprava cerca de 400 escravos. Entre 1743 e 1756, Portugal limitou o comércio de escravos entre a Bahia e a Costa da Mina a somente 24 cargas de navios (somente 24 navios por ano podiam sair da Bahia para a Costa da Mina). 25 navios que partiram da Bahia entre 1750 e 1755 carregaram 105.958 rolos de tabaco que foram trocados por 11.862 escravos. Não se pode esquecer que 10% do tabaco foi pago como imposto aos holandeses. Cada navio trouxe em média 475 escravos[34]. Uma medida portuguesa limitando o número de navios no tráfico de escravos fez com que o preço dos escravos baixasse muito na África. Em 1730 pagava-se 20 rolos de tabaco por escravo, em 1750 o preço já era de 8 rolos por um escravo. Portugal não conseguiu, porém, manter esta limitação dos navios. Para não deixar o preço por escravo subir na África, Portugal limitou a 3 mil o número de rolos de tabaco permitido por navio, sendo que com esta medida baixou para 302 a média de escravos transportados por navio[35].

A febre do ouro diminuiu na segunda metade do século XVIII, mas esta atraíra para o Brasil muitos imigrantes europeus, especialmente portugueses. Esta população branca era totalmente dependen-

---

33. Cf. BERGAMNN, M.: Povo, 29.
34. Ibid., 30.
35. Ibid., 30-31.

te do trabalho escravo. "Todo trabalho corporal ou manual era tido como indigno a um branco. Era tarefa dos escravos possibilitar ao seu senhor uma vida na dignidade do não fazer nada. Os escravos trabalhavam em todos os setores da vida, tanto na agricultura, como nos afazeres domésticos e nos das cidades de comércio"[36]. Trabalho braçal ou manual era trabalho de escravos. Assim estava sob a responsabilidade deles o trabalho doméstico, a manufatura, os consertos, a agricultura, etc. Por isso, o tráfico de escravos não diminuiu após a febre do ouro. Os novos imigrantes europeus precisavam de mão de obra para garantir sua subsistência[37].

Estes dois fatores, a febre do ouro e a necessidade de sustento dos novos imigrantes, contribuíram para um aumento enorme da importação de escravos. Só para a extração do ouro calcula-se em 470 mil os africanos trazidos ao Brasil[38]. Em meados do século XVIII e início do século XIX, o tráfico de escravos atingiu dois pontos altos. Assim, entre 1741 e 1760 chegaram cerca de 354.500 escravos aos portos brasileiros e entre 1781 e 1810 cerca de 605.900. A soma dos escravos trazidos ao Brasil entre 1701 e 1810 é estimada em 1.891.900. Apesar do fato de neste tempo ter sido grande a imigração europeia e de a expectativa de vida de um escravo no Brasil ser baixa, os escravos formavam a maior parte da população. Na virada do século XVIII ao XIX, os escravos formavam cerca de 60% da população. No censo oficial de 1817/1818, os africanos formavam 66% do total da população[39].

Em 1808, a família real portuguesa muda-se para o Brasil, fugindo diante da invasão das tropas francesas. Para a família real deve ter sido uma surpresa desagradável ter que morar repentinamente

---

36. KOCH-WESER, M.R.M.: Yoruba-Religion, 90.
37. No Rio de Janeiro, um proprietário já podia sobreviver muito bem com dois ou três escravos (negros de ganho). Em Recife, ao contrário, já eram necessários cerca de 20 negros de ganho para se poder sobreviver bem. Cf. FAGUNDES HAUCK, J.: Igreja, 47.
38. Cf. BERGMANN, M.: Povo, 31. J.J. Chiavenato estima em 600 mil o número de escravos importados para a extração do ouro. CHIAVENATO, J.J.: Negro, 35.
39. Cf. BERGMANN, M.: Povo, 31.

em uma cidade (Rio de Janeiro) de maioria negra, embora a vinda da família real tenha modificado fortemente a imagem da cidade, com a chegada de uma vez de 15 mil pessoas numa cidade de 50 mil habitantes. Não apenas por causa desta surpresa, mas sobretudo por pressão dos ingleses, o rei português Dom João VI, que agora vivia no Brasil e a partir daqui regia, assinou um tratado com os ingleses no qual ele mostra-se "plenamente convencido da injustiça e da má política do tráfico de escravos"[40]. Rapidamente o rei português nota, porém, que o Brasil depende totalmente do trabalho escravo e, por isso, ao tratado não seguiu nenhuma ação. Mesmo tendo sido sob pressão, é a primeira vez que o governo português fala da necessidade da abolição da escravatura. Os ingleses estavam interessados na abolição da escravatura tanto por motivos humanitários como também por motivos econômico-comerciais, e nos dois anos que seguiram-se ao tratado confiscaram 17 navios brasileiros de escravos. Como o direito ao confisco não estava incluído no tratado, o governo português processou os ingleses, tendo recebido destes – segundo o tratado de Viena de 1815 – uma indenização de 300 mil libras. A ação do governo português contra os ingleses mostra realmente até que ponto este estava "plenamente convencido da injustiça" praticada pela escravidão. Através de um outro tratado (1817), os portugueses poderiam praticar o tráfico de escravos somente entre suas colônias na África e era direito mútuo confiscar todo navio negreiro que se encontrasse ao norte do equador. Os portugueses nunca fizeram uso deste direito. Além disso, os traficantes de escravos que operavam na Costa da Mina (norte do equador), para enganar os ingleses, arranjavam a documentação do navio de tal modo que dava a entender que eles tinham Angola como destino[41]. Assim que passassem para o sul do equador, podiam sem problemas seguir via-

---

40. Décima cláusula do tratado.
41. Este truque dos traficantes de escravos portugueses é que deu origem à expressão até hoje usada "É só pra inglês ver!"

gem para o Brasil. A partir de 1830, por um tratado entre a Inglaterra e o Brasil (agora já independente), o tráfico de escravos também foi proibido ao sul do equador, tratado este que devia vigorar por 15 anos. Como o Brasil, porém, não estava interessado nem em controlar, nem em extinguir o tráfico de escravos, o negócio com pessoas humanas continuou após o tratado, da mesma forma como antes. Os ingleses patrulhavam as costas africanas, tendo apreendido muitos navios. Entre 1810 e 1870, os ingleses apreenderam 160 mil negros presos como escravos em navios. A maioria destas pessoas foram levadas às colônias inglesas, especialmente Guiana e Jamaica. "Teoricamente estas pessoas eram livres; tinham, porém, que trabalhar nas plantações!"[42] Quando em 1845 o prazo do tratado expirou, o governo brasileiro avisou o governo inglês que se considerava no direito de retomar "legalmente" o tráfico de escravos. A Inglaterra reagiu com o "Aberdeen Act" (1845), tomando para si o direito unilateral de impedir o tráfico de escravos. Na realidade, pouco foi mudado: os ingleses continuavam a patrulhar e o governo brasileiro continuava a apoiar o tráfico. Por causa desta posição, o governo brasileiro era colocado cada vez mais sob pressão internacional e em 1850 foi obrigado a se dobrar. O tráfico de escravos entre a África e o Brasil foi proibido por lei e tomadas medidas para que a proibição vigorasse. E pelo número de escravos importados pode-se perceber que as medidas surtiram efeito: em 1849 foram importados cerca de 54 mil escravos, em 1850 foram 23 mil, em 1851 foram 3.287, em 1852 foram 700. O último navio com escravos da África deve ter chegado em 1857. Apesar da legislação e das medidas subsequentes, o governo brasileiro precisou ainda de 7 anos para extinguir o tráfico. Tráfico este que havia sido muito intenso entre 1810 e sua extinção. Estima-se em 1.145.000 o número de escravos importados neste período.

---

42. BERGMANN, M.: Povo, 35.

Durante os mais de três séculos de tráfico de escravos, estima-se que tenham sido trazidos para o Brasil mais de 3.600.000 pessoas como escravos[43]. Esta quantidade representa cerca de 38% de todo o tráfico de escravos entre América e África[44]. Salvador da Bahia foi o porto por onde entrou a maioria dos escravos no Brasil, com cerca de 1.200.000 escravos. Em segundo lugar foi o Rio de Janeiro o porto que mais recebeu escravos.

A extinção do tráfico de escravos entre a África e o Brasil não significou, porém, a abolição do comércio interno de escravos ou da escravidão em si. Os que apoiavam e mantinham a escravidão sofreram cada vez mais pressão tanto nacional como internacional. 21 anos após a extinção do comércio escravista entre a África e o Brasil é que foram dados os primeiros passos para a abolição da escravatura no país. Em 1871 foi promulgada a "Lei do Ventre Livre" segundo a qual todos os filhos de escravas eram livres e em 1885 foi promulga-

---

43. Um número exato de escravos africanos trazidos ao Brasil não pode ser obtido. Para tanto faltam as fontes. Dois fatores contribuem para esta falta de fontes: primeiro o tráfico de escravos era oficialmente proibido a partir de 1830, de modo que nesta época não foram mais recolhidos os dados do comércio; e segundo, um decreto de Rui Barbosa, ministro das finanças e presidente do tribunal do tesouro público, de 14 de dezembro de 1890, determinou que toda a documentação sobre a escravidão fosse queimada. Assim, desapareceram papéis, livros, documentos sobre compra, venda, nascimento, libertação, comércio, etc. de escravos, que possibilitariam uma pesquisa mais acurada sobre o número de escravos. Motivo para a medida de Rui Barbosa foi a abolição da escravatura (1888) e a proclamação da república (1889). O governo da nova república queria assim manifestar seu rompimento com a antiga ordem e restabelecer "a dignidade do país" e colocar "um sinal de fraternidade...". Cf. BERGMANN, M.: Povo, 73. Com a destruição destes documentos, o governo também queria dificultar as ações de indenizações movidas contra o estado por antigos proprietários de escravos. Com esta destruição de muitos documentos, as estimativas sobre o número de escravos introduzidos no Brasil precisa basear-se em outros fatores – além de alguma documentação que não foi destruída – como, por exemplo, no número de engenhos, na produção de açúcar, na produção de ouro, no número de navios, no tamanho dos navios, na quantidade de rolos de tabaco levados para a África, etc. A opinião dos pesquisadores sobre o número de escravos importados não difere, porém, muito uma da outra. As estimativas sobre o número de escravos importados citadas neste trabalho baseiam-se sobretudo no trabalho de M. Bergmann. Cf. BERGMANN, M. Povo, 21-38; 76-88. Mas também em BASTIDE, R.: Religiões, 50-54 e BEOZZO, J.O.: Américas, 34-43.

44. O país que recebeu em segundo lugar mais escravos foi o Haiti, com 9% do total. Estimativas a respeito do total do tráfico entre a África e a América cf. BEOZZO, J.O.: Américas, 34-43.

da a "Lei do Sexagenário", dando a liberdade a todos os escravos com mais de 60 anos. E finalmente no dia 13 de maio de 1888 foi assinada a "Lei Áurea", pondo fim à escravidão no Brasil. Não se pode minimizar a importância do movimento abolicionista neste processo, mas sem dúvida interesses econômicos contribuíram também fortemente para a abolição[45]. O dito popular de que os escravos precisavam de três "p", "pão, pau e pano", teve sem dúvida sua importância. Tornou-se mais barato contratar o trabalho assalariado dos novos imigrantes europeus que manter escravos[46]. Aos novos imigrantes não se precisava fornecer nem pão (alimento), nem pano (roupa).

A procedência exata dos escravos africanos trazidos ao Brasil não se deixa mais averiguar. Denominações como "Mina", "Angola", "Nagô", "Guiné", que se usavam para os africanos no Brasil, não determinavam necessariamente a procedência, mas a região ou muitas vezes o porto no qual estes escravos haviam sido embarcados na África[47]. A denominação por exemplo muito usada na Bahia "Mina" para os escravos negros era utilizada para africanos de diferentes regiões e origina-se da fortificação "São Jorge da Mina", um dos mais importantes mercados de escravos na África. Por origem geográfica e por época de chegada ao Brasil se divide o período do tráfico de escravos em quatro fases distintas. Os escravos chegados ao Brasil antes da institucionalização do tráfico devem ter vindo da Angola e do Zaire.

O primeiro período é chamado ciclo da Guiné e inicia na segunda metade do século XVI. Neste período foram trazidos ao Brasil escravos sobretudo da costa africana que fica relativamente mais próxima ao nordeste brasileiro, costa hoje localizada na Nigéria, Togo,

---

45. Sobre os motivos econômicos da abolição da escravatura cf. PARAÍSO FERREIRA DE ALMADA, V.: Escravismo, 27-53.
46. Somente entre 1864 e 1873 chegaram ao Brasil 103.754 imigrantes europeus – sobretudo portugueses –, o que fez baixar o preço da mão de obra no mercado. Cf. BERGMANN, M.: Povo, 118. Sobre a implicância entre abolição da escravatura e política de imigração cf. GENOVESE, E.D.: Mundo, 94.
47. Cf. BASTIDE, R.: Religiões, 66-68.

Gana, Benin, Libéria, Costa do Marfim, ilhas do Cabo Verde, São Tomé e Príncipe. O segundo período é chamado ciclo da Angola e Congo e abrange o século XVII. Nesta época, foram trazidos ao Brasil escravos procedentes sobretudo das regiões onde hoje se situam: os Camarões, Zaire, Gabão e República Central Africana. O terceiro período é o chamado ciclo da Costa da Mina, dos primeiros três quartos do século XVIII. O tráfico de escravos concentrou-se nas mesmas regiões do primeiro período, especialmente onde hoje estão a Nigéria e o Benin. O quarto e último período inclui o último quarto do século XVIII e o século XIX, inclusive a época do tráfico ilegal. Neste período, os escravos foram trazidos em sua grande maioria do Golfo do Benin, hoje nos países da Nigéria e do Benin[48]. Por volta de 1810, cerca de 50% da população escrava de Salvador era oriunda do Golfo do Benin e, por volta de 1835, os oriundos desta região formavam até 60% da população soteropolitana[49].

Estes quatro períodos dão a impressão que apenas a costa ocidental foi atingida pela escravização. Esta costa é sem dúvida o ponto principal de onde foram trazidos escravos ao Brasil. O tráfico organizado de escravos penetrou, porém, profundamente no interior do continente, buscando pessoas do interior e até da chamada Contracosta. O tráfico de escravos deixou suas marcas praticamente em toda a extensão da África Negra.

Ao Brasil foram trazidas pessoas das mais diversas culturas e povos africanos. R. Bastide, falando das diversas culturas africanas, das quais foram trazidos escravos ao Brasil, as divide em quatro grupos principais: os grupos sudaneses (especialmente dos Yoruba e dahomeanos), grupos islâmicos (especialmente Peuhls, Mandingas e Haussa), grupos bantos de Angola e Congo e o grupo dos bantos da Contracosta (Moçambique)[50].

---

48. Cf. REHBEIN, F.: Candomblé, 61-62; KOCH-WESER, M.R.M.: Yoruba-Religion, 76-77.
49. Cf. REIS, J.J.: Malhas, 110.
50. Cf. BASTIDE, R.: Religiões, 67-68. M. Bergmann não divide os dois últimos grupos e fala então de três grandes grupos culturais que chegaram ao Brasil. Cf. BERGAMNN, M.: Povo, 41.

b) O tráfico de escravos e a mistura de povos africanos

O desenvolvimento subsequente das diversas culturas dos africanos trazidos ao Brasil ocorreu de forma variada. Muitos são os fatores que influenciaram diretamente este desenvolvimento. Alguns fatores são decisivos: número de pessoas de uma determinada cultura, época de sua chegada ao Brasil, local de trabalho onde foram empregadas estas pessoas e número de escravos de uma determinada cultura que permaneceu junto no Brasil. O primeiro fator é lógico: quanto maior o número de pessoas de uma determinada cultura, maior a chance desta cultura ter continuidade. O segundo fator – época de chegada ao Brasil – é especialmente importante no que se refere à continuidade da cultura: quanto mais cedo um grupo foi trazido ao Brasil, tanto menor a chance de sua cultura ter tido continuidade. Os primeiros grupos de escravos trazidos ao Brasil foram espalhados num território enorme, onde praticamente não mais existia a chance de manter contatos. Também faltavam os meios para contatos, bem como lugares de encontro (p. ex.: cidades ou vilas). A baixa taxa de natalidade, a alta taxa de mortalidade infantil e a baixa expectativa de vida de um escravo são outros pontos importantes que dificultaram a tradição da cultura[51]. Quanto ao local de trabalho dos escravos, existiam duas grandes categorias de escravos: os escravos do campo e os da cidade. Escravos da agricultura, da extração de ouro e escravos domésticos eram ainda subgrupos dos escravos do campo. Os escravos da agricultura e da extração de ouro, que formaram três quartos do total de escravos no Brasil, não tinham quase nenhuma chance de dar continuidade à sua cultura. Nem à vida puderam dar continuidade. Eram praticamente só homens empregados nestas tarefas e, por causa da dureza do trabalho,

---

51. A taxa de mortalidade era entre os escravos maior que a de natalidade. Cf. FAGUNDES HAUCK, J.: Igreja, 46.

eles estavam em poucos anos literalmente "gastos". Para os escravos domésticos, as condições de trabalho não eram tão duras e existiam, de forma limitada, possibilidades de se manter um relacionamento fixo entre os escravos. A cultura pode ter aqui continuidade, apesar do pequeno número de escravos domésticos. Entre os escravos da cidade, havia diversos grupos: os trabalhadores manuais, os escravos domésticos, os especializados e os chamados "negros de ganho". As condições de vida dos escravos urbanos não eram tão duras quanto as do campo. Os "negros de ganho" eram uma espécie de escravos de aluguel. Eles eram emprestados para prestarem determinados serviços ou então enviados de casa em casa por seu dono para oferecer serviços ou vender algum produto. Muitos deles eram trabalhadores especializados. O lucro, ou uma determinada soma combinada anteriormente, deveria ser entregue ao dono. Estes escravos gozavam de uma determinada liberdade, se comparada a sua condição com a dos escravos do campo. Entre os escravos urbanos houve melhores condições para a transmissão da cultura.

A influência destes dois fatores – época da chegada e local de trabalho – fica muito clara quando se analisa a continuidade da cultura banto e da cultura Yoruba no Brasil. Enquanto os escravos banto foram trazidos em sua maioria mais cedo ao Brasil e espalhados principalmente no trabalho do campo, os escravos Yoruba foram trazidos no final do tempo da escravidão e ficaram na cidade (especialmente Salvador e Recife)[52]. Da cultura dos primeiros pouco se conservou, enquanto que dos outros foram conservados muitos elementos.

O tráfico de escravos ocasionou para as culturas uma grande mistura ou até – muitas vezes conscientemente – confusão. Os africanos foram arrancados de um contexto cultural estável e simplesmente jogados em um novo contexto. A cosmovisão, a família, os valores, a hierarquia, a religião, as festas, as formas de produção, os costumes, etc., tudo isso formava uma unidade numa sociedade e

---

52. Cf. ELBEIN DOS SANTOS, J.: Nàgô, 31.

comunidade homogêneas. Toda esta ordem agora não mais existe; como não existe também nenhuma possibilidade de recompô-la. Cada indivíduo está entregue a um destino incerto. Elementos ou restos da antiga ordem puderam ser reencontrados onde mais indivíduos provenientes de um único grupo cultural permaneceram juntos. As divisões das pessoas de seus grupos culturais ocorria nas diversas etapas do tráfico de escravos.

A primeira separação ocorria com a prisão de pessoas que seriam escravizadas. Não eram sociedades completas que eram arrancadas de seu contexto, mas apenas partes da sociedade, especialmente jovens e homens em sua grande maioria[53]. Estes presos foram misturados nos portos africanos com outros procedentes de outros grupos culturais. Os compradores de escravos, por sua vez, escolhiam a sua "mercadoria" utilizando diversos critérios. Aqui contava especialmente situação dos dentes, olhos, braços, pernas e órgãos genitais. Com estes critérios, os compradores acreditavam poder obter escravos com boa saúde, boa capacidade de trabalho e de reprodução[54]. Os escravos eram pagos por "peça"[55].

Nos navios negreiros iniciava-se a triste aventura comum destas pessoas. Advindas de diversas culturas e línguas, elas eram empurradas juntas. A miséria comum levava a uma certa solidariedade entre os sobreviventes. Ninguém mais pode saber quantos dos presos

---

53. Entre 70 e 80% dos escravos trazidos para o Brasil eram do sexo masculino. Esta, porém, não era a regra geral para o tráfico de escravos. A América do Norte recebeu um número igual de homens e mulheres escravos. Cf. BERGMANN, M.: Povo, 49.
54. Cf. BASTIDE, R.: Religiões, 65.
55. J.J. Chiavenato afirma que nem sempre uma "peça" era um indivíduo no comércio de escravos. Uma "peça" era um escravo de 1,75 metros. Assim, por exemplo, cinco homens em idade entre 30 e 35 anos, que somavam juntos uma altura de 8,34 metros, foram pagos não como cinco "peças", mas sim como 4,76. Dois negros, de 1,60 metros de altura cada, eram vendidos como 1,8 "peça". Duas crianças entre 4 e 8 anos eram avaliadas como uma "peça" e assim por diante. Cf. CHIAVENATO, J.J.: Negro, 123-124. Cf. tb. ROTTLAENDER, P.: Eroberung, 17; HOFBAUER, A.: Anpassung, 18. Os escravos da Costa da Mina eram trocados normalmente por tabaco e os de Angola por aguardente e produtos manufaturados. Cf. BERGMANN, M.: Povo, 39.

na África de fato chegaram como escravos às Américas. Sabe-se apenas que o número de presos para escravização na África é muito maior que o número dos que chegaram vivos aos mercados escravistas no continente americano. A única proteção de cada escravo era ser ele próprio um valor econômico. A mortalidade nos navios era muito grande. Para evitar revoltas ou suicídios, os escravos viajavam amarrados. A situação miserável de higiene provocava doenças. Os doentes eram jogados ao mar para não contaminar os outros. O apelido popular da época aos navios negreiros diz muito da realidade: "tumbeiros". Para compensar as perdas pelas mortes, os navios eram sobrecarregados[56].

A chegada de escravos aos portos do Brasil não significava de forma alguma o fim da triste viagem. Rio de Janeiro e especialmente Salvador eram grandes centros de compras de escravos. Os recém-chegados ficavam à espera de compradores. Estes faziam suas compras conforme as necessidades: início de nova atividade, expansão das atividades ou – o que era comum – reposição de escravos falecidos. O interesse do comprador era a lei maior. Assim, famílias foram separadas, crianças arrancadas de suas mães. Nos mercados de escravos acontecia então mais uma, a penúltima mistura de escravos de diversas etnias e culturas. Critérios como cultura, língua, família ou parentesco eram utilizados também pelos compradores, ou seja, por medo de possíveis revoltas, os compradores evitavam adquirir escravos de uma só família ou língua. Assim, estes – para se entenderem entre si – eram obrigados a aprender o português, a língua do dono. Chegados finalmente ao seu local de trabalho, os escravos eram misturados com os que lá já se encontravam. E, com isso,

---

56. M. Bergmann cita que entre 1846 e 1847 foi usado pela primeira vez um vapor no transporte de escravos. Na quinta viagem, o navio foi confiscado. O navio tinha capacidade para 400 escravos e estava transportando 1.200. Cf. BERGMANN, M.: Povo, 36. Segundo estatística de alguns mercados portuários de escravos, a média de mortes de escravos na travessia da África para o Brasil era entre 1795 e 1811 de 9,4% e entre 1825 e 1839 de 6,6%. Cf. HERINGER, R. et al. Negros, 11.

acontecia a última etapa do processo da grande mistura de povos africanos.

c) A vida dos escravos no Brasil

Chegados ao seu local de trabalho, os escravos eram obrigados a se acomodar à nova ordem social. Nesta nova ordem, eles formavam uma única classe: a dos escravos. Os africanos, vindos de sociedades completas, onde a subida ou descida na hierarquia não era a regra, mas uma possibilidade, onde a sociedade era uma unidade que se mantinha junta pela língua, religião, costumes, etc., são agora reduzidos a uma subclasse. As tradições, passadas adiante geralmente por mecanismos comunitários, dependem agora apenas da ação de cada indivíduo. "A escravização significou para cada indivíduo a separação dos laços sociais e familiares africanos, com os quais estão ligados normas e valores como a língua e a religião"[57]. Para os escravos não havia possibilidade de deixar esta classe ou subir em alguma hierarquia. Deixar esta classe através do recebimento ou compra do título de liberdade é algo que ocorreu apenas tardiamente no período da escravatura. Por muito tempo havia apenas duas possibilidades de deixar a classe de escravo: fugir ou morrer.

Embora o suicídio entre os povos assim chamados não civilizados seja algo raro ou até um fenômeno inexistente (Durkheim), este ocorria com relativa frequência entre os escravos no Brasil. Tirar a própria vida era uma forma de resistência[58]. Os escravos sabiam bem que podiam através do suicídio prejudicar o seu dono e souberam utilizar esta forma de vingança[59]. Inclusive crianças chegaram a se suicidar. Curiosamente o número de suicídios era maior entre os escravos de "bons donos". O suicídio não tinha apenas motivo político, mas também religioso. Através da morte, havia a esperança de voltar à pátria dos pais[60]. "O suicídio (dos escravos) tem sua ori-

---

57. KOCH-WESER, M.R.M.: Yoruba-Religion, 86.
58. Cf. FAGUNDES HAUCK, J.: Igreja, 49; HOFBAUER, A.: Anpassung, 18.
59. Cf. MAESTRI FILHO, M.J.: Depoimentos, 16.
60. Cf. BASTIDE, R.: Poesia, 71.

gem na mística", assegura R. Bastide, acrescentando que "os elementos religiosos não podem fazer esquecer que estes surgiram sob o sofrimento e a resistência à escravidão"[61]. O suicídio também foi praticado como forma de vingança religiosa: através desta morte, o escravo transformava-se num espírito mau, que poderia perseguir e prejudicar seu senhor branco[62].

Uma outra forma de doença que custou muitas vidas de escravos africanos era parecida com o suicídio: o banzo. O banzo era uma espécie de aguda saudade. Saudade no sentido religioso-místico-social. O banzo é a saudade ocasionada pelo grande sentimento de perda da ordem original[63]. A ordem social do local de nascimento dos africanos, que não conheciam nenhuma divisão entre mundo secular e religioso, era um conjunto de valores religiosos, costumes sociais, tabus, possibilidades de desenvolvimento, locais místicos, etc., que davam à vida sentido e destino. Muitos não aguentavam esta separação e morriam. O banzo era descrito como uma profunda tristeza e apatia. Os escravos que aparentavam tristeza eram vigiados para que não provocassem o suicídio através da ingestão de terra ou mandioca venenosa. Os doentes de banzo não reagiam mais à dor, ao castigo, à fome ou sede e finalmente morriam desta doença[64].

A outra possibilidade de resistência era a fuga. A fuga era um empreendimento complicado e não muito promissor. Fugir para onde? Não havia terra de liberdade. A possibilidade de encontrar abrigo junto aos índios não era grande. Mesmo assim, esta possibilidade foi utilizada. Muitos brancos também fizeram um bom negócio dando abrigo a escravos fugitivos em troca da obrigação de trabalho gratuito. Havia leis rigorosas para evitar esta prática. Um ou-

---

61. Id. Religiões, 119.
62. Id. Poesia, 71.
63. Ibid., 72.
64. Cf. FRANCO MARTÍNEZ, F.: Esclavitud, 496.

tro fator que dificultava aos escravos a fuga era a falta de conhecimento da geografia. Os africanos não conheciam a natureza desta terra, não sabendo de que frutos silvestres ou plantas poderiam se alimentar. Por isso, os escravos fugitivos tentavam permanecer às margens das vilas, sobrevivendo de pequenos roubos, o que os fazia presa fácil dos capitães do mato[65].

A única forma promissora de fuga era a organizada. Através de fugas organizadas, os escravos formaram comunidades em locais de difícil acesso, chamadas de quilombos ou mocambos[66]. Durante todo o tempo da escravidão provavelmente havia centenas de tais comunidades. Já em 1575 há notícias de uma tal comunidade na Bahia. A maioria destas comunidades eram pequenas, de curta duração, com pouca organização política ou social e foram assaltadas e destruídas pela sociedade "oficial". Os quilombos mais estáveis formavam uma sociedade alternativa e africana no Brasil. Eles foram temidos e fortemente perseguidos, não apenas porque traziam o perigo de possíveis assaltos, mas principalmente porque ofereciam aos escravos uma real alternativa. Os negros presos nos quilombos eram castigados de forma exemplar, isto para diminuir a atração que os quilombos exerciam sobre a população de escravos. O maior e mais conhecido quilombo foi Palmares. Palmares é, sem dúvida, a organização de resistência mais significativa do tempo da escravidão. O início de Palmares se deve a uma revolta bem-sucedida dos escravos de um engenho em Pernambuco no final do século XVI. Este grupo fundou uma povoação que foi crescendo e se tornou aos

---

65. Capitães do mato eram aquelas pessoas contratadas pelos senhores para caçar escravos fugitivos. Cada um tinha uma espécie de milícia particular sob seu comando.
66. A palavra quilombo é provavelmente originária da língua kimbundu (sul de Angola) e significaria a forma móvel de povoações do povo Imbangala. Cf. HOFBAUER, A.: Anpassung, 19. A palavra mocambo é também de origem africana e significaria "esconderijo". A formação destas comunidades de escravos fugitivos não é um fenômeno ocorrido apenas no Brasil. Em muitos outros países com sistema escravocrata também houveram tais comunidades, chamadas por exemplo em Cuba de "palenque", na América do Norte de "maroon" e nas colônias francesas de "le marronage". Cf. BERMANN, M.: Povo, 58.

poucos numa república negra, embora brancos e índios também morassem em Palmares. Era local de refúgio para pessoas de todas as classes. A desorganização da colônia durante as invasões holandesas proporcionou a muitos escravos ocasião de fuga; escravos estes que se reuniram em Palmares. Ao final da ocupação holandesa (1654), Palmares era uma povoação significativa e organizada com mais de 20 mil habitantes (15% da população conhecida da colônia) divididos em diversas localidades, num raio de 350 quilômetros. Mais de 40 expedições militares foram feitas contra Palmares, tanto por parte dos holandeses como dos portugueses. Palmares era, porém, uma república economicamente independente e militarmente forte. Em 1678 houve inclusive um tratado de paz entre Palmares e a colônia portuguesa. Uma sensação para a época! Provavelmente este tratado de paz não foi aceito por uma fração de Palmares. O fato é que não houve paz entre Palmares e os portugueses. Depois de muitas derrotas, uma tropa portuguesa de 9 mil soldados (só na luta pela independência, cem anos mais tarde, reuniu-se no Brasil uma tropa tão numerosa) tomou Macaco, capital dos Palmares, em 1694. Houve um grande massacre. 510 pessoas foram presas. O líder de Palmares, Zumbi, pôde fugir com um grupo e foi morto um ano mais tarde, a 20 de novembro de 1695. Com isso, Palmares não estava totalmente destruída, mas nunca mais pôde se reerguer. Mais de cem anos Palmares resistiu à dominação branca (portugueses e holandeses) e, apesar de sua destruição, permaneceu para a história como um sinal de resistência e a memória de seu líder, Zumbi, é lembrada com cada vez mais importância. Palmares acolheu negros de diversos povos, de modo que a língua utilizada para o entendimento era o português. Nas localidades de Palmares havia igrejas (locais de culto) e foram encontradas estátuas de santos católicos (São Brás e Nossa Senhora da Imaculada Conceição)[67]. Isto levou à suposição de que em Palmares praticou-se o catolicismo. É difícil

---

67. Cf. HOFBAUER, A.: Anpassung, 20.

comprovar isto ou o contrário. A presença de sacerdotes católicos em Palmares é inclusive citada por escrito. Não se trata provavelmente de nenhuma iniciativa oficial da Igreja. A Igreja percebeu a importância dos quilombos como meio da vontade de liberdade dos negros e por isso os combateu como perigo à sociedade. A assistência religiosa que teria havido nos quilombos deve-se mais provavelmente a pedidos dos negros, que a iniciativas da Igreja[68]. R. Bastide é da opinião que a religião de Palmares tivesse sido uma mistura de religiões africanas, havendo também elementos católicos, tendo sido estes apenas reconhecidos por pessoas vindas de fora[69].

> "Os quilombos foram um fenômeno de resistência de uma civilização que não quer morrer"[70]. A história de Palmares comprova que os negros não aceitaram passivamente a escravidão e a humilhação.

Para os senhores, os escravos não contavam como pessoas, mas sim como objetos ao lado de outros pertences. Esta classificação dos escravos fica muito clara em alguns anúncios de jornais da época[71]:

> No escritório de Joaquim Pereira Marinho se vende belo escravo pardo, excelente cocheiro. No mesmo escritório se vende um dos melhores cavalos desta cidade, cinza claro, muito dócil (*Correio da Manhã* – 17 de setembro de 1846).

> G.A. Blosen vende ou aluga sua casa, rua Canella, com uma mulata, e a Enciclopédia Britânica de 26 volumes, obra mais perfeita que existe (*Jornal da Bahia* – 30 de setembro de 1854).

---

68. Cf. HOORNAERT, E.: Evangelização, 59.
69. Sobre Palmares cf.: BASTIDE, R.: Religiões, 121-131; BERGMANN, M.: Povo, 94-102; CHIAVENATO, J.J.: Negro, 158-160. Através dos quilombos, as religiões dos negros entraram em contato com as práticas religiosas indígenas. Estes africanos tinham, porém, já incorporado práticas religiosas cristãs, de modo que R. Bastide supõe que nos quilombos já existiam elementos de religiões chamadas hoje de religiões afro-brasileiras. Índios missionados mais tarde por brancos conheciam já algumas palavras em português e elementos cristãos. Cf. BASTIDE, R.: Religiões, 131-140.
70. BASTIDE, R.: Religiões, 138.
71. Cf. BERGMANN, M. Povo, 44-45.

Espíndola e filhos compram ações do Banco da Bahia e escravos de 10 a 15 anos (*Jornal da Bahia* – 11 de setembro de 1859).

Animais, escravos e objetos são citados da mesma forma. Da mesma forma são tratados os escravos em situações como processos ou testamentos: Eles são listados aos pertences junto a animais, instrumentos agrícolas ou móveis. Às vezes, fica inclusive difícil de se distinguir se se trata de um escravo ou de um animal:

> Na rua do Paço, compra-se uma cabra de leite que seja boa. Se for, o preço será bom (*Jornal da Bahia*, 1º de outubro de 1859).

Neste anúncio, não mais se distingue se se trata do animal cabra, ou de uma escrava, que, segundo o costume português, amamentava os filhos pequenos dos senhores, e que era chamada também de cabra de leite. Este nivelamento de escravos com animais não é uma atitude casual de algum senhor maldoso, mas sim a classificação oficial através do estado. Nas leis portuguesas, "Ordenações Manuelinas" de Felipe I em 1580, a regulamentação sobre compra e venda de escravos encontra-se sob o capítulo que regulava a venda de gado. Esta concepção foi defendida pelo jurista Barros Lobra no parlamento nacional ainda no ano de 1870: "O fruto do ventre da escrava pertence ao senhor desta, tão legalmente como a cria de qualquer animal do seu domínio!"[72]

Que todos os senhores tenham tratado seus escravos como animais de trabalho é improvável. Houve senhores que trataram bem seus escravos e há notícia, inclusive, de senhores que pagavam o trabalho dos escravos[73]. Também houve entre escravos e senhores relacionamento de confiança e respeito mútuo, especialmente nos casos onde escravas criaram e educaram os filhos dos senhores. Os casos de bom relacionamento entre senhores e escravos são, porém, exceção. Quando se leva em conta, porém, que um escravo africano

---

72. Apud BERGMANN, M.: Povo, 45.
73. Cf. BERGMANN, M.: Povo, 48.

sobrevivia em média 5 a 7 anos após sua chegada ao Brasil, fica claro o nível de brutalidade a que estes eram submetidos[74]. O tratamento dos escravos melhorou sensivelmente após 1850, com o final do tráfico entre África e Brasil. Segundo R. Bastide, os senhores notaram que no futuro seria difícil conseguir novos escravos. Motivos econômicos levaram a um tratamento mais humanitário[75].

O tratamento dado aos escravos também era diferenciado conforme o tipo de escravos. Como já foi citado, havia diversos tipos de escravos. Dois terços do total de escravos trabalharam na agricultura e extração de ouro. A vida no campo era marcada por uma dura rotina. Tinham que se levantar pelas 5 horas e eram levados ao trabalho, onde permaneciam até o sol se pôr. Ao meio-dia e à noite havia refeições principais. Segundo A. Ramos, os escravos recebiam na refeição geralmente um pedaço de carne-seca e uma xícara de farinha de mandioca[76]. À noite, os escravos do campo eram recolhidos às senzalas, uma mistura entre estábulo e prisão. Nas cidades, os escravos passavam a noite geralmente no sótão da casa. Qualquer tentativa de fuga podia assim ser melhor controlada. Os grandes engenhos possuíam em média 100 escravos e nas plantações de café do século XIX a média de escravos por senhor era ainda maior. Neste tempo não era raro encontrar um senhor com mais de mil escravos[77]. O sistema agrário de grandes plantações dominava o país financeira e politicamente. Relatórios mostram, porém, que a grande maioria dos senhores possuía um pequeno número de escravos. No ano de 1702, o rei português ordenou que os agricultores da Província do Rio de Janeiro que possuíssem menos de 6 escravos plantassem mandioca ao invés de cana-de-açúcar. A administração da província noticiou ao rei que, se esta medida fosse cumprida, a produção de açúcar da pro-

---

74. Cf. KOCH-WESER, M.R.M.: Yoruba-Religion, 90; BERGMANN, M.: Povo, 50.
75. Cf. BASTIDE, R.: Religiões, 92; MAESTRI FILHO, M.J.: Depoimentos, 15.
76. Cf. BERGMANN, M.: Povo, 46; na região de Minas Gerais costumava-se dar aos escravos feijão cozido com restos de carne de porco, orelhas, pés, rabos, toucinho, o que se chamou de "feijoada", prato conhecido hoje no Brasil inteiro. Cf. FAGUNDES HAUCK, J.: Igreja, 46.
77. Cf. BASTIDE, R.: Religiões, 71; BERGMANN, M.: Povo, 46.

víncia seria totalmente arruinada, pois a grande maioria dos agricultores tinha menos de seis escravos ao seu dispor[78]. Uma estatística do ano de 1738 do distrito de Serro Frio fala de 1.788 proprietários de escravos e de um total de 8.167 escravos, ou seja, uma média de menos de 5 escravos por proprietário. Destes 1.788 proprietários de escravos, apenas 13 possuíam mais de 40 escravos[79].

Para a transmissão das tradições africanas no grupo dos negros, o pequeno número de escravos por proprietário não representa nenhuma vantagem, pelo contrário. "A grande plantação, onde o número de escravos era bastante considerável, para que inter-relações se estabelecessem com o senhor, possibilitou, por conseguinte, em uma certa medida, a perpetuação dos valores africanos"[80]. Decisivo não é a existência da plantação, mas o número de africanos. Onde o número de escravos era pequeno não havia a possibilidade da formação de subgrupos, nos quais os grupos culturais se reorganizavam e onde a língua, os costumes e usos podiam ser cultivados. Estes subgrupos de escravos reconstituíam de certa forma a ordem social africana. Neste ponto, mostra-se como os escravos urbanos foram importantes para a conservação e transmissão das tradições africanas[81]. Esta livre associação de tais subgrupos foi sobretudo cultivada pelos "negros de ganho". Eles formavam os chamados "cantos", onde – como a palavra já diz – as tradições africanas foram mantidas vivas e transmitidas através de canções. Os "negros de ganho" eram enviados durante o dia para a rua a fim de ganhar algo de diversas maneiras. À noite, eram obrigados a entregar ao senhor o lucro do dia ou uma determinada quantia previamente determinada. O escravo poderia ficar para si o que ganhasse a mais[82]. Os mais hábeis para os negócios podiam desta forma reunir uma certa

---

78. Cf. BERGMANN, M.: Povo, 47.
79. Ibid.
80. BASTIDE, R.: Religiões, 71.
81. Cf. CARNEIRO, E.: Candomblés, 16.
82. Cf. FAGUNDES HAUCK, J.: Igreja, 47. A lei colonial permitia aos escravos possuírem bens. Não podiam, porém, possuir terra. Cf. SODRÉ, M.: Terreiro, 14.

soma e comprar a sua própria liberdade. R. Bastide relata que estes ex-escravos tiveram um papel muito importante na conservação e transmissão das religiões africanas no Brasil. Eles, aos poucos, foram comprando a liberdade de outros membros de seu povo e formando com isso pequenas comunidades. Eles reuniam-se em casas simples e preocupavam-se com novos membros e líderes religiosos[83]. O aumento do número de negros livres, especialmente durante o século XIX, permitiu uma melhor organização das tradições africanas. Aos negros livres pertenciam especialmente os escravos nascidos no Brasil. Poucos dos escravos trazidos da África conseguiram a liberdade no Brasil[84].

A taxa de natalidade entre os escravos no Brasil era muito baixa. O motivo principal era o já citado pequeno número de mulheres. Além disso, três outros fatores contribuíram para a baixa taxa de natalidade. Primeiro, a interrupção da gravidez. Muitas escravas não queriam gerar filhos para a escravidão. Em segundo lugar, a taxa de mortalidade infantil era muito alta devido às péssimas condições de vida dos escravos. No século XIX, nas regiões de plantação de café, estima-se que a taxa de mortalidade infantil entre os filhos de escravas era de 88%[85]. Em terceiro lugar, uma relação estável entre escravos com a formação de famílias era praticamente proibida pelos senhores[86]. Simplesmente não havia condições para famílias com muitos filhos. Reinava também uma grande promiscuidade, pois era comum senhores brancos abusar sexualmente de suas escravas. Destas relações nasceram muitos mulatos. Segundo a lei, os mulatos eram – como suas mães – escravos, mesmo quando o pró-

---

83.Cf. BASTIDE, R.: Religiões, 76.
84. Cf. BERGMANN, M.: Povo, 48.
85. Ibid., 49.
86. Cf. HOORNAERT, E.: Cristandade, 365; HOFBAUER, A., 12. Uma criação organizada de escravos parece praticamente não ter existido no Brasil. Cf. BARROS DE CASTRO, A.: Mãos, 63. Os únicos que de alguma forma praticaram a criação de escravos teriam sido as ordens religiosas. Cf. HEINSFELD, A.: Deus, 513. Por ocasião da abolição da escravatura, apenas 0,8% dos escravos do Rio de Janeiro eram casados. Cf. FRANCO MARTÍNEZ, F.: Esclavitud, 498.

prio proprietário fosse o pai. Muitos mulatos receberam a liberdade como presente de batismo dos padrinhos ou do senhor (que era muitas vezes o pai)[87]. Assim, muitos dos "negros" livres eram mulatos. Estes eram praticamente os únicos ex-escravos que tinham alguma chance de subir na sociedade. Muitos deles receberam de seus pais brancos uma boa formação, especialmente nos casos do pai ser sacerdote. A ascensão social só era bem-sucedida, porém, quando estes mulatos deixavam de lado os valores de sua origem africana e assumiam os valores e ideais da sociedade europeia[88]. Estes mulatos não contribuíram muito na manutenção e transmissão das tradições africanas no Brasil.

O número de negros ou mulatos livres subiu muito especialmente no século XIX (embora neste período também o número de escravos tenha subido enormemente). O número de negros ou mulatos livres no ano de 1798 é calculado em 406.000 (contra 1.582.000 escravos), no ano de 1817, o número de 585.000 (contra 1.930.000 escravos) e no ano de 1847, 1.280.000 livres (contra 3.120.000 escravos)[89]. A partir de 1850, o número de escravos foi diminuindo rapidamente, por um lado por causa do fim do fornecimento da África e da alta taxa de mortalidade entre os escravos, por outro lado, pelo número cada vez maior de escravos que conseguiam sua liberdade. Esta liberdade era conseguida de diversas formas: compra do título de liberdade (pela própria pessoa ou através de grupos de ajuda), fuga[90], participação na Guerra do Paraguai[91], "lei do ventre livre"

---

87. Cf. KOCH-WESER, M.R.M.: Yoruba-Religion, 87-88.
88. Cf. BASTIDE, R.: Religiões, 107-108.
89. Ibid., 76.
90. A decadência do sistema escravocrata quase não mais permitia a busca e apreensão dos fugitivos.
91. Na Guerra do Paraguai (1862-1870) uniram-se Argentina, Brasil e Uruguai contra o Paraguai. Muitos soldados brancos convocados para a guerra enviavam escravos em seu lugar, prometendo a estes a liberdade após a guerra. Em 1865, foi aprovada uma lei que dava aos negros que se apresentassem livremente para a guerra a liberdade para si e seus familiares. M. Bergmann fala de 20 mil negros que receberam a liberdade através da guerra. Cf. BERGMANN, M.: Povo, 66. O número de negros que morreram na guerra não é conhecido.

(1871) ou "lei do sexagenário" (1885). A difícil situação financeira de pequenos agricultores não mais lhes permitia a manutenção de escravos. Ao lado da pressão internacional pelo fim da escravatura, crescia no Brasil o movimento abolicionista. Este movimento aparece no Brasil por volta de 1830, com a discussão em torno do fim do tráfico de escravos entre África e Brasil. No início, era um movimento pequeno, sustentado sobretudo por brancos e intelectuais. Para estes, a escravidão era o principal motivo do atraso econômico do país. Este movimento encontrou apoio na maçonaria. Este grupo formava uma certa elite que foi mais tarde a principal responsável pela proclamação da república (1889). Rui Barbosa, um dos proeminentes políticos do início da república, já havia em 1868 exortado as lojas maçônicas a não aceitar nenhum membro que não se comprometesse a libertar o ventre de suas escravas. Somente na última década da escravidão o abolicionismo tornou-se um movimento popular e chegou até os escravos do campo. Muitos proprietários ou instituições deram a liberdade a seus escravos através da pressão ou conscientização do movimento abolicionista. O Ceará declarou em 1884 que eram livres todos os escravos que viviam no estado. Por outro lado, havia resistência contra a abolição, especialmente nos estados cafeeiros (especialmente São Paulo, Minas Gerais e Rio de Janeiro)[92].

Pela assinatura da lei que extinguia a escravidão a 13 de maio de 1888, receberam a liberdade 723.419 escravos. Eles formam já uma minoria (5,6% da população brasileira)[93].

Especialmente durante o século XIX, cresceu no Brasil a mistura de povos. O número de mulatos cresceu rapidamente. Enquanto em 1798 os mulatos formavam 12,5% da população, esta participação cresceu para 34% em 1850 e 41% em 1890. Em 1890, esta participação de mulatos

---

J.J. Chiavenato estima entre 60 a 100 mil. Cf. CHIAVENATO, J.J.: Negro, 204-205. O imperador Dom Pedro II havia inclusive prometido durante a guerra fazer tudo o que estivesse ao seu alcance para abolir a escravatura após a guerra. Cf. BEOZZO, J.O.: Igreja, 262.
92. Cf. BEOZZO, J.O.: Igreja, 259-260.
93. Cf. BERGMANN, M.: Povo, 66-67; CHIAVENATO, J.J.: Negro, 227, 237; BEOZZO, J.O.: Igreja, 259.

era de 38,5%, enquanto o número de negros era de 6%. Isto significa que quase a metade da população do país tem origem africana.

A abolição da escravatura, que ocorreu passo a passo, pode ser considerada um avanço, mesmo quando se sabe que fatores econômicos tiveram grande influência. A abolição é, porém, um fato positivo. É de se observar também que a abolição não significou diretamente nenhuma melhora imediata na vida dos então ex-escravos. Também não significou nenhuma mudança na estrutura de poder nem na estrutura agrária do país. A maioria destes novos cidadãos do país tinham pouca chance na concorrência direta com os novos imigrantes europeus[94]. A liberdade almejada e agora conquistada transformara estes negros primeiramente num proletariado miserável. À abolição seguiu uma total desorganização dos ex-escravos.

Uma nova organização precisava de pontos de referência. Esta possibilidade foi oferecida pela religião. "O ponto central de reagrupamento dos africanos e seus descendentes no Brasil foi a religião"[95]. Não apenas as irmandades católicas, que continuaram a existir após a abolição e nas quais os negros eram membros, ofereciam-se como pontos de referência, mas aumentava também o número de terreiros, embora a prática de ritos de origem africana e indígena fosse proibida por lei e os criminosos obrigados a pagar multa, além da possibilidade de prisão por seis meses. A partir de 1910, o movimento pentecostal também serviu de ponto aglutinador. As relações religiosas não foram mudadas com a abolição. A convivência de religiões – e às vezes até confusão de religiões –, onde o catolicismo era praticado como religião oficial e as tradições africanas praticadas apesar da proibição, esta situação continuou a existir após a abolição. Se a abolição da escravatura modificara totalmente a forma econômica e a situação política dos africanos, não pode substituir as tradições africanas pela prática do catolicismo. A tentativa de

---

94. Cf. HASENBALG, C.A.: Discriminação, 158.
95. LUZ, M.A.: Cultura, 29.

fazer com que os escravos fossem todos católicos deixou, porém, marcas profundas.

1.4. A "catolicização" forçada dos escravos

Era evidente que a única religião permitida no Brasil-colônia era o catolicismo. Ser português significava sem exceção ser católico. Outra possibilidade não estava à disposição. Esta pertença religiosa foi transferida para os escravos, que não estavam, porém, na mesma situação cultural que os portugueses, já cristianizados há séculos. Também não foi tentado – tirando poucas exceções – criar condições para uma cristianização dos africanos no Brasil. A conversão era simplesmente obrigatória, se é que podemos falar de conversão. E esta se resumia ao batismo. "Teoricamente o batismo deveria ser acompanhado e preparado através da transmissão de conhecimentos sobre a doutrina cristã, bem como do aprendizado de algumas orações. Não havia uma instância de controle que acompanhasse este processo de aprendizagem colocado praticamente todo sob a responsabilidade do proprietário dos escravos. Uma conversão de fato dos escravos não foi na prática nem tentada, tendo em vista principalmente a dificuldade causada pela língua. Tentou-se apenas assegurar a forma externa, como o comportamento correto durante a missa ou a oração da noite"[96]. As autoridades civis e religiosas tinham alguma preocupação com a fé dos escravos. Diversas medidas tomadas mostram que a questão não havia sido esquecida. No projeto de estatuto para a fundação de uma companhia de comércio de escravos aparece claramente esta preocupação para com a fé dos africanos: "Será tomado o maior cuidado para recrutar capelães para os navios e as feitorias, que são os padres cheios de amor e de caridade ao próximo, mesmo se, para obtê-los, deva-se-lhes oferecer os maiores emolumentos. Ser-lhes-á recomendado que nenhum

---

96. KOCH-WESER, M.R.M.: Yoruba-Religion, 267-268.

escravo seja embarcado sem ter sido batizado com um cuidado vigilante, a fim de que nenhum dentre eles morra sem ter recebido o batismo, que é o maior serviço que os enviados de Deus e todas as pessoas que trabalham no tráfico dos escravos podem prestar à glória de Deus"[97]. Esta preocupação com o batismo acompanhou todo o tráfico de escravos. Os escravos de Angola foram normalmente batizados antes já de sua partida para o Brasil. Por determinação do rei de Portugal Dom João III, no século XVI, todos os escravos vindos de Angola deveriam ser marcados com um ferro quente. Esta marca servia de comprovação do pagamento do imposto real (20%) e do batismo[98]. A partir de 1813, esta marca foi substituída por uma argola de ferro ao pescoço[99]. Uma lei de 1756 obrigava todos os navios do tráfico de escravos terem um capelão a bordo. Este capelão deveria dar catequese aos africanos e batizá-los em caso de perigo de vida, de modo que nenhum pagão pisasse em solo brasileiro[100]. Para escravos advindos de outras regiões da África, havia um prazo de um ano após sua chegada ao Brasil para serem batizados. Aos proprietários que não providenciassem o batizado, ameaçava a prisão por 30 dias e multa. O batismo era pois uma obrigação imposta pelo Estado. Os escravos não batizados no prazo determinado poderiam ser declarados propriedade do Estado[101]. Esta legislação complementar fazia com que o proprietário que não batizasse o escravo por convicção, deveria fazê-lo por motivo econômico. A preocupação das autoridades com o batismo dos africanos não é expressão da piedade dos que dirigiam o Estado. A Igreja Católica era a única – e estatal – organização religiosa e com isso era parte do Estado, cabendo à direção do Estado prover pela Igreja. O Rei João de Portugal recebera do papa no ano de 1551 para sempre o título hereditário de Grão-mes-

---

97. Apud REHBEIN, F.C.: Candomblé, 63.
98. Cf. HEINSFELD, A.: Deus, 507.
99. Cf. HOORNAERT, E.: Cristandade, 302-303; REHBEIN, F.C.: Candomblé, 63.
100. Cf. BERGMANN, M.: Povo, 31, 39; REHBEIN, F.C.: Candomblé, 63.
101. Cf. BERGMANN, M.: Povo, 39.

tre da Ordem de Cristo. Com isso, o rei era responsável pela expansão da fé, nomeações de bispos, administração dos bens eclesiais e supervisão dos tribunais eclesiásticos[102]. Apesar desta grande preocupação com o batismo dos escravos africanos, a preocupação com a fé dos mesmos ficou aquém das possibilidades de então. Quando observamos os meios e as forças colocados à disposição na missão dos índios, como por exemplo centros de missão, escolas, reduções, catequese, número de missionários, etc., fica claro que a missão dos africanos no Brasil recebeu menos atenção e dedicação.

A missão era fortemente marcada pela adaptação dos africanos ao sistema religioso. Tentava-se ensinar, dentro das possibilidades, as formas rituais. "Toda a vida na fazenda era marcada pelo catolicismo, um catolicismo adaptado ao país, que dispensava o caráter dogmático e ocupava-se principalmente com o culto aos santos, os protetores de aspectos individuais da vida"[103]. A este catolicismo adaptaram-se (ou foram adaptados) os africanos, o que trazia também algumas vantagens aos escravos. Assim, eles foram poupados do trabalho pesado aos domingos e nos numerosos dias santos de guarda. Os escravos participavam também das grandes festas religiosas católicas como Natal e Páscoa. Por outro lado, a religião servia também como meio de disciplina nas fazendas. Esta disciplina apoiava-se em duas colunas: o feitor e o capelão. Um controlava o trabalho com o chicote, o outro enfraquecia o espírito de resistência com a cruz[104].

A cristianização forçada dos escravos mostra de forma exemplar a atitude da sociedade branca (e católica) de então para com os africanos. Por um lado, os escravos eram obrigados a ser cristãos, eram

---

102. É a chamada "Lei do Padroado", uma espécie de aliança entre Igreja e Coroa, de modo que a direção desta assume também a condução eclesial no país. Cf. AZZI, R.: Instituição, 160-169.
103. KOCH-WESER, M.R.M.: Yoruba-Religion, 255.
104. Assim descreve o viajante Ribeyrolles a disciplina nas fazendas do séc. XIX, acrescentando ser este o principal motivo pelo qual a evangelização dos africanos foi tão superficial. O capelão não estava interessado na evangelização e exercia sua função mais como uma obrigação tediosa exigida pelo senhor. Cf. BASTIDE, R.: Religiões, 163.

batizados, obrigados a participar dos ritos e comportar-se como católicos. Por outro lado, uma integração completa na comunidade dos fiéis não era permitida, pois para isso não eram postos meios à disposição da catequese. Nos planos de catequese dos bispos aparecia mencionada a necessidade de catequese aos negros. Na verdade, porém, esta catequese não foi feita de forma sistemática, mas ocasional. Somente na Bahia foi tentada uma catequese sistemática para os negros.

Uma melhor integração dos negros no catolicismo fracassou, no entanto, não apenas por conta da falta de uma boa formação religiosa (uma boa formação religiosa para os brancos também nem sempre era garantida). Esta integração foi impedida ainda pelo fato de os negros terem sido considerados em todos os lugares católicos de segunda categoria. Muitas das igrejas e capelas eram construídas com uma nave e um alpendre. Os lugares na nave eram reservados aos brancos. Os negros permaneciam no alpendre e assistiam a missa através das janelas e porta[105]. A arquitetura mostra exemplarmente a situação dos negros na Igreja: por um lado ligados, por outro lado separados. Uma adaptação dos negros a esta situação era desejada, uma integração completa rejeitada.

Outro lugar, onde a mesma situação de meia integração também aparecia, eram as irmandades. Estatutos de muitas irmandades de brancos impediam a filiação de negros ou mulatos. Isto valia especialmente para as irmandades mais aristocráticas (como p. ex. a da Terceira Ordem de São Francisco). Com isso, os negros fundaram irmandades próprias e tentavam através desta organização adquirir mais peso na instituição Igreja. Com estas irmandades, havia dois tipos de Igreja: a dos negros e a dos brancos. A dos negros tentava tomar sempre um pouco de espaço na Igreja, enquanto a dos brancos fechava-se cada vez mais. Assim, existiam eternas controvérsias sobre diversos assuntos, como por exemplo qual irmandade tinha o direito de abrir

---

105. Cf. BASTIDE, R.: Religiões, 158.

esta ou aquela procissão, em que ordem as irmandades deveriam compor as procissões de enterro e assim por diante.

O fechamento das organizações eclesiais dos brancos frente aos negros deixa claro que a sociedade branca não estava preparada para dar lugar aos negros. Do lado dos negros, a formação de irmandades próprias contribuiu para a formação da consciência de raça. Nas irmandades, os negros encontravam-se entre si e deram assim início a um catolicismo popular negro, com santos protetores próprios e uma forma própria de festas. Este catolicismo popular negro baseava-se principalmente no culto aos santos, culto este que não acontecia apenas nas igrejas, mas também nas casas. Era um catolicismo de uma subclasse que, apesar da falta de formação religiosa, desenvolveu expressões próprias de fé[106].

A formação de irmandades destes negros "catolicizados" à força teve um papel preponderante na transmissão das tradições religiosas africanas e no surgimento do sincretismo afro-católico.

Pertencia à estratégia do trabalho missionário dos religiosos com os índios – especialmente dos jesuítas – conservar alguns costumes destas culturas, que pudessem ser utilizados na catequese, e combater fortemente outros. Assim, por exemplo, algumas danças religiosas indígenas foram conservadas e seus textos substituídos por textos marianos, enquanto os pajés (autoridades religiosas indígenas) foram fortemente combatidos. Esta mesma estratégia também foi utilizada em relação às confrarias dos negros, talvez, no entanto, não tão sistematicamente. Se isto contribuiu para o objetivo missionário é discutível. Fato é que esta estratégia favoreceu o surgimento do sincretismo afro-católico e a conservação de tradições africanas. O limite entre costumes "ortodoxos" e "não ortodoxos"

---

106. Não se sabe exatamente quando foi iniciado este catolicismo popular negro. Há, porém, notícias de festas de São Benedito, o preto, e de Nossa Senhora do Rosário (principais patronos dos negros) em capelas de engenhos no ano de 1711, embora a veneração de São Benedito, o preto, tenha sido permitida pela Igreja apenas no ano de 1743 e sua beatificação tenha ocorrido somente no ano de 1807. Cf. BASTIDE, R.: Religiões, 162.

nem sempre foi claro e muito menos controlável. A língua formava uma outra proteção aos costumes. Quando os africanos utilizavam sua língua materna, o sacerdote não mais podia acompanhar os acontecimentos nas reuniões dos negros. R. Bastide afirma que em todos os lugares onde existiram tais irmandades também sobreviveram as religiões africanas. Isto aconteceu também no Uruguai, Argentina, Peru e Venezuela. E as religiões africanas desapareceram nestes países quando a Igreja proibiu as reuniões de dança das irmandades após a missa[107]. "Quantas vezes notamos no Nordeste que essas confrarias de negros são compostas das mesmíssimas pessoas que frequentam o Candomblé e aí ocupam importantes cargos hierárquicos. Por conseguinte, a Igreja, sem o querer, ajudou a sobrevivência dos cultos africanos. A confraria não era evidentemente o Candomblé, mas constituía uma forma de solidariedade racial que podia servir-lhe de núcleo e continuar em Candomblé com o cair da noite"[108].

As confrarias ofereciam espaços, nos quais os negros encontravam lugar tanto para sua cultura, como um lugar na sociedade e Igreja. Isto não só para indivíduos, mas também para grupos. Como indivíduo, conseguir um lugar na sociedade ou na Igreja, especialmente na hierarquia, era para um negro na época da escravidão praticamente impossível. Os negros – também os livres – não podiam no tempo da escravidão entrar nas ordens religiosas ou almejar o sacerdócio[109]. Assim, a Igreja era e permaneceu para os negros "propriedade particular dos brancos"[110].

Os negros não ofereceram nenhuma resistência aberta contra a "catolicização" forçada e nem tinham chances de fazê-lo. Pelo con-

---

107. Cf. BASTIDE, R.: Religiões, 79.
108. Ibid.
109. Cf. FRAGOSO, H.: Igreja, 146; BASTIDE, R.: Religiões, 159.
110. FRAGOSO, H.: Igreja, 146.

trário: os negros desejavam o batismo[111]. Ser batizado era subir um degrau na sociedade, não mais ser injuriado como "pagão", nem mais ser tratado pelos brancos como animal "sem alma". Também ser membro de uma irmandade propiciava aos negros uma reputação melhor na sociedade de então.

Muitos exemplos dão testemunho que negros assumiram a fé católica e a viveram. Mas, de modo algum, se pode falar generalizadamente de uma conversão dos negros ao cristianismo. Já no século XIX, falava-se na "ilusão da catequese". A cristianização dos negros fracassou mais por motivos de falta de empenho dos brancos, que pela resistência religiosa oferecida pelos negros. Os senhores proprietários não estavam interessados numa catequese dos negros. Seu interesse principal estava voltado ao corpo dos negros e sua força de trabalho. Além disso, uma cristianização dos negros poderia elevá-los à mesma condição religiosa dos brancos. "Bem cedo, os donos de escravos percebiam que não havia vantagem nenhuma em possuir escravos por demais esclarecidos acerca de assuntos bíblicos ou catequéticos: mais eficiente e menos complicado era o escravo ignorante, incapaz de analisar a situação em que se encontrava"[112]. Este fator já foi notado no século XVIII[113]. O zelo inicial principalmente dos jesuítas pela catequese dos negros esmoreceu com o tempo e diante da resistência passiva dos senhores de escravos.

Esta tarefa da catequese dos negros tampouco foi assumida pelos sacerdotes. No campo – onde havia até uma certa disposição para esta tarefa – as distâncias faziam qualquer trabalho sistemático de catequese quase impossível. Onde o sacerdote não podia visitar os engenhos mais que uma vez por ano não se pode falar numa possibilidade de catequese. Nas cidades, os sacerdotes – com exceção dos religiosos – estavam ocupados com outras coisas. O sacerdócio era exercido como atividade secundária. Um relato da época sobre o

---

111. Cf. SEGNA, E.V.: Análise, 28-29.
112. HOORNAERT, E.: Cristandade, 337.
113. Cf. BASTIDE, R.: Religiões, 182.

clero não regular de Minas Gerais dá conta que os sacerdotes somente celebravam a missa dominical e ouviam as confissões dos fiéis antes da Páscoa. No resto do tempo, estavam ocupados com outras profissões. Alguns eram negociantes, outros advogados; alguns tinham minas de ouro, outros engenhos; outros estavam ocupados inclusive no contrabando de ouro ou de pedras preciosas[114]. Que sacerdotes andassem publicamente com suas concubinas e filhos não chocava a sociedade de então[115].

O trabalho de missionar entre estas pessoas trazidas da África perdeu-se assim pelo caminho[116]. A cristianização (forçada) limitou-se à superficialidade. Assim, o catolicismo apenas "envernizou" o comportamento religioso público destas pessoas. Em termos de conteúdo, a doutrina cristã não substituiu as tradições africanas, que foram passadas adiante com o leite materno.

Uma descrição de R. Bastide apresenta de forma plástica qual era a aparência comum deste catolicismo forçado: "Diante do modesto altar católico erigido contra o muro da senzala, à luz trêmula das velas, os negros podiam dançar impunemente suas danças religiosas tribais. O branco imaginava que eles dançavam em homenagem à Virgem ou aos santos; na realidade, a Virgem e os santos não passavam de disfarces e os passos dos bailados rituais, cujo significado escapava aos senhores, traçavam sobre o chão de terra batida os mitos dos orixás e dos voduns [...] A música dos tambores abolia as distâncias, enchia a superfície dos oceanos, fazia reviver um momento a África e permitia, numa exaltação ao mesmo tempo frenética e regulada, a comunhão dos homens numa mesma consciência coletiva"[117].

---

114. Cf. LIMA MIRA, J.M.: Evangelização, 116.
115. Este comportamento de sacerdotes foi anotado pelo viajante francês Saint-Hilaire. Cf. BASTIDE, R.: Religiões, 182-183.
116. Sobre a catequese dos negros no Brasil cf. HOORNAERT, E.: Cristandade, 336-341.
117. BASTIDE, R.: Religiões, 72-73.

1.5. A Igreja Católica e a escravatura

A posição da Igreja institucional diante da escravatura não se pode em geral separar da posição do Estado. A Igreja participou de tudo o que foi decretado pelos governos português e brasileiro (após a independência) a respeito da escravatura. Também não se poderia esperar uma outra atitude, pois, pelo regime do Padroado, o rei português e mais tarde o imperador brasileiro agiam como delegados pontifícios e tinham poderes e responsabilidades especiais na Igreja do país, tanto no que dizia respeito à expansão da fé, como também na administração dos bens eclesiásticos, nas nomeações episcopais e na fundação de novas circunscrições eclesiais (dioceses, paróquias, etc.). Teoricamente, o rei tinha o direito de fazer sugestões a Roma no tocante à administração da Igreja no Brasil. Na prática, o rei quase sempre decidiu por conta própria e a Roma não restava outra opção que a de ratificar as decisões. De fato, o rei agia como chefe da Igreja. Assim sendo, não se pode esperar da Igreja institucional uma posição diante da escravatura que fosse diferente ou independente da do Estado a quem estava submetida.

As únicas instituições eclesiais que podiam gozar de alguma liberdade perante o Estado eram as ordens religiosas. Esta certa liberdade diante do Estado devia-se sobretudo à independência financeira destas ordens. Enquanto o clero secular era sustentado pelo Estado, os religiosos sustentavam-se através da produção de suas terras. Não só, mas também esta independência financeira é que possibilitou a posição firme dos religiosos contra a escravização dos índios. "Por isso, pode-se dizer que a liberdade dos indígenas no Brasil estava condicionada à liberdade dos religiosos: e esta liberdade estava condicionada à independência econômica"[118]. Para o tempo de então, independência financeira era sinônimo de exploração de trabalho escravo. Muitas vezes, as ordens possuíam escravos, e não pou-

---

118. HOORNAERT, E.: Evangelização, 40.

cos. Na lista dos bens da Fazenda Santa Cruz – perto do Rio de Janeiro, que pertencia aos jesuítas e após a expulsão destes do Brasil (1759) caiu nas mãos do Estado – consta 1.205 escravos. Na lista dos bens tomados pelo Estado aos mercedários após sua expulsão da região do Pará (1794) constam 375 escravos[119]. Quase todas as ordens religiosas no Brasil eram latifundiárias, o que as ligava a um certo *status* social e à posse de inúmeros escravos[120].

A instituição Igreja não explorava ela mesma o tráfico de escravos, mas não se pode dizer que estivesse totalmente ausente deste comércio. Havia, por exemplo, troca de escravos entre as casas dos jesuítas (em Angola, Portugal e Brasil). Além disso, também pagavam dívidas com escravos em Angola. Esta prática foi proibida pelo superior geral da Companhia de Jesus em 1590. A esta proibição, os jesuítas de Angola responderam: "Não é escandaloso de pagar as nossas dívidas em escravos, pois eles são a moeda corrente no país, assim como o ouro e a prata o são na Europa e o açúcar no Brasil"[121]. Com o passar do tempo, o sistema escravista tornou-se algo aceito por todos, inclusive pela Igreja em geral.

Vozes advindas dos círculos eclesiásticos contra a escravização dos negros eram algo um tanto raro. A Igreja manteve uma posição firme contra a escravização dos índios. Esta foi condenada pelo Papa Paulo III na bula "Veritas ipsa" em 1537 e legalmente proibida pelo Estado português em 1566. Quanto aos negros, a situação é diferente. Algumas das poucas vozes advindas de círculos eclesiásticos contra a escravização de negros, temos nas figuras de dois padres jesuítas ainda no século XVI. Padre Gonçalo Leite, o primeiro professor de filosofia do Brasil, defendia a ideia de que nenhum escravo, seja na África, seja no Brasil, é preso de forma legítima. Em sua tese não estavam interessados nem a Companhia de Jesus nem

---

119. Cf. SUESS, P.: Geschichte, 295, 307.
120. Cf. HOORNAERT, E.: Evangelização, 40; FRAGOSO, H.: Sklaverei, 174.
121. Cf. HOORNAERT, E.: Cristandade, 260.

a colônia. E ele foi transferido de volta a Portugal em 1586. Seu confrade, Padre Miguel Garcia, protestou contra a posse de escravos através da Companhia de Jesus: "A multidão de escravos que tem a Companhia nesta província, particularmente neste colégio, é coisa que de maneira nenhuma posso tragar, máxime por não poder entrar no meu entendimento serem licitamente havidos". Também ele foi transferido de volta a Portugal (1583)[122]. Estes dois casos são típicos para dar um retrato da situação da sociedade brasileira daquele tempo: A alternativa não era entre possuir ou não escravos, mas sim entre permanecer no Brasil ou não. A escravidão tornara-se estruturalmente tão fundamental no sistema da colônia, que o Brasil não mais se manteria sem ela.

Os dois jesuítas acima citados também haviam colocado em dúvida a validade da confissão para proprietários de escravos, pois não estavam convencidos da legitimidade desta posse. Esta opinião desencadeou uma grande discussão entre o clero e o caso foi levado aos peritos em doutrina e moral da Mesa da Consciência em Lisboa. Esta foi unânime da opinião que era legítimo possuir prisioneiros (escravos)[123]. O Brasil-colônia e a sua Igreja, com o tempo, foram acostumando-se à realidade do sistema escravista. A escravidão foi questionada apenas aqui ou acolá e principalmente no caso da escravização de índios, que só era permitida legalmente no caso de "guerra justa".

Por outro lado, desenvolveu-se uma teologia para justificar a escravidão. Recorria-se à Bíblia para fundamentar este costume. Três passagens bíblicas foram usadas especialmente na justificação da escravidão. Segundo o historiador Riolando Azzi, a passagem bíblica mais usada era a de Gn 3,17-19. Adão é condenado por Deus por causa de seu pecado a ganhar seu sustento e o de sua mulher com o penoso cultivo da terra. Os escravos simbolizam na sociedade cristã a realidade desta condenação divina. Outra passagem bíblica utili-

---

122. Cf. BERGMANN, M.: Povo, 51.
123. Cf. HOORNAERT, E.: Cristandade, 308.

zada para a justificação da escravidão era a de Gn 4,8-16. Segundo esta interpretação, os escravos eram descendentes de Caim que matara seu irmão Abel. Na Bíblia lê-se: "O Senhor pôs, então, um sinal em Caim para que ninguém, ao encontrá-lo, o matasse" (4,15). Este sinal era, na crença popular, a cor negra da pele dos africanos[124]. A terceira fundamentação bíblica baseava-se em Gn 9,18-28[125]. Segundo esta explicação, os negros eram descendentes de Cam. Cam viu a nudez de seu pai Noé que estava embriagado. Por isso, ele foi amaldiçoado por Noé a ser escravo de seus irmãos. Com estas explicações, a sociedade de então procurava na Bíblia justificativas para a situação de escravização dos africanos. Com esta fundamentação bíblica, a escravidão era colocada como parte do plano de Deus, não tendo pois a sociedade portuguesa culpa nenhuma nesta situação. Ela apenas havia sido escolhida por Deus para aplicar a pena de escravidão aos que a mereciam. O sistema de escravização recebia assim um significado religioso.

Tal teologização não se encontra evidentemente em nenhuma declaração oficial da Igreja. Mostra, porém, como o sistema escravista havia penetrado profundamente na sociedade católica de então. Questionamentos sobre a legitimidade da escravidão – como fizeram os dois jesuítas citados anteriormente – vão surgir novamente nos círculos eclesiásticos apenas quando das discussões em torno da abolição da escravatura. Especialmente após 1850 (com a proibição do tráfico de escravos da África) são comuns na Igreja as vozes contra a escravidão. No fundo, a Igreja reflete nesta história a forma de pensar da sociedade branca e foi durante todo o tempo copartícipe da situação[126]. Dada a sua condição de submissão ao Estado, nem é de se esperar que tivesse tido uma outra posição. A "lei do ventre livre" (1871) foi saudada positivamente por muitos bispos e muitos

---

124. Cf. HURBON, L.: Igreja, 536.
125. Cf. SUESS, P.: Etíope, 911.
126. Uma posição da Igreja como um todo contra a escravidão surge apenas em 1887. Cf. DORNAS FILHO, J.: Escravidão, 233.

deles pediram, na ocasião, o fim do sistema escravista. Em cartas pastorais, a escravidão foi denunciada como violação do direito natural e como sendo contrária ao Evangelho. "A escravidão estava sempre em contradição com o Evangelho que iguala perante o Pai Celeste todos os filhos dos homens"[127], argumentava o bispo do Rio Grande do Sul, Dom Sebastião Laranjeiras, em uma carta ao ministro da agricultura, comércio e construção após a promulgação da "lei do ventre livre". Mesmo, porém, após esta lei, a Igreja tinha ainda dificuldades de colocar-se como um todo contra a escravidão, pois não queria ser vista como perturbadora da ordem pública. A possibilidade de possuir escravos era garantida pela legislação do país e uma argumentação contra a escravidão poderia ser interpretada como falta contra o direito natural à propriedade. Por um lado, a Igreja queria manter boas relações com os proprietários de escravos, por outro, não podia mais ignorar o movimento abolicionista. Esta posição dúbia aparece muito claramente numa carta pastoral de Dom Luís da Conceição Saraiva em 21/11/1871. Ele recorre às palavras de Jesus em Lc 4,18-19 ("O Espírito do Senhor está sobre mim, porque ele me ungiu para evangelizar os pobres; enviou-me para anunciar aos aprisionados a libertação, aos cegos a recuperação da vista, para pôr em liberdade os oprimidos, e para anunciar um ano de graça do Senhor") para saudar a "lei do ventre livre" e a defender teologicamente. Na mesma carta, ele exorta os escravos a obedecer e ser submissos aos seus senhores com as palavras de Paulo a Timóteo: "Todos os que vivem sob o jugo da escravidão, considerem seus senhores dignos de toda honra para que não seja desonrado o nome de Deus nem sua doutrina" (1Tm 6,1)[128].

Os religiosos, que deviam sua relativa independência diante do estado ao trabalho escravo, não se portaram de forma diferente que os bispos ou clero secular na discussão em torno da abolição da es-

---

127. Aqui apud FRAGOSO, H.: Igreja, 163.
128. Cf. FRAGOSO, H.: Igreja, 162-163.

cravatura. Os capuchinhos são de certa forma uma exceção na história da escravidão no Brasil. "Isto se deve ao fato de os capuchinhos terem uma compreensão menos colonialista de missão que os outros por não estarem submissos diretamente ao padroado real português, mas sim à congregação romana Propaganda Fide"[129].

Os religiosos não permaneceram, porém, alheios à influência das ideias abolicionistas. Os beneditinos do mosteiro do Rio de Janeiro tiveram entre os religiosos um certo papel de vanguarda no movimento abolicionista. No ano de 1869 eles deram a liberdade a todos os escravos com mais de 50 anos de idade. E pouco mais tarde declararam que eram livres todas as crianças nascidas de escravas do mosteiro. No ano de 1871, o mosteiro beneditino do Rio de Janeiro deu liberdade a todos os seus escravos. No mesmo ano, o exemplo foi seguido pelos carmelitas e pela Província Franciscana da Imaculada Conceição. Um ano mais tarde, também a Província Franciscana de Santo Antônio deu a liberdade a seus escravos[130]. Os religiosos não foram os únicos a tomar esta atitude. Também entre o clero secular houve libertação de escravos.

O passo dos beneditinos do Rio de Janeiro foi sem dúvida um sinal importante para a abolição da escravatura, que mesmo assim ainda perdurou por 17 anos. Não se deve, porém, ter a impressão que a Igreja tenha exercido um papel de liderança no movimento pelo fim do regime de escravidão no Brasil.

No avançar do movimento abolicionista houve também uma palavra clara em favor da abolição por parte do Papa Leão XIII em uma entrevista com o proeminente abolicionista Joaquim Nabuco, três meses antes da assinatura da lei que abolia a escravidão em 1888. Antes disso, o Papa havia pedido em uma carta de 14/01/1888, dirigida à Princesa Isabel, que conduzia os negócios governamentais no Brasil, a libertação de escravos como uma espécie de presente pela

---

129. Id.: Sklaverei, 196.
130. Id.: Igreja, 164.

passagem do jubileu de ouro de sua ordenação sacerdotal. Uma clara condenação da escravidão por parte do Papa Leão XIII veio aos bispos brasileiros através da Encíclica "In plurimis" de 5 de maio de 1888, que só chegou ao Brasil quando já havia sido promulgada a lei que acabava com o regime escravocrata.

2. CONSEQUÊNCIAS TEOLÓGICAS E RELIGIOSAS DA ESCRAVIZAÇÃO E DA "CATOLICIZAÇÃO" FORÇADA

O tráfico de africanos para o Brasil, a sua escravização e "catolicização" forçada, tiveram consequências profundas para estes povos e seus descendentes no Brasil. Estas consequências podem ser analisadas de diferentes pontos de vista: sociológico, econômico, psicológico e assim por diante. A nós interessa aqui analisar as consequências do ponto de vista teológico e religioso de todo este processo.

O tráfico de africanos para o Brasil significou para estes povos, em primeiro lugar, uma grande ruptura com as tradições, também as religiosas. Isto não significa, porém, que estas religiões tenham sido esquecidas no Brasil. Elas não tiveram, no entanto, uma simples continuidade. O desenvolvimento posterior destas religiões dentro de uma situação nova – e totalmente diversa – foi influenciado por muitos fatores e não por último pelo contato com o Cristianismo católico. Neste processo de desenvolvimento, do qual surgiram as religiões afro-brasileiras, houve tanto uma continuidade de tradições religiosas africanas, como também perda de elementos religiosos, adaptações religiosas e surgimento de novos elementos teológico-religiosos. O termo "acomodação" resume estes três processos. Na verdade estes três processos de acomodação de valores (perda, adaptação, criação de novos elementos) não acontecem um após o outro, mas são um único processo simultâneo. Uma adaptação leva a abandonar elementos, que são substituídos por outros. E assim surge um novo conjunto.

Queremos agora observar mais de perto estes três processos, não tanto no sentido de descrever detalhes destes elementos, mas apontar o contexto dentro do qual ocorreram perdas, adaptações e surgimento de novos elementos. Por motivo didático, dividiremos aqui estes três processos – ocorridos historicamente de forma simultânea. Também devemos ter em mente que estes processos ainda estão em curso nas religiões afro-brasileiras. Em algumas delas são processos ainda bastante dinâmicos, em outras já há uma maior estabilidade. Neste contexto também é interessante notar um movimento contrário: a chamada "reafricanização", um movimento que tenta não apenas impedir novas modificações, mas também retirar certas modificações que foram introduzidas com o tempo e sob influências não africanas.

2.1. Perdas

Uma primeira perda houve no relacionamento entre religião e sociedade. As culturas africanas no Brasil não mais eram culturas de uma sociedade como um todo. Elas eram agora culturas exclusivas de uma determinada classe social, culturas de um grupo dentro da sociedade brasileira. Este grupo e sua cultura não tinham para a sociedade brasileira uma posição importante, pois tratava-se de um grupo subordinado. De cultura da totalidade na África, eles passaram agora a cultura da parcialidade no Brasil. A mesma redução aconteceu também com as religiões africanas no Brasil. Se definirmos religião como instância produtora de sentido dentro da sociedade, fica-nos claro quão drástica foi esta redução. A lógica religiosa permanece uma totalidade, porém, que agora é mais válida, mais lógica e produtora de sentido para uma parte da sociedade.

Neste processo de deixar de ser religião de uma totalidade da sociedade para ser religião de apenas um grupo dentro da sociedade, perdeu-se também um outro aspecto muito importante para quase todas as religiões originárias da África: a ligação com o grupo étnico (povo, tribo). Os africanos e seus descendentes encontram-se agora em uma sociedade não caracterizada por etnia. O critério etnia não é mais determinante na organização desta nova sociedade onde eles se encontram. A organização étnica africana não é esquecida, mas não é mais o âmbito que serve de parâmetro para a organização social. O indivíduo e sua posição social têm aqui um papel mais importante que a pertença a um determinado grupo étnico. Em termos de religião, há aqui uma transferência de responsabilidade menos apoiada no grupo e mais acentuada para o indivíduo.

Em termos de conteúdo, também houve perdas para as religiões africanas em seu desenvolvimento no Brasil. O culto aos antepassados nunca alcançou no Brasil a mesma importância que tinha na África[131]. "Com o desaparecimento do sistema de clãs, no qual o culto aos antepassados estava apoiado, é que se pode explicar por que na Bahia o culto aos antepassados tem um papel muito menor que o culto aos Orixás"[132]. Também contribuíram para o enfraquecimento do culto aos mortos fatores como a falta de pessoas iniciadas neste culto e a concorrência católica direta neste campo. Esta concorrência nota-se especialmente no que diz respeito aos ritos fúnebres. O exercício de cultos de influência africana foram por muito tempo proibidos no Brasil e até hoje são vistos ainda com um certo olhar de desconfiança. Justamente no que diz respeito aos ritos fúnebres, o controle católico tornava-se mais fácil. A influência católica neste campo é tão forte, que até hoje a participação na missa de 7º dia na Igreja Católica ainda faz quase que parte do ritual fúnebre de algumas religiões afro-brasileiras.

O culto aos Orixás, parte muito importante e ponto de apoio das religiões afro-brasileiras, não perdeu nesta transferência da África para o Brasil a sua importância e centralidade, mas perderam-se partes do culto. Assim, das diversas centenas de Orixás conhecidos e

---

[131]. Cf. BASTIDE, R.: Américas, 111.
[132]. KOCH-WESER, M.R.M.: Yoruba-Religion, 220.

provavelmente cultuados na África, apenas alguns são conhecidos no Brasil e um número menor ainda cultuado.

No Brasil nunca pode ser restaurada a totalidade da estrutura da organização religiosa como ela se dava na África. Isto levou a uma simplificação da organização hierárquica e a uma aglutinação de funções. Funções religiosas exercidas na África por pessoas distintas tiveram que ser assumidas no Brasil por uma só pessoa. Pessoas, por exemplo, especializadas e iniciadas na África no culto a um determinado Orixá, tiveram no Brasil que assumir o culto a diversos ou a todos os Orixás. O sistema africano de comunidades que se dedicavam ao culto de uma única entidade desapareceu completamente no Brasil. Em seu lugar surgiram comunidades onde são cultuados diversos Orixás[133].

2.2. Adaptações religiosas e teológicas

As maiores adaptações ocorreram justamente onde partes de religiões, onde por diversos motivos haviam surgido lacunas, transformam-se em religiões em si. Para as gerações trazidas da África, estas lacunas religiosas eram sentidas como dolorosas lacunas, pois elas haviam ainda conhecido – e participado – a prática da religião como um todo na África. As gerações nascidas no Brasil não mais haviam experimentado esta totalidade africana. Para estas gerações, as partes restantes da religião formavam de alguma maneira uma totalidade. Estas gerações, para as quais a cultura africana era em parte desconhecida e estranha, iniciaram um processo de interpretação própria, desencadeando assim o processo de adaptações. Ritos africanos foram interpretados de forma diferente, mitos foram apresentados de outra maneira. A continuidade de tradições africanas desembocou muitas vezes numa independentização destas tradições. E, assim, as religiões africanas no Brasil transformaram-se em religiões afro-brasileiras.

---

133. Cf. BASTIDE, R.: Religiões, 90.

O sincretismo teve neste processo um papel importante. Houve um sincretismo em quatro direções. O primeiro sincretismo aconteceu entre os cultos e doutrinas africanas. Religiões africanos, que já na África tinham muitos aspectos em comum, aproximam-se umas das outras ainda mais no Brasil, chegando muitas vezes a fundir-se[134]. Resquícios desta variedade de tradições africanas no Brasil são as chamadas "nações". Até hoje todas as comunidades na Bahia sentem-se pertencentes a uma determinada nação. Esta pertença não tem necessariamente nada a ver com a origem da tradição religiosa desta ou daquela determinada região na África. Mostra, porém, a diversidade de tradições que chegaram no Brasil.

Uma segunda direção na qual ocorreu um sincretismo é o entre estas tradições africanas e o Cristianismo católico. Visto de forma superficial, estes elementos sincréticos com o catolicismo são, talvez, o fenômeno mais marcante das religiões afro-brasileiras. Os altares, com uma multidão de estátuas de santos católicos, simplesmente não se podem ignorar nos terreiros afro-brasileiros. Se estas estátuas têm – em termos de conteúdo religioso – uma importância tão grande quanto o espaço que elas ocupam, já é uma outra questão. A presença destas estátuas não é mais, no entanto, apenas uma estratégia de sobrevivência, como no tempo da escravidão, onde os escravos dançavam perante as estátuas católicas para assim escapar da proibição de praticar suas religiões. Os santos católicos foram ligados com os Orixás. O culto aos santos da piedade popular reflete-se de forma muito forte no culto aos Orixás e vice-versa. A própria adaptação do calendário de festas aos Orixás ao calendário de festas dos santos católicos mostra esta forte ligação sincrética. "O calendário de festas [dos cultos afro-brasileiros] está ajustado em Recife de forma mais clara que na Bahia aos dias de festas dos santos católicos, com os quais os respectivos Orixás são identificados"[135].

---

[134]. "A religião Ewe e Yoruba fundem-se de tal forma no Brasil, que em muitos lugares não se pode mais diferenciar os elementos e, por isso, se fala em tradição 'gegê-nagô'". KOCH-WESER, M.R.M.: Yoruba-Religion, 32. Cf. tb. CARNEIRO. E.: Candomblés, 14; LUZ, M.A.: Cultura, 30.
[135]. KOCH-WESER, M.R.M.: Yoruba-Religion, 244. Cf. tb. FIGUEIRÔA, T.: Senhora, 31.

Uma terceira direção do sincretismo deu-se com a acolhida de elementos das religiões indígenas nas religiões afro-brasileiras. Os primeiros contatos entre índios e africanos foram feitos através de escravos fugitivos que encontraram refúgio com os índios. A mestiçagem entre índios e negros concorreu para o sincretismo religioso tanto nas religiões afro-brasileiras, como religiões indígenas. As tradições religiosas do Norte do Brasil são hoje um exemplo típico da influência africana sobre as religiões indígenas.

Uma última composição sincrética digna de nota neste processo de adaptação das religiões afro-brasileiras é a influência do Espiritismo, fase esta um pouco mais tardia, mas não menos forte. Praticamente todas as religiões afro-brasileiras têm hoje uma influência espírita, ora mais explícita, ora mais velada.

O processo de adaptação das religiões afro-brasileiras não ocorreu apenas em nível de sincretismo. Houve também um processo de seleção dos Orixás, de modo que alguns foram esquecidos e outros receberam uma outra importância. A tendência dos Orixás relacionados com a agricultura foi a de terem sempre menos importância, enquanto outros Orixás, ou aspectos de alguns Orixás, ganharam mais importância. Assim, por exemplo, o Orixá Ogum, que está relacionado com a guerra, foi ganhando com o tempo uma maior importância no Brasil. Também Xangô, o Orixá da justiça, e Exu, relacionado às vezes com a vingança, tomaram mais importância. Embora estes Orixás originariamente apresentassem muitos outros aspectos, foram estes os mais destacados no Brasil. A situação social dos negros encontrou de alguma forma sua compensação na expressão religiosa.

Os novos arranjos feitos no sentido de simplificar e concentrar a hierarquia levaram a mudanças nas formas rituais. Apesar de todas estas dificuldades em transmitir a religião, R. Bastide observa que há nos Candomblés e Xangôs uma fidelidade muito grande para com origem africana, fidelidade esta que não pode ser estendida a todos os aspectos da religião[136].

---

136. Cf. BASTIDE, R.: Religiões, 340-341.

2.3. Criação de novos elementos religiosos

Através da independentização das tradições africanas no Brasil, surgiram novas interpretações e práticas religiosas, originadas, às vezes, inclusive pela pouca ou má-formação religiosa das lideranças. Dentro deste mundo que chamamos de religiões afro-brasileiras, podem ser encontradas muitas correntes; desde comunidades que mantêm uma grande fidelidade às tradições africanas, até grupos religiosos onde os elementos africanos não são mais os preponderantes. Pelo fato de as diversas tradições religiosas afro-brasileiras serem totalmente autônomas, não há nenhuma instância de controle, de modo que cismas dentro de uma tradição fazem surgir não apenas novos grupos, mas também novas interpretações. Assim, a criação de novos elementos pode tanto ser resultado do processo de adaptação, como também fruto da fantasia religiosa de determinadas lideranças.

Outros novos elementos surgiram para preencher lacunas originadas no processo de transposição destas religiões da África para o Brasil. Através da perda da organização por grupos étnicos em clãs, estirpes, famílias, etc., perdeu-se um elemento organizacional importante destas religiões. A pertença a um grupo religioso não podia mais ser definida pela pertença a uma determinada família ou descendência. A reorganização religiosa no Brasil não podia, pois, mais apoiar-se nas ligações de parentescos carnais. Em substituição a esta lacuna, surgiu uma organização baseada em um parentesco espiritual.

Já a nomenclatura para diversas funções ou cargos dentro das comunidades religiosas afro-brasileiras aponta para esta nova forma de parentesco: pai de santo, mãe de santo, filha de santo, irmão de santo, família de santo, etc. Este parentesco religioso substituiu o parentesco familiar dilacerado pelo processo da escravidão e serviu de padrão para o sentimento de pertença a um determinado grupo religioso. Onde a recomposição da antiga organização não mais foi possível, a comunidade de fiéis encontrou formas substitutivas, que têm alguma semelhança com a antiga forma, mas são diferentes e novas. "O espírito não pode viver fora da matéria e, se essa lhe falta, ele faz uma nova", afirma R. Bastide neste contexto[137].

Estes grupos (re)compõem em uma forma reduzida a organização de vida originária da África. Eles são quase que miniaturas da totalidade da pátria perdida. Em círculos pequenos e fechados foi recomposta a pátria. A África e suas diferentes nações tornou-se exemplo inspiracional para estas comunidades, que passaram a ver na África e suas nações não apenas os lugares de origem ou um conceito geográfico. A África e suas nações passaram a ganhar um significado religioso e mítico. A África é a terra dos antepassados, da liberdade, a moradia dos Orixás; para a África, os negros sonham em voltar após a morte. A África torna-se a terra da promissão[138]. O mesmo fenômeno ocorreu com a língua. As línguas africanas trazidas ao Brasil com os escravos praticamente desapareceram em sua função de instrumento de comunicação cotidiana. No âmbito do culto, tentou-se, porém – com maior ou menor sucesso –, manter estas línguas. Em alguns terreiros podem ser observados apenas fragmentos destas línguas em outros, rituais inteiros são feitos em língua africana. Independentemente da pergunta se as línguas africanas conseguiram ou não ser mantidas no Brasil, não há de se negar que o que se manteve na língua é quase que exclusivamente aquilo que tem significado no âmbito religioso, de modo que se pode falar na existência de uma língua praticamente exclusiva para o culto.

O processo de sincretismo entre religiões africanas e o catolicismo, citado de passagem anteriormente, não é, porém, uma rua de mão única. O cristianismo católico no Brasil também recebeu influência de elementos advindos de religiões africanas. Claro que estas influências são mais sutis que na direção inversa e ocorreram mais em nível pessoal que institucional. Elas tinham início já na educação dos filhos dos senhores de escravos. A mãe-preta certa-

---

137. Ibid., 32.
138. Cf. AUGEL, M.: Poesia, 39.

mente não contava histórias de ninar para os filhos do senhor sobre os anjos da guarda. É mais provável que contava histórias do marinheiro Calunga que casara com a rainha do mar. Os filhos dos senhores brancos cresciam em contato com os negros e foram inclusive por estes em parte educados[139]. A mistura de negros e brancos na sociedade e também matrimônios mistos levaram tanto a uma "des-africanização" dos negros e da população mestiça, como a uma "africanização" da sociedade e cultura brasileira. Estes dois processos ocorreram paralela e simultaneamente. Do lado do catolicismo, esta influência de elementos africanos faz-se sentir sobretudo ao nível do catolicismo popular, onde os limites entre devoção aos santos e culto aos Orixás às vezes não são tão nítidos[140]. "Por mais paradoxal que seja, parece que nas grandes cidades é a Umbanda que oferece a melhor possibilidade de continuidade ao catolicismo popular que vem do interior", constata M.R.M. Koch-Weser[141]. E continua: "Os cultos afro-brasileiros são simultaneamente uma continuidade das tradições católicas como uma alternativa ao catolicismo à medida em que eles ao mesmo tempo incluem formas religiosas populares e por outro lado oferecem algo novo, adaptado às novas condições de vida"[142]. Assim, surge um grupo da população que se serve tanto do catolicismo como dos cultos afro-brasileiros para satisfazer suas necessidades religiosas e é servida tanto por um como pelo outro lado. Continuidade e alternativa se dão de forma entrecruzada.

Não é claro até que ponto as pessoas têm consciência deste cruzamento. Este cruzamento não é, porém, algo percebido de forma

---

139. Cf. BASTIDE, R.: Religiões, 99-100.

140. Um dos fenômenos mais conhecidos neste sentido é a lavagem das escadarias da Igreja do Senhor do Bonfim em Salvador, feita por membros do Candomblé, onde os limites entre homenagem ao Senhor do Bonfim e devoção a Oxalá não são nítidos. Sobre o surgimento deste costume: BASTIDE, R.: Imagens, 120; Id.: Estudos, 173-174. A cerimônia da lavagem das escadarias do Bonfim ocorre todos os anos na 3ª quinta-feira de janeiro e é hoje já uma atração turística e folclórica.

141. KOCH-WESER, M.R.M.: Yoruba-Religion, 369.

142. Ibid., 370.

teórica; ele se dá na prática com as necessidades das pessoas. Assim, por exemplo, tanto faz se a dor de cabeça foi embora pela bênção de um padre ou pelo conselho de um pai-de-santo. O importante é que ela tenha desaparecido.

2.4. Reafricanização

Um processo que está ocorrendo ultimamente nas religiões afro-brasileiras e que levanta muita discussão pode ainda ser visto como consequência religiosa e teológica da escravização e "catolicização" forçada dos negros: é a chamada reafricanização. A ideia, que conta, sobretudo, com o apoio das classes mais intelectualizadas, dentro das religiões afro-brasileiras, é a de reafricanizar estas religiões, isto é, purificá-las de todos os elementos estranhos (também católicos) que foram com o tempo a elas se juntando[143]. Trata-se de uma tentativa de reverter o máximo possível o sincretismo (des-sincretização)[144]. Sobretudo a identificação entre Orixás e santos católicos é colocada em questão[145]. Este processo não é em primeiro lugar uma rejeição do contato com o catolicismo. É, antes de tudo, um esforço de autoafirmação destas religiões no contexto religioso do Brasil. A este esforço de autoafirmação pertence também a tentativa de mostrar a religião pura, em clara distinção para com os charlatães, também ativos neste campo religioso.

Se por um lado há uma continuidade do processo de sincretização, a reafricanização é por outro lado um processo de resistência contra a degeneração. Os grupos religiosos mais tradicionais fecham-se em si e tentam desqualificar os grupos "não ortodoxos". É uma espécie de movimento de catarse dentro das religiões afro-brasileiras.

---

143. Cf. DAMASCENO, C.M.: Oxalá, 18.
144. Na 2ª Conferência Mundial da Tradição dos Orixás e sua Cultura (Salvador, 1983) foi anunciado, segundo Peter Fry, uma verdadeira cruzada contra o sincretismo. Cf. DANTAS, B.G.: Pureza, 126. O anúncio do fim do sincretismo foi o assunto da conferência mais explorado pela imprensa. Cf. BIRMAN, P.: Comentários, 47.
145. Cf. SANTOS, J.T. dos: Imagens, 51.

Os principais objetivos do movimento de reafricanização são impedir a degeneração e incentivar uma volta às fontes. Justamente esta "volta às fontes" é algo muito discutível. A que fontes voltar? Há duas tendências dentro do movimento de reafricanização. Uma insiste em uma volta à África. Esta tendência, que tem seu ponto forte sobretudo em São Paulo, entende que as verdadeiras raízes das religiões afro-brasileiras devem ser procuradas na África. Assim, são enviadas pessoas à África para formação, aprendizagem da língua e iniciação religiosa. As partes da religião que foram perdidas devem ser resgatadas. É interesse, sobretudo, introduzir no Brasil as partes da religião que foram perdidas em sua mudança da África para cá e recuperar para a religião elementos não transmitidos. Esta tendência tem como ponto de partida a ideia de que as religiões afro-brasileiras são religiões africanas (no Brasil) e devem ser reorganizadas como tais.

A outra tendência no movimento de reafricanização insiste no aspecto "afro-brasileiro" destas religiões. Mãe Stela, da conceituada casa do Axé Opô Afonjá, coloca sua posição de forma clara: "[O Candomblé] deixou de ser uma religião afro-brasileira para ser brasileira. Deixou de ser uma religião africana para ser afro-brasileira [...] A própria religião, a força, está mais aqui no Brasil mesmo"[146]. E argumenta: "Eu acho isso fanatismo, sair para buscar raízes. Não tem por que buscar raízes, pode ir até lá para ver se tem um lugar ainda que funcione as coisas, para aprender; que é bom aprender. Mas, as raízes estão conosco [...] nós somos galhos das raízes. Se as raízes morrem, os galhos não resistem. Então nossas raízes estão aqui!" Esta tendência representada por Mãe Stela insiste nos elementos africanos que estão vivos no Brasil e é contra a introdução de novos elementos em nome dum pretenso "dever ser africano", elementos estes que não têm nada a ver com as tradições africanas presentes no Brasil. Esta volta à "pureza" das tradições africanas deve levar em conta o desenvolvimento havido com o tempo tanto na África

---

146. Apud SANTOS, J.T. dos: Imagens, 54.

como no Brasil. Além disso, não se pode simplesmente voltar à África, aos lugares de onde surgiram estas religiões para buscar suas raízes como se lá tudo tivesse parado no tempo e se o processo de colonização na África não tivesse modificado profundamente também aquelas culturas. A reafricanização não pode querer praticar uma espécie de reavivação de religiões que existiram uma vez, pois precisa levar em conta as transformações e mudanças que ocorrem em culturas vivas. Esta tendência do movimento de reafricanização não é, pois, a favor de um conservacionismo religioso, mas sim de uma tentativa de restabelecer uma identidade africana a estes grupos. A reafricanização não se limita apenas a uma dimensão religiosa, mas entra de forma consciente no nível sociopolítico e defende uma descolonização, isto é, tanto uma avaliação crítica da colonização e suas influências nas culturas africanas no Brasil, como uma conscientização da população descendente de africanos[147].

Ambas as tendências da reafricanização têm em comum a defesa das tradições africanas e a rejeição do sincretismo. Em outra passagem, Mãe Stela coloca novamente de forma clara o que entende por reafricanização: "Toda mãe de santo que se prezasse, ela era do santo, mas também ia na igreja. Inclusive tinha muito conhecimento e mandava rezar missa. Então já foi ficando. No dia de Xangô, ia lá, depois voltava, depois tinha o xirê. Mas eu fico pensando, comigo não tinha nada disso, porque isso era mais no tempo dos africanos, porque eles tinham que adorar. Era dia de folga deles, no dia de Sant'Ana, eles faziam festa para Nanã. Cantavam lá para Nanã, dançavam e [...] Quer dizer que eles enganavam, e naquele tempo valeu. Mas a culpa não é de ninguém, a culpa é da própria situação social do negro que era analfabeto. Não vai dizer que não era! Porque era ingênuo demais e foi segurando esse sincretismo, e até as mães de santo se sujeitavam a isso para poder ter um *status* maior, e tinha, fazia parte das coisas. Mas

---

147. Cf. SANTOS, J.E. dos: Pierre Verger, 13.

agora não tem mais necessidade, porque isso eu combato [...]. Não tem mais missa, no axexê, não tem mais. As imagens cristãs estão guardadas. Não adotamos o sincretismo [...] e as festas dos Orixás não têm mais missa, não têm nada disso"[148].

Outros porém, não veem motivos para a abolição dos elementos sincréticos. Estes elementos não são mais elementos estranhos e tornaram-se parte integrante da tradição afro-brasileira. Luís da Muriçoca, um pai de santo, rejeita decididamente a ideia da reafricanização: "Eu sei que o Senhor do Bonfim não é Oxalá, mas ninguém vai tirar sua imagem do meu peji". Afirma que continuará a tradição de nas sextas-feiras ir à missa na Igreja do Bonfim e nas terças-feiras, dia de Ogum, ir rezar na Igreja de Santo Antônio da Barra. E argumenta da seguinte forma: "Faço isso desde menino, era o que nossos avós nos ensinavam"[149].

Nesta argumentação fica claro que as duas correntes religiosas (cristã e africana) não são simplesmente misturadas ou confundidas, mas que as duas são tradição comum para uma parcela da população, que não mais as podem separar. As duas correntes formam uma única tradição. Neste contexto se pode dizer que reafricanização significa tanto busca de autenticidade e autonomia das religiões afro-brasileiras, como também perda ou separação de tradições[150].

---

148. Apud SANTOS, J.T. dos: Imagens, 53.
149. Ibid., 51.
150. Muitos membros de religiões afro-brasileiras são ao mesmo tempo membros da Igreja Católica e uma separação em nome da reafricanização seria entendida como que um protesto ou revolta contra a Igreja Católica. "Então por que vou me rebelar contra a Igreja Católica – argumenta a Ialorixá Antonieta –, se eu já a encontrei entre os meus antepassados, que sempre tiveram um culto paralelo? Nós não podemos nos rebelar nem querer separar porque o negócio já vem de longe. Não sei o que vai acontecer daqui para frente, porque o futuro a Deus pertence. Mas eu não posso deixar de ir à Igreja Católica. Me faz bem estar num culto de Candomblé, agradeço a Jesus Cristo, ao Divino Espírito Santo por me iluminar, por não me deixar afastada, porque gosto dos cultos católicos, de mandar rezar missas". Apud DAMASCENO, C.M.: Oxalá, 15. Frei David R. dos Santos, OFM, defende, porém, que os líderes das religiões afro-brasileiras devem romper suas ligações com a Igreja Católica para conseguir a autonomia e reconhecimento do Candomblé como religião. Cf. SANTOS, D.R. dos: Ecumenismo, 3.

Esta busca de autenticidade e pureza nas religiões afro-brasileiras feita em nome de uma "fidelidade à África" privilegia uma determinada tradição africana, tida como "pura" e "genuinamente africana". O Candomblé e especialmente a "tradição nagô" são, às vezes, apresentados como modelo desta pureza[151]. Não se pode negar que em geral as comunidades desta tradição são mais estáveis e melhor organizadas e foram objeto de inúmeras pesquisas. Estes círculos apoiam e promovem este movimento de volta à África. Mas esta procurada e elogiada "pureza africana" é criticada como intelectualista e discriminadora[152]. Segundo esta crítica, as comunidades mais tradicionais procuram desacreditar as outras comunidades afro-brasileiras em nome da pureza de tradições. Finalmente, também os pesquisadores que tomaram a tradição nagô como ponto de referência para suas pesquisas acabaram contribuindo para uma certa ideia de que outras tradições afro-brasileiras como Umbanda, Macumba, Candomblé de Caboclo e Candomblé de Angola, fossem tidas como formas sobreviventes degeneradas, desfiguradas e menos interessantes do ponto de vista religioso[153]. A pesquisa não teve apenas um papel de observação, mas acabou influenciando no desenvolvimento de comunidades à medida que os líderes de comunidades leram os resultados destas pesquisas e acabaram aceitando a interpretação do pesquisador como "ortodoxa". "Nesta perspectiva, a 'pureza nagô' que havia sido reificada pelos culturalistas e transformada em categoria de análise se reduz a uma capa ideológica tecida pelos intelectuais para encobrir a dominação"[154]. A motivação deste movimento de reafricanização seria, pois, nem tanto a fidelidade à pureza e a volta à África – um problema da teologia e da tradi-

---

151. "Em nome da ortodoxia, como veremos, é possível condenar toda e qualquer manifestação cultural que não dê primazia ao Candomblé 'tradicional' e 'puro'". BIRMAN, P.: Comentários, 52. Cf. tb. DAMASCENO, C.M.; SANTOS, M.C.L.: Sobrevivência, 39.
152. Cf. VIVEIROS DE CASTRO CAVALCANTI, M.L.: Origens, 85-86.
153. Cf. DANTAS, B.G.: Vovó, 21; VIVEIROS DE CASTRO CAVALCANTI, M.L.: Origens, 99.
154. DANTAS, B.G.: Repensando, 16.

ção –, mas sim o desenvolvimento de uma estratégia para poder resistir perante o avanço de outros grupos afro-brasileiros – um problema político-religioso. Seria mais uma questão ligada à concorrência entre os grupos pelo mercado religioso. Enquanto o Candomblé de Caboclo, por causa de sua estrutura mais maleável, consegue se adaptar mais rapidamente às condições sociais e assim ter vantagem na busca de novos membros, as comunidades mais tradicionais procuram mostrar sua vantagem através da argumentação baseada na pureza e na fidelidade à tradição.

Este movimento de volta à África e de reafricanização – seja ele entendido como for – é um claro sinal de um processo de conscientização que está ocorrendo dentro das religiões afro-brasileiras. Assim, há uma reflexão religiosa sobre a história da escravização e sobre a "catolicização" forçada dos negros para cá trazidos. A história não mais pode ser entregue aos outros ou ao acaso. As próprias lideranças das religiões afro-brasileiras reconhecem isso e estão reagindo no sentido de direcionar a própria história.

3. OS CULTOS E AS RELIGIÕES AFRO-BRASILEIRAS

3.1. Pré-história das religiões afro-brasileiras no Brasil

Hoje não mais se podem obter informações exatas sobre o início de práticas de tradições religiosas africanas no Brasil. O que se pode dizer com certeza é que os escravos tentaram continuar suas culturas no Brasil e com isso suas religiões[155]. Quais religiões e em que medida elas foram praticadas, isto é desconhecido. Este desconhecimento deve-se sobretudo ao fato de não ter havido na época interesse em observar estas práticas religiosas. O comportamento religioso dos escravos foi notado; não foi, porém, observado como sendo

---

155. Comparando com outros elementos das culturas africanas que sobreviveram no Brasil, pode-se dizer que os elementos religiosos foram os que melhor sobreviveram. Cf. RODRIGUES, N.: Africanos, 341.

um comportamento religioso. Da parte dos negros, houve continuidade de tradições, mas não ficou da parte deles material escrito a respeito que possibilite uma pesquisa. Os materiais escritos que foram conservados desta época e que testemunham a existência destas práticas religiosas as mencionam apenas de passagem e por outros motivos. Estas práticas religiosas são mencionadas em três tipos de fontes: em textos literários, em documentos da administração pública (especialmente boletins policiais) e em relatórios de viajantes. São fontes, pois, que observam e citam as práticas religiosas sempre a partir de um ponto de vista bem determinado. Nestas citações não há a preocupação de mostrar as práticas religiosas como um todo. São destacados apenas alguns aspectos que aparecem como interessantes para o ponto de vista do observador. Três temas são preferidos por estes observadores: a morte, a magia e o culto.

O comportamento dos negros diante da morte de um companheiro despertava o interesse dos brancos. A cerimônia católica era ponteada com elementos africanos. Um dos testemunhos mais antigos de práticas religiosas africanas no Brasil é o texto de uma denúncia que Sebastião Barreto fez em 1618 à Inquisição, quando da sua visitação na Bahia. Segundo esta notícia, os negros haviam matado animais quando de um enterro e lavado o morto com sangue, pois teriam afirmado que "nesse caso a alma deixa o corpo para subir ao céu"[156]. Em outras descrições de ritos fúnebres, chamou a atenção que os negros entoavam cantos acompanhados de tambores e chegavam às vezes até a fazer danças. Embora tais menções sejam superficiais, elas deixam transparecer que se tratavam de rituais e não de atitudes espontâneas. Além disso, mostram a presença de diferentes práticas religiosas por ocasião de um rito fúnebre de africanos no Brasil.

Um segundo tema, do qual muitos documentos da época da escravatura falam e onde aparece a presença de práticas religiosas de origem africana, é a questão da magia. O tema aparece muitas vezes

---

156. BASTIDE, R.: Religiões, 186.

tanto nos relatos de viajantes como nos boletins policiais e nos documentos da Inquisição. Muitos portugueses supersticiosos não apenas ficavam assustados com as práticas religiosas dos africanos, senão também fascinados. Num país onde o número de médicos e farmacêuticos era muito baixo e especialmente no campo, onde não se podia esperar qualquer ajuda da medicina e reinava a insegurança, a ajuda dos africanos com seus ritos e ervas era muito bem-vinda em caso de doenças. Por outro lado, os portugueses observavam estes ritos com muita desconfiança e muitas vezes os classificavam como feitiçaria. Isto levava a perseguições policiais, pois a prática de feitiçaria era proibida pela lei portuguesa. A atitude dos portugueses diante dos africanos que utilizavam ritos e ervas para ajudar na recuperação da saúde era muito dúbia. Muitas vezes esta ajuda foi aceita de forma agradecida como a única possível e os que a praticavam gozavam de boa reputação, especialmente no campo. Nos ambientes urbanos, estas práticas africanas foram combatidas, especialmente pelo clero. Os brancos procuravam a ajuda dos africanos não apenas para questões relativas a problemas de saúde. Os meios mágicos africanos também foram buscados para resolver questões amorosas, combater rivais, ajudar na procura de felicidade na vida e proteger contra perigos. A avaliação destas práticas africanas era feita segundo uma regra muito simples: tiveram elas o efeito desejado, eram boas e os que as exerciam foram recompensados; não tiveram elas o efeito buscado, foram classificadas como feitiçaria e coisa do demônio e os que a exerciam foram condenados. O soldado Antônio Rodrigues recebeu do rei Dom João VI uma pensão de 40 $, por ter curado pessoas com a ajuda de determinadas palavras cheias de força, enquanto a negra Luiza Pinto foi condenada a quatro anos de prisão por causa de feitiçaria e um pretenso pacto com o demônio[157]. A mesma atitude que marcava a posição dos brancos em relação aos negros na sociedade brasileira também aparece nestes casos de práticas curativas: os negros estão a serviço dos brancos. Na tradição

---

157. Ibid., 189.

africana, a utilização destas práticas curativas era vista como integrante da prática religiosa. A cura do corpo era acompanhada pela saúde do espírito e as duas coisas eram englobadas pela religião. Os brancos sabiam muito bem que os métodos curativos dos negros tinham uma dimensão religiosa. Esta consciência levou muitos a se apresentar perante os inquisidores e confessar que haviam se deixado tratar por métodos mágico-religiosos. Nos textos da Inquisição aparecem muitos casos, onde pessoas confessam ter tido contato com tais usos ou casos de pessoas que são denunciadas por utilizar ou ensinar tais práticas[158]. Estas denúncias ou confissões deixam transparecer claramente que os negros praticavam suas religiões neste tempo – especialmente no que diz respeito a curas – e que os brancos tinham consciência de que se tratava de práticas religiosas.

Os materiais sobre cultos africanos do tempo da escravidão não são tão ricos como os sobre a morte e a magia. Isto se deve ao fato de que os rituais fúnebres eram públicos e a chamada magia atraía a atenção de muita gente. Os cultos, ao contrário, eram secretos e seus iniciadores não estavam interessados que o público tomasse conhecimento de sua existência. Os documentos que fazem referência a tais cultos são diversificados. Um dos testemunhos mais antigos é um quadro feito por Zacharias Wagner, que viveu no Brasil no tempo da ocupação holandesa entre 1634 e 1641. O quadro é acompanhado por uma explicação: "Quando os escravos têm executado, durante a semana inteira, a sua penosíssima tarefa, lhes é concedido o Domingo como melhor lhes apraz; de ordinário se reúnem em certos lugares e, ao som de pífanos e tambores, levam todo o dia a dançar desordenadamente entre si, homens e mulheres, crianças e velhos, em meio a frequentes libações [...] a ponto de muitas vezes não se reconhecerem, tão surdos e ébrios ficam"[159]. R. Ribeiro, que examinou o quadro, afirma: "À simples inspeção (desta gravura) qualquer pessoa familiarizada com os cultos afro-brasileiros do Recife

---

158. Cf. AMARAL, J.R.: Livro, 150-156.
159. Apud BASTIDE, R.: Religiões, 192.

reconhecerá ali uma roda de Xangô: o mesmo círculo de dançarinos a se movimentar para a esquerda com as atitudes coreográficas características; idêntica posição dos ogan-ilu a tocarem dois atabaques do tipo comum em toda a África Ocidental e um agogô; a jarra de garapa ao lado dos tocadores; a mesma posição e atitude do sacerdote. Chegavam a não 'se reconhecer', não porque estivessem 'tão surdos e ébrios', e sim por estarem possuídos por seus deuses (ficarem no santo), condição psicológica que naturalmente o artista ignorava"[160]. O escritor Gregório de Mattos testemunha, através de uma sátira do século XVII, que também brancos participavam das rodas rituais africanas:

"Quantos quilombos existem
Com senhores superlativos
Onde à noite se ensinam
Calundus e fetichismo
Mil mulheres
Os frequentam com devoção
Do mesmo modo que homens barbados
Que se consideram novos Narcisos
[...] O que digo é que nessas danças
Satã tem parte ligada,
Que somente esse senhor cúmplice
Pode ensinar tais delírios"[161].

Segundo R. Bastide, a participação de brancos nestes cultos dos negros não ocorria por interesse científico ou religioso, mas por "motivos inferiores". A fascinação que exercem estes cultos é certamente um forte motivo para explicar a presença dos brancos. Somente alguns tipos de cultos permitiram, porém, a presença de brancos, e, mesmo assim, somente como espectadores. Estes cultos

---

160. Ibid.
161. Ibid., 193. "Quilombos" é usado aqui como sinônimo de reunião de negros. Os "homens barbados" são os portugueses.

que se abriram à presença de brancos foram mais influenciados por elementos sincréticos que os outros que permaneceram secretos e se espalharam tão somente entre os pretos.

A ideia de que cultos de influência africana estavam ligados ao demônio também aparece em vários relatos da época. E isto era motivo de perseguição policial, pois tais cultos eram proibidos pela lei portuguesa. Depois da proclamação da independência do Brasil (1822) a situação deveria teoricamente ter mudado. A ideia de liberdade religiosa – chegada ao Brasil vinda sobretudo da França e dos Estados Unidos – influenciou o primeiro projeto de constituição brasileira, que previa liberdade de culto a todas as confissões cristãs. As outras religiões deveriam ser toleradas. O imperador, porém, dissolveu a Assembleia Constituinte e na Constituição por ele outorgada a liberdade religiosa é limitada. A Igreja Católica Apostólica Romana permanece a religião do império. A prática de todas as outras religiões é permitida em seu culto doméstico ou particular em casas para este fim, desde que não tenham um aspecto exterior de templo. Esta liberdade era pensada, porém, em relação aos protestantes e judeus, pois o país estava interessado em negócios com eles. Não se pensava em liberdade religiosa para os negros. O "fetichismo" foi tolerado pelo código penal de 1831, desde que fosse praticado apenas dentro das senzalas e nunca em templos públicos. O artigo 179 do código penal definia: "Ninguém pode ser perseguido por razão religiosa, uma vez que respeite o Estado e não ofenda a moral pública"[162]. Se o Estado era respeitado e a moral pública não fora prejudicada, isto dependia de caso para caso. Em uma época em que eram comuns revoltas de escravos não era difícil ver em qualquer reunião de negros uma ameaça ao Estado. A perseguição policial a cultos africanos continuou, pois, após a independência da mesma forma como antes desta, apesar da liberdade religiosa garantida pela constituição. Ordens policiais e decretos de cidades mostram

---

162. Cf. BASTIDE, R.: Religiões, 195.

que estes grupos religiosos continuaram a existir apesar da perseguição[163]. Estes documentos não nos dão porém nenhuma informação sobre a religião mesma, sobre o número de adeptos ou sobre sua organização. Já relatos de viajantes contêm mais detalhes: que os negros através de suas reuniões religiosas queriam descobrir a origem de uma certa doença, que eles procuravam coisas perdidas através do culto, que eles rezavam para obter sucesso, que existiam alianças secretas[164]. Estes relatos veem, porém, as reuniões religiosas dos negros a partir do ponto de vista que pretende acentuar o exótico e o erótico.

Através destes relatos é possível não apenas afirmar com certeza terem havido nesta época práticas religiosas dos africanos no Brasil, mas em alguns relatos pode-se inclusive identificar a que tradição estas práticas pertenciam. R. Bastide adverte, porém, que não se pode pensar que se tratava de comunidades religiosas estáveis, que tenham tido uma continuidade até as comunidades de hoje. "Os Xangôs de hoje não são sucessores dos Xangôs do século XVII, a evolução se processou numa linha descontínua, porém pontilhada de criações, desaparecimentos e novas aparições de seitas"[165]. Uma organização religiosa mais estável dos negros só foi possível no último período antes da abolição da escravatura e no início da república. Nesta época, os negros acorreram em massa às cidades, tanto como escravos fugitivos em busca da liberdade como também ex-escravos que buscavam na cidade chances de sobrevivência praticamente inexistentes no campo. Estes se encontravam nas periferias das cidades e puderam, assim, pela primeira vez no Brasil – sem levar em conta os quilombos –, organizar comunidades que não fossem sob a tutela dos brancos. Neste ambiente é que cresce o número

---

163. A cidade de Campinas decretou, por exemplo, no ano de 1876: "As casas conhecidas vulgarmente sob o nome de Zangus ou batuques estão proibidas 30 $ de multa". Cf. BASTIDE, R.: Religiões, 195.
164. Cf. BASTIDE, R.: Religiões, 196-198.
165. Ibid., 193.

de comunidades religiosas de tradições africanas. Tradições africanas vão aqui se reencontrando.

O tempo da escravidão não conseguira erradicar estas tradições, mas elas também não haviam sobrevivido sem incorporar influências religiosas outras, sobretudo advindas do catolicismo. Não ocorreu, porém, na sociedade de então, uma acolhida destas comunidades religiosas afro-brasileiras nascentes, apesar da liberdade de religião garantida pela constituição e do catolicismo não mais ser a religião oficial do Estado. As comunidades afro-brasileiras passaram agora a ser perseguidas, não mais em nome do fetichismo ou por representarem um perigo ao Estado, mas sim em nome do patriotismo. A chamada ideologia do "branqueamento" fornecia agora os argumentos contra os negros e seus costumes[166]. A existência de tradições africanas era considerada prejudicial ao país. O que, porém, a escravidão e a "catolicização" forçada dos negros não havia conseguido – fazer com que suas tradições religiosas fossem esquecidas –, também esta pressão ideológica e a perseguição policial não iriam conseguir. A esta altura da história, não se pode mais, porém, falar simplesmente em puras tradições religiosas africanas. A história havia deixado suas marcas, também em nível de religião, de modo que não se pode mais falar em religiões africanas no Brasil, mas sim de religiões afro-brasileiras. Nas periferias das cidades foram se formando comunidades religiosas, ora marcadas mais por uma tradição religiosa africana, ora por outra. Estas comunidades parecem ter do

---

166. Desde a independência, mas sobretudo na segunda metade do século XIX (imigração de muitos europeus) o Brasil tentava apresentar-se no cenário mundial como um "país de brancos", um país de descendentes de europeus, imagem esta apresentada tanto interna como externamente. Tudo o que estava ligado à cultura de brancos era bom, tudo o que estava ligado à cultura de índios ou africanos não era bom e precisaria ser evitado. Isto levou à situação, na qual até os negros começaram a ver sua própria tradição como sendo de menor valor, tentando assim assumir valores de brancos. Esta ideologia do "branqueamento" ou do "embranquecimento" deixou vestígios até hoje na sociedade brasileira. Sobre a história e a problemática desta ideologia cf. SKIDMORE, T.E.: Preto, 81-94; 192-239; HASENBALG, C.A.: Discriminações, 237-246.

ponto de vista religioso duas coisas em comum: a origem africana e o acolhimento de elementos sincréticos.

3.2. O sincretismo

O sincretismo é a característica que talvez mais impressione a um observador superficial das religiões e cultos afro-brasileiros. O sinal mais marcante deste sincretismo é a presença de estátuas de santos católicos nas religiões afro-brasileiras. O altar repleto de imagens de santos católicos pode ser encontrado em quase todos os terreiros.

Este sincretismo entre cristianismo e religiões africanas não é uma exclusividade brasileira. Nos outros países para onde os africanos também foram levados como escravos (por exemplo, nos países do Caribe) e entraram em contato com o cristianismo de forma semelhante como no Brasil pode-se observar o mesmo fenômeno do sincretismo. O sincretismo entre religiões africanas e o cristianismo já começou na África, inclusive antes mesmo da escravização[167]. Quando se iniciou a conquista da América, as tentativas de missionar a África já tinham um século de existência. Neste tempo já haviam sido feitas no Dahomé e Congo ligações ou até identificações entre determinados espíritos e santos católicos[168]. Estas identificações ocorriam onde religiões africanas entraram de uma forma determinada em contato com o cristianismo.

A situação atual do sincretismo é o resultado de um desenvolvimento orgânico iniciado há séculos e que se encontra ainda hoje em curso. A discussão sobre a reafricanização mostra isto de forma clara. O desenvolvimento deste sincretismo também não foi uma rua de mão única, como se apenas as tradições africanas tenham recebido influência do catolicismo. Também a fé católica – principalmente

---

167. Cf. RAMOS, A.: Introdução 1, 507.
168. Cf. BASTIDE, R.: Religiões, 361. Através da influência cristã, na cultura banto, a cruz era utilizada como objeto mágico. Cf. RAMOS, A.: Introdução 1, 508.

em nível de catolicismo popular – foi enriquecida por influências africanas. O processo do sincretismo não ocorreu de maneira uniforme em todos os lugares e conheceu diversas fases. Três fatores têm es- pecial importância neste processo: local, época e nação.

Um ponto importante deste processo é a passagem dos africanos no Brasil para os africanos brasileiros. Os africanos no Brasil haviam ainda conhecido as duas tradições (africana e cristã) como religiões separadas. A tendência entre estes é colocar os elementos das duas religiões um ao lado do outro, sem ligação de conteúdo entre eles. Já os africanos brasileiros não conheceram a situação de religiões (cristã e africana) separadas. A tendência entre estes é a de fazer uma identificação entre os dois sistemas religiosos. Para as gerações seguintes de africanos brasileiros, as fronteiras entre os sistemas religiosos são cada vez mais difusas. E a isto se junta o fato de que o processo de sincretismo foi impulsionado pelas lacunas surgidas nas tradições religiosas africanas quando do transplante destas para o Brasil. Justamente estas lacunas é que deram margem a novas sínteses e novas necessidades. O sincretismo também foi um mecanismo de tapar as lacunas.

A. Anwander desenvolveu um esquema de etapas para explicar o relacionamento das religiões entre si que talvez possa nos ajudar a apresentar de forma mais clara o que ocorreu no embate havido no Brasil entre as religiões advindas da África e o cristianismo[169]. Segundo este esquema, o encontro entre duas ou mais religiões leva a quatro situações ou pode suscitar quatro situações: Acomodação, assimilação, transformação e mistura (sincretismo). Estas quatro situações podem ser entendidas de forma estática ou dinâmica. Este esquema, pensado por A. Anwander, sobretudo, para explicar o encontro do cristianismo com outras religiões, usaremos aqui para explicar o processo de sincretismo ocorrido nas religiões afro-brasileiras. Este esquema teórico deixa logo de início claro que o sincretis-

---

169. Cf. ANWANDER, A.: Einführung, 120-125.

mo ocorre de forma processual e dinâmica, passando de uma situação do "um ao lado do outro" para uma situação de "um junto com o outro". Aplicando este esquema para o processo de sincretismo ocorrido no Brasil, nas religiões advindas da África, constatamos que a quarta etapa do esquema (mistura – sincretismo) é apresentada como o resultado final de um processo, ou seja, um estado onde não mais ocorre mistura, pois nesta etapa não há mais dois elementos (ou elementos de duas tradições religiosas), mas a mistura já ocorreu de tal forma a produzir uma unidade originada de dualidade (ou pluralidade).

É questionável se no Brasil este estágio do processo já foi alcançado. Apesar da certeza de que este quarto estágio nem sempre foi já alcançado, chamaremos de sincretismo o processo ocorrido no Brasil.

Talvez fosse melhor que não se falasse simplesmente em processo de sincretismo, mas em processos de sincretismo. São processos que podem ser observados em dois níveis. O primeiro é o que se pode chamar de horizontal, isto é, o processo de sincretismo ocorrido entre não apenas duas religiões, mas muitas interpretações teológicas distintas, cuja evolução do "um ao lado do outro" para o "um junto com o outro" deu-se de formas diversas. Neste processo como um todo participaram diferentes religiões africanas, tradições religiosas indígenas, o cristianismo de matiz católico e, mais tarde, tanto o espiritismo como a teosofia e outras correntes religiosas mais recentes[170]. O sincretismo entre as diversas religiões africanas que começara já na África, antes de os escravos terem sido trazidos ao Brasil, teve continuidade nestas terras. Este é um dos motivos para se entender por que este sincretismo atingiu uma maior profundidade

---

170. Segundo A. Ramos, o sincretismo entre todas estas tradições religiosas ocorreu numa espécie de sedimentação de camadas de origens diversas. Estas camadas que ocorreram de forma progressiva poderiam ser descritas na seguinte ordem: 1. gegê-nagô, 2. gegê-nagô-malê, 3. gegê-nagô-banto, 4. gegê-nagô-malê-banto, 5. gegê-nagô-malê-banto-caboclo, 6. gegê-nagô-malê-banto-caboclo-espírita, 7. gegê-nagô-malê-banto-caboclo-espírita-católico, 8. gegê-nagô-malê-banto-caboclo-espírita-católico-teosófico. Cf. RAMOS, A.: Introdução 1, 515.

que o ocorrido entre as religiões africanas e o cristianismo. Em segundo lugar, podemos falar em um corte vertical no processo de sincretismo, ou seja, houve uma evolução diferente nos diversos grupos e regiões. Quanto mais fechado a contatos foi um determinado grupo, menos foi ele atingido pelo processo de sincretismo e vice-versa. Os grupos que se abriram, e por exemplo receberam com mais facilidade novos membros, foram mais influenciados pelo sincretismo. Em diversos aspectos da Umbanda (que se abriu mais) e do Candomblé (que permaneceu mais fechado) pode ser notada esta diferença. As diferenças regionais no processo do sincretismo devem-se também ao fato da diferente concentração de escravos de uma determinada nação. Tendo alguma região um maior número de escravos procedentes de uma determinada nação africana, a tradição religiosa desta nação prevaleceu sobre as outras. Na verdade, cada grupo elaborou a sua própria síntese sincrética.

À primeira vista, estes processos de sincretismo nas religiões afro-brasileiras parecem uma grande confusão. Elementos religiosos estão aparentemente "empilhados" sem qualquer organização visível. Numa análise destas religiões, há a tendência de separar os elementos, colocando-os assim na ordem "correta" (segundo a origem) à qual eles pertencem. Esta tendência caracteriza os que observam este sincretismo a partir do lado de fora. Deste ponto de vista parece ser importante separar os elementos e classificá-los na ordem "correta". O critério que orienta esta organização é a origem de cada elemento (de qual tradição religiosa veio este elemento?). É a ordem vista a partir da origem.

Vista por dentro, porém, esta pergunta pela origem de determinado elemento não tem muita importância. A lógica que impera aqui não é a da separação dos elementos, mas sim a da que une estes elementos. Assim, se pode dizer que não foi a pergunta pela origem (de onde vem?), mas sim a pergunta pelo objetivo (para que serve?) que mais influenciou o processo de sincretismo. O objetivo (aquilo que se pretende) é mais importante que a origem. Se observarmos o sincretismo a partir da lógica da origem, parece ser ele uma grande confusão de elementos vindos de diversas origens. Se observarmos, porém, o sincretismo a partir da lógica do objetivo, ele tem uma lógica muito plausível.

Esta mesma lógica do objetivo ajuda também a entender por que tantos adeptos das religiões afro-brasileiras são ao mesmo tempo também adeptos da Igreja Católica e frequentam suas funções religiosas. Tanto o culto nas religiões afro-brasileiras quanto o na Igreja Católica é um meio de ajuda ao contato com a transcendência[171]. É a lógica do objetivo que supera a aparente contradição entre as diversas práticas religiosas, para aquele que as observa pela lógica da origem (visto de fora). É interessante observar aqui que a Igreja Católica e seus ritos é incluída na lógica dos cultos afro-brasileiros e não o contrário. Do ponto de vista da origem, permanecem eles separados e independentes. Do ponto de vista do objetivo, eles são integrados.

As experiências e práticas religiosas – ocorram elas no âmbito da Igreja Católica (também do catolicismo popular) ou no terreiro – são interpretadas primordialmente dentro da cosmovisão africana, de modo que a cosmovisão religiosa africana é – do nosso ponto de vista – que fornece a base para a interpretação das experiências e fenômenos religiosos daqueles adeptos das duas religiões. Em um certo nível, o lugar onde é feita a experiência religiosa não tem prioridade em sua interpretação. O importante é que – assim parece – ocorra uma experiência religiosa. A procura ou a ansiedade por experiências religiosas parece ser mais forte do que a necessidade de pertença formal a uma determinada confissão ou religião. Por isso, a sobreposição ou paralelidade de diversas ideias e práticas religiosas não é sentida como contradição, mas apenas como uma possibilidade a mais à dis-

---

171. "A Igreja Católica, seu rito e tudo o que nela é bento é para os olhos dos adeptos do culto [afro-brasileiro] fonte de força mágica, sempre bem-vinda para a renovação do terreiro. Neste sentido, aos olhos destes adeptos, uma missa católica pode ter o mesmo efeito que, por exemplo, um sacrifício de animal. Os grandes acontecimentos e ao mesmo tempo pontos altos do Candomblé incluem uma missa, via de regra, na tradicional Igreja dos negros, para a qual acorre todo o terreiro". KOCH-WESER, M.R.M.: Yoruba-Religion, 275.

posição. Também por isto, esta sobreposição nem sempre conduz ao sincretismo, mas está ligada intimamente com ele.

Em alguns pontos, esta sobreposição e o processo de sincretismo podem ser observados claramente. Justamente na identificação entre Orixás e santos católicos, esta estrutura e o processo de sincretismo podem ser bem observados. Recordando aqui o esquema de Anwander, vemos que o primeiro passo deste processo de sincretismo é a acomodação. O primeiro passo do sincretismo foi justamente a necessidade de uma acomodação à nova situação. Os negros precisavam esconder dos brancos o melhor possível sua religião. O culto secreto aos Orixás não oferecia segurança suficiente. O problema foi resolvido pela utilização de estátuas de santos católicos. Estes santos eram inicialmente apenas como que uma máscara que foi vestida sobre os rostos dos Orixás negros. Sobre o Pegi, no qual o Orixá recebia sacrifício de animais, foi colocado um altar católico, com toalha branca, flores e estátuas ou quadros de santos. Estes santos não foram escolhidos de modo aleatório. Foram escolhidos santos que de alguma forma lembrassem alguns aspectos dos respectivos Orixás. As ofertas colocadas diante dos santos não se destinavam na verdade aos santos; as velas ali acesas não queimavam para os santos. Esta dissimulação é em si o ponto de partida do sincretismo ocorrido no Brasil entre Cristianismo e religiões africanas. Esta substituição dos Orixás por santos católicos tinha como consequência não apenas uma proteção para os Orixás, mas também para seus cultuadores, que eram mais respeitados perante a sociedade (branca e católica). Num país onde a classe dominante era católica, uma tal devoção aos santos era naturalmente vista com bons olhos. O sincretismo tem também seu aspecto econômico! Que os santos não tenham sido escolhidos *ad libitum*, mas por critérios de identificação, mostra que se passou logo da fase da acomodação para a da assimilação. Os santos católicos foram introduzidos no terreiro por causa do significado (conteúdo) destes. A etapa da acomodação desembocou na assimilação. O que no início era apenas uma manobra para enganar os brancos, deu início a um mecanismo de assimilação e correspondência entre Orixás e santos católicos.

Foram diversos os fatores que levaram a esta assimilação, inclusive o aspecto econômico. O altar católico ocupou um lugar de destaque no espaço do terreiro, embora no culto em si não tenha este destaque. É preciso, porém, que este altar seja visto pelos visitantes. Assim ele funciona como uma espécie de vitrine "para fora" e a gosto dos que estão "de fora" (católicos).

O sistema de identificação entre Orixás e santos católicos seguiu, sobretudo, três fatores: primeiro uma semelhança em nível teológico. Os santos são apresentados pela teologia como intercessores das pessoas humanas junto a Deus. Na cosmologia africana, os Orixás também ocupam a função de intercessores diante de Olorum (o ser supremo). Em segundo lugar, há uma ligação cultural entre a tarefa funcional dos santos – principalmente no catolicismo popular-devocional – e as dos Orixás[172]. O catolicismo popular atribui aos santos determinadas tarefas ou responsabilidades. Assim, Santa Bárbara tem a função de proteger as pessoas contra trovões; Santo Antônio ajuda na busca de coisas perdidas; São Francisco ajuda a devolver a saúde aos animais e assim por diante. Na concepção teológica dos africanos, os Orixás também recebem tais tarefas ou competências. Assim, Xangô é o Orixá da justiça, Oxalá do início e da paz, Iansã dos raios e trovões. O terceiro fator é o da organização social. Os negros organizaram-se no Brasil em diferentes "nações", relembrando teoricamente o lugar de origem. Contrapartida a esta organização em "nações" é a organização católica no Brasil em irmandades, que, por sua vez, estavam sempre sob a proteção de um determinado santo patrono. Os negros também pertenciam a estas irmandades e se identificaram com seus santos patronos[173]. Nestes três fatores aparece claramente que a lógica do objetivo conduziu fortemente o processo de identificação entre santos e Orixás.

---

172. Cf. QUERINO, M.: Costumes, 47.
173. Cf. BASTIDE, R.: Religiões, 361-362; KLOPPENBURG, B.: Sincretismo, 207-208.

Nas religiões afro-brasileiras mais tradicionais, o processo de sincretismo com elementos católicos parou no nível da assimilação. O altar católico pertence, via de regra, a todos os terreiros, também aos mais tradicionais[174]. Este altar não tem, porém, função nenhuma na cerimônia. O Pegi é o ponto central da veneração e reverência. O altar católico é quase que um enfeite exterior. Em termos de conteúdo, ele só está ligado ao culto pelo fato da identificação entre os Orixás e os santos.

Em outras religiões afro-brasileiras, o processo de sincretismo atingiu um grau mais profundo. As teorias originais foram remodeladas e misturadas por novas interpretações, de modo que, às vezes, não se pode falar de duas teorias, mas de interpretações integradas a partir de diferentes ideias. Um babalorixá de Recife explicava da seguinte forma a identificação entre Orixás e santos: "Outrora só havia os Orixás que recebiam sacrifícios sangrentos, mas os Orixás morrem e, como os homens se reencarnam no curso de suas evoluções *post-mortem,* suas almas se reencarnaram no corpo de certos brancos europeus e como se tratava sempre dos mesmos Orixás todo-poderosos, não obstante a diferença de suas aparências físicas, o povo depressa compreendeu que eram deuses e os canonizou, aparecendo então os santos. Por isso é que dizemos que o espírito do Orixá e o do santo são o mesmo espírito, ou, ainda, que o nome do santo é a tradução portuguesa do Orixá"[175]. Elementos de três tradições religiosas (africana, espírita e católica) ainda estão presentes nesta interpretação, mas o decorrer histórico não mais foi colocado de forma paralela, mas já como uma unidade em forma de continuidade. Este alinhamento das histórias ou lendas dos santos e dos Orixás pode ser observado com frequência. O babalorixá José Jorge Pompeu Campos afirma que os filhos de Omolu e dos Orixás Abicus não precisam ter a ca-

---

174. Embora se deva dizer que no processo de reafricanização muitos terreiros retiraram este altar.
175. Apud BASTIDE, R.: Religiões, 375.

beça raspada quando da iniciação. Ele chega a esta conclusão por causa de São Lázaro, que foi ressuscitado por Jesus. Como Lázaro, outros santos também foram ressuscitados e assim surgiram os Abicus. Pelo fato de terem sido ressuscitados, não é necessário raspar a cabeça[176]. B.T. de Freitas e V.C. de Freitas explicam a história da identificação entre Orixás e santos com o jogo de esconder os Orixás debaixo das estátuas de santos, explicação clássica dos livros de história. Afirmam também que os Orixás não são idênticos aos santos. Afirmam, porém, que os anjos e arcanjos são Orixás, pois ambos são seres espirituais e por isso idênticos[177]. Já para outro adepto de um culto afro-brasileiro, os Orixás são irradiações cósmicas benéficas ou maléficas; por isso, para ele tanto faz se se diz que são africanos ou católicos, pois se trata sempre de forças espirituais[178].

Um outro âmbito onde o sincretismo entre Orixás e santos aparece com muita clareza é nas letras de canções. Em muitas canções em honra aos Orixás aparecem misturados os nomes dos Orixás com os nomes de santos católicos correspondentes[179].

O processo de sincretismo também atingiu o calendário litúrgico. Início desta influência é a mesma identificação entre Orixás e santos. Mas não apenas as datas das festas dos Orixás são identificadas com as datas das festas dos seus santos correspondentes. Tam-

---

176. Cf. CAMPOS, J.J.P.: Guia, 43, 79.
177. Cf. FREITAS, B.T. de; FREITAS, V.C. de: Orixás, 93-95.
178. Cf. BASTIDE, R.: Religiões, 375.
179. Uma canção a Yansã (identificada com Santa Bárbara) assim diz: "Eu vi oia / ê no sair da aldeia / ela vem raiando / pelo kibuco da aldeia. / Guirilei, guirilei / relampejo / pelo cálice, pela hóstia / relampejo. / Tava na ladeira / sem poder descer / eu louvei Santa Bárbara / para me valer. / Oia oia se ela é dona do mundo / oia oia Yansã venceu guerra". PORTUGAL, A.F.G.: Culto, 59. Outros exemplos: Ibid., 108, 109; CAMPOS, J.J.P.: Guia, 41, 58; SANTOS MIRANDA, R. dos: Candomblé, 77, 95, 96, 102-103. R.dos Santos Miranda reproduz orações recomendadas por babalorixás a seus filhos, cujos títulos já revelam seu aspecto sincrético: "Oração à chaga do ombro de N.S. Jesus Cristo", "Novena dos acorrentados do purgatório", "As forças de Santo Antônio", "Oração de Santa Marta", "Oração a Santa Edwiges", "Novena poderosa ao Menino Jesus de Praga". Ibid., 54-60.

bém outros tempos especiais da liturgia católica influenciaram o ano litúrgico no terreiro. "Na semana santa, os terreiros estão fechados, não em sinal de luto, mas porque os Orixás foram embora"[180]. Em alguns terreiros haveria inclusive o costume de se rezar ladainhas de Nossa Senhora no mês de maio[181]. Poucos terreiros têm um calendário de festas próprio que se estenda pelo ano inteiro. O calendário originário africano de festas foi simplesmente quebrado pelo tempo da escravidão. Datas para festas, que para alguns povos estavam relacionadas com determinadas estações do ano, não mais puderam ser seguidas no Brasil, pelo fato destes povos terem as estações no Hemisfério Norte como ponto de referência e encontram-se no Brasil no Hemisfério Sul. O calendário de festas das religiões afro-brasileiras é composto geralmente por resquícios de datas de festas africanas, elementos católicos e novos elementos[182].

Nas religiões afro-brasileiras não existe nenhuma instância de controle ou orientação no que diz respeito à interpretação teológica. Nos grupos mais tradicionais se insiste muito no valor da manutenção das tradições, cuja interpretação é transmitida no âmbito da iniciação. O surgimento de novos grupos dentro das religiões afro-brasileiras leva, porém, ao surgimento de novas interpretações. Nestas interpretações, o processo de sincretismo já avançou de tal modo que se pode falar de uma verdadeira mistura. Estas interpretações são propagadas através das inúmeras publicações que existem no universo das religiões afro-brasileiras. É difícil verificar até que ponto estas interpretações representam a opinião de um grupo maior ou apenas do autor. Também é difícil dizer até que ponto se deve levar a sério as interpretações que aparecem em inúmeras publica-

---

180. BASTIDE, R.: Religiões, 378.
181. Ibid., 378. Há também alguns terreiros onde o culto é iniciado com a oração do terço diante do altar católico. Cf. FERNANDES, G.: Xangôs, 47.
182. Novos elementos são introduzidos, por exemplo, por festas especiais por ocasião do aniversário de pessoas importantes do culto, data de morte de pessoas importantes ou comemoração do aniversário de iniciação.

ções. Elas são, porém, um testemunho muito claro que o processo de sincretismo ainda está em curso. Às vezes, algumas destas interpretações são apresentadas de tal forma que não mais se pode perceber a origem de certas teorias religiosas. A plausibilidade destas interpretações só pode ser percebida quando são analisadas não a partir da origem, mas sim a partir do objetivo, isto é, do que elas querem alcançar. Recorrendo novamente ao esquema de Anwander, poder-se-ia dizer que em muitos casos já se alcançou o estágio máximo de sincretismo.

Estas muitas interpretações mostram por um lado as diversas tradições que têm se formado nas religiões afro-brasileiras. Algumas interpretações defendem a manutenção das formas tradicionais, outras defendem a introdução de novos elementos. Nestas discussões há um fator que tem um papel importante: a adaptação da religião a um determinado contexto. Aqui há de se recordar a importância da "concorrência pelo mercado religioso" da qual falávamos no tópico "Reafricanização".

A tentativa de fazer a interpretação de tal modo que melhor possa agradar o público também é um fator a ser levado em conta no processo de sincretismo. Assim, J.A. dos Santos defende a abolição do sacrifício de animais nas religiões afro-brasileiras. Sacrifícios assim seriam um sinal de atraso. Em nome do progresso, ele defende a introdução de outras ofertas como vinho, trigo, frutos e flores. Em sua argumentação, ele cita inclusive passagens bíblicas, mostrando claramente não apenas influência da missa católica e da teologia do sacrifício, mas também uma tentativa de aproximar o seu culto a estas. Por outro lado algumas interpretações são tão confusas – pelo menos para quem as observa de fora – que se tem a impressão de não se tratar de um sincretismo religioso, mas sim de uma confusão religiosa. Um exemplo típico disto pode ser encontrado no livro de Byron Tôrres de Freitas e Vladimir Cardoso de Freitas sobre os Orixás e o Candomblé. Na descrição sobre a estrutura superior do mundo espiritual, os autores falam da existência da Trindade Divina e dizem que esta é composta por Deus, seu Filho e o Espírito Santo.

Seis páginas adiante, os autores voltam a falar da Trindade Divina, que agora aparece como assistente de Olorum e tem um mensageiro – Ifá – à sua disposição. As pessoas da Trindade Divina são aqui nomeadas como Orumilá, Obatalá e Oxalá. Novamente seis páginas adiante, volta-se a falar da Trindade Divina: "De qualquer maneira, Oxalá faz parte da Trindade Divina constituída de Olôrún – Oxalá – Ifá. Olôrún (o Pai Eterno), Oxalá (Filho) e Ifá (Divino Espírito Santo)"[183].

Um outro aspecto também é digno de nota nestas publicações: a constante reivindicação de ser a interpretação correta e verdadeira. Quase cada qual faz questão de apresentar a sua interpretação como a correta e desacredita as outras. Mais uma faceta do processo de sincretismo fica aqui clara: a luta pelo poder que está por trás das interpretações. Uma determinada interpretação não é apenas uma possibilidade teológica, mas um ato político-religioso, uma tomada de posição.

O sincretismo é um fenômeno influenciado por inúmeros fatores e de modo algum pode ser observado apenas do ponto de vista teológico ou religioso. Exatamente por causa da complexidade, não se pode dizer que existem regras que possam explicar o desenvolvimento deste processo. O desenvolvimento deste processo é, porém, melhor entendido quando interpretamos o sincretismo dentro da dinâmica do desenvolvimento da sociedade como um todo e do crescer junto de diversas religiões.

3.3. O espiritismo kardecista

Para se descrever o campo de atuação das religiões afro-brasileiras é preciso também dizer algumas palavras sobre uma corrente religiosa que não tem origem africana: o espiritismo kardecista. O envolvimento do espiritismo no Brasil com as religiões afro-brasileiras é, po-

---

183. Cf. FREITAS, B.T. de; FREITAS, V.C. de: Orixás, 11, 17, 23.

rém, tão grande que se pode afirmar que ele pertence às cercanias das religiões afro-brasileiras ou, vice-versa, que as religiões afro-brasileiras pertencem às cercanias do espiritismo. O espiritismo tanto influenciou em muitos aspectos as religiões afro-brasileiras, como também estas influenciaram fortemente o espiritismo praticado no Brasil.

As ideias espiritistas chegaram e começaram rapidamente a se espalhar no Brasil na segunda metade do século passado[184]. O início do espiritismo que chegou ao Brasil remonta ao ano de 1848 e teve início nos Estados Unidos quando as irmãs Kathie e Margret Fox afirmaram terem estado em contato com espíritos e que podiam receber mensagem destes através de uma técnica de toques. Apesar do desmentido feito mais tarde pelas irmãs Fox, o fenômeno foi examinado e interpretado de muitas maneiras[185].

Um dos que examinaram este fenômeno foi o francês Léon Hyppolite Denizard Rivail (1804-1869). Através de suas pesquisas, ele ficou convencido que a comunicação entre vivos e espíritos de mortos era perfeitamente possível. Suas convicções, ele colocou por escrito em várias obras, usando o pseudônimo de Allan Kardec[186]. O autor entendia serem suas obras de caráter científico; logo, porém, suas ideias começaram a ser interpretadas do ponto de vista religioso.

Este espiritismo de Allan Kardec é que chegou ao Brasil. Aqui houve também uma divisão entre aqueles que assumiram o espiritismo como uma ciência ou no máximo uma filosofia religiosa e aqueles que assumiram e praticaram o espiritismo como religião. Surgiram, assim, no Brasil duas espécies de espiritismo: um é o es-

---

184. R. Bastide afirma que a introdução do espiritismo no Brasil se deu em torno de 1863. BASTIDE, R.: Religiões, 432. L. Weingärtner fala do "espiritismo presente no Brasil desde 1873". Cf. WEINGÄRTNER, L.: Umbanda, 16. No dia 1º de janeiro de 1884, foi fundada no Brasil a primeira Federação Espírita com o objetivo de garantir uma doutrina unitária e unificar os diferentes grupos. Cf. ORO, A.P.: Mobilidade, 312; WEINGÄRTNER, L.: Umbanda, 18.

185. As irmãs Fox admitiram 40 anos mais tarde (1888) que haviam utilizado alguns truques para simular as respostas dos espíritos. Cf. WALDENFELS, H. (org.): Lexikon, 616.

186. Os princípios do espiritismo, como o entendeu Allan Kardec, ele escreveu no *Livro dos Espíritos* (1857). Outras obras bastante conhecidas de Allan Kardec são *O Livro dos Médiuns* e *O Evangelho segundo o Espiritismo*.

piritismo de intelectuais, médicos, engenheiros, quer dizer, da pequena burguesia. Neste nível o espiritismo quer ser entendido como ciência de experiências e entendimento dos fenômenos paranormais e parapsicológicos. O outro espiritismo é o do povo – brancos em sua maioria –, que tem uma expansão muito maior e no qual se prega o evangelho de Allan Kardec. O que leva as pessoas em primeira linha a procurar este espiritismo não é a discussão em torno da morte, o contato com os mortos ou a questão do pós-morte, mas sim as necessidades da vida, a busca de saúde física e espiritual. Muitos dos adeptos deste espiritismo são migrantes que vêm do campo para a cidade e têm dificuldade para encontrar seu lugar neste novo ambiente. O espiritismo reagiu às necessidades deste povo, pregando e praticando sobretudo uma moral da solidariedade e do amor. Neste caminho, cada qual deve encontrar sua felicidade. As boas obras contribuem para a realização seja nesta vida, seja numa outra quando da reencarnação do espírito.

Entre os principais pontos nos quais está baseada a doutrina espírita se encontra a fé:

- na comunicação ativa entre pessoas e espíritos "des-encarnados";
- na reencarnação;
- na evolução da alma a cada reencarnação segundo suas boas obras;
- na pluralidade dos mundos habitados, onde cada mundo significa um diferente estágio no processo de evolução da alma (a terra é o primeiro degrau);
- na responsabilidade unicamente do indivíduo pela sua evolução;
- na existência de Deus, mas inalcançável para os seres humanos;
- na existência de "guias", entidades espirituais que ajudam as pessoas através de seu amor;
- em Jesus Cristo, como o maior espírito encarnado de todos os tempos que veio à terra (seus ensinamentos são reinterpretados por A. Kardec no "Evangelho segundo o espiritismo");
- na caridade como a maior de todas as virtudes tanto para as pessoas como também para os espíritos desencarnados (dos falecidos).

Graças a estas convicções, as organizações espíritas sustentam toda uma rede de assistência social com creches, escolas, hospitais, asilos, etc. O espiritismo cumpre assim – segundo R. Bastide – uma função tríplice na sociedade brasileira: combate às doenças, combate à miséria, defesa de uma moral da caridade. As sessões espíritas também orientam-se por estas funções: sessão de interrogação dos espíritos, sessão para os espíritos sofredores e sessão para o desenvolvimento da mediunidade[187]. Às sessões espíritas pertencem pedidos dos presentes, leitura do "Evangelho segundo o Espiritismo", uma pregação e a invocação dos espíritos dos falecidos. Através de um médium se pode interrogar os espíritos, receber deles energia positiva ou pedir a eles conselhos.

Esta forma de espiritismo, como religião dos pobres e sem ajuda, é que entrou em contato no Brasil com as religiões afro-brasileiras. Neste meio, o espiritismo foi reinterpretado e recebeu claramente uma conotação afro-brasileira. Este espiritismo reinterpretado é chamado também, muitas vezes, pejorativamente, de "baixo espiritismo". Os espíritos desencarnados são aqui interpretados e classificados dentro da lógica das religiões afro-brasileiras. Não são apenas então espíritos de pessoas que morreram num passado próximo, mas também espíritos cósmicos, espíritos dos antepassados. Os espíritos são classificados em duas linhas: a linha dos índios (também chamados de caboclos) e a linha dos africanos.

Se por um lado esta nova corrente religiosa significou para os negros e mestiços uma espécie de valorização diante dos brancos, pois a existência de espíritos com os quais se pode entrar em contato e na qual os negros sempre haviam acreditado é agora "comprovada" pelo espiritismo dos brancos, por outro lado, esta nova corrente religiosa projeta para o mundo espiritual a divisão entre os dois blo-

---

187. Por mediunidade se entende a capacidade de estabelecer contato com os espíritos, interrogá-los e interpretar suas respostas. A mediunidade é uma função de suma importância no espiritismo.

cos populacionais. Não são espíritos quaisquer nos quais se acredita, mas de índios e de africanos. Estes espíritos mantêm as mesmas funções como no espiritismo tradicional, quer dizer, eles curam, irradiam energia positiva, são conselheiros e às vezes também pedem conselhos.

Quando observamos, porém, o caráter destes espíritos, pode-se dizer que eles refletem uma espécie de imaginário coletivo que se tem a respeito destes grupos populacionais (índios e africanos). O índio (ou caboclo) é o herói nacional, que resistiu aos portugueses, que não se deixou escravizar. Ele é o homem forte, corajoso, livre, guerreiro, teimoso, imprevisível. Esta imagem dos índios foi espalhada sobretudo pela literatura romântica e fixou-se no imaginário popular: o índio como homem bom e forte, como símbolo da nação. Exatamente estas características são também ditas dos espíritos índios ou caboclos. Os caboclos são descritos como selvagens e temperamentais. Em contrapartida, estão os espíritos dos pretos-velhos, espíritos calmos e piedosos. O comportamento dos negros é caracterizado pelo imaginário popular em dois clichês: o negro bom e o negro safado. Estes clichês não são, porém, nenhuma exclusividade brasileira. Em quase todos os países onde houve escravidão pode ser detectada a mesma classificação. O negro bom está sempre pronto para ajudar, sofre calado, revida com bondade as maldades do patrão, é fiel e justo. Ele faz a vontade do seu senhor antes mesmo que este peça. Ele é submisso, piedoso e sábio. O negro safado, pelo contrário, é irresponsável, vadio e desobediente. Ele mente e engana, rouba e trapaceia. É um criminoso e rebelde. Estes dois estereótipos são projetados nos espíritos dos africanos. Ambos podem "baixar" numa sessão espírita. Os bons trazem cura e ajuda. Estão alegres em poder ajudar as pessoas. Os outros trazem maldade, doença e divisão. É preciso que eles sejam "despachados" pelos médiuns e exortados a praticar obras melhores.

A igualdade básica de direitos entre todas as pessoas, garantida pela Constituição, parece não estar presente no nível religioso. Mas parece ser exatamente no nível religioso que a realidade social brasileira é melhor apresentada. Os negros assumiram o espiritismo como religião e como reconhecimento de sua fé nos espíritos e com isso estariam no mesmo nível dos brancos na sociedade. Os espíritos dos negros foram, porém, separados dos espíritos dos brancos, formando um mundo em si. A barreira de preconceitos sociais é transportada também para o nível sacral.

A influência do espiritismo kardecista sobre a população negra também mudou a geografia das religiões afro-brasileiras, especialmente lá onde havia grupos menos tradicionais de religiões afro-brasileiras, como nas cidades do Rio de Janeiro e em São Paulo. Desta grande influência do espiritismo sobre religiões afro-brasileiras surgiu uma nova síntese: a Umbanda. Por parte do espiritismo, esta nova síntese nem sempre é bem vista e chega a ser, inclusive, combatida como uma interpretação errônea do espiritismo.

3.4. A Umbanda

Quando depois da abolição da escravatura os negros começaram a organizar-se em grupos, formaram-se em torno do Rio de Janeiro sobretudo grupos – do ponto de vista religioso – marcados pela cultura banto[188]. Eram africanos e seus descendentes advindos sobretudo de Angola, Moçambique e Congo. As formas de expressão religiosa destes grupos eram no início uma continuidade simplificada das expressões religiosas dos bantos africanos[189].

Ao conjunto de crenças dos bantos pertencia a fé num ser superior, criador do mundo. Diversos nomes eram usados para designar este ser: Nzambi ou Zâmbi (em Angola), Nzambiam-pungu ou Zambi-ampungu (no Congo), Marimo, Reza, Molungo. Alguns destes nomes são ainda conhecidos no Brasil, mesmo que em versões modificadas,

---

188. Era também de cultura banto a maioria dos escravos importados para o Rio de Janeiro. Cf. PIEPKE, J.G.: Heritage, 166.
189. Cf. CARVALHO DA COSTA, V.: Umbanda 1, 93.

transmitidos sobretudo por canções: Zâmbi, Ganga Zumba, Zambiapongo ou Zambuipombo. Além disso, eram conhecidos dos bantos uma série de divindades ou espíritos, bons e maus.

Em seu culto no Brasil, os grupos de influência banto invocavam sobretudo os espíritos dos falecidos e antepassados. Alguns nomes de entidades invocadas ainda são conhecidos: Cariapemba, Calunga, Zumbi, Gangazumba, Canjira-mungongo, Cubango, Sinhá-renga, Lingongo[190]. Em alguns escritos, por volta de 1900, estes grupos são chamados de "Cabula" e em torno dos anos 30 estes grupos são chamados de Macumba, nome sob o qual eles se tornam conhecidos em todo o Brasil[191]. Paulatinamente, mas de forma segura, a tradição Yoruba começa a influenciar os grupos de Macumba. E, assim, os espíritos bantos foram aos poucos sendo substituídos pelos Orixás Yorubas. Os Orixás não foram assumidos de uma só vez pela Macumba, mas sim num processo lento. Estudos a respeito mostram claramente que houve períodos onde as duas tradições encontravam-se ainda uma paralela à outra[192]. Esta introdução dos Orixás na Macumba não modificou de forma profunda a estrutura do culto, senão apenas o nome das entidades invocadas. Em parte, permaneceu, inclusive, a mesma estrutura de culto, apenas com outro conteúdo (Orixás Yorubas ao invés de entidades bantos). A necessidade dos grupos de Macumba de adquirir conhecimentos sobre os Orixás foi suprida de duas maneiras. Por um lado, recorreu-se a pessoas advindas do culto aos Orixás e por outro à literatura existente sobre o assunto. Os chefes de culto da Macumba adquiriram muitos de seus conhecimentos sobre o Candomblé e seu culto aos Orixás lendo publicações com análises e resultados de pesquisas. Assim, observações feitas mais a partir de objetivos sociológicos

---

190. Cf. RAMOS, A.: Culturas 2, 228-229; CARVALHO DA COSTA, V.: Umbanda 1, 93; CARNEIRO, E.: Negros, 30.
191. A palavra "macumba" é de origem banto-angolana e designa a dança semi-religiosa dos "cumbas", uma espécie de sacerdotes ou curandeiros dos bantos. Cf. PIEPKE, J.G.: Kulte, 200.
192. Cf. CARVALHO DA COSTA, V.: Umbanda 1, 93.

e por pessoas que não pertenciam ao culto acabaram se tornando meios de transmissão da tradição religiosa. Estes estudos ajudaram sobretudo o Candomblé a adquirir uma melhor posição de reconhecimento perante a sociedade se comparado com as outras religiões afro-brasileiras. Também este aspecto do reconhecimento social ajudou para que a Macumba acolhesse os Orixás em seu culto.

A introdução de elementos do Candomblé na Macumba também levou a uma aceleração do processo de influência exercida pelo catolicismo sobre a Macumba. A identificação entre Orixás e santos católicos foi também assumida. A influência de elementos católicos sobre a Macumba já havia sido, porém, iniciada antes da acolhida dos Orixás em seu culto[193].

A esta base religiosa banto, sobre a qual já se encontravam influência de elementos do Candomblé e elementos católicos, juntou-se outra influência: a teoria espírita. A doutrina de Allan Kardec não veio apenas confirmar a fé na existência dos espíritos, como contribuiu para que houvesse uma organização no mundo dos espíritos. Assim, a diferença entre Orixás (espíritos da natureza) e as entidades banto (espíritos de antepassados) recebeu pelo espiritismo uma explicação lógica com a ideia dos diferentes estágios de desenvolvimento dos espíritos e das almas. Com as ideias espíritas foi possível organizar uma hierarquia de espíritos, distinguindo entre espíritos superiores e espíritos inferiores. As ideias espíritas também contribuíram para se configurar o papel do intermediador (médium) entre espíritos e pessoas.

Estes quatro elementos (tradição banto, Candomblé, Espiritismo e Cristianismo) forneceram a base teórica para um novo movimento religioso, para o que podemos chamar com certeza de uma

---

[193]. A. Ramos recolheu a seguinte canção da tradição banto: "Dos santos do céu / Zâmbi é maior / Eh! / É com Nossa Senhora". Não mais é sabido até que ponto havia na Macumba uma série de correspondências entre espíritos bantos e santos católicos. Cf. RAMOS, A.: Culturas 2, 227. Além de santos católicos, a Macumba também acolheu figuras bíblicas em sua teoria. Cf. CARNEIRO, E.: Negros, 122-124.

nova religião. Tanto este processo de sincretismo como o movimento de surgimento desta nova religião não podem ser considerados como já finalizados. Os passos básicos foram, porém, dados na primeira metade deste século e entre os anos 20 e 40 esta nova forma religiosa adquiriu uma forma organizada e supra-regional.

Tendo em conta as enormes mudanças havidas nesta tradição religiosa, o nome Macumba adquiriu um significado pejorativo de primitividade. Outros nomes foram introduzidos para designar este movimento religioso: Quimbanda, Embanda e Umbanda[194]. Com o tempo, os nomes Quimbanda e Umbanda prevaleceram. Apesar de se tratar de duas correntes dentro do mesmo movimento religioso, os adeptos da Umbanda acusam os adeptos da Quimbanda de praticarem a religião com segundas intenções e serem adeptos da magia negra, de uma religião que tem por objetivo a prática do mal. O nome Macumba, por causa de sua conotação pejorativa, tende a desaparecer como denominação para um grupo afro-brasileiro. Os dirigentes de centros de Umbanda rejeitam este nome, embora na boca do povo a palavra Macumba é, às vezes, utilizada em sentido generalizado para designar tudo o que tem a ver com as religiões afro-brasileiras. A cidade do Rio de Janeiro foi o ponto de partida da Umbanda e permanece até hoje o seu ponto forte. A partir do Rio de Janeiro, a Umbanda espalhou-se por todo o sul do Brasil e é hoje a maior religião afro-brasileira do ponto de vista do número de adeptos[195]. A Umbanda acolhe em si uma série de grupos com um espectro religioso muito variado, desde grupos muito próximos ao Can-

---

194. Estas palavras são variações do mesmo termo básico Kimbanda, denominação para o sacerdote em Angola e Congo. Em Angola, havia dois tipos de Kimbanda: o homem que invocava os espíritos (Kimbanda kia dihamba) e o curandeiro (Kimbanda kia kusaka). Cf. CARVALHO DA COSTA, V.: Umbanda 1, 94; RAMOS, A.: Culturas 2, 229. Embora as palavras Umbanda ou Quimbanda fossem usadas originariamente como título para uma pessoa, elas foram utilizadas no Brasil de forma coletiva, designando tanto o grupo como um todo, como também o local e a prática do culto. Cf. WEINGÄRTNER, L.: Umbanda, 10-11.

195. Embora se devesse fazer aqui uma distinção entre adeptos fixos e adeptos esporádicos, cujo número é sem dúvida enormemente maior que o dos fixos.

domblé, até grupos próximos ao espiritismo e – especialmente nos últimos tempos – grupos com influência oriental ou esotérica. A capacidade da Umbanda de acolher em si ideias e correntes religiosas é simplesmente incrível. "O sincretismo da Umbanda recolhe hoje em si todas as tradições afro-brasileiras, ao lado do culto a espíritos de índios e escravos falecidos, diversas formas de culto para almas, de forma muitas vezes kardecista, como também elementos católicos e orientais"[196].

A Umbanda teve uma expansão muito rápida, embora não seja caracterizada por um *élan* missionário. Diversos fatores contribuíram para esta expansão, mas a sua oferta na área curativa e caritativa são, sem dúvida, os fatores mais importantes. E para o ambiente onde a Umbanda está geralmente presente (classes pobres), esta oferta não é de se subestimar. Outros fatores que facilitaram sua expansão foram: a forma do culto, sua adaptação às condições do público, a forma de organização das comunidades, a possibilidade de participar diretamente de experiências religiosas, etc. A Umbanda é, sem dúvida, melhor acolhida pelo povo por causa de sua oferta em participar de experiências religiosas que pelo conteúdo doutrinal por ela propagado. "A doutrina, comparada com a prática do culto, tem para o indivíduo claramente uma importância secundária, como pesquisas entre os adeptos bem mostram: os conhecimentos da doutrina da Umbanda entre os membros são mínimos, enquanto os conhecimentos no âmbito ritual são detalhados"[197].

Mais um outro fator trouxe à Umbanda vantagens em relação, por exemplo, à Macumba: a Umbanda estava adaptada à nova men-

---

196. KOCH-WESER, M.R.M.: Yoruba-Religion, 304. O protestantismo é talvez o único grupo religioso presente no Brasil que não tenha influenciado a formação da Umbanda. Isto se deve, sobretudo, ao fato de que o protestantismo tradicional pouco contato teve com o ambiente onde se formou a Umbanda. Ainda temos que esperar para dizer como a Umbanda irá reagir aos novos movimentos religiosos chamados de Igrejas pentecostais, pois ambos agem exatamente no mesmo contexto social. Do lado destas Igrejas pentecostais há um forte ataque contra a Umbanda (e contra as religiões afro-brasileiras de um modo geral).
197. Ibid., 310.

talidade dos descendentes de africanos no Brasil. O número de negros que haviam sido escravos ou de pessoas que ainda haviam conhecido o sistema escravista era cada vez menor. A nova geração de descendentes de africanos tinha a consciência de que era preciso lutar para subir na sociedade. Era uma geração esclarecida em comparação à do tempo dos escravos. Numa sociedade onde a liderança estava nas mãos dos brancos, era necessário se aproximar destes para se ter a chance de conseguir algo. Por outro lado, esta nova geração era agora a portadora das tradições africanas. A Macumba, na qual tradicionalmente se invocava os espíritos, faziam-se sacrifícios sangrentos de animais, cultivava-se o transe selvagem..., foi classificada aos olhos da sociedade (branca) como demonstração de primitividade. O espiritismo com suas ideias religiosas e sua reivindicação científica trouxe uma certa valorização e racionalização no sentido da sociedade branca para a Umbanda. Pela influência do espiritismo, também brancos entraram na Umbanda, levando para ela outras ideias religiosas da filosofia, da teosofia, do ocultismo etc. Esta valorização das tradições africanas, possibilitada pelas ideias espíritas e a entrada de brancos para o culto, fez a Umbanda ser mais aceita pela sociedade em geral. A interpretação própria que a Umbanda fez tanto das tradições africanas, como das ideias espíritas e dos elementos católicos, reinterpretando figuras como Jesus e Maria, colocando-as no mundo dos espíritos como seres superiores, fez com que a Umbanda se aproximasse tanto de espíritas como de católicos. Adeptos tanto do catolicismo como do espiritismo podiam ver refletidos elementos seus na Umbanda e assim sentirem-se por ela representados. A Umbanda conseguiu não desagradar nem espíritas nem católicos[198]. No contexto dum catolicismo passivo em sua maioria, onde nasceu a Umbanda, ela "não apareceu como um corpo especialmente estranho" no espectro religioso, de modo que não foi diretamente combatida[199]. Esta posição, a Umbanda conquistou também por merecimento de sua

---

198. Cf. BASTIDE, R.: Religiões, 451.
199. Cf. FIGGE, H.H.: Geisterkult, 17.

atividade na sociedade. A Umbanda coloca a prática da caridade como seu objetivo religioso supremo e entende-se como intermediadora de bem-estar. Este trabalho em favor da caridade é visto como um compromisso especialmente dos médiuns[200].

Outro fator da rápida expansão da Umbanda é o fato de ser seu ambiente as periferias das grandes cidades, locais estes que também cresceram rapidamente. A Umbanda é um fenômeno urbano, de modo que ela não teve dificuldades de adaptação no processo de urbanização ocorrido no Brasil.

Quando se pergunta pela doutrina da Umbanda, pode-se dizer que o processo de sedimentação duma doutrina ainda está em seus inícios. Ainda não existe uma teologia trabalhada e refletida. Isto não se deve apenas ao fato de ser a Umbanda uma religião ainda muito jovem, mas também à forma de organização em si desta religião. A total independência de cada grupo ou comunidade contribui para a existência de um número grande de diferentes ideias e ensinamentos. Não existe nenhuma pressão pela unidade doutrinal, ou pelo menos nenhuma pressão que seja tão forte a ponto de influenciar o livre desenvolvimento da religião[201]. A Umbanda é uma religião permanentemente à procura. Por outro lado, temos que reconhecer que há características doutrinárias comuns nos grupos de Umbanda. Estas formam uma espécie de doutrina comum da religião. A esta doutrina comum pertencem as seguintes ideias:

---

200. Este compromisso é citado explicitamente no texto de um "Juramento do Umbandista" como objetivo da fé: "Ao abraçar a fé umbandista, eu juro solenemente perante Deus e os Orixás: Aplicar os meus dons de mediunidade somente para o bem da humanidade; reconhecer como irmãos de sangue os meus irmãos de crença; praticar com amor a caridade; respeitar as leis de Deus e as dos homens, lutando sempre pela causa da justiça e da verdade. Não utilizar e nem permitir que sejam utilizados os conhecimentos adquiridos num terreiro, para prejudicar a quem quer que seja". Texto escrito por Ronaldo A. Linares apud FERNANDES TRINDADE, D.: Iniciação, 153. É questionável até que ponto este juramento ou alguma forma de juramento é obrigatória quando da entrada na Umbanda.
201. Existem diversas tentativas de unificar a Umbanda através da formação de federações. Estas tentativas fracassaram sobretudo pela resistência oferecida pelos chefes de culto. O surgimento de novas federações fez com que estas fossem mais motivo de divisão que de união. A maioria destas federações tem apenas uma função social e jurídica, mas nenhuma influência no tocante à doutrina. Cf. BASTIDE, R.: Religiões, 440-441.

a) A fé num ser supremo. A Umbanda entende-se como religião monoteísta. A denominação para este ser supremo como, por exemplo, Zâmbi, na tradição banto, ou Olorum, na tradição Yoruba, parece ter praticamente desaparecido nas casas de Umbanda. Tais nomes para o ser supremo encontram-se mais na literatura que nos terreiros de Umbanda. A função deste ser supremo parece cada vez mais ser assumida pela "Trindade Superior" ou "Trindade Divina". Como a tradição religiosa africana no Brasil não conhece nenhuma ideia de trindade, é de se supor que se trata aqui de uma clara influência da doutrina trinitária cristã. Três Orixás da tradição Yoruba são apresentados normalmente como pessoas desta trindade divina: Obatalá, Oxalá e Ifá. Estas figuras foram, porém, totalmente esvaziadas de seus conteúdos de tradição Yoruba e receberam um novo significado. Assim Obatalá é identificado como Deus-Pai. A ideia vétero-testamentária do Deus-criador foi também atribuída a Obatalá. Parece que o único aspecto ainda africano que permaneceu foi o nome Obatalá.

Por causa desta identificação, Obatalá é apresentado como a primeira pessoa da trindade. Oxalá é identificado com Jesus Cristo, sem porém ser esta identificação total. Oxalá é uma figura mítica muito forte na tradição africana (Yoruba) e conservou parte de suas características nesta identificação com Jesus Cristo. Oxalá é o líder dos Orixás, mas é também Jesus de Nazaré, o maior médium que já existiu. Jesus de Nazaré, como pessoa histórica, foi assumido pela Umbanda. Sua divindade, como a entende o cristianismo, parece, porém, não ter sido assumida. A terceira pessoa na trindade é Ifá, identificado com o Espírito Santo. Esta identificação é claramente mais fraca que as anteriores. Ela cobre mais uma lacuna teórica, pois não parece ter no culto ou na vida dos umbandistas nenhuma função de destaque. A identificação mais comum é a entre Oxalá e Jesus Cristo. Uma relação entre as três pessoas da trindade – pelo menos uma relação como entende a doutrina católica haver entre as pessoas da trindade – não é citada na Umbanda. Cada pessoa é vista de forma mais ou menos isolada.

b) A crença na existência de espíritos e entidades. Neste ponto, mostra-se o sincretismo excepcional da Umbanda. A estes espíritos pertencem tanto os Orixás da tradição Yoruba, os santos da Igreja Católica (também em sua identificação com Orixás) e um número sem fim de outros espíritos da tradição banto, como também espíritos de mortos, de africanos, de índios, de antigos escravos, de crianças, de falecidos em outros continentes, etc. A partir da compreensão espírita de que os espíritos evoluem, podendo passar para um grau de maior perfeição, de que há espíritos de luz que irradiam vibrações positivas como também espíritos baixos que "encostam" e prejudicam as pessoas, os espíritos são divididos em grupos na Umbanda. Há uma verdadeira hierarquia de espíritos. Primeiro os espíritos são divididos nas chamadas "linhas". Cada linha é liderada por um espírito. Na nomeação destas lideranças fica claro o prestígio do Candomblé e do catolicismo: quase todas as linhas são lideradas por um Orixá com seu santo católico correspondente. Os Orixás (e os santos) são espíritos já puros, que alcançaram o último grau de evolução. O número de "linhas" é geralmente definido como sendo sete, embora este número tenha mais um significado simbólico que real, pois nas listas das sete linhas praticamente não há coincidências sobre quais seriam estas sete e seus respectivos líderes[202]. As "linhas" são, por sua vez, divididas em "falanges" ou "legiões", tendo cada "linha" sete "falanges" e cada qual também o seu líder. Os líderes aqui são tanto santos católicos, seus Orixás correspondentes, como também espíritos de índios, escravos ou africanos, etc. falecidos[203].

---

202. Exemplos de listas de "linhas": BASTIDE, R.: Religiões, 444-447; KOCH-WESER, M.R.M.: Yoruba-Religion, 319; LINARES, R.A. et al. Cosme, 19-26; FERNANDES TRINDADE, D.: Iniciação, 60-65.

203. Muito conhecidos e admirados aqui são os pretos-velhos (espíritos de escravos) e os caboclos (espíritos de índios). "Os pretos-velhos são geralmente espíritos de negros que viveram como escravos no Brasil. Essas entidades se caracterizam pela humildade, pelo seu modo paternalista com que tratam os consulentes, transmitindo calma e carinho. [...] Os caboclos são espíritos de índios ou mestiços. Essas entidades se caracterizam pelo seu altruísmo e decisão. Em geral, dominam a arte das ervas, receitando banhos e defumações para a limpeza de seus filhos de fé e de suas casas.". FERNANDES TRINDADE, D.: Iniciação, 67. Cf. tb. LUZ, M.A.; LAPASSADE, G. Segredo, 6-7.

c) A crença na possibilidade de contatos entre espíritos e pessoas. As atividades religiosas na Umbanda desenvolvem-se em grande parte em torno deste ponto. A vida e seu decorrer dependem essencialmente da relação entre as pessoas e os espíritos. A influência dos espíritos pode levar tanto à felicidade e realização, como a doenças, azar, e inclusive morte. Os espíritos podem entrar em contato com as pessoas. A finalidade deste contato é em primeira linha a prática da caridade. Os espíritos ouvem as histórias dos fiéis (consulentes), respondem a perguntas, descobrem a causa de algum problema, dão receitas para superar doenças, aconselham, etc. Os espíritos podem também pedir conselhos ou fazer vingança, embora tais ações sejam atribuídas a espíritos inferiores. Via de regra, o contato entre a pessoa e o espírito ocorre através do médium, pessoa que tem a capacidade e a desenvolveu de entrar em contato com estas entidades, de as incorporar e entender[204]. Este contato acontece na situação de transe do médium, em que o espírito toma posse do seu corpo para poder estabelecer contato com as pessoas. Este transe acontece nas sessões de culto.

d) A crença no desenvolvimento do espírito e na reencarnação. Os espíritos são imortais, conhecem, porém, um período de evolução. Muitos destes já alcançam o topo da escala evolutiva e com isso são espíritos perfeitos, como por exemplo os santos católicos, os Orixás, os pretos-velhos e os caboclos. Estes espíritos não mais irão encarnar (nascer) em algum corpo. Outros espíritos ainda se encontram no processo evolutivo e através de sucessivas reencarnações podem chegar a um estágio de maior perfeição. Este desenvolvimento, porém, não acontece necessariamente em sentido positivo.

---

[204]. O termo "médium" foi assumido na Umbanda advindo do espiritismo e esta função é exercida bem dentro da concepção espírita, especialmente a exposta por Allan Kardec em sua obra *Le Livre des Médiums ou Guide des Médiums et des Évocateurs* publicada em Paris em 1861 e cuja tradução brasileira tem mais de 50 edições. A chamada mediunidade é definida no livro *Iniciação à Umbanda: a magia da paz* de D. Fernandes Trindade, da seguinte forma: "É a faculdade que determinadas pessoas têm de poder até mesmo emprestar seu corpo físico a um espírito desencarnado" (p. 73).

Uma determinada reencarnação pode ser também um castigo por erros cometidos na encarnação anterior.

Ao contrário do espiritismo, no qual praticamente não há um culto organizado, apenas as sessões, a Umbanda ainda cultiva a realização do culto. Não se trata de um culto tão organizado e diferenciado como no Candomblé, mas ele tem um papel importante na vida dos adeptos. É através do culto que as pessoas entram em contato com os espíritos, recebem orientações para a vida e para o desenvolvimento do próprio espírito. O culto faz parte da estrutura da fé. Apesar das muitas variações existentes na forma de organizar o culto na Umbanda, há uma estrutura básica de culto, da qual fazem parte os seguintes pontos: 1. Preparação ou introdução; 2. Invocação das entidades e incorporação; 3. Consulta dos espíritos incorporados; 4. Despedida dos espíritos e encerramento. Diversas ações podem fazer parte da preparação, como gestos especiais quando da entrada no terreiro, abertura e saudação do altar onde se encontram as estátuas de santos, as figuras de Orixás e outras entidades, uma oferta para Exu (influência do Candomblé), defumação, entoação de cantos ou orações[205]. Depois da introdução há a invocação dos espíritos para que eles incorporem. Às vezes há uma programação prévia anunciando quais espíritos irão encarnar em que dia. A invocação dos espíritos é feita pelos médiuns através de cantos, danças e sinais. A vinda do espírito coloca a pessoa em estado de transe. Depois que os espíritos "baixaram" – como se diz na linguagem popular – começa a fase de consultas. As pessoas presentes podem consultar os espíritos através de seus médiuns incorporados. Aqueles e aquelas que estão em transe comportam-se segundo a orientação do espírito e dão aos consulentes respostas a perguntas ou receitas para superar algum problema ou doença. Depois das consultas, os espíritos são despedidos, encerrando-se, assim, também, a situação de transe. O culto é então encerrado. Ao

---

205. Muitas destas orações são espontâneas e terminam com um Pai-nosso ou Ave-Maria.

final do culto podem ser ditas palavras apropriadas ou de exortação aos presentes, ser feitas orações ou cantos.

Uma casa de Umbanda é estruturada hierarquicamente. Há pelo menos três graus de hierarquia. À frente da casa de Umbanda está a liderança espiritual, chamada de pai de santo, zelador ou babalorixá quando se trata de um homem e mãe de santo, zeladora ou ialorixá quando se trata de uma mulher. No segundo grau da hierarquia está o pai-pequeno ou mãe-pequena, que é ajudante da liderança e assume as funções dela na sua ausência. Depois deste grau da hierarquia vem o corpo dos médiuns, isto é, as pessoas que incorporam durante o culto. No grau inferior da hierarquia estão os ajudantes. Estes são especializados em diversos serviços, como ajudar os médiuns durante as consultas, escrever e interpretar as receitas ou responsabilizar-se pela apresentação do espaço do culto ou pela música.

Para se chegar a algum grau da hierarquia faz-se necessária uma iniciação. A liderança do terreiro e especialmente seus ajudantes diretos (mãe ou pai-pequeno) são responsáveis pela formação e iniciação. A iniciação consiste principalmente no desenvolvimento da mediunidade, capacidade de incorporar uma entidade e a interpretar de forma correta[206]. Além disso, aprende-se durante a iniciação a ordem do culto, a teologia, termos religiosos e as obrigações. A iniciação na Umbanda não é, porém, organizada de forma unitária e sua duração, forma, conteúdo e ritual podem variar muito de casa para casa.

3.5. A preservação da identidade

Tanto na Umbanda como em outras religiões afro-brasileiras é de se admirar a sua incrível capacidade de assimilar outras ideias religiosas, retrabalhá-las e as integrar no próprio culto e na própria mundividência. E esta capacidade de absorção parece ser ainda in-

---

[206]. A mediunidade como tal é tida como dom natural. Ela precisa, porém, ser desenvolvida. Uma mediunidade não desenvolvida leva a incorporações brutas. Existem sessões especialmente destinadas a este fim (sessões de desenvolvimento).

terminável, pois ideias religiosas que há não muito tempo chegaram ao Brasil (por exemplo, de religiões orientais ou da área do esoterismo) estão sendo da mesma forma absorvidas e integradas pela Umbanda como o foram tradições religiosas que desde o início estavam em contato com ela (como o caso do Cristianismo e do Candomblé). Há de se notar aqui um traço que talvez seja comum às religiões afro-brasileiras: elas não têm diante de outras religiões uma atitude apologética, nem são marcadas por algum ardor missionário. Que identidade caracteriza então estas religiões afro-brasileiras? Elas abrigam elementos de muitas religiões. Não se pode dizer que elas tenham uma identidade católica, pelo fato de terem absorvido elementos católicos, nem que tenham uma identidade africana, pelo fato de terem conservado elementos trazidos da África. Os aspectos espíritas da Umbanda não são também suficientes para se dizer que ela tem uma identidade espírita. Simplesmente não é possível classificar as religiões afro-brasileiras em uma identidade predefinida. De forma teórica, é ainda possível distinguir a origem dos diversos elementos nelas presentes, mas não se pode dizer que tenham assumido a identidade religiosa a partir destes elementos, exatamente por serem muitos os elementos e que em parte se sobrepõem, em parte se complementam, em parte são paralelos e em parte são inclusive contraditórios. A identidade das religiões afro-brasileiras não pode ser definida a partir de fora, a partir de um modelo religioso predefinido. Esta identidade religiosa só pode ser definida a partir de dentro, isto é, a partir da pessoa que é adepta de determinada religião afro-brasileira e não a partir de ideias que se coadunam ou mais ou menos com esta pessoa. A identidade religiosa é marcadamente contextual, social e histórica. Uma possibilidade de acesso a esta identidade é oferecida pela história. Sem esta não se pode entender a situação atual.

Como já analisamos neste trabalho, o sistema de escravidão significou para aqueles trazidos da África para o Brasil uma perda em todos os aspectos da vida. A organização social em famílias, clãs, nações foi totalmente destruída. A economia passou a ser regida de uma forma totalmente diferente que em seus lugares de origem. Os escravos tiveram que se adaptar ao novo sistema. A escravidão era agora quem dava a medida para toda a organização na vida destas pessoas. A escravidão era praticamente o único ponto de orientação neste novo lugar. Isto pode parecer paradoxo, mas com a abolição da escravidão estes ex-escravos perderam o último ponto de referência para a organização ainda existente. Com a escravidão, tinham os escravos uma organização que causava terror, agora nem organização têm mais. Por um lado, estas pessoas não foram acolhidas na organização da sociedade dos brancos e por outro lado não mais era possível recompor a antiga organização africana. Se o fim da escravidão significou a liberdade, também significou para muitos a queda numa vida caótica[207].

A religião foi um dos únicos pontos que significou uma certa continuidade entre a situação antes e depois da escravidão, mesmo que tenhamos que admitir que se tratava apenas de fragmentos de religião, tanto fragmentos católicos, como fragmentos de tradições religiosas africanas. Esta situação reflete bem a condição dos negros no Brasil: por um lado não eram mais africanos e, por outro, não tinham sido aceitos plenamente na sociedade brasileira. Ou dito de forma positiva: eram africanos, mas já também brasileiros.

Nesta procura de identidade, a religião (ou as religiões) teve e tem um papel muito importante. Em primeiro lugar, a importância deste papel se deve ao fato de fornecer critérios para interpretar o mundo, a vida, a morte, o sentido... Em segundo lugar, a religião foi o ponto que começou a reunir novamente aqueles que a escravidão dispersara. Os líderes espirituais e suas comunidades eram pontos de refúgio e apoio. A antiga identidade é ali de certa forma preserva-

---

[207]. Temos que lembrar que a abolição foi um processo que durou várias décadas, de modo que os ex-escravos não foram todos atirados ao mesmo tempo num caos. Mas, de fato, para muitos ex-escravos, a liberdade significou uma despedida dos já miseráveis direitos à moradia, alimentação e vestuário. Cf. BASTIDE, R.: Religiões, 518-519.

da. O lugar onde esta identidade acontece não é mais, porém, a África e a antiga situação não mais pode ser restaurada. Uma certa restauração da situação africana acontece, porém, no nível simbólico[208]: o transe possibilita uma volta à África[209]. Neste nível, é preservada uma determinada identidade religiosa, mesmo que não sem lacunas. Estas lacunas ou permaneceram ou foram suprimidas (preenchidas) por outros elementos religiosos. A vida, porém, desta população originária da África não se limitava, no entanto, apenas ao aspecto religioso. Eles viviam numa sociedade diferente da sua originária e foram por esta sociedade influenciados. A aceitação nesta nova sociedade tinha seu preço: a aceitação de valores desta sociedade, inclusive valores religiosos.

Hoje, quando olhamos superficialmente os descendentes desta população que foi obrigada a adaptar-se entre dois mundos, há a impressão de que não há identidade religiosa, pelo fato da sobreposição de diversas religiões. Também analisando cada pessoa não se pode dizer que haja uma clareza de identidade religiosa, pelo fato de ser ela resultado dum processo social, histórico e contextual. A situação dos grupos afro-brasileiros é em muitos pontos contraditória e isto não depende de cada pessoa. A sua história é cheia de conflitos e contradições. A fidelidade simultânea à África e ao Brasil (à antiga e à nova identidade) é, talvez, uma contradição em si, mas é uma fidelidade à história, da qual ambas fazem parte. Por isso, tanto a preservação de elementos antigos como a acolhida de novos elementos convergem para uma e única identidade[210]. A história con-

---

208. "Por meio do sagrado, os negros refaziam em terra brasileira uma realidade fragmentada". SODRÉ, M.: Terreiro, 70.

209. Cf. LUZ, M.A.; LAPASSADE, G.: Segredo, 12.

210. "O certo é que com o passar do tempo, com a participação de descendentes de africanos e de mulatos cada vez mais numerosos, educados num igual respeito pelas duas religiões, tornarem-se eles tão sinceramente católicos quando vão à Igreja, como ligados às tradições africanas, quando participam zelosamente das cerimônias de Candomblé, plenamente conscientes da independência de ambas as religiões". IWASHITA, P.: Maria, 87. Daí resulta uma dupla militância religiosa totalmente sincera, como se constata em muitos casos. Cf. ORO, A.P.: Mobilidade, 316-317.

tribuiu não apenas para que elementos religiosos fossem colocados um ao lado do outro, mas também para que dos dois fosse forjada uma identidade religiosa[211].

4. OUTRAS OBSERVAÇÕES SOBRE AS RELIGIÕES AFRO-BRASILEIRAS

A história da formação das religiões afro-brasileiras transcorreu de forma diversa nas diferentes regiões do Brasil. Esta diversidade se deve a muitos fatores: a presença de diversas tradições religiosas africanas; as condições sob as quais estas tradições foram preservadas não foram as mesmas; as religiões com as quais elas se encontraram portaram-se de forma diversificada, etc. Todos estes fatores tiveram como consequência a formação de diversas sínteses religiosas, de modo que se costuma falar no plural em religiões ou cultos afro-brasileiros. As diferenças entre estes grupos são em muitos casos tão grandes que se pode falar corretamente em diferentes religiões. Outros grupos estão mais próximos uns dos outros e têm o mesmo núcleo teológico. Um destes grupos – a Umbanda – apresentamos já aqui de forma mais aproximada. O desenvolvimento ocorrido na Umbanda é típico para o surgimento das religiões afro-brasileiras; e, além do mais, do ponto de vista de adeptos, a Umbanda é a maior dentre as religiões afro-brasileiras. Uma outra religião afro-brasileira – o Candomblé – será examinada detalhadamente a partir do próximo capítulo deste trabalho. Enquanto a Umbanda tem seu ponto forte no Rio de Janeiro, o Candomblé o tem em Salvador.

Queremos neste trabalho dizer também uma palavra sobre as outras religiões afro-brasileiras. Por isso, daremos agora algumas informações sobre a localização e características das demais religiões afro-brasileiras[212]. No norte do Brasil surgiu uma religião afro-brasi-

---

[211]. O culto a caboclos e pretos-velhos em muitas religiões afro-brasileiras é um sinal claro desta influência da história na formação da nova identidade religiosa.
[212]. Esta descrição baseia-se sobretudo em BASTIDE, R.: Religiões, 243-305.

leira, marcada sobretudo pela influência de elementos religiosos da tradição indígena. Ela é chamada de Pajelança (Pará e Amazonas), Encantamento (Piauí) ou Catimbó. Nesta religião, o culto é incumbência do líder religioso e os adeptos são quase que visitantes que apenas o procuram quando se faz necessário por causa de alguma dificuldade. Não existe uma comunidade religiosa em si. A tradição indígena da figura do Pajé como responsável pelas atividades religiosas mostra sua influência na estrutura do Catimbó. A liderança religiosa bem como a liturgia limita-se a poucos elementos e o culto é praticado na própria casa do catimbozeiro[213]. O fato desta liderança religiosa também poder ser assumida por mulheres parece uma clara influência africana, pois a tradição indígena não conhece mulheres na liderança religiosa. A doutrina está baseada, sobretudo, em dois pontos: a jurema e o mundo dos encantados. Jurema é uma planta. Segundo a tradição, quando da fuga para o Egito, Maria escondeu o menino Jesus numa jurema, e desde então esta planta é portadora de uma força divina. Suas raízes são utilizadas na invocação dos espíritos. Trata-se de um alucinógeno. No estado de transe, as pessoas entram em contato com o mundo dos encantados, que é dividido em diversos reinos, estados e comunidades, cada qual com seus guias. Estes guias são em sua maioria espíritos de índios falecidos, mas também de africanos, santos da Igreja Católica ou figuras bíblicas. O culto centraliza-se na invocação destes espíritos com a ajuda da jurema. Apesar da grande diferença, sobretudo mitológica, entre as tradições indígenas e as africanas, os africanos identificaram-se com esta religião, atraídos sobretudo pela invocação dos espíritos.

Em outros locais do norte brasileiro, sobreviveu das tradições africanas apenas a dança de invocação dos espíritos; espíritos estes que são uma mistura entre figuras indígenas, africanas e católicas. A

---

213. A liturgia do Catimbó diferencia-se sobretudo de outras tradições africanas pela ausência de danças ou atabaques e pelo uso de certas substâncias (principalmente a Jurema) para provocar o transe.

comunidade se reúne apenas de quando em quando para realizar esta dança. Não há mais uma pessoa específica que conduz o culto e as atividades religiosas. A tradição é mantida pelo grupo de pessoas e a fronteira entre comunidade religiosa e grupo folclórico não é mais claramente definida. "Estas seitas em sua origem formaram-se provavelmente não sob o signo da fé, mas sob o da fraternidade na miséria"[214]. A pobreza marca e influencia estes agrupamentos.

No Nordeste brasileiro, precisamente no Estado do Maranhão, sobreviveu outra tradição religiosa afro-brasileira, com o surgimento da chamada Casa de Minas. O núcleo desta religião afro-brasileira é formado pelas tradições religiosas yoruba e dahomeana. A rica e complexa teologia destas tradições foi mantida. Juntaram-se a ela elementos de religiões indígenas e do catolicismo. Assim, na Casa de Minas são festejadas as "três noites dos caboclos" e no mês de maio há o costume de por vezes acrescentar orações católicas ao culto. Mas, a Casa de Minas é em geral marcada pela sua fidelidade às tradições africanas, tanto no que diz respeito ao culto como a teologia ou hierarquia. Um tempo de iniciação bem organizado é responsável pela preservação e transmissão das tradições.

De resto, o nordeste afro-brasileiro é o reino da tradição Yoruba. Esta tradição foi relativamente bem conservada no Brasil e entre as diversas tradições religiosas africanas que aqui chegaram foi esta, sem dúvida, a que melhor sobreviveu, de modo que recebeu a fama de ser entre as religiões afro-brasileiras a tradição mais fiel, mais pura e mais africana. Esta religião afro-brasileira é conhecida na Bahia com o nome Candomblé e em Pernambuco, Alagoas e Sergipe com o nome de Xangô. Algumas diferenças existentes entre o Candomblé e o Xangô são mais ao nível de organização do culto que no nível teológico[215].

---

214. BASTIDE, R.: Religiões, 261.
215. "Parece que a grande diferença entre os Xangôs e os Candomblés, no fundo, consiste numa diferença de nível econômico, visto que as modificações que são introduzidas, em Recife, nas normas africanas, explicam-se quase todas pela necessidade de adaptá-las a um meio social mais pobre." . BASTIDE, R.: Religiões, 269.

Uma outra região de forte presença de culto afro-brasileiro é o Estado do Rio Grande do Sul, especialmente na cidade de Porto Alegre. A tradição religiosa afro-brasileira que ali se desenvolveu é semelhante à da Bahia, conhecida, no entanto, sob o nome de Batuque. A teologia e a liturgia com sua rica mitologia são em grande parte idênticas à da Bahia, sendo que a liturgia foi bastante simplificada no sul. Se no Nordeste uma pessoa só pode incorporar um único Orixá no culto, no Sul conhece-se a possibilidade de incorporação de diversos Orixás. Uma outra simplificação, e com isso perda de parte da tradição no Batuque se comparado ao Candomblé, é a simplificação da hierarquia. Enquanto um babalorixá ou uma ialorixá no Nordeste tem uma grande influência sobre a vida dos membros de seu terreiro, influência esta que ultrapassa os limites da religião, no Sul esta autoridade limita-se ao âmbito do culto e fora deste o relacionamento entre chefe do culto e membro do terreiro é mais marcado pela atitude de vizinhança que de autoridade. A pobreza dos membros e das casas do culto no Sul é que forçou esta simplificação. O pequeno espaço destinado ao culto levou ao fato de que muitas vezes as estátuas de santos foram substituídas por quadros dependurados nas paredes. Esta pobreza que limitou as possibilidades do culto e de organização também influenciou outros aspectos da religião. A declaração de um adepto em Porto Alegre sobre os sacrifícios de animais mostra claramente a situação: "É muito caro hoje em dia; a gente só pode fazê-lo a cada dois ou três anos. Os Orixás são como crianças; se os acostumamos a um sacrifício anual, não podem mais passar sem ele e vingam-se daqueles que não o fazem. É preciso, pois, acostumá-los a não receber um sacrifício senão de tempos em tempos, desde o início, como se educa as crianças a comer em determinadas horas"[216].

As cidades do Rio de Janeiro e São Paulo são domínios da Umbanda. Embora o Rio de Janeiro tenha sido o berço da Umbanda,

---

216. Apud BASTIDE, R.: Religiões, 297.

hoje ela está presente fortemente em todas as grandes cidades brasileiras. Diversos fatores facilitaram esta expansão da Umbanda pelas cidades grandes, desde sua capacidade de adaptação a novas situações, até a forte migração populacional que se observa no Brasil. A migração interna, um fator que facilita a expansão da Umbanda, é já um fator que limita a expansão do Candomblé, muito mais ligado aos seus locais de origem. Um adepto do Candomblé é membro de uma única comunidade, ou seja, da comunidade onde ele fez sua iniciação. É lá que está fixado seu Orixá e lá ele deve fazer suas obrigações principais. Um membro do Candomblé baiano que migra para São Paulo não passa a ser membro de algum terreiro em São Paulo. Ele pode frequentar algum terreiro em São Paulo, mas seu Orixá continuará fixado no terreiro de origem. Com isso, a fundação de novos terreiros de Candomblé é algo mais difícil que a fundação de uma nova casa de Umbanda. Além disso, o espaço exigido por uma casa de Candomblé é muito maior que o exigido por uma de Umbanda, detalhe muito importante nas grandes cidades. A Umbanda mostra aí sua grande capacidade de adaptação a novas limitações.

Também faz-se necessário dizer que não apenas negros são membros das religiões afro-brasileiras. Negros e mestiços formam a grande maioria dos adeptos, mas também descendentes de outras etnias entraram para as religiões afro-brasileiras, de modo que "as tradições religiosas africanas são hoje continuadas tanto por negros como por brancos. Os adeptos dos cultos chamados 'afro-brasileiros' podem ser classificados mais pelo critério social que pelo racial"[217]. A situação econômica desolada é o que a grande maioria dos membros de religiões afro-brasileiras têm em comum. Muitos buscam justamente nestas religiões ajuda para as suas dificuldades financeiras[218].

---

217. KOCH-WESER, M.R.M.: Yoruba-Religion, 100.
218. Cf. ORO, A.P.: Mobilidade, 327.

Apesar destas diferenças entre as religiões afro-brasileiras, a influência do catolicismo – sobretudo a presença do altar com estátuas de santos – é uma constante em praticamente todos os grupos. A importância dada a este altar é muito diversa. Um outro ponto em comum das religiões afro-brasileiras é o transe e a invocação de entidades espirituais. Embora esta invocação seja interpretada e valorizada de forma diferente, ela tem um papel central em todos estes cultos.

5. A POSIÇÃO DA IGREJA CATÓLICA PERANTE AS RELIGIÕES AFRO-BRASILEIRAS

Ao final desta introdução sobre as religiões afro-brasileiras, cabe também dizer uma palavra sobre a posição da Igreja Católica diante destas religiões. Até agora falou-se diversas vezes sobre a utilização ou presença de elementos católicos – especialmente de estátuas de santos – nos terreiros. Também já foi explicada a origem desta situação. O surgimento e a organização das religiões afro-brasileiras tiveram início no século XIX, mas ocorreu principalmente no decorrer do século XX. Este processo de organização das religiões afro-brasileiras praticamente não foi percebido – ou pelo menos não levado a sério – pela Igreja Católica. Por isso, não se pode esperar que a Igreja Católica tivesse tido logo de início uma posição comum diante destas religiões. Com o tempo, pode-se afirmar que a posição (pastoral) da Igreja Católica, diante destas religiões, foi caracterizada por diversas fases.

No decorrer da história, é possível distinguir cinco posições diferentes da Igreja Católica perante as religiões afro-brasileiras, posições estas que em parte são cronologicamente distintas e em parte cronologicamente coincidentes: a ilusão da catequese, o combate a costumes africanos, o combate às religiões afro-brasileiras, a tentativa de começo de diálogo após o Concílio Vaticano II e a diversificação atual de posições.

Em seus inícios, a existência de religiões afro-brasileiras não foi praticamente percebida e a presença de estátuas de santos católicos em reuniões de negros foi contabilizada como sinal de conversão destes ao catolicismo. Esta posição era especialmente cômoda no tempo da escravatura. Os primeiros pesquisadores das religiões afro-brasileiras, especialmente Nina Rodrigues, notaram logo cedo que não se podia falar em conversão e falam da "ilusão da catequese". De fato, não houve esforço maior algum por uma catequese dos escravos e o esforço havido limitou-se a exterioridades. Uma vez ou outra, vê-se por parte da Igreja Católica uma investida contra o fetichismo. Estes casos particulares comprovam por um lado que cultos africanos eram praticados no Brasil e por outro lado que a Igreja Católica não via estas reuniões como sendo de uma outra religião, mas sim como casos individualizados onde então os praticantes foram atacados por práticas de fetichismo ou magia. Contra as danças frente a estátuas de santos católicos não se fez nada. Costumes africanos como danças e festas faziam parte integrante das irmandades dos pretos. A Igreja estava satisfeita com o fato de os negros venerarem os santos ao seu modo, permanecendo assim na ilusão que a catequese havia cumprido a sua função de modo eficiente.

A posição da Igreja Católica mudou, porém, radicalmente, com a romanização da Igreja do Brasil[219]. Aos sacerdotes advindos da Europa, os usos e costumes africanos pareciam suspeitos à medida em que cultura e fé estavam intimamente ligados mutuamente. Passou-se logo a combater estes costumes em nome da fé. Foi declarada como que uma guerra contra os costumes africanos – mesmo aqueles em forma de folclore – e eles foram erradicados dos arredores da Igreja. Nada mais de danças, nada mais de batuques das irmandades de negros ao lado das igrejas. O catolicismo colonial, porém,

---

219. No final do século XIX e início do século XX, acabava lentamente no Brasil o sistema do padroado à medida que Roma cada vez mais ganhava influência sobre a Igreja no Brasil até assumir seu controle por completo. Depois da proclamação da república (15/11/1889) – e a consequente separação entre Igreja e Estado – desembarcaram no Brasil muitos sacerdotes advindos da Europa com o projeto de reformar a Igreja do Brasil segundo moldes europeus. Este processo é chamado de romanização da Igreja do Brasil. Cf. HOORNAERT, E.: Igreja, 310-312.

com sua mistura de elementos africanos e portugueses, não morreu com a romanização. Ele encontrava-se profundamente arraigado no meio do povo. Por isso, em muitos lugares ele continuou a existir sob a denominação de folclore e entrou na composição do chamado catolicismo popular, fora do controle do clero romanizado, mas com seu espaço de expressão na sociedade.

As reuniões, danças e organizações africanas, foram vistas como não sendo dignas da fé católica e por parte da Igreja não foram vistas logo como manifestações de uma religião diversa. As religiões afro-brasileiras nascentes, também, quase não foram trazidas a público ou praticadas abertamente, impossibilitando assim uma discussão aberta sobre o assunto. Os grupos de praticantes de religiões afro-brasileiras evitavam, por sua parte, qualquer atrito com a Igreja Católica. Da parte desta, somente por volta da década de 50 é que a fé destes grupos foi claramente percebida como sendo uma outra religião. Nesta época, já se fazia notar a grande influência do Espiritismo sobre as religiões afro-brasileiras, especialmente sobre a Umbanda nascente. O sacerdote franciscano Frei Boaventura Kloppenburg engajou-se fortemente no combate ao Espiritismo e à Umbanda[220]. Ele foi um dos primeiros por parte da Igreja que estudou teologicamente estas religiões, tendo como objetivo combatê-las. Frei Boaventura Kloppenburg via a fé católica em perigo e fornecia aos católicos – em muitos de seus escritos – argumentos para que estes pudessem enfrentar discussões com os adeptos do Espiritismo e da Umbanda[221]. Para ele estava claro: tanto a Umbanda

---

220. O primeiro livrinho (16 páginas) de B. Kloppenburg contra o Espiritismo – *Por que o católico não pode ser espírita?* – foi publicado em Petrópolis no ano de 1951 e foram vendidas diversas edições num total de mais de um milhão de exemplares. Em 1952 B. Kloppenburg publicava seu primeiro escrito contra a Umbanda: "O Católico perante a Umbanda".

221. Somente o título de alguns escritos de Frei Boaventura Kloppenburg já deixa claro o seu objetivo: *Por que o católico não pode ser espírita?* (Petrópolis 1951); *Por que não admito a reencarnação?* (Petrópolis 1952); *O Católico perante a Umbanda* (Petrópolis 1952); *Por que a Igreja condenou o Espiritismo* (Petrópolis 1953); *Material para instruções sobre a heresia espírita* (I e II, Petrópolis 1953); *Resposta aos espíritas* (Petrópolis 1954); *Cruzada de defesa da fé católica no I Centenário do Espiritismo* (Petrópolis 1957).a da fé católica no I Centenário do Espiritismo (Petrópolis 1957).

como o Espiritismo são religiões heréticas e que, por isso, precisam ser combatidas pelos católicos[222]. É interessante notar que tanto a Umbanda como o Espiritismo (as duas religiões especialmente combatidas por Frei Boaventura) são já vistos como religiões próprias. Até então, elas eram combatidas pelos católicos ainda como atividades supersticiosas, quer dizer, os adeptos das religiões afro-brasileiras eram classificados como católicos com atividades supersticiosas. Com Frei Boaventura há já uma visão diferenciada destes grupos, percebidos por ele já como religiões, com sua teologia, sua organização e com seus adeptos. Ele nota o fenômeno da dupla militância religiosa, mas está convencido que estes católicos irão deixar suas práticas religiosas afro-brasileiras caso haja um trabalho de es-

---

222. Frei Boaventura Kloppenburg resume em 16 teses a posição do católico perante a Umbanda: "1) Nenhuma inimizade ou hostilidade com os adeptos da Umbanda ou do Espiritismo por motivos religiosos: O cristão não pode ter inimigos. 2) Não fomentar relações de amizade e de frequente contacto com umbandistas ou espíritas: O proselitismo que os anima é perigo de contágio. 3) Ajudar ou socorrer sempre a um umbandista ou espírita necessitado: A caridade cristã é desinteressada. 4) Mas não ajudar na propaganda da Umbanda, ou na construção ou manutenção de suas obras, nem moral, nem material, nem financeiramente: Seria pecado de aprovação e cooperação com o mal. 5) Condenar e rejeitar a doutrina panteísta e reencarnacionista da Umbanda: Endossá-la seria pecado grave de heresia e apostasia. 6) Jamais e sob pretexto nenhum praticar a evocação dos mortos ou espíritos do além (necromancia ou magia): Seria sempre pecado grande de desobediência e revolta contra o Criador. 7) Desaprovar e destruir todo e qualquer livro que propugna as doutrinas heréticas e as práticas supersticiosas da Umbanda: Foi o que já fizeram os primeiros cristãos de Éfeso (At 19,18-19). 8) Abster-se totalmente de frequentar qualquer sessão de Umbanda: Seria sempre pecado de aprovação ou mesmo de prática da necromancia ou magia e poderia ser ocasião próxima de apostasia. 9) Em caso de doença, não consultar pais de santos, babalaôs, babás, pitonisas, necromantes, cartomantes, quiromantes ou outras semelhantes pessoas: Seria pecado de necromancia e superstição. 10) Rejeitar sempre a tentação de recorrer a despachos, passes, defumadores ou outros exóticos 'remédios' da Umbanda: Seria pecado de magia e demonolatria. 11) Protestar sempre contra a identificação de Santos Católicos com divindades pagãs: São Jorge com o deus da guerra Ogum, etc. 12) Jamais participar em manifestações públicas de culto a Iemanjá, Ogum, Ibeji, etc.: Seria pecado de idolatria e politeísmo. 13) Não pactuar, sob pretexto nenhum, nem para 'fazer a caridade', com o demônio ou qualquer outro Exu: Seria sempre gravíssimo pecado de demonolatria. 14) Não fazer uso de meios supersticiosos, como figas, ferraduras, chifres, etc.: Seria também dissimulado culto a satanás. 15) Não usar destes objetos nem mesmo por simples motivo de enfeite ou lembrança: Poderia fomentar a superstição nos outros. 16) Rezar muito pela conversão dos umbandistas e espíritas: Todos devem salvar-se". KLOPPENBURG, B.: Umbanda, 225-226.

clarecimento por parte da Igreja Católica. Seu trabalho de combate à Umbanda e ao Espiritismo é feito em duas frentes: por um lado tenta ele desacreditar a Umbanda e o Espiritismo, classificando-os como magia, feitiçaria, engodo e sinal de primitividade. O afastamento destas religiões é, pois, uma questão de racionalidade. Aquelas pessoas que fizerem uma análise racional da situação irão se afastar destas religiões. Por outro lado, procura ele refutar as ideias da Umbanda e do Espiritismo através de argumentos teológicos e ao mesmo tempo fornecer argumentos para que os católicos tenham instrumentos teóricos para buscar a discussão com os adeptos destas religiões. Esta posição não era nenhuma exceção dentro da Igreja e refletia de certo modo a posição da hierarquia católica diante das outras religiões e não apenas diante das religiões afro-brasileiras.

O Concílio Vaticano II trouxe uma mudança de posição da Igreja Católica perante as outras religiões. Não mais se apoia o combate, mas sim a busca de cooperação e o diálogo. Em lugar da rejeição às outras religiões, os católicos são exortados pelo concílio a conhecer as outras religiões e a reconhecer seus valores. Esta posição do concílio exigia uma nova posição da Igreja do Brasil perante as religiões afro-brasileiras, o que, no entanto, não era nenhum passo fácil de ser dado. Ainda durante o concílio, a Igreja do Brasil, através dos escritos de Frei Boaventura, desclassificava a Umbanda e o Espiritismo como cultos demoníacos[223]. Como se poderia agora de uma hora para a outra passar desta condenação para uma posição de cooperação? Frei Boaventura revelou, no entanto, espírito aberto e assumiu o desejo expresso pelo concílio publicando em 1968 seu "Ensaio de uma nova posição pastoral perante a Umbanda"[224]. O tom deste artigo não é mais de combate, mas de análise dos erros

---

223. As 16 teses de Frei Boaventura sobre a posição do católico perante a Umbanda foram publicadas em 1961.
224. KLOPPENBURG, B.: Ensaio.

praticados pela Igreja Católica na evangelização dos negros. Esta evangelização tentou incutir nos negros uma cultura europeia e rejeitar a cultura africana. Esta atitude só poderia ter levado ao fracasso da evangelização[225]. Frei Boaventura não esconde as diferenças da fé católica para com o Espiritismo ou a Umbanda. Conclama, porém, a Igreja a dar aos negros um espaço eclesial para seus ritmos e danças, para sua forma especial de ser. Somente assim uma evangelização dos negros poderá ser bem-sucedida.

A estas propostas de Frei Boaventura para uma nova posição da Igreja Católica perante a Umbanda seguiu – segundo observação de V. Carvalho da Costa – um vácuo na relação entre Igreja e religiões afro-brasileiras[226]. O próprio Frei Boaventura não mais sustentou, mais tarde, na prática, sua posição aberta. A condenação clara e explícita pré-conciliar da Umbanda estava ainda muito arraigada nos católicos – especialmente no clero – para possibilitar que se assumisse com engajamento o desafio proposto pelo concílio. Apesar disso, houve diversas tentativas de se trabalhar o tema, de modo que hoje não se pode mais falar de "uma única posição" da Igreja Católica perante as religiões afro-brasileiras. Por um lado, existem os textos do concílio que incentivam claramente uma posição de diálogo perante outras religiões. E esta posição foi claramente sublinhada pela CNBB através da Campanha da Fraternidade em 1988[227]. Por outro

---

225. "Nós, porém, que éramos europeus, ocidentais, da Igreja latina, do rito romano; nós que cantávamos ao som do órgão e rezávamos ajoelhados em santo silêncio; nós que éramos incapazes de imaginar uma dança sacra ao toque dos tambores; nós queríamos que o africano, só porque morava ao nosso lado, deixasse de ser africano, adotasse uma mentalidade européia e ocidental, se integrasse na Igreja latina, rezasse pelo rito romano, cantasse ao som e ritmo solene do órgão, abandonasse o batuque, o ritmo, a dança, a oração movimentada. Era o etnocentrismo total e orgulhoso dos europeus e da Igreja que vinha da Europa. Mas o negro, quando se tornou livre, não mais aceitou nosso rito, não mais se comoveu com o nosso harmônio, não mais falou em nossos conceitos, voltou ao terreiro, ao tambor, ao ritmo de sua origem e aos mitos de sua linguagem. Da profundidade do seu ser, onde vivos e inquietos palpitavam os arquétipos religiosos das gerações anteriores, irrompeu a velha tradição religiosa da África Negra. E nasceu a Umbanda no Brasil...". KLOPPENBURG, B.: Ensaio, 410.

226. Cf. CARVALHO DA COSTA, V.: Umbanda 2, 420-422.

227. Cf. CNBB (org.): Clamor, 87.

lado não é realista pensar que haverá uma mudança de mentalidade de um dia para o outro, pois os preconceitos contra as religiões e cultos afro-brasileiros são ainda muito fortes. Hoje, entre os católicos, podem ser observadas diversas posições perante as religiões afro-brasileiras, entre elas, inclusive, posições de rejeição e total combate a estas religiões. Outras posições aceitam a existência destas religiões; pensam, porém, estar no direito de purificá-las de "erros doutrinários"[228]. Há também grupos católicos que reconhecem plenamente estas religiões como tais e as convidam para o diálogo inter-religioso[229]. Uma pedra de tropeço no relacionamento entre a Igreja Católica e as religiões afro-brasileiras é – especialmente para o trabalho pastoral – a dupla militância religiosa. Via de regra, os agentes de pastoral do lado católico não sabem o que fazer diante desta situação e reagem então através da rejeição da dupla militância. São poucos os grupos católicos que não veem problema algum na dupla militância; há, inclusive, notícias de religiosos e sacerdotes católicos que frequentariam o culto do Candomblé[230].

Praticamente ao mesmo tempo, surgiram no Brasil grupos específicos, dentro da Igreja Católica ou não, que refletem a problemática dos negros na sociedade brasileira[231]. Embora a preocupação principal destes grupos seja – via de regra – a situação social dos negros

---

228. "Nesses cultos, os elementos cristãos estão fortemente amalgamados e transformados em conceitos heterodoxos à fé cristã. Nesta situação, justifica-se, plenamente, o anúncio depurado e autêntico da mensagem cristã aos adeptos dos cultos afro-brasileiros, no mínimo, para depurar-lhes a fé da ganga mítica". CARVALHO DA COSTA, V.: Umbanda 2, 423.
229. Cf. BOFF, L.: Evangelização, 61.
230. Cf. SANTOS, D.R. dos: Contribuição, 3. Frei David R. dos Santos é membro da Comissão dos Religiosos, Seminaristas e Padres Negros do Rio de Janeiro, um grupo que – entre outras atividades – engaja-se pelo reconhecimento e valorização das religiões afro-brasileiras. O sacerdote francês François-Marie de l'Espinay narra como ele mesmo foi convidado a assumir um cargo num terreiro e que para tal submeteu-se a uma iniciação. Para tanto, precisou prometer fidelidade a Xangô. Esta fidelidade não estava – segundo sua experiência pessoal – em contraposição à sua fidelidade a Cristo. Cf. L'ESPINAY, F. de: Fé, 58-59.
231. Entre estes grupos pode-se citar a União e Consciência Negra, os Agentes de Pastoral Negros, a Comissão dos Religiosos, Seminaristas e Padres Negros.

no Brasil, também são estabelecidos contatos com as religiões afro-brasileiras, através dos quais é mantido um diálogo genuinamente religioso[232]. São tratadas aqui questões como a integração de elementos das culturas africanas no catolicismo, possibilitando assim uma maior participação na Igreja dos descendentes de africanos no Brasil[233].

---

232. Nestes encontros não se trata de querer converter os terreiros, mas sim de conhecer-se mutuamente e aceitar a alteridade religiosa. Cf. FRISOTTI, E.: Afro-América, 6; DAMASCENO, C.: Oxalá, 17.
233. Entre os subsídios elaborados pelo Comissão dos Religiosos, Seminaristas e Padres Negros do Rio de Janeiro, encontra-se também um "Ritual experimental para um casamento segundo a cultura afro-brasileira". O jornal *O Dia* de 8 de novembro de 1992 (página 6) traz uma reportagem sobre uma cerimônia matrimonial realizada segundo este rito.

Capítulo 6: O CANDOMBLÉ

1. ELEMENTOS DE HISTÓRIA DO CANDOMBLÉ

A região africana do povo Yoruba é um dos lugares mais importantes de origem de escravos trazidos ao Brasil. Em 1452, os portugueses buscavam escravos nesta região. Não se sabe exatamente quando foram trazidos os primeiros escravos Yoruba para o Brasil. A escravização dos Yoruba em grandes e regulares contingentes ocorreu, acentuadamente, no final do século XVIII e início do século XIX. Cuba e Brasil foram os países que mais receberam escravos Yoruba. Lagos tornara-se um grande centro de tráfico escravista e Salvador, o porto brasileiro que mais recebeu escravos desta região da África. Os negros da Costa dos Escravos de língua Yoruba foram chamados pela expressão francesa "Nagô"[1]. "A cultura Yoruba foi a mais importante das culturas negras trasladadas ao Brasil", afirma Artur Ramos, sem especificar o que ele entende por "importante"[2].

Com os escravos Yoruba e sua cultura, chegava ao Brasil também sua religião – a religião dos Orixás. Esta é sem dúvida a religião africana que mais influenciou a formação das religiões afro-brasileiras. A religião afro-brasileira nascida da religião dos Yoruba é conhecida hoje em Pernambuco sob o nome de Xangô e na Bahia sob o nome Candomblé[3]. Embora existam testemunhos de que os escravos

---

[1]. Por isso, no Brasil a expressão Nagô foi usada praticamente como sinônimo de Yoruba. Havia, além disso, muitos subgrupos de Yorubas. Cf. RAMOS, A.: Culturas 2, 189; PIEPKE, J.G.: Heritage, 166.

[2]. RAMOS, A.: Culturas 2, 189.

[3]. Este nome Candomblé se espalhou hoje em quase todo o Brasil. Candomblé designa tanto o local do culto, como também a totalidade dos ritos ali realizados e no sul do Brasil esta palavra pode ser simplesmente sinônimo de danças e festas de negros. Cf. BASTIDE, R.: Candomblé,

africanos trazidos ao Brasil sempre continuaram aqui a praticar suas religiões, as religiões afro-brasileiras que temos hoje são organizações relativamente recentes e de modo algum se pode imaginar que sejam simplesmente continuação – do ponto de vista institucional – das religiões praticadas pelos escravos. Não existiu uma tradição continuada da religião dos escravos em centros de culto do início da escravidão até hoje. O que se pode imaginar é que as manifestações religiosas dos escravos eram sustentadas por grupos inconstantes que não tinham longa vida – como seus membros. A existência destes grupos não foi garantida pela tradição da religião, mas sim pela chegada de novos escravos.

O início das organizações religiosas afro-brasileiras que conhecemos hoje pode ser datado o mais cedo pelo final do século XVIII. Entre as religiões afro-brasileiras que temos hoje, a organização mais antiga é provavelmente a Casa de Minas (do Maranhão). P. Verger conseguiu demonstrar que a Casa de Minas foi fundada em São Luís do Maranhão, provavelmente no ano de 1796[4].

A atual organização do Candomblé da Bahia tem seus inícios no começo do século XIX. As referências mais antigas à existência de casas de culto desta tradição africana na Bahia são de boletins de ocorrências policiais. Segundo estes testemunhos mais antigos, estas casas foram perseguidas por estarem ligadas à organização de resistência dos negros contra a escravidão[5]. O mais antigo testemunho que temos da utilização da palavra Candomblé é do ano de 1826. Na ocasião, africanos que haviam participado da revolta no Quilombo do Urubu procuraram refúgio numa "casa a que se chama de Can-

---

286; RAMOS, A.: Introdução 2, 276. A palavra Candomblé provém provavelmente de "candom", uma espécie de tambor. A terminação "blé" não é conhecida nas línguas sudanesas e é provavelmente uma corruptela da língua no Brasil. Cf. CNBB/Leste 1 (org.): Macumba, 13.

4. Esta Casa de Minas foi fundada provavelmente por membros perseguidos da família real do Dahomé. Cf. BASTIDE, R.: Religiões, 70.

5. No ano de 1785, uma casa de culto foi destruída por uma ação policial na cidade de Cachoeira (BA). Em 1814 e 1826, negros revoltosos estavam relacionados com casas de culto. Cf. REIS, J.J.: Malhas, 112, 115-116.

domblé"[6]. A casa mais antiga de Candomblé existente ainda hoje é o Ilê Iyanassô, popularmente mais conhecida como Casa Branca, no bairro do Engenho Velho, em Salvador. Segundo supõe Édison Carneiro, esta casa foi fundada por três africanas por volta de 1830[7]. Casa Branca pode ser considerada quase que a casa-mãe de todas as outras casas de Candomblé que surgiram desde então no Brasil. Além da Casa Branca, duas outras casas de Candomblé têm o *status* de casa-mãe – de ser origem de uma tradição – no Candomblé: o Ilê Iyá Omi Axé Iyamassê no Alto do Gantois (casa conhecida popularmente como Terreiro do Gantois) e o Ilê Axé Opô Afonjá. Ambas originaram-se dum cisma com a Casa Branca.

A fundação e organização de terreiros só foi possível quando um número suficiente de negros havia adquirido a liberdade[8]. Com o aumento do número de negros livres, aumentava também o número de centros de culto. Nina Rodrigues, o primeiro pesquisador do Candomblé da Bahia, estima entre 15 a 20 o número de terreiros no ano de 1896. É provável, porém, que o número de locais onde se realizavam cerimônias religiosas de influência africana era bem maior.

Cada terreiro e sua comunidade é uma instituição em si isolada e independente, no sentido que não depende de outra instituição. Em 1937 houve uma tentativa de associar os terreiros com a fundação da "União das Seitas Afro-Brasileiras". 67 terreiros pertenciam a esta união, que tinha por objetivos preservar a pureza do culto e impedir práticas não ortodoxas. A organização fracassou por esbarrar justamente no fato de que cada terreiro se considera independente e não reconhece nenhuma instância superior no que concerne ao culto. O culto pode variar de terreiro para terreiro, embora todos conside-

---

6. Ibid.: 116; FRISOTTI, E.: Afro-América, 7.
7. Destas três fundadoras, sabe-se apenas o nome: Adêtá (ou talvez Iyá Dêtá), Iyá Kalá e Iyá Nassô. Cf. CARNEIRO, E.: Candomblés, 48. Às vezes estas três fundadoras são apresentadas como princesas africanas. R. Bastide afirma que a Casa Branca foi fundada por filhas de Xangô, trazidas ao Brasil como escravas no início do século XIX. Cf. BASTIDE, R.: Religiões, 70.
8. As casas de culto mais antigas da tradição Yoruba em Recife (Pátio do Terço e Sítio de Água Fria) foram fundadas no ano de 1880. Cf. CARVALHO, J.J. de: Força, 42.

rem-se legitimamente Candomblé. O número de casas de Candomblé e de Xangô – que se contam na tradição Yoruba – cresceu constantemente e hoje é praticamente impossível contar o número de terreiros desta tradição. É de se supor que sejam alguns milhares.

Os elementos básicos da teologia do Candomblé são originários da tradição Yoruba. Quando se tem em mente as condições sob as quais esta tradição chegou ao Brasil, não se pode deixar de ficar admirado com o seu alto grau de conservação[9]. Além disso, ela assimilou quase que totalmente outras tradições que lhe eram semelhantes, como, por exemplo, a tradição gêge, o que mostra que a religião do Candomblé é uma síntese de diferentes cultos africanos. A tradição Yoruba é porém a que se destaca nesta síntese do Candomblé. A influência desta tradição foi tão grande na Bahia, que a língua Yoruba chegou a ser em um período a língua cotidiana entre os negros[10].

Os terreiros de Candomblé têm um núcleo teológico comum, no qual se destaca o importante papel dos Orixás[11]. Justamente a este núcleo teológico comum do Candomblé queremos voltar agora nossa reflexão.

2. OLORUM, AIYE, ORUM E AS TRÊS FORÇAS: A COSMOVISÃO RELIGIOSA

A cosmovisão religiosa do Candomblé é fortemente influenciada pela concepção de mundo na tradição Yoruba. Esta tradição é muito complexa e não uniforme, quer dizer, há um sem número de variações e não há nenhuma instância que sirva de medida diretriz

---

9. A cultura Yoruba foi conservada no Brasil quase que exclusivamente naquilo que diz respeito à tradição religiosa. Praticamente não foram conservados aspectos da cultura Yoruba que não estavam diretamente relacionados com a religião. Cf. RAMOS, A.: Introdução 2, 273.
10. Cf. RAMOS, A.: Culturas 1, 311.
11. Por núcleo teológico, entendemos aqui o conjunto de ideias básicas presentes no Candomblé, ideias estas às vezes com variadas interpretações. Vale lembrar aqui a pertinência da observação de O.J. Trindade-Serra, quando diz que os estudos sobre a tradição Yoruba dão às vezes a impressão de se tratar de uma tradição uniforme e estável, o que apenas em parte é verdade. Cf. TRINDADE-SERRA, O.J.: Morte, 265-266.

para o todo. Uma visão unitária básica do mundo é, porém, compartilhada por todos os grupos. No transporte da religião dos Yorubas para o Brasil dentro do sistema escravocrata, muitos elementos foram perdidos, outros foram transformados e por vezes surgiram inclusive novos elementos. Este processo não é exclusivo do Candomblé. Também as outras religiões afro-brasileiras – que já foram anteriormente rapidamente descritas – passaram pela mesma situação. O fato de os escravos Yorubas terem sido trazidos para o Brasil no final do período do tráfico de escravos é um fator que contribuiu para que estas tradições pudessem ter sido aqui melhor preservadas e transmitidas. As modificações que a tradição Yoruba sofreu em seu transplante para o Brasil – seja modificações no sentido de perda de elementos ou de surgimento de novos elementos – não alteraram o esquema religioso básico. Se houve elementos religiosos que ganharam aqui mais importância ou que perderam importância, isto já é uma outra discussão.

Tentaremos aqui primeiro dar uma visão geral sobre a teologia e a organização do Candomblé para depois dedicarmo-nos mais especificamente aos Orixás e ao Axé, aspectos estes muito importantes no universo da experiência religiosa no Candomblé, pelo fato do contato com o Orixá ter um lugar central na religião e o Axé ser um elemento sem o qual a ligação com o Orixá não teria sentido[12].

2.1. Os dois níveis de existência: Aiye e Orum

Na concepção do Candomblé de tradição Yoruba, o universo existe em dois níveis: o do Aiye e o do Orum. Tudo o que existe só pode existir dentro destes níveis (ou nos dois níveis ao mesmo tem-

---

12. Uma dificuldade para a apresentação da teologia do Candomblé é justamente a terminologia. Palavras como Deus, céu, além, culto, liturgia, espírito, teologia, etc., são conceitos cujo conteúdo é já pré-preenchido pelo significado cristão. Nesta apresentação da teologia do Candomblé, tentaremos usar no máximo possível as palavras usadas pelo próprio Candomblé, sem qualquer tradução, na esperança de que o significado do termo fique claro no decorrer do trabalho. Porém, não se consegue evitar totalmente o uso de palavras que tenham uma forte pré-compreensão cristã. No final deste trabalho – Anexo 2 – está colocado um glossário, explicando de forma sucinta os conceitos afro-brasileiros usados.

po). Não é possível existência fora destes níveis. Aiye e Orum não são dois espaços nem locais de existência, mas antes de tudo são duas formas ou duas possibilidades de existência. Estas duas formas não existem em oposição uma à outra, mas paralelamente. Mas ao mesmo tempo não podem ser igualadas entre si. O universo físico e concreto com todos os seres vivos – especialmente os Ara-Aiye, os habitantes do mundo, a humanidade – pertence ao Aiye. Aiye é o nível de existência no qual é própria a matéria, a concretez e é um nível limitado, é o mundo material. Tudo o que pode ser apalpado, tocado, pego pelo ser humano, pertence ao nível do Aiye.

Paralelo ao do Aiye, existe o nível do Orum. Orum é o nível sobrenatural. Diferentemente do Aiye, o Orum é ilimitado, imaterial. Neste nível, existem os Ara-Orum, os habitantes do Orum. Entre estes habitantes se destacam especialmente os Orixás e os Eguns. Os Eguns são os antepassados naturais e humanos das pessoas que moram no Aiye. Estes Eguns já terminaram sua existência no Aiye e o que deles permanece após a morte, permanece no nível do Orum. Ele é um mundo espiritual. Em relação ao Aiye, o Orum não é apenas um mundo paralelo, mas sim um sobremundo, um mundo que engloba todo o Aiye. O Orum engloba tudo e todos. Ou, dito de outra forma, o Aiye não é um nível de existência fora do Orum, mas – para usarmos uma imagem – é como um útero limitado dentro de um corpo sem limites. J. Elbein dos Santos insiste que tudo o que existe no Aiye tem um correspondente espiritual no Orum. "Cada indivíduo, cada árvore, cada animal, cada cidade, etc. possui um duplo espiritual e abstrato no Orum" e tudo o que existe no Orum tem uma representação material no Aiye[13]. Em um terreiro, a totalidade da existência está representada: lá estão presentes elementos que representam o Aiye e elementos consagrados que representam a realidade espiritual, o Orum. O culto é um momento onde os Ara-Orum podem vir ao Aiye através de seus representantes.

---

13. ELBEIN DOS SANTOS, J.: Nàgô, 54. Cf. tb. CAPONE, S.: Cerimônia, 62.

O Aiye e o Orum existem em um relacionamento mútuo muito estreito e da harmonia deste relacionamento é que depende a harmonia da existência como um todo. Não se trata, porém, de um relacionamento entre iguais. Ao Orum e seus habitantes cabe a responsabilidade sobre o Aiye, que é governado a partir de lá. O nível espiritual rege tanto o nível material da existência em geral, como o nível individual da existência. O que caracteriza este relacionamento é a troca, o dar e receber. Um eterno dar e receber, oferta e restituição, é que vivifica este relacionamento e ele é o responsável último pela permanência do universo.

Aos Ara-Orum – especialmente aos Orixás – é possível adentrar no Aiye. Isto não acontece arbitrariamente. Os Orixás, como os outros habitantes do Orum, são existências espirituais e como tal não podem aparecer no nível material. O aparecimento dos Orixás no nível do Aiye só é possibilitado à medida em que eles recebem um corpo. Esta possibilidade se dá, por exemplo, no culto, ocasião em que os Orixás podem se incorporar em matéria através do corpo de seus filhos. Os Itans falam do tempo em que Orum e Aiye ainda não estavam separados e os habitantes de ambos os lados tinham trânsito livre entre os dois níveis[14]. Por causa do erro humano aconteceu que os Ara-Aiye não mais podem livremente ir para o Orum, a não ser através da morte[15]. Aiye e Orum estão separados, mas não total-

---

14. Itans são lendas ou histórias que contam algo sobre os tempos primitivos, sobre o surgimento das coisas. Quando se pergunta no Candomblé sobre o surgimento de alguma coisa ou sobre o "porquê?" de alguma estrutura religiosa, a resposta vem quase sempre através de um Itan. Muitas vezes, o mesmo fenômeno ou a mesma estrutura é explicado por Itans diferentes. Eles não são, pois, descrições históricas. Na tradição do Candomblé, os Itans foram transmitidos oralmente. Embora muitos Itans já tenham sido colocados por escrito, a transmissão oral destes conhecimentos é ainda uma parte importante da iniciação. "Para fundamentar por que cada coisa é assim e não de forma diferente, são contados mitos – acontecimentos incríveis, incomuns e sérios". KASPER, E.A.: Afrika, 39.
15. J. Elbein dos Santos recolhe dois Itans que explicam a separação entre Orum e Aiye. Um deles conta que no tempo em que Orum e Aiye eram ainda vizinhos e os seres humanos podiam movimentar-se livremente entre estes dois níveis, uma pessoa tocou no Orum com mãos sujas. Olorum, o ser supremo, ficou, com isso, tão irritado, que soprou o Ofurufu (o sopro divino) entre Orum e Aiye e com isso se formou a atmosfera entre os dois níveis, que

mente desligados um do outro. Eles são ligados através de um mastro (o Opo), de modo que através dele o Aiye e o Orum têm um elo de ligação, e, mesmo que os seres humanos não possam sem mais ir ao Orum, há a possibilidade de contato entre eles[16].

Esta ideia da unidade inicial entre Orum e Aiye é um fator importante no Candomblé. Em torno desse ponto acontece grande parte do Candomblé. A religião é em si um esforço permanente por recompor a unidade inicial perdida[17]. No culto, Orum e Aiye unificam-se por um instante. No momento da incorporação, esta unidade é demonstrada de forma cúltica. Assim sendo, o culto no Candomblé é uma tentativa de resistir à divisão entre os dois níveis da existência e tornar presente a realidade da ordem inicial. A unidade primitiva entre Orum e Aiye é compreendida como uma situação de total harmonia e felicidade; por isso mesmo, ela é sempre novamente buscada. A religião do Candomblé, com seu culto, sua iniciação, suas oferendas, seus sacrifícios, etc. deve renovadamente conduzir o ser humano e o mundo a esta harmonia[18].

O Orum governa o Aiye, não em um governo generalizado, mas especificamente através dos Orixás, que são responsáveis tanto por aspectos da existência como também pelas pessoas de forma indivi-

---

impede a passagem das pessoas humanas para o nível do Orum. Num segundo Itan, a divisão entre Orum e Aiye é fundamentada através de um erro humano. Resumidamente, a história conta o seguinte: Um casal não podia ter filhos. Depois de eles terem exposto diversas vezes seu desejo de ter um filho a Orixalá, este concedeu que o desejo deles fosse realizado. Colocou, porém, uma condição: esta criança não poderia sair nunca do nível do Aiye. Por muitos anos o casal conseguiu que a criança ficasse apenas neste nível, até que um dia a criança não pôde mais ser contida e entrou no Orum. Lá esta criança não mostrou respeito nenhum frente a Orixalá, que depois de diversas advertências perdeu a paciência e atirou seu cetro ritual com tanta violência que este atravessou todo o Orum e foi bater no Aiye. A batida do cetro foi tão violenta, que separou o Aiye do Orum e entre ambos apareceu atmosfera. Desde então os seres humanos não podem sem mais ir ao Orum. Cf. ELBEIN DOS SANTOS, J.: Nàgô, 53-55. Este último Itan será contado de forma completa e analisado no capítulo 9 deste livro.

16. Cf. AUGRAS, M.: Quizilas, 76.
17. Este esforço permanente por recompor a unidade entre o Orum e o Aiye é fadado sempre ao fracasso. Sendo, porém, um objetivo máximo da religião, esta ligação é sempre retomada através de ações rituais (religari). Cf. GOLDMANN, M.: Construção, 48-49.
18. Cf. GOLDMANN, M.: Construção, 45-46.

dual. Os Orixás são seres divinos ou espirituais, que têm sua origem com a origem do universo[19]. Tudo o que existe no Aiye tem sua origem no Orum; os seres humanos, inclusive, de forma dupla: eles são filhos dos Orixás e dos Eguns. Os Orixás são os antepassados divinos ou espirituais e os Eguns são os antepassados humanos[20]. A ambos – antepassados espirituais e humanos – são feitos cultos, mas de forma separada e diferenciada. Enquanto os Orixás, na condição de antepassados divinos e como forças que regem o Aiye, não se limitam a uma família, mas são entendidos como inter e transfamiliares, os Eguns são restritos à família. A ideia de que os seres humanos têm uma ascendência divina é muito importante para o sistema religioso, pois a vida das pessoas precisa se orientar e organizar tendo como referência esta ascendência.

2.2. Olorum

O sistema Orum-Aiye não se sustém nem existe por si mesmo e os Orixás não têm força e responsabilidade a partir de si mesmos. Acima dos dois níveis da existência está Olorum, o ser supremo. É ele que deu aos Orixás a responsabilidade para reger o Aiye e a força para tanto. Ele está acima de tudo e tudo teve nele seu início, tanto o que está no Aiye, como o que está no Orum. A intervenção de Olorum nas coisas não precisa se dar, porém, de forma direta e ele passou aos Orixás a responsabilidade pelos diversos setores ou aspectos da vida e a eles deu a força para exercer tal função. Quando se afirma, p. ex., que a Obatalá cabe a responsabilidade pela criação, está-se afirmando ao mesmo tempo que ele não age em nome próprio, mas de Olorum que a ele confiou o "saco da existência" e o orientou sobre o modo de proceder na criação[21]. Por isso, a criação não provém de um ato direto de Olorum, mas sem ele ela não seria pos-

---

19. Em alguns Itans, os Orixás são apresentados de forma personificada, como pessoas que por causa de seus atos heróicos em vida transformaram-se em Orixás.
20. Cf. ELBEIN DOS SANTOS, J.: Nàgô, 103-104.
21. Ibid., 61-64.

sível. Ele é o criador no sentido primeiro, no sentido de origem de todas as forças. Ele é "a fonte de todos os benefícios. É o Autor e Doador de todas as coisas boas que o homem possa ter: crianças, prosperidade, posses, boa vida, bom caráter, enfim, tudo o que existe para beneficiá-lo. Os iorubás acreditam firmemente que as divindades e os homens recebem de sua inexaurível providência" (Idowu)[22]. Em Olorum se condensa toda a existência. A grandeza ilimitada é seu atributo mais característico[23]. Os Orixás são submissos a ele e dele obtêm sua força.

No princípio, Olorum existia só e era uma massa de ar infindável que paulatinamente começou a se movimentar e a respirar. Através da respiração de Olorum, surgiram a água e a atmosfera e destes os primeiros Orixás, cuja existência se origina igualmente do hálito de Olorum. Desta forma é que um Itan esclarece o início do universo[24].

Olorum, o senhor do Orum, estende seu poder não apenas sobre o Orum, mas também sobre o Aiye, que é ao Orum subordinado[25].

A figura de Olorum é única e não existe qualquer outra que possa ser colocada no mesmo nível[26]. Neste sentido, Olorum pode ser com-

---

22. Apud DOPAMU, P.A.: Exu, 118.
23. Cf. SÔLANKÊ, L. et al.: Negro, 243; McKENZIE, P.R.: Culto, 136.
24. Cf. ELBEIN DOS SANTOS, J.: Nàgô, 58-59.
25. O significado do nome Olorum é interpretado por diversos autores de forma não unificada, tendo sempre praticamente o mesmo sentido. Assim Olorum é apresentado como derivado de o-ni-orun ou o-mi-orun ou ôlô-orún, que significa "aquele que é o Orum" ou "aquele que possui o Orum" ou o "dono do Orum". O significado de Olorum também é apontado como "o Senhor daquilo que está no além". Olorum também é chamado de Oba-orum, "rei do Orum". Neste contexto, as palavras "Senhor", "Rei" ou "dono" são praticamente sinônimos. Cf. ELBEIN DOS SANTOS, J.: Nàgô, 56, 72; KOCH-WESER, M.R.M.: Yoruba-Religion, 36; CARVALHO DA COSTA, V.: Umbanda 1, 102-103; L'ESPINAY, F. de: Igreja, 877; SÔLANKÊ, L. et al.: Negro, 239. Em um dicionário yoruba-português, a palavra "Olorum" é traduzida como "Deus". Cf. PORTUGAL, F.: Yorubá, 133. Como sinônimo de Olorum também é utilizada a palavra Olodumaré, cuja origem seria Olô (Senhor) + ôdú (destino) + marê (ou má-yê – eterno), significando pois "senhor do destino eterno". Cf. SÔLANKÊ, L. et al.: Negro, 239; IWASHITA, P.: Maria, 42.
26. A Olorum também são dados alguns títulos que o caracterizam como por exemplo "Oba arinun-roode" (Senhor que concentra em si mesmo tudo o que é interior e tudo o que é exterior, tudo o que é oculto e o que é manifesto) ou "Alaaba l'aaxé" (aquele que é ou possui propósito e poder de realização). Cf. ELBEIN DOS SANTOS, J.: Nàgô, 70, 73.

parado ao conceito de Deus da tradição judeu-cristã e a igualação entre Olorum e Deus no sentido cristão é conhecida também pelos adeptos do Candomblé. Como religião que reconhece uma divindade suprema única e origem de todas as coisas, o Candomblé pode ser considerado uma religião monoteísta[27]. Uma intervenção direta de Olorum na vida dos fiéis ou no mundo não é no Candomblé praticamente nunca esperada. "Ele não interfere imediatamente na vida das pessoas"[28]. Os Orixás são aqueles que estão ligados com a vida das pessoas e com tudo o que diz respeito ao decorrer do Aiye[29].

A Olorum não é feito nenhum culto regular, a ele não são dedicadas casas de culto e nenhum tipo sacerdócio está a seu serviço[30]. Ele é um Deus que não é objeto ou objetivo de ações cultuais e dele não há representação por alguma figura. A memória de seu nome foi conservada sobretudo através de jaculatórias e expressões[31].

Olorum é ao mesmo tempo a origem, o princípio de todas as coisas e o Deus distante e até desconhecido. Por não haver para ele nenhum culto e pelo fato de não se esperar dele nenhuma intervenção na história, ele foi em parte esquecido[32]. O destaque dado aos Ori-

---

27. O culto dos negros no Brasil foi muitas vezes compreendido como politeísta, dando assim motivo para perseguição policial. Cf. CARNEIRO, E.: Candomblés, 18.
28. KOCH-WESER, M.R.M.: Yoruba-Religion, 180. Olorum é tão incomparavelmente grande, que não se diminuiria a ponto de intervir na vida dos seres humanos. Cf. CARNEIRO, E.: Candomblés, 58.
29. Neste sentido, os Orixás são comparados a um corpo de ministros de Olorum. Cf. CARNEIRO, E.: Candomblés, 58.
30. Cf. KOCH-WESER, M.R.M.: Yoruba-Religion, 37; RODRIGUES, N.: Africanos, 345; BASTIDE, R.: Américas, 112.
31. Por exemplo, "Olorum ni" (ele é Deus), "Olorum Shanu" (graças a Deus), "Olorum yia busi i fun o" (Deus te abençoe). Cf. RAMOS, A.: Introdução 2, 257.
32. Pelo menos na religiosidade cotidiana, ele praticamente não aparece e a ele não é dado nenhum papel de destaque. Os Orixás são as figuras preponderantes nas atividades religiosas. Isto não significa que a Olorum não seja atribuída pouca importância. Às vezes, porém, se tem a impressão que Olorum é mais conhecido nos livros de pesquisas sobre o Candomblé que pelos próprios fiéis. Nas conversas com pessoas do Candomblé, os nomes Olorum ou Olodumaré são bastante citados, mas ele permanece sem qualquer importância cultual. Veja exemplos no Anexo 1: Entrevistas VII, 3; X,1; X,5.

xás Obatalá ou Oxalá como o maior dos Orixás faz com que o papel de Olorum seja por eles quase que tomado[33].

2.3. As três forças: Iwá, Axé e Abá

Olorum é tanto o princípio de todas as coisas, aquele que distribuiu as responsabilidades aos Orixás, como também o possibilitador da existência, de sua dinâmica e seu objetivo. Olorum é a origem das três forças ou princípios do universo: Iwá, Axé e Abá.

Iwá é o ser, o princípio ou a força da existência em geral. Através de Iwá é dada às coisas a possibilidade de existência. Quando Olorum dá ao Orixá Orixalá o "saco da existência" para que este faça a criação, ele na verdade está dando a ele Iwá, o princípio ou a força capaz de fazer brotar existência. Iwá é veiculado sobretudo na atmosfera e através da respiração[34].

O segundo princípio ou força é o Axé, que possibilita que a existência desabroche, venha a ser. Axé é a força da dinâmica, da realização. Ele é o elemento mais importante para a existência, pois sem ele a existência não teria dinâmica. Esta força é intermediada pelos Orixás e o receber o Axé dos Orixás é um dos objetivos principais de muitas atividades religiosas no Candomblé. Por causa da grande importância do Axé no sistema religioso do Candomblé e na vida religiosa dos fiéis, iremos analisar adiante mais detalhadamente este assunto no capítulo 8 deste livro.

Abá é a terceira das forças de Olorum que sustentam e possibilitam o sistema Orum-Aiye. Abá acompanha o Axé e dá à dinâmica uma direção, um objetivo. Estas três forças são intermediadas pelos Orixás e

---

33. Cf. CARVALHO DA COSTA, V.: Umbanda 1, 106. A figura de Olorum recebe um destaque muito grande no trabalho de J. Elbein dos Santos *Os nàgô e a morte*. Não está, porém, comprovado, como observa V. Carvalho da Costa, que Olorum tenha de fato este papel tão importante no culto na Bahia.
34. Nos Itans que narram a separação entre Orum e Aiye, a atmosfera é colocada justamente como originária do sopro divino. Iwá é caracterizado através da cor branca. Cf. ELBEIN DOS SANTOS, J.: Nàgô, 73.

podem ser liberadas ou reforçadas através de várias atividades religiosas. Seu início e posse permanecem, porém, sempre com Olorum.

3. A ORDEM DO MUNDO E A PRESERVAÇÃO DO EQUILÍBRIO: O CULTO E SEUS LOCAIS

Apesar da separação entre Orum e Aiye e do fato de os Ara-Aiye não poderem sem mais entrar no Orum, um nível da existência não subsiste sem o outro. Aiye e Orum formam uma unidade que consiste no equilíbrio. Deste equilíbrio entre os dois níveis depende tanto a harmonia do universo e a harmonia da vida no Aiye como também a harmonia na vida pessoal dos indivíduos.

A manutenção do equilíbrio entre Aiye e Orum ou a busca de equilíbrio é – no fundo – o objetivo de toda atividade religiosa no Candomblé. O sentido da vida gira em torno deste equilíbrio. Atrás disso, está a ideia de que nenhum acontecimento pode ser entendido como um fenômeno isolado e para si mesmo. Ou, dito de outra forma, todo acontecimento não é apenas uma questão meramente natural ou espiritual, mas está sempre ligado com o todo do sistema, com os dois níveis da existência. Desta forma, todos os acontecimentos são vistos como tendo alguma ligação com a unidade entre Orum e Aiye, entre o nível material e o imaterial. A separação existente entre Orum e Aiye é, pois, uma separação entre duas formas ou condições de existência, mas não uma separação entre duas unidades. Assim, cada indivíduo não existe só e isolado, mas é parte integrante da grande unidade e deve colaborar para que ela aconteça. O fator religioso marca a vida como um todo, não como uma instância de controle, mas como o lugar específico onde cada qual busca e encontra a realização, onde cada um busca e contribui para a harmonia e equilíbrio do todo. Todas as atividades humanas e todos os acontecimentos são avaliados a partir deste ponto de vista. As atividades religiosas não são atividades que estão ligadas apenas com a vida pessoal de cada indivíduo e nem são apenas uma atividade entre outras. Elas carregam, no fundo, a responsabilidade pela ordem do mundo, pela manutenção da ligação e do equilíbrio entre Orum e Aiye. Desta ligação e deste equilíbrio depende a existência, sua realização, sua direção e sua continuidade.

O equilíbrio entre Orum e Aiye não é uma situação dada e estática. Ele precisa ser criado e permanentemente mantido. A sua manutenção depende da dinâmica e as atividades religiosas servem para reanimar, reforçar e atualizar o sistema[35]. Como a existência (o princípio Iwá) já é pressuposto para aqueles que fazem atividades religiosas, elas têm por função e objetivo principal reavivar, reforçar e atualizar o Axé, que é a força da dinâmica e do desabrochar da existência. O Axé não é simplesmente dado. Sua conquista e atualização precisa ser permanente.

A partir disto que foi exposto, existem dois tipos de atividades religiosas no Candomblé: aquelas que servem para a manutenção normal da dinâmica do sistema e aquelas que servem para restaurar o equilíbrio desfeito. Isto vale tanto para o nível comunitário como para o individual. A comunidade como tal assume sua responsabilidade pela manutenção da dinâmica da existência ao assumir atividades que liberam Axé. Neste sentido, cada comunidade está ligada com muitos Orixás, que são os detentores de Axé. Aos responsáveis por uma comunidade (Ialorixás e Babalorixás) cabe uma grande responsabilidade: eles são em grande parte os responsáveis pelo bem-estar de sua comunidade. Por outro lado, cada pessoa deve zelar para que a dinâmica de sua vida (o Axé) seja mantido. Cada indivíduo está ligado mais diretamente a um determinado Orixá, do qual ele é filho ou filha e com o qual ele mantém uma estreita relação espiritual.

As comunidades do Candomblé ou as comunidades de religiões afro-brasileiras não representam no Brasil o todo da sociedade. Elas são apenas uma parte da sociedade, formam, porém, por si e para si uma unidade fechada e completa. Nesta situação brasileira, o papel e a responsabilidade do indivíduo são maiores na religião, pois no Brasil – em comparação com a África – a importância da vida religiosa individual é maior que a vida religiosa comunitária.

---

35. ELBEIN DOS SANTOS, J.: Nàgô, 64.

O que caracteriza o relacionamento entre Orum e Aiye, entre os Orixás e as pessoas e que tem como objetivo a liberação do Axé e com isso a manutenção do sistema, é um dar e receber, uma oferta e restituição. Cada oferta obriga uma restituição, cada receber um dar. Através das atividades religiosas acontece uma troca entre Orum e Aiye, entre os Orixás e seus filhos, e esta troca intermedia e libera o Axé, o princípio ou força da dinâmica, e com isso está garantida a continuação da existência. Este princípio da oferta e restituição pode ser bem exemplificado através de um Itan, o Itan sobre a criação do ser humano e sobre a morte:

> Quando Olorum procurava matéria apropriada para criar o ser humano (o homem), todos os Ebora partiam em busca da tal matéria. Trouxeram diferentes coisas: mas nenhuma era adequada. Eles foram buscar lama, mas ela chorou e derramou lágrimas. Nenhum Ebora quis tomar da menor parcela. Mas Iku, Ojegbe-Alaso-Ona, apareceu, apanhou um pouco de lama – eerupe – e não teve misericórdia de seu pranto. Levou-o a Olodumaré, que pediu a Orixalá e a Olugama que o modelaram e foi Ele mesmo quem lhe insuflou seu hálito. Mas Olodumaré determinou a Iku que, por ter sido ele a apanhar a porção de lama, deveria recolocá-la em seu lugar a qualquer momento, e é por isso que Iku sempre nos leva de volta para a lama[36].

Como no caso de Iku, que precisa devolver o barro lá onde ele o retirou, assim é o princípio do relacionamento entre Orum e Aiye, entre os Orixás e as pessoas. A cada receber segue-se um dar e nesta troca é preservado o equilíbrio e a harmonia, a dinâmica e a continuidade da existência, pois ao dar segue um receber[37]. Para que a ordem do mundo e o equilíbrio da existência sejam mantidos, este dar-e-rece-

---

36. Ibid., 107. Para uma interpretação mais longa deste Itan, cf. ibid., 220-235.
37. No Itan relatado acima fica claro que nascimento e morte não podem ser entendidos como separados ou distantes um do outro, mas que estão estreitamente ligados. Ao receber (nascimento), segue um dar (morte). A morte, por sua vez, possibilita novamente o nascimento, que por sua vez suscita a morte e assim por diante. Este princípio não é matemático, no sentido de um por um (uma morte possibilita um nascimento), mas sim existencial, no sentido de que nascimento e morte se possibilitam mutuamente.

ber não pode ser interrompido. A restituição não precisa acontecer necessariamente com a mesma matéria, como no caso do Itan, onde lama é restituída com lama. Esta restituição pode ser feita de forma substitutiva – e é assim que de fato acontece. Ela acontece, por exemplo, através de uma oferenda. Por detrás da teologia da oferenda no Candomblé – oferenda que ocupa um lugar bastante central na religião – está a ideia da restituição. O esquema do dar e receber volta em quase todos os momentos do Candomblé: seja no tocante ao nascimento e morte, seja no que diz respeito à colheita ou ao amor, à doença ou à organização social. Dar-e-receber é a garantia da manutenção do equilíbrio.

Como o relacionamento entre Orum e Aiye, entre Orixás e pessoas é tão vital para a manutenção do sistema, as atividades religiosas, as festas litúrgicas, as ações cultuais têm uma importância central. Através delas é que a troca é provocada e realizada. Através de atividades rituais podem ser realizadas tanto as ações religiosas normais e obrigatórias para a manutenção do sistema de equilíbrio entre Orum e Aiye, como também é através de atividades rituais que se interpreta o sistema, que se pode identificar problemas no sistema e soluções para os mesmos.

3.1. O Terreiro

O palco central das atividades litúrgicas do Candomblé é o local onde a comunidade se reúne: o terreiro[38]. Ele não é apenas o lugar onde os fiéis se reúnem e onde se realiza a liturgia. Os terreiros são – como observaram muitos pesquisadores – uma pequena reconstru-

---

38. Esta expressão "terreiro" para denominar o local de culto é utilizada por quase todas as religiões afro-brasileiras. Outras denominações também são usadas, como "centro" (especialmente para a Umbanda) ou "tenda" (especialmente nas comunidades com forte influência espírita). Às vezes, a expressão para o local de culto é também a mesma pela qual se conhece a religião, como por exemplo Batuque, Catimbó ou Candomblé. Estas expressões são utilizadas tanto para designar o local do culto, como para a religião em si.

ção da África no Brasil[39]. O Terreiro é uma parte da África, não da África geográfica, mas de uma África mítica. A África geográfica elevou-se para os escravos e seus descendentes no Brasil a algo mais que a terra dos antepassados. África não é mais uma realidade evidente, não é mais simplesmente um lugar onde se mora e se vive, onde se encontra a pátria da cultura, da família e da religião. Esta África evidente e geográfica é passado. No Brasil, ela ganhou um forte significado simbólico e mítico. A África é a terra dos Eguns e dos Orixás (os antepassados humanos e divinos), é o local para onde se pode voltar após a morte. Na África, o mundo ainda tem sua organização, há equilíbrio entre Orum e Aiye. Ocorreu, pois, uma idealização da África. A busca deste equilíbrio no Brasil não poderia, pois, prescindir de uma reconstituição da África e sua ordem.

Os terreiros são como ilhas africanas, isoladas em uma realidade estranha, onde todo o universo (Orum e Aiye) está reunido. Nesta ilha pode ser retomado o relacionamento entre Pessoas e Orixás, ali os Orixás podem ser chamados. Ali pode ser trocado o Axé e garantida a dinâmica e a continuação da existência. Os terreiros são unidades completas e fechadas. De quando em vez podem espaços que não pertencem imediatamente ao terreiro receber uma função mítica. Estes, porém, são entendidos como extensão do terreiro e lá são realizadas atividades que não podem ser realizadas dentro do terreiro por causa das suas condições físicas[40]. Pode haver entre os diversos terreiros uma relação de amizade; do ponto de vista religioso não existe, porém, nenhum compromisso entre os terreiros. Cada terreiro é independente.

Existem diferenças entre os terreiros africanos e brasileiros – além das diferenças que surgiram pela perda de elementos religiosos no

---

39. A este respeito, cf. BASTIDE, R.: Candomblé, 64s.; KOCH-WESER, M.R.M.: Yoruba-Religion, 127-134; ELBEIN DOS SANTOS, J.: Nàgô, 32-38; REHBEIN, F.C.: Candomblé, 71-81.
40. Por exemplo, quando algumas cerimônias a Yemanjá, o Orixá feminino das águas salgadas, precisam ser realizadas no mar e o terreiro não é limítrofe deste. Por esta ocasião, o espaço do culto junto ao mar é entendido como uma extensão do terreiro para o momento em que se realiza a cerimônia. Cf. BASTIDE, R.: Candomblé, 76-77.

Brasil. O terreiro brasileiro não é África, mas sim uma reconstrução à forma brasileira. Uma diferença muito clara é o fato de que na África cada terreiro dedica-se ao culto de apenas um Orixá, enquanto no Brasil são cultuados diversos Orixás em cada terreiro[41].

O terreiro é composto normalmente por mais casas ou diversos espaços, formando uma unidade. Embora cada terreiro tenha que se adaptar às condições geográficas e de espaço onde se encontra, eles mantêm praticamente a mesma estrutura básica, que é indispensável para o funcionamento do culto. Uma primeira estrutura do culto é a existência de dois ambientes, que cumprem funções diferentes: um é o espaço das pessoas, o espaço civilizado, da ordem. Neste espaço, encontram-se as construções destinadas ao uso particular e de culto. Este é o espaço "urbano", o espaço da civilização. Por outro lado, existe um espaço não destinado às pessoas, um espaço que não é por elas frequentado. É o espaço não civilizado, não controlado, que carrega em si um quê de mistério e temor. Neste espaço, estão plantas, consideradas sagradas, que representam uma mata africana. É o espaço "mato". A partir desta primeira divisão, já se pode perceber que o terreiro representa a totalidade: o espaço habitado e o espaço não habitado, o destinado às pessoas e o destinado ao selvagem, o conhecido e o desconhecido.

No espaço "mato" estão árvores, arbustos, ervas, enfim, plantas que podem ser colhidas para utilização no culto. Este espaço deveria ser reservado apenas para o Babalossaim (o sacerdote de Ossaim, o Orixá das plantas), que recolhe e prepara as ervas e plantas para cerimônias, principalmente as dedicadas a Orixás que têm ligação com a floresta, como Ogum e Oxossi (Orixás da caça)[42].

---

41. É de se notar, no entanto, que enquanto na África se fala de centenas de Orixás, no Brasil este número é significativamente menor. No Brasil, os Orixás que são cultuados em um mesmo terreiro não foram simplesmente ajuntados. Dentro do terreiro, cada Orixá tem seu lugar próprio definido. Cf. KOCH-WESER, M.R.M.: Yoruba-Religion, 127; BASTIDE, R.: Candomblé, 70.
42. Cf. ELBEIN DOS SANTOS, J.: Nàgô, 34.

No espaço "urbano" estão as construções, cujo número pode variar muito. Quatro tipos de construções ou espaços devem estar presentes: os Ilê-Orixá, os Ilê-Axé, a casa ou espaço para o culto público e as casas de moradia[43]. Estas moradias são ocupadas por famílias de forma permanente ou passageira. Muitas vezes, um terreiro funciona como um empreendimento familiar e a família da Ialorixá ou do Babalorixá mora no terreiro. Às vezes, ele não é ocupado permanentemente e é habitado apenas nos períodos de festa ou de iniciação[44]. A casa ou espaço para a liturgia pública – o barracão – é geralmente o maior espaço do terreiro. Este espaço contém o lugar para a dança, o lugar dos atabaques, o lugar da plateia e o das pessoas de destaque. Ao barracão também pertencem outros espaços como o local da cozinha ritual e o local onde são guardadas as vestes e indumentárias usadas no culto. O Ilê-Axé é o espaço para o tempo do recolhimento da iniciação[45]. E as pessoas que se encontram na iniciação devem, via de regra, morar neste espaço. Ele é uma espécie de clausura, e o tempo que lá se passa poderia ser comparado quase a um noviciado. No Ilê-Axé as pessoas aprendem tudo o que é necessário para o relacionamento entre ela e o seu Orixá; aprendem a controlar a troca do Axé.

Do ponto de vista religioso, os Ilê-Orixás são os pontos centrais de um terreiro. Ali estão os assentos dos Orixás. Estes assentos podem estar separados em diversas casas – com exceção de alguns Ori-

---

43. Ilê significa casa. Os espaços urbanos de um terreiro não são todos acessíveis a qualquer pessoa. Há espaços, aos quais só os iniciados do terreiro têm acesso, outros que são semifechados, quer dizer, cujo acesso só é permitido a todos em determinadas ocasiões e outros que são abertos. Aberto para todos é, por exemplo, o espaço onde se realiza o culto em geral.
44. Por causa da dificuldade de se encontrar nas cidades espaços amplos adequados a um terreiro, muitos deles se localizam fora da cidade e podem ser habitados durante as festas. Aqueles que se recolhem para a primeira etapa da iniciação precisam morar dentro do terreiro. Motivos financeiros fazem com que muitas vezes o terreiro seja ao mesmo tempo a moradia da família do Babalorixá ou Ialorixá da casa. Cf. BASTIDE, R.: Imagens, 69.
45. Ilê-Axé significa "casa do Axé" e esta expressão é utilizada às vezes para designar o próprio terreiro. O espaço onde as pessoas se recolhem para a iniciação é em alguns terreiros chamado de Roncol.

xás – ou então podem estar sob o mesmo teto. Mas estes assentamentos são sempre individuais[46]. Cada Orixá cultuado no terreiro tem seu assento próprio e seu Pegi[47]. No Pegi estão objetos utilizados na iniciação, quando da fixação de um Orixá na cabeça de um iniciando[48]. No assento dos Orixás é que os seus filhos fazem a veneração dos mesmos[49]. Diante do Pegi são colocadas as oferendas devidas, geralmente oferendas em forma de alimento. No Pegi encontram-se também as insígnias do determinado Orixá, figuras talhadas em madeira ou estátuas de santos.

Através da oferenda diante do Pegi acontece a troca sagrada praticada no sistema do dar e receber. Os filhos de um Orixá apresentam as oferendas e recebem com isso o Axé, a dinâmica da vida. Neste processo se preserva o equilíbrio entre o Orixá e a pessoa, entre o Orum e o Aiye, impulsionando assim a roda do universo e da existência. O que se deve ofertar e como deve ser feita a oferenda, isto é definido pela tradição e varia de Orixá para Orixá. Cada Orixá tem seus desejos especiais e o fiel irá aprender no decorrer da vida a conhecer melhor o seu Orixá, bem como comportar-se segundo suas vontades. Esta tarefa é feita com temor e responsabilidade, pois ali está a convergência da existência, de sua realização ou de sua desgraça.

Em cada terreiro existem Pegis para todos os Orixás que têm filhos naquele terreiro. Ou seja, em cada terreiro não são colocados

---

46. Já na década de 1950, Arthur Ramos observava a tendência de se construir os Ilê-Orixás como pequenas casinhas quadradas, separadas do edifício principal. Esta tendência continua ainda hoje. Cf. RAMOS, A.: Negro, 58.
47. Pegi é o altar individual de cada Orixá.
48. Trata-se de objetos que caracterizam o Orixá em questão, como determinadas pedras, um pedaço de ferro, etc. Do Pegi faz parte necessariamente, como observa J. Elbein dos Santos, uma quartinha – um pote de cerâmica, com tampa, no qual nunca pode faltar água – e um assento de Exu. Exu é o Orixá que acompanha todos os seres sobrenaturais. Trata-se aqui de um assento secundário e não do assento principal de Exu, que se encontra também em cada terreiro (geralmente junto à entrada do terreiro). Cf. ELBEIN DOS SANTOS, J.: Nàgô, 35; BASTIDE, R.: Candomblé, 73-74.
49. Sobre a relação entre a pessoa e o assento de seu Orixá, cf. o Anexo 1: Entrevistas II,1; VI,4; IX,10.

Pegis para todos os Orixás. Somente para Exu há em todos os terreiros – sem exceção – um Pegi, embora no Candomblé não se costume falar que existam filhos de Exu. Exu é, porém, o mensageiro, o Orixá dos caminhos. Sem ele não são aplainados os caminhos para os outros Orixás. Este também é o motivo pelo qual o Pegi de Exu se encontra na entrada do terreiro e é saudado por todos os que lá entram[50].

No terreiro há sempre um espaço para o assentamento dos mortos, espaço este que não pertence nem ao urbano, nem ao mato[51]. É colocado exatamente no meio dos dois. Neste lugar se encontram os assentamentos dos mortos – Eguns –, que também são objeto de culto.

Além destes assentos de Eguns nos terreiros dos Orixás, o Candomblé também conhece terreiros dedicados especialmente ao culto dos mortos: os terreiros de Eguns. Estes terreiros são pouco conhecidos e existe um número muito menor deles, em comparação com os terreiros de Orixás[52].

A maioria dos terreiros são – como os seus membros – pobres, de modo que as acomodações são feitas não segundo as necessidades, mas segundo as possibilidades. Muitos espaços são utilizados para mais de uma função e onde muitas vezes a casa de culto é ao mesmo tempo moradia de quem dirige a casa. Os terrei-

---

50. Segundo R. Bastide, os terreiros têm pelo menos dois Pegis para Exu e um deles precisa estar necessariamente à entrada do terreiro pois Exu é o seu porteiro. BASTIDE, R.: Candomblé, 71.
51. J. Elbein dos Santos chama este espaço de Ilé-Ibo-Aku e R. Bastide o chama de Ilê-Saim. Segundo R. Bastide, este espaço é dividido em dois compartimentos. Num deles se encontram objetos que lembram os falecidos e no outro são enterrados os potes dos Eguns, sete anos após a morte. Cf. ELBEIN DOS SANTOS, J.: Nàgô, 34; BASTIDE, R.: Candomblé, 72. O enterro do falecido não é feito no terreiro.
52. Como nos terreiros de Orixás, os terreiros de Egun – também chamados terreiros Egungun – têm espaços públicos, semipúblicos e privados. Contrariamente aos terreiros de Orixás, onde a maioria dos iniciados são mulheres, nos terreiros de Egun somente homens são iniciados. "Os membros de um "terreiro" Egungun constituem uma sociedade secreta masculina. Cada uma dessas sociedades possui um lugar e uma organização que lhe são próprias. Por que todos os sacerdotes de todos os 'terreiros' Egungun são iniciados em um segredo comum, pertencem a uma maçonaria que os faz todos irmãos. A organização dos vários 'terreiros' difere pouco uma da outra.". ELBEIN DOS SANTOS, J.: Nàgô, 125.

ros são, porém, adaptados de tal modo a permitir o necessário para o funcionamento do culto.

A qualidade de membro pleno de um terreiro só pode ser alcançada através da iniciação[53]. Os membros iniciados de um terreiro formam uma comunidade que segue geralmente uma rígida disciplina.

3.2. O culto

O culto tem um papel central no relacionamento entre Orixá e fiel. Ele possibilita o contato direto, no qual o fiel tem a possibilidade de experienciar seu Orixá pessoal com uma intimidade tal que ele coloca seu corpo à disposição do Orixá, de modo que ambos encontram-se unidos em um único corpo. O fiel é, no culto, tomado por seu Orixá e através do corpo de seu filho, o Orixá tem a possibilidade de participar do Aiye e assim desfrutar da companhia de pessoas. A troca santa e santificadora é expressada de forma latente no culto.

Durante o culto, o terreiro não é mais uma ilha africana perdida no Brasil, mas é a África mesmo, pois ali estão presentes os Orixás[54]. Eles estão ali para encontrar e consolar os seus filhos – os descendentes dos deportados – para lhes dar o Axé, para com eles festejar e dançar. Este dar e receber mútuo conduz ambos os lados a mais vida. Através do Axé é patrocinada a dinâmica e a continuidade da vida. Os Orixás são os mediadores e doadores desta força. Como se trata de um

---

53. Os terreiros também têm membros de honra. Estes títulos são dados a pessoas que são importantes para o terreiro; pode tratar-se de políticos, escritores ou outras personalidades. Estes títulos de honra de membro de um terreiro não dão, porém, à pessoa, o direito de fazer parte da hierarquia da comunidade, nem da hierarquia do culto ou de desempenhar um papel ativo no culto.
54. Em Cuba, onde também se conservou a tradição religiosa dos Yoruba, acredita-se que os Orixás morem na mata. No Candomblé brasileiro, porém, se diz que os Orixás moram na África, Itú Aigé – "terra da vida". Cf. BASTIDE, R.: Candomblé, 64. A África é a origem dos Orixás, o lugar onde eles estão em casa. Com isso não se está substituindo a sua forma de existência, que é a forma do Orum.

processo de dar e receber, os filhos também fazem sua parte: eles fazem oferendas e colocam seu corpo à disposição para que os Orixás venham à terra. Há uma mútua possibilitação da vida. "Pois estes deuses só podem viver na medida em que se reencarnam no corpo dos fiéis"[55]. Os Orixás que não mais têm filhos não mais podem encarnar, não mais podem tomar lugar junto aos fiéis, não mais podem dar Axé nem receber ofertas: eles estão mortos, pois não mais tomam parte do processo de manutenção do equilíbrio[56]. A existência só pode acontecer com a dinâmica, o Axé.

O culto, que reaviva todo o processo da existência, acontece através de diversos ritos. Cada fiel tem uma obrigação perante seu Orixá. Esta relação com o seu Orixá exige determinados comportamentos, uma forma de vida condizente e a realização de diversos ritos individuais. Estes são de suma importância para a sua vida. Menos importantes são os ritos comuns, também feitos regularmente. No culto comum e público – chamados comumente de "festa" – acontece a possibilidade de o terreiro, como comunidade, entrar em contato com os Orixás cultuados na casa. A regularidade e a forma como estes cultos comuns são realizados é diferenciada de terreiro para terreiro e de Orixá para Orixá, e depende muito do Orixá para o qual o culto está sendo especialmente realizado[57]. Este culto comum é composto por uma série de ritos que se estendem por todo o dia[58].

O culto comum e público é marcado por uma estrutura determinada. Ele se inicia com uma matança, feita pela pessoa para isto determinada, o Axogun[59]. Trata-se sempre da matança de um

---

55. BASTIDE, R.: Candomblé, 17.
56. Cf. Anexo 1: Entrevistas III,8.
57. Cada terreiro tem seu calendário de festas próprio, conforme os Orixás nele cultuados. Nos terreiros de Candomblé o intervalo entre as festas é muito maior em comparação com a Umbanda, onde acontece geralmente um encontro por semana.
58. A preparação para este culto pode durar semanas, na qual são realizados diversos rituais. Cf. Anexo 1: Entrevistas III,8.
59. Quando o Axogun não puder fazer a matança ou o terreiro não tiver uma pessoa com esta função, ela é assumida pelo próprio chefe do terreiro.

animal[60]. A escolha do animal e a forma do sacrifício depende sempre do Orixá para o qual ele é feito. Para ser mais exato, são feitos sempre dois sacrifícios. Toda atividade religiosa no Candomblé se inicia com uma saudação a Exu - o mensageiro[61]. Somente depois da oferenda a Exu é que se pode fazer a oferta aos outros Orixás, pois assim há a garantia de que a oferenda irá chegar ao Orixá. Embora esta cerimônia da matança não seja absolutamente secreta, ela é feita na presença de poucos iniciados e acontece geralmente na parte da manhã.

Os animais sacrificados são levados à cozinheira, que irá preparar as comidas rituais. Certas partes dos animais sacrificados são reservadas aos Orixás. Não apenas os animais sacrificados são utilizados para as comidas rituais. Também são preparadas oferendas (outras comidas rituais) a todos os Orixás cultuados no terreiro. Estas oferendas são colocadas em vasilhas apropriadas e oferecidas diante dos Pegis. O restante da comida ritual é servida aos participantes do culto no final ou em uma pausa da cerimônia[62]. A preparação das oferendas, bem como a sua oferta aos Orixás, acontece na parte da tarde.

A cerimônia aberta e pública do culto começa depois do cair do sol e entra pela noite adentro. Esta se inicia com um Padê de Exu[63]. "Exu é, na verdade, o Mercúrio africano, o intermediário necessário entre o homem e o sobrenatural, o intérprete que conhece ao mes-

---

60. Uma classificação geral divide os animais para o sacrifício em animais de duas pernas e animais de quatro pernas. Normalmente se usam animais pequenos para o sacrifício: galo ou galinha, pombo, bode ou cabrito. O motivo principal para o uso de animais pequenos é a questão econômica.
61. Se formos mais rigorosos ainda, a cerimônia começa em si com uma saudação a Ifá (o Orixá da sabedoria), que já foi consultado antes do culto para saber se este é propício. Cf. CARNEIRO, E.: Candomblés, 21.
62. Não apenas os membros iniciados tomam esta comida, mas todos os que estiverem presentes no terreiro, mesmo se forem meros curiosos.
63. Padê significa reunião. Segundo J. Elbein dos Santos, no famoso terreiro Axé Opó Afonjá somente os membros do terreiro e convidados especiais podem tomar parte neste rito. Cf. ELBEIN DOS SANTOS, J.: Nàgô, 185.

mo tempo a língua dos mortais e a dos Orixás. É, pois, ele, o encarregado – e o padê não tem outra finalidade – de levar aos deuses da África o chamado de seus filhos do Brasil"[64]. A cerimônia do Padê de Exu consiste em três momentos: primeiro se dança e canta ao redor da oferenda para que Exu a aceite[65]. Depois da dança são apresentadas as ofertas a Exu. Estas são levadas com acompanhamento de música da sala até o local de sua apresentação, onde se deita também água sobre as ofertas. O terceiro momento consiste num júbilo dos presentes, pois a oferta foi aceita, o que permite que o culto seja realizado[66]. Exu fez a ligação entre os Orixás e seus filhos e, agora sim, os Orixás podem ser chamados[67]. O seu chamamento acontece através da música, da dança e dos cantos[68]. A ordem pelo qual os Orixás são chamados é diferente de terreiro para terreiro. Mas, apesar da variação da ordem pela qual os Orixás são chamados, este processo terminará sempre com o chamado do Orixá Oxalá[69].

---

64. BASTIDE, R.: Candomblé, 20.
65. A oferta a Exu consiste em água e um prato de comida de sua predileção.
66. J. Elbein dos Santos descreve e analisa detalhadamente a cerimônia do Padê de Exu. Cf. ELBEIN DOS SANTOS, J.: Nàgô, 184-195.
67. O Padê de Exu foi interpretado primeiramente pelos pesquisadores como sendo um agrado a Exu para que ele permanecesse calmo e não atrapalhasse a cerimônia que iria acontecer. Cf. CARNEIRO, E.: Negros, 44. Hoje a cerimônia é interpretada como um envio de Exu, para que ele estabeleça a ligação com os Orixás. Cf. Id.: Candomblés, 62.
68. A música é feita por instrumentos, não, porém, quaisquer instrumentos. Como eles têm a função de chamar os Orixás, eles são preparados com rituais e ofertas especiais. Os instrumentos musicais mais importantes do Candomblé e que não podem faltar em nenhuma festa são os três atabaques. Através dos atabaques os Orixás são chamados do Orum para o Aiye. Os atabaques, por ordem de tamanho, chamam-se do maior ao menor Rum, Rumpi e Lê. Um quarto instrumento musical bastante usado é o agogô, que é um instrumento metálico, em forma de um pequeno sino (simples ou duplo) que é tocado com uma vareta. Justamente por causa da importância dos instrumentos no sistema do chamamento dos Orixás, eles são preparados, tratados, consagrados, utilizados e conservados com muito respeito. Sobre a preparação e consagração dos atabaques cf. BABALORIXÁ OMINARÊ: Candomblé, 20. Cf. tb. Anexo 1: Entrevistas I,6.
69. A ordem pela qual os Orixás são chamados tem o nome de Xirê. Na mesma ordem pelo qual os Orixás são chamados, eles também são despedidos. Via de regra, são dedicadas a cada Orixá três músicas durante uma cerimônia: uma para o chamado, outra para honrar sua presença e outra para a sua despedida. Cf. BASTIDE, R.: Imagens, 84; IWASHITA, P.: Maria, 74; BARCELLOS, M.C.: Orixás, 101.

Cada Orixá tem sua música, seu ritmo e seus passos de dança próprios[70]. Paulatinamente os Orixás são chamados e vêm na ordem na qual são chamados, tomando conta do corpo de seus filhos. Com a chegada do Orixá, o fiel entra em transe[71]. Neste momento há pessoas responsáveis para tirar o casaco (dos homens), a cobertura da cabeça (das mulheres) e o calçado daqueles que entraram em transe[72]. Os que entraram em transe são levados para os Pegis, onde se encontram as pedras dos respectivos Orixás, ou para um quarto anexo onde filhos e filhas são revestidos com as roupas e as insígnias de seu Orixá[73].

Depois da pausa para o vestimento com as roupas apropriadas, as pessoas incorporadas voltam para o local da dança. Retoma-se a música e a dança para os diversos Orixás incorporados. Não são, porém, mais os filhos de santo que retornam para dançar[74]. São os pró-

---

70. Estes passos de dança contam geralmente um Itan em forma de coreografia.
71. O transe foi interpretado pelos primeiros pesquisadores das religiões afro-brasileiras como um fenômeno patológico de histeria. Mais tarde, os sociólogos o interpretaram como um fenômeno socialmente condicionado. Cf. QUERINO, M.: Costumes, 78; GOLDMAN, M.: Construção, 28-29. Para evitar a simulação do transe, os terreiros introduziram uma série de provas que constatassem a genuinidade do mesmo. Entre estas provas encontram-se o engolir fogo (ou brasa) ou colocar a mão em óleo de dendê fervendo. Estes testes têm mais a função de intimidar a simulação do transe. Cf. CARNEIRO, E.: Candomblés, 82.
72. As pessoas que tomam conta dos que entraram em transe são sempre mulheres e são chamadas de Ekedes. As Ekedes receberam alguma iniciação no culto, mas não têm a faculdade de entrar em transe. O tirar o calçado quando da entrada em transe é, como observa R. Bastide, um gesto altamente simbólico. O calçado (sapato) tinha um grande significado para os escravos libertados. Após a libertação, uma das primeiras coisas que o ex-escravo fazia era comprar um sapato, para assim igualar-se aos brancos. Tirar o sapato no momento do transe é voltar à condição de africano, que sempre pisara o chão com o pé nu.
73. Este entrar em transe ou incorporação do filho, da filha, pelo seu Orixá, acontece no Candomblé em uma ordem estritamente preestabelecida. Nem todos os iniciados têm a faculdade de entrar em transe. Além disso, mulheres grávidas, menstruadas ou de luto, não são tomadas por seus Orixás. Somente pessoas iniciadas podem entrar em transe durante o culto no Candomblé. Uma incorporação de uma pessoa não iniciada (o chamado "santo bruto") pode ser interpretada como um sinal do Orixá que está querendo "ser feito". Esta pessoa é aconselhada a procurar a iniciação. Exu não é normalmente incorporado no Candomblé. Quando isto, porém, acontecer, o chefe do culto deve cuidar para despachar imediatamente o Exu.
74. A pessoa incorporada também é chamada às vezes de cavalo de Orixá. Com isso se quer dizer que o corpo não está mais à disposição da pessoa, mas sim do respectivo Orixá.

prios Orixás que estão presentes. As evoluções musicais feitas então recontam os Itans que apresentam passagens que caracterizam o respectivo Orixá. Fatos do passado formam uma unidade com o presente. As músicas, os passos da dança, os gestos, as cerimônias e os Itans são neste momento uma coisa só. O ritual atinge o seu ponto alto: o momento de êxtase. Os Orixás vieram da África para dançar com seus filhos; eles deixaram o Orum para estarem juntos com a humanidade no Aiye. As preocupações e lamentações do dia a dia são esquecidas. A presença dos antepassados divinos tudo transforma: determina a atitude das pessoas, sua vestimenta, seus gestos, seus passos, sua aparência e expressão facial. Os Orixás podem aproveitar este instante para aconselhar seus filhos ou fazer alguma revelação[75]. Mais importante que isto, no entanto, é sua presença junto aos seres humanos, junto aos seus filhos. A cerimônia tem, com isso, a força de recompor a unidade originária entre Orum e Aiye; a ordem inicial e sua harmonia – nem que por apenas alguns momentos – são, neste instante, uma realidade no terreiro. Por isso, este momento no culto é um momento de alegria máxima, de comunhão entre Orixás e pessoas, entre os Orixás e os seus filhos do terreiro. Esta é uma das principais funções litúrgicas no Candomblé: fazer com que os antepassados divinos, os Orixás, ou os antepassados humanos, os Eguns, sejam presença.

Depois do momento de êxtase, os Orixás são – um por um – despedidos com canções. A última é cantada diante do Pegi. Os Orixás voltam para as pedras, onde estão fixados, deixam o corpo de seus filhos e voltam ao Orum. As pessoas voltam de sua situação de transe, tomam novamente uma postura normal[76]. A cerimônia termina com uma refeição, na qual tomam parte todas as pessoas que estavam presen-

---

75. O culto é também um momento de se ouvir algo dos Orixás, quando estes querem falar. Ele não tem, porém – como na Umbanda –, a função de intermediar consultas.
76. Este sair do transe e voltar ao normal pode às vezes demorar um pouco em uma situação intermediária, de um transe leve, conhecida como transe do Erê. Esta é uma situação propícia para o Orixá enviar alguma mensagem.

tes no culto. Parte das oferendas que estavam nos Pegis são trazidas aos filhos de santo que comem e oferecem aos outros. Estas comidas também são oferecidas às pessoas que estavam no culto apenas como espectadores. Através desta refeição, todos os que tomaram parte do culto formam uma unidade: os Orixás, os filhos de santo e os espectadores. Esta refeição comum reforça os laços de solidariedade no grupo, entre filhos e seus Orixás, entre os filhos de diversos Orixás e finalmente entre iniciados e não iniciados.

Este último gesto de um culto mostra claramente sua função na vida dos fiéis: a fortificação do relacionamento e da unidade entre pessoas e Orixás, entre o Orum e o Aiye. No culto, esta unidade é apresentada como uma realidade já existente, mesmo que ainda não completa, nem permanente. O culto é, por isso, não apenas um ato de piedade, mas acima de tudo um sinal de garantia do equilíbrio da ordem universal, através do qual são buscadas a dinâmica e a continuidade da existência.

3.3. O sacrifício

O processo de manutenção do equilíbrio entre os Orixás e os seres humanos apoia-se na troca, no esquema do dar e receber. Neste esquema, o sacrifício é o fator que ativa e possibilita o equilíbrio. Ativa pelo fato de este equilíbrio não ser algo dado *a priori*. A dinâmica do equilíbrio precisa ser conquistada e mantida e não é a situação-padrão. "As sacerdotisas, os altares, os objetos consagrados, todo o sistema ritual pararia se, periodicamente, não houvesse transferência e redistribuição de axé"[77].

A oferenda ou o sacrifício tem – em toda a sua gama de modalidades, ocasiões e intenções – por objetivo proporcionar a restituição e a redistribuição do Axé. O sacrifício ou a oferenda é o único meio que pode ocasionar a troca. Ele é a ponte entre Orum e Aiye. Da ofer-

---

77. ELBEIN DOS SANTOS, J.: Nàgô, 51.

ta (o Ebó) depende toda a dinâmica do sistema no Candomblé, pois justamente a dinâmica da existência é dependente do relacionamento e do equilíbrio entre os dois níveis da existência. A oferta não é o único fator deste equilíbrio, pois este não depende única e exclusivamente dela. Sem a oferta, porém, não seria possível manter a harmonia da existência. Ela é parte irredutível da procura e da manutenção da harmonia[78].

Esta harmonia deve ser entendida tanto como harmonia individual como também comunitária. O ser humano e a comunidade não são vistos de forma isolada. A tão procurada harmonia diz respeito a todos os elementos com os quais o ser humano está em contato: as águas, as florestas, a natureza, as cidades, o mundo todo, os antepassados e as futuras gerações. O ser humano é visto, assim, tanto como um ser que vive e depende de seu meio ambiente, como também aquele que, através de suas atitudes e modo de agir, carrega uma responsabilidade pelo seu meio, pela natureza, pelo mundo. Tudo isto está em jogo na troca que ocorre através do Ebó: a harmonia do indivíduo, da comunidade, do universo. Por um lado, a ação do ser humano carrega consigo todo o drama da existência, por outro, ela oferece ao ser humano a chance de contribuir para a manutenção e harmonia do sistema, tomando com isso um lugar de destaque no todo.

Como toda a atividade religiosa – seja na iniciação, no dia a dia ou numa consulta ao Orixá – significa uma troca, pois há um dar e um receber, estas atividades são sempre acompanhadas por um Ebó. Existem basicamente dois tipos de Ebós: os Ebós que se fazem regularmente e os Ebós que se fazem em situações de crise. Os Ebós regulares seguem o calendário litúrgico do Candomblé. A regularidade, bem como a matéria destes Ebós também são estipuladas pela regra litúrgica da casa. A apresentação destas ofertas regulares é uma obrigação de todo membro iniciado de um terreiro. Estas obri-

---

78. Cf. GOLDMAN, M.: Construção, 48; BARCELLOS, M.C.: Orixás, 21, 23.

gações acontecem tanto no nível individual, como de um grupo ou de toda a casa. Estas oferendas regulares têm por objetivo manter a harmonia geral do sistema. Quando esta harmonia foi perturbada, ou seja, quando acontece um desequilíbrio, esta situação pode ser modificada através de um Ebó. A forma deste Ebó depende do nível de desequilíbrio que se constata. Estes são os Ebós de tempos de crise[79]. Eles podem estar relacionados com apenas uma pessoa, com um grupo, com toda a comunidade, ou mesmo com toda a região onde se encontra a casa de Candomblé (como, por exemplo, no caso de uma catástrofe da natureza).

O objetivo dos dois tipos de Ebós é o mesmo, ou seja, fortificar o elo da relação entre Orum e Aiye. O material usado para os Ebós pode variar muito. Geralmente são usadas oferendas ou sacrifícios. "Três critérios são levados em consideração na escolha do animal: o sexo, a cor e a espécie. O sexo deve ser o mesmo do Orixá. A cor deve corresponder à cor atribuída ao Orixá. Por isso, todos os animais oferecidos a Oxalá são obrigatoriamente brancos. A espécie consiste numa classificação em três categorias: 'bichos de quatro pés', 'bichos de dois pés' e uma terceira que inclui peixes, cobras e insetos"[80]. Estes três critérios são amplos e tão gerais que quase todas as espécies de animais poderiam ser levadas em conta. O fator que talvez mais conta na escolha do animal para o sacrifício é o econômico. Os poucos recursos econômicos da grande maioria dos membros do Candomblé não deixa a eles muitas escolhas; por isso, são geralmente sacrificados animais pequenos tipo pombo ou galinha.

No que se refere, porém, às oferendas (comidas), a possibilidade de escolha é muito ampla. Há um sem-número de possibilidade de preparação de comidas rituais[81]. Estas são feitas sempre de modo

---

79. A forma como os Ebós de tempos de crise devem ser feitos depende de caso para caso. Quem define isto é geralmente um sistema de consultas aos Orixás, especialmente a Ifá, o Orixá da sabedoria.
80. Cf. CAPONE, S.: Cerimônia, 63.
81. É interessante notar que a cozinha africana pôde sobreviver no Brasil graças às comidas rituais.

que correspondam às propriedades dos Orixás aos quais são oferecidas. Através das oferendas são ressaltados os aspectos ou as características do Orixá em questão[82]. Partindo das características gerais conhecidas de cada Orixá, cada pessoa desenvolve uma relação própria e mística com o seu Orixá, de modo que ela o passa a conhecer mais intimamente, passa a perceber suas vontades[83]. Entre Orixá e fiel desenvolve-se uma ligação em nível simbólico, em cujo processo ambas as partes são envolvidas[84]. Este conhecimento quase que íntimo do Orixá possibilita que o fiel o reforce em suas características (dar), e que o Orixá reforçado por sua parte possa transmitir mais Axé ao fiel (receber).

4. A ORGANIZAÇÃO SOCIORRELIGIOSA: COMUNIDADES E FAMÍLIAS

A organização social originária dos povos da África não pode ser mantida no Brasil sob o regime da escravidão. Esta organização social africana baseava-se em nações, clãs e famílias em sentido amplo. A organização religiosa era integrada neste sistema social geral. Hierarquia religiosa e hierarquia social estavam intimamente ligadas. Esta forma sociorreligiosa de organização do povo não era diferente entre os Yoruba. A organização social dos Yoruba tinha por base o Ebi (a família, no sentido de parentela pelo lado paterno)[85]. O culto aos Orixás era basicamente uma questão familiar. Cada Orixá tinha seu terreiro próprio e cada terreiro estava sob a responsabilidade de uma família. Sendo assim, cada família tinha seu Orixá. A

---

82. Por exemplo: Um Orixá feminino receberá oferendas que correspondam à sua feminilidade, um Orixá caçador receberá oferendas que destaquem suas qualidades. Com isso, o próprio Orixá é fortalecido e deste fortalecimento também o fiel é beneficiado no processo de redistribuição do Axé. Cf. VOGEL, A. et.al.: Moeda, 16.
83. Cf. Anexo 1: Entrevistas II,6-7; IV,7; V,4; IX,7.
84. Cf. GIOBELLINA-BRUMANA, F.: Comida, 45. Todo este artigo (páginas 40-49) analisa o significado e as formas das comidas oferecidas aos Orixás no Candomblé.
85. "O ebi (família, linhagem) constituía a organização social básica, geralmente sob forma de linha agnática ou patrilinear. Ao ebi – e não ao indivíduo-membro – pertenciam os bens de produção e até mesmo os títulos de nobreza." SODRÉ, M.: Terreiro, 49.

ligação (filiação) de um indivíduo com o seu Orixá dava-se, desta forma, através de seu vínculo familiar. O Orixá da família era consequentemente o Orixá dos indivíduos desta família.

Este sistema de organização familiar foi totalmente destruído no Brasil pelo sistema de escravidão. A organização em "nações" que se formou entre os negros no Brasil, principalmente entre os negros livres, pôde recompor em parte a organização segundo o modelo africano. A organização em famílias, na qual a continuidade é garantida pelo parentesco carnal, foi, porém, irreparavelmente interrompida, salvo algumas poucas exceções. Uma recomposição das famílias trazidas da África por parentesco, seguindo critérios carnais, é totalmente impossível. A sensibilidade para uma tal organização não desapareceu, porém, de todo entre os africanos no Brasil e seus descendentes com a destruição da instituição família.

Os terreiros no Brasil são uma tentativa – que deu certo – de ligar os cultuadores dos Orixás novamente a uma estrutura familiar aos moldes antigos (africanos). O terreiro funciona como uma grande família, onde o parentesco se compõe por duas vertentes: por um lado, o parentesco carnal e, por outro – o que não o faz menos importante –, um parentesco espiritual e ritual. O parentesco no terreiro não é visto apenas na base de critérios biológicos, mas também – e principalmente – na base de critérios religiosos. Isto tem como consequência que os membros de um terreiro, como também os filhos de um determinado Orixá, se considerem irmãos. Este parentesco espiritual pode ter uma importância decisiva na vida de muitas pessoas e influenciar enormemente o relacionamento entre as pessoas[86]. Filhos do mesmo Orixá não deveriam casar-se entre si[87]. Membros de uma mesma comunidade também não deveriam, via de re-

---

86. Os próprios Orixás formam uma família, na qual há pai, mãe, filhos, irmãos, etc. Os Itans são neste pormenor muitas vezes contraditórios, pois existem diversas tradições que se sobrepõem. O parentesco entre os Orixás é observado no momento do culto em que as pessoas estão em transe. Cf. ELBEIN DOS SANTOS, J.: Nàgô, 91.
87. Cf. KOCH-WESER, M.R.M.: Yoruba-Religion, 185.

gra, casar-se entre si, pois são irmãos pelo critério religioso[88]. Um tal casamento seria considerado incesto mesmo não havendo entre as partes qualquer parentesco carnal.

Uma comunidade de Candomblé é uma família que se compõe na base do parentesco espiritual[89]. O parentesco carnal é substituído pelo espiritual. Este novo parentesco é especialmente acentuado após a iniciação. Só o fato de o líder da comunidade ser chamado de "mãe" ou de "pai" mostra como este novo parentesco é marcante para a comunidade. O relacionamento maternal ou paternal da liderança do terreiro para com os membros é uma decorrência direta da iniciação. É justamente na iniciação que a pessoa nasce para esta nova família. O parentesco espiritual entre os membros de um terreiro não tem apenas uma importância simbólica[90]. Este parentesco estende-se inclusive no nível socioeconômico, pois este também é um fator de coesão familiar de uma comunidade de Candomblé. A economia de um terreiro não segue o princípio de acumulação do sistema capitalista. Princípios religiosos determinam o relacionamento econômico entre os membros de uma comunidade de Candomblé. O princípio geral da "oferta e restituição" também regulamenta a vida dentro do próprio terreiro. Um terreiro se sustenta na base da economia da solidariedade entre pessoas que geralmente não possuem muito, mas que mesmo assim são capazes de colocar algo em comum[91]. A maioria dos chefes de culto no Candomblé exercem uma outra profissão, da qual tiram o sustento para a vida.

---

88. Cf. BARCELLOS, M.C.: Orixás, 129-130.
89. A própria nomenclatura não religiosa usada no terreiro para designar a posição ocupada pelas pessoas deixa transparecer esta base familiar de compreensão: mãe de santo, pai de santo, mãe pequena, filho de santo, filha de santo, irmão de santo, etc. A própria comunidade do terreiro é chamada de família de santo.
90. Por isso, a exogamia é uma regra para os membros de um terreiro. Cf. AUGRAS, M.: Quizilas, 66. Cf. tb. Anexo 1: Entrevistas XI,5.
91. Um terreiro é geralmente sustentado pelos próprios membros da comunidade. Os Ogãs, espécie de membros de honra de um terreiro, muitas vezes contribuem para o sustento da casa. Cf. CARNEIRO, E.: Candomblés, 105, 107.

A comunidade do terreiro é geralmente sensível no que se refere ao sustento de seus membros doentes ou idosos[92].

A família de um terreiro é organizada de forma rigorosamente hierárquica. "A posição de cada qual na hierarquia é determinada pelos diferentes graus de iniciação, bem como pelo tempo de pertença ao culto e a cada nível de iniciação"[93]. Cada terreiro é conduzido por uma Ialorixá ou por um Babalorixá[94]. Ela ou ele é a autoridade máxima em um terreiro e sua autoridade, principalmente no Candomblé da Bahia, não se limita ao campo da espiritualidade ou dos rituais. A palavra de uma Ialorixá ou de um Babalorixá é lei na comunidade. Estes, por sua vez, obedecem apenas aos Orixás, que são autoridades espirituais[95]. A Ialorixá ou o Babalorixá pode estender sua autoridade sobre todos os aspectos da vida dos membros do terreiro[96]. Isto traz prestígio ao dirigente de uma casa de Candomblé, mas também uma grande responsabilidade. A Ialorixá ou o Babalorixá tem a responsabilidade maior pelo processo de troca de Axé e com isso a responsabilidade última pela harmonia e equilíbrio da vida. O cuidado do culto é a tarefa mais importante da Ialorixá ou do Babalorixá. Também a grande tarefa de transmissão

---

92. Para informações mais detalhadas sobre a organização econômica de um terreiro cf. BASTIDE, R.: Religiões, 317-323.
93. KOCH-WESER, M.R.M.: Yoruba-Religion, 135. Mesmo onde existam apenas alguns elementos de hierarquia ou mesmo onde não há mais nenhuma hierarquia, a ideia da hierarquia é sempre reconhecida como um ideal.
94. Quando é uma mulher que conduz o terreiro – o que acontece na maioria das vezes – ela é chamada de Ialorixá, quando se trata de um homem, ele recebe o título de Babalorixá. Ialorixá ou Babalorixá significa literalmente mãe do Orixá ou pai do Orixá ou então mãe/pai daquele que tem o Orixá. Cada terreiro tem uma Ialorixá ou um Babalorixá à sua frente. Não é possível que um terreiro tenha ao mesmo tempo as duas figuras. Cf. ELBEIN DOS SANTOS, J.: Nàgô, 36. Sobre a importância das mulheres como condutoras de terreiros cf. CARNEIRO, E.: Candomblés, 96, 107; SILVERSTEIN, L.M.: Mãe, 158.
95. Nada se realiza em um terreiro sem a anuência da Ialorixá ou do Babalorixá. Cf. CARNEIRO, E.: Candomblés, 103; BARCELLOS, M.C.: Orixás, 36.
96. Segundo R. Bastide, esta autoridade não é exercida fora dos limites do terreiro. Cf. BASTIDE, R.: Brasil, 71. Fora do terreiro, a autoridade da Ialorixá ou do Babalorixá sobre os seus filhos é mais em nível de autoridade moral. Se ela é exercida e como é exercida, isto depende de cada pessoa.

da tradição, da transmissão dos conteúdos de fé e das práticas religiosas faz parte da missão das pessoas que dirigem um terreiro[97].

No caso de impossibilidade da Ialorixá ou do Babalorixá, a casa de Candomblé passa a ser dirigida pela "mãe-pequena"[98]. Ela é a segunda pessoa na hierarquia de um terreiro e assume as tarefas principais da casa no caso de impedimento da Ialorixá ou do Babalorixá, sem ter, porém, a mesma autoridade. No caso de morte da Ialorixá ou do Babalorixá, a mãe-pequena não é automaticamente a sucessora. Ela assume a condução do terreiro até que seja destacada uma nova Ialorixá ou um novo Babalorixá. A eleição de uma Ialorixá ou Babalorixá segue regras diversas e é um processo que pode se arrastar por muito tempo. Critérios que influenciam esta eleição são: o tempo de iniciação, a consulta aos Orixás e sua indicação, a aceitação dos membros da casa, o engajamento no terreiro e a ligação familiar com a casa[99].

Os demais membros do terreiro estão organizados igualmente de forma hierárquica. O critério principal da posição na hierarquia é o tempo de iniciação; outros critérios podem ser o parentesco de sangue com a direção da casa, os talentos pessoais e Orixá do iniciado. O tempo tem um grande papel na determinação dos cargos no Candomblé,

---

97. Esta grande importância da pessoa do dirigente de uma casa de Candomblé fica clara quando se recorda que o Candomblé não tem textos que transmitem os conteúdos religiosos. A Ialorixá ou o Babalorixá é a autoridade maior no que se refere à doutrina a ser seguida pela casa. A transmissão da tradição religiosa é feita até hoje basicamente de forma oral.

98. Quando se trata de um homem – o que raramente acontece –, é chamado este de pai pequeno. A mãe pequena também é chamada de "mãezinha", "Ajibona" ou "Iya-Kekerê" (ou "Baba-Kekerê" no caso de se tratar de um homem). Cf. BARCELLOS, M.C.: Orixás, 37.

99. O processo de escolha de uma nova Ialorixá ou um novo Babalorixá de um terreiro é muitas vezes uma disputa pelo poder, principalmente quando há vários pretendentes ao cargo. Não raro este processo ocasiona cismas internos. Cf. BASTIDE, R.: Imagens, 98. Alguns terreiros conhecem a tradição de passar a direção da casa de geração em geração dentro da própria família. Cf. Id.: Religiões, 345; KOCH-WESER, M.R.M.: Yoruba-Religion, 138-139. O número de Ialorixás é maior que o de Babalorixás. R. Bastide sustenta que uma mulher deveria assumir a condução de um terreiro apenas após a menopausa. Cf. BASTIDE, R.: Candomblé, 153.

pois os iniciados são introduzidos apenas paulatinamente nos segredos da religião e esta acumulação de conhecimentos coloca a pessoa em um grau mais elevado da hierarquia religiosa[100].

Muitos dos graus da hierarquia estão ligados a determinados ofícios ou serviços. E, em geral, os serviços estão ligados com obrigações, de modo que o número de obrigações a serem cumpridas aumentam conforme o grau mais elevado que alguém tem na hierarquia de uma casa[101]. A importância de um determinado grau da hierarquia é medida pela importância da função no culto que corresponde a este grau. Alguns ofícios ou cargos no Candomblé: Axogun (responsável pela matança dos animais sacrificados), Pegigan ("senhor do Pegi", responsável pelos Pegis, os altares dos Orixás), Alabe (responsável pela música durante o culto), Dagã e Sidagã (a mais velha e a mais nova das responsáveis pelo Padê de Exu), Ekede (ajudante daqueles que entram em transe), Abasse ou Iabassê (responsáveis pela preparação das comidas sagradas), etc.[102].

Todos estes ofícios ou serviços – desde Ialorixá ou Babalorixá até as Ekedes – podem, no entanto, ser exercidos apenas dentro do terreiro do qual se é membro. Estes ofícios não são reconhecidos fora da

---

100. A fonte de autoridade de uma Ialorixá ou de um Babalorixá deve ser justamente o acúmulo de conhecimentos que ele conseguiu com o tempo. Cf. SILVERSTEIN, L.M.: Mãe, 148; BASTIDE, R.: Religiões, 346. O Babalorixá Ominarê lamenta que com a morte de um Babalorixá desaparecem muitas vezes também toda uma gama de conhecimentos e segredos que não foram passados adiante ou o foram de modo insuficiente. Cf. BABALORIXÁ OMINARÊ: Candomblé, 7.
101. As Ialorixás ou os Babalorixás, que ocupam o cargo máximo de uma casa de Candomblé, são também as pessoas com o maior número de obrigações e tabus. Estas obrigações e tabus a serem mantidos referem-se a comidas, bebidas, comportamento sexual, etc. Cf. BASTIDE, R.: Estudos, 371.
102. Ekedes e Ogãs são pessoas que não têm o dom de entrar em transe. Eles assumem, por isso, funções nas quais o executador não pode entrar em transe, como a matança de animais, a música no culto ou a ajuda àqueles que entraram em transe. Diz-se que estas pessoas não são iniciadas, apenas confirmadas no cargo. Com a conferição do título de Ogã, alguém pode se tornar membro honorário de uma casa de Candomblé e este título está muitas vezes ligado à proteção da casa diante do mundo de fora. Cf. FERNANDES, G.: Xangôs, 44; SILVERSTEIN, L.M.: Mãe, 157; CARNEIRO, E.: Candomblés, 105; BARCELLOS, M.C.: Orixás, 37-40; PIEPKE, J.G.: Heritage, 171; Id.: Kulte, 201.

comunidade. Eles são válidos apenas para o terreiro e não para o Candomblé em geral.

Além destes ofícios, existem no Candomblé três outros ofícios ou serviços que não estão ligados a nenhuma comunidade específica, mas ao Candomblé em geral. Estes serviços são colocados à disposição de todos os membros do Candomblé indistintamente. São eles:

a) O Babalawô. O Babalawô é o que conduz o culto a Ifá. Ifá é o Orixá da sabedoria, do oráculo. É tarefa do Babalawô entre outras coisas identificar o Orixá das pessoas, descobrir a origem de doenças, o fundo e a explicação para determinados acontecimentos e assim por diante[103]. O Babalawô põe-se a serviço de todas as pessoas que queiram consultar os Orixás.

b) O Babalossaim. É o que conduz o culto a Ossaim. Ossaim é o Orixá das plantas. Aos encargos deste ofício pertence o recolher plantas e prepará-las para a utilização em rituais (da comunidade ou particulares). Plantas são utilizadas no Candomblé em rituais litúrgicos ou também na cura de doenças. Ao Babalossaim cabe conhecer o segredo das plantas e seus efeitos.

c) O Babaogê. O Babaogê conduz o culto aos mortos. Ele pertence ao grupo secreto dos Terreiros de Egun. Funções importantes deste ofício é a invocação dos mortos, os ritos fúnebres e a fixação dos mortos no Ilê-Saim (casa dos mortos).

Estes três ofícios no Candomblé não estão ligados necessariamente à direção de nenhuma comunidade. Seu ofício é exercido numa espécie de consultório, onde seus serviços podem ser utilizados por todos. Como recai sobre estes serviços uma grande responsabilidade e necessitam de um longo período de preparação, é sempre menor o

---

[103]. No sistema de equilíbrio entre Orum e Aiye, a função do Babalawô é muito importante, pois é a ele que cabe consultar os Orixás para identificar algum desequilíbrio e as atitudes a serem tomadas para sanar a situação. Os Babalawôs utilizam diversos métodos de oráculo. A palavra Babalawô seria derivada de Baba + li + awo, que significaria Pai, que o possui. Cf. RAMOS, A.: Introdução 2, 259.

número de pessoas dispostas a assumir um destes encargos, de modo que algumas destas funções estão praticamente extintas no Candomblé[104]. Estes três ofícios são exclusivos de homens.

É de se relembrar aqui novamente a centralidade da ligação entre as pessoas e os Orixás. No fundo, todos os ofícios descritos acima têm sua razão de ser enquanto contribuem para melhorar e harmonizar a relação entre as pessoas e os Orixás, mantendo assim o equilíbrio do sistema. O exercício de todas estas funções no Candomblé supõe um período de iniciação.

5. A FEITURA DO SANTO: ALGUNS ELEMENTOS DA INICIAÇÃO

Até agora falamos diversas vezes do contato entre pessoas e Orixás como um ponto importante da harmonização do sistema. Este contato não é no âmbito do culto resultado de uma ação espontânea. Ele segue, como já apareceu claramente na descrição do culto, regras definidas e acontece via de regra somente no terreiro onde a pessoa é membro. O tornar-se membro de um terreiro acontece pelo caminho da iniciação. Somente como consequência do processo de iniciação (ou, no caso dos Ogãs, de confirmação) é que alguém se torna membro com todos os direitos e deveres em uma casa de Candomblé. Os objetivos principais da iniciação são, por um lado, a introdução paulatina da pessoa na comunidade sociorreligiosa e, por outro, o conhecimento e a veneração de seu Orixá pessoal. O objetivo religioso da iniciação é a preparação de cada pessoa para o contato harmôni-

---

104. R. Bastide faz uma longa análise destes três ofícios no Candomblé e sobre as causas da diminuição do número de pessoas que estão dispostas a assumi-los. Esta estrutura do Candomblé, com os quatro ofícios principais (Babalawô, Babalossaim, Babaogê e Ialorixá/Babalorixá), é muito importante – segundo o autor – para se entender a estrutura do mundo. Segundo os ofícios de condução religiosa, o mundo é dividido em quatro setores: os Orixás (com as Ialorixás/os Babalorixás como seus condutores na estrutura religiosa), o indivíduo (com os Babalawôs, como condutores do oráculo), as plantas e a natureza em geral (com os Babalossaim como seus condutores na estrutura religiosa) e os mortos (com os Babaogês como condutores do culto de Egun). Cf. BASTIDE, R.: Candomblé, 110-169; Id.: Américas, 113.

co com o seu Orixá. A formação necessária para tanto é igualmente parte do processo iniciatório. Na linguagem popular, a iniciação é descrita pela expressão "fazer o santo" e se diz de um iniciado que "tem o santo feito". A iniciação é um processo que ocorre em diversos passos[105].

Uma condição importante para a iniciação é saber o Orixá da pessoa ou, como se costuma dizer, o Orixá que rege a cabeça da pessoa. É função do Babalawô identificar o Orixá[106]. Para isto, ele consulta Ifá, o Orixá da sabedoria. A consulta para saber o Orixá não faz parte em si da iniciação, é, porém, condição para que ela aconteça. A identificação do Orixá de uma pessoa será por diversas vezes confirmada ainda durante os ritos preparatórios da iniciação. A consagração de uma pessoa a um Orixá errado teria consequências catastróficas, pois a harmonia entre pessoa e Orixá nunca seria alcançada, estando assim esta pessoa condenada à infelicidade. A identificação do Orixá de uma pessoa não significa de forma nenhuma algum compromisso com todo o processo de iniciação, processo este que pode durar longo tempo e ter custos elevados.

A iniciação mesma, como todas as atividades do Candomblé, precisa começar com uma oferenda a Exu, com a qual são iniciados também os outros ritos na iniciação[107]. Ao começar da iniciação, a pessoa é convidada a tomar um banho purificador. A roupa usada antes do banho

---

105. A iniciação no Candomblé pode ser de certo modo comparada com o noviciado nas ordens e congregações religiosas católicas. Trata-se de um período, cujo objetivo principal não é em primeiro lugar adquirir conhecimentos teóricos, mas sim aprender e provar um estilo de vida, que após o término da iniciação será o próprio estilo de vida da pessoa. Através da iniciação, a pessoa passa a um outro status de vida. Cf. SOMETTI, J.: Maravilhoso, 115.
106. Hoje esta função de identificar o Orixá da pessoa foi quase que totalmente assumida pelas Ialorixás e Babalorixás.
107. Vamos descrever aqui alguns passos do tempo da iniciação sem esgotar o assunto. Além disso, os detalhes dos passos iniciatórios podem variar de comunidade para comunidade. Resumo dos passos da iniciação podem ser encontrados em BASTIDE, R.: Américas, 115-116; CARNEIRO, E.: Candomblés, 86-88.

é agora substituída por uma roupa nova, como símbolo da passagem de uma esfera profana para uma esfera mística[108].

Os iniciandos carregam desde o início do processo um colar de contas no pescoço – também chamado Kelê – representando a cor do Orixá. A própria pessoa arranja este colar e o leva à Ialorixá ou ao Babalorixá. Este é então devidamente preparado pelo chefe do culto num rito chamado "lavagem das contas". O colar é lavado com diversas águas, plantas e sabão vegetal. Ele passa uma noite em cima da pedra do respectivo Orixá e é aspergido com sangue de um sacrifício. Com isso, é dado ao colar a força do Axé. De tempos em tempos esta cerimônia precisa ser repetida, para reforçar o Axé[109]. Após sua preparação, o colar passa a ser usado pela pessoa, que, com isso, assume uma série de obrigações perante o Orixá. Com isso, se pode dizer que a cerimônia da lavagem das contas é o primeiro passo da iniciação propriamente dita[110]. A partir deste momento há uma ligação permanente e perene com o Orixá. O não cumprimento das obrigações então assumidas destrói a harmonia entre a pessoa e o Orixá. A partir do momento da lavagem das contas, o iniciando é chamado de Abiã[111], o primeiro grau da hierarquia do Candomblé. A utilização do colar é um sinal de submissão diante de seu Orixá, mas também de submissão diante da Ialorixá ou do Babalorixá que conduz a iniciação. A pessoa que conduz a iniciação exige do iniciando estrita obediência[112].

---

108. Muitas vezes se insiste que a roupa a ser usada após este banho deve ser de cor branca. A cor não é aqui primeiramente símbolo da pureza, mas sim a cor de Oxalá, o Orixá da criação. Na iniciação há o nascimento de uma nova personalidade e o nascimento está sob proteção de Oxalá. Cf. BASTIDE, R.: Candomblé, 40.
109. A força do Axé deste colar vale apenas para a pessoa que o mandou preparar, pois ela está presente somente quando se conjugam os três elementos: o colar, a pessoa e seu Orixá. Para outras pessoas este colar não tem nenhuma força ou importância religiosa. Cf. BASTIDE, R.: Estudos, 365-366.
110. Cf. BASTIDE, R.: Estudos, 364.
111. Abiã ou Assiam (a + síí + ami = aquele que mais do que antes busca esclarecimento). Cf. IWASHITA, P.: Maria, 63-64.
112. Cf. AUGRAS, M.: Quizilas, 70.

Para o novo (ou os novos) Abiã prepara-se no Pegi um acento e um objeto (uma pedra geralmente) para o Orixá pessoal. Esta tarefa é feita pela Ialorixá ou pelo Babalorixá. No objeto é fixado o Orixá do/da Abiã e ele é assentado no Pegi. Deste modo, ao mesmo tempo em que a pessoa é assumida como membro de uma comunidade do Candomblé, seu Orixá pessoal encontra um acento no Pegi da casa[113].

À lavagem das contas segue a cerimônia do Bori[114]. A Abiã (sua cabeça) precisa ser fortalecida para poder cumprir as obrigações assumidas e passar pela iniciação. Novamente são feitos ritos preparatórios ao Bori para confirmar o Orixá do iniciando e ao mesmo tempo saber dele se está de acordo com a iniciação da pessoa[115]. Com estas duas cerimônias está terminada a primeira parte da iniciação[116].

Depois destes ritos iniciais, a pessoa se recolhe para o Ilê-Axé e não é mais um/uma Abiã, mas passa a um outro nível da hierarquia do Candomblé, que é o nível da Iaô[117]. A Iaô recolhida no terreiro passa seu tempo assumindo tarefas simples da casa. A Iaô deve obediência a todos os membros mais velhos da casa – segundo o critério de tempo de iniciação – e precisa aprender a ser paciente no trato com as pessoas. A Iaô precisa se submeter a alguns ritos. O objetivo principal deste tempo de recolhimento no terreiro parece ser, no en-

---

113. Trata-se na verdade de dois acentos: um para o Orixá pessoal e outro para o Exu acompanhante (também chamado de Exu pessoal). Cf. ELBEIN DOS SANTOS, J.: Nàgô, 209.
114. Bori (ou Obori) significa "dar de comer à cabeça". Cf. CAPONE, S.: Cerimônia, 59.
115. A confirmação do Orixá e a sua anuência para a iniciação é conseguida com a ajuda de um Obi (noz de cola). Para a cerimônia do Bori, o iniciando é levado a uma sala, onde acontece uma matança de animal. Nesta sala, ele passa a noite. Para uma descrição mais detalhada e interpretação da cerimônia do Bori cf. CAPONE, S.: Cerimônia, 59-66; BASTIDE, R.: Candomblé, 29-33.
116. Todo terreiro tem membros que fizeram apenas estas duas cerimônias e não prosseguiram a iniciação. Estas pessoas formam quase que uma reserva do terreiro e podem vir mais tarde a continuar o processo iniciatório. Cf. BASTIDE, R.: Candomblé, 48.
117. A palavra Iaô ou Iawô (que é uma palavra feminina, mas usa-se também para os iniciandos masculinos) vem de Iyawo e significa "esposa mais jovem" na língua Yoruba. Cf. RAMOS, A.: Introdução 2, 283. No Candomblé brasileiro, a palavra Iaô é usada praticamente como sinônimo de noviço ou noviça. Cf. CARNEIRO, E.: Candomblés, 89.

tanto, o aprendizado de um novo estilo de vida e de conteúdos do Candomblé. Sob a orientação da Ialorixá ou do Babalorixá, a Iaô será lentamente introduzida nos segredos da religião e preparada para um relacionamento harmônico com o seu Orixá[118]. Em primeiro lugar, é importante conhecer melhor seu Orixá, desenvolver com ele um relacionamento pessoal. A Iaô aprende os Itans e sua explicação, aprende a linguagem do culto[119] e a linguagem da música[120], os passos de dança, as orações, etc. No tempo de Iaô, se configura uma nova personalidade. O tempo de duração desta fase de iniciação não é previamente determinado e a passagem de uma fase para outra da iniciação não acontece de forma automática. É o Axé que determina o tempo da passagem. A Ialorixá ou o Babalorixá irá saber através do Orixá, quando o tempo está maduro, quando foi trocado Axé suficiente para o começo da vida como membro do terreiro.

Quando chegar o tempo propício, acontece uma das cerimônias mais importantes da iniciação: a fixação do Orixá na cabeça da Iaô. Por esta cerimônia, a Iaô estará por toda a vida ligada com seu Orixá, de tal modo que ele a possa possuir durante o culto. Por ocasião da fixação do Orixá são feitas ainda as últimas confirmações para saber se é a este Orixá mesmo que a pessoa pertence. Esta cerimônia da fixação é composta de diversos elementos: a raspagem da cabeça da Iaô, a marcação com tinta de diversos pontos do corpo e um sacri-

---

118. Segundo E. Carneiro, a Iaô é preparada para ser tanto cultuadora como também altar do Orixá. Cf. CARNEIRO, E.: Candomblés, 20. Cf. tb. Anexo 1: Entrevistas III,8.
119. No culto do Candomblé ainda hoje é usada uma linguagem transmitida pelos escravos Nagô. Esta linguagem não é, porém, a língua do dia a dia e é usada praticamente só no âmbito do culto. Por isso ela se reduz quase que ao vocabulário referente ao culto e o significado de muitas palavras já foi perdido. Cf. PIEPKE, J.G.: Kulte, 200. É, porém, de suma importância utilizar estas palavras no momento certo. Cf. ELBEIN DOS SANTOS, J.: Nàgô, 51. A utilização desta linguagem é especialmente importante para a identidade do grupo. "A linguagem do culto como parte da formação no Candomblé tem um efeito claramente de solidariedade entre a população negra da Bahia". KOCH-WESER, M.R.M.: Yoruba-Religion, 172. O dominar esta linguagem é um elo de ligação entre o indivíduo e o grupo.
120. A música tem uma função muito importante na evocação dos Orixás. Cada Orixá recebe uma música própria e tem seu próprio ritmo que o identifica. A Iaô precisa aprender a sutileza dos diferentes ritmos. Cf. BABALORIXÁ OMINARÊ: Candomblé, 84.

fício de animal. Faz-se uma pequena incisão na cabeça da Iaô, que é uma abertura simbólica do Ori (da inteligência) ao Orixá. Nesta cerimônia, a pessoa – em transe – tem suas primeiras manifestações como "cavalo de seu Orixá"[121]. Na primeira saída pública e festiva da Iaô – cerimônia que se conhece como "saída de Iaô" – será revelado então o nome de seu Orixá pessoal. Trata-se do rito do "dom do nome" ou do "dar o nome"[122]. O novo nome da Iaô é um símbolo para o seu novo *status* pessoal[123]. Somente parte do nome do Orixá pessoal da Iaô é dado a conhecer a toda a assembleia; a parte do nome do Orixá que é pessoal permanece um segredo da própria pessoa[124]. A Iaô pertence, com isso, definitivamente ao seu Orixá[125]. Ela permanece ainda por um tempo no Ilê-Axé[126], até a última cerimônia da iniciação, o Panam.

O Panam é a cerimônia da passagem da vida no Ilê-Axé para a vida normal. A Iaô, que se tornou pela iniciação propriedade do Orixá, não pode deixar simplesmente o Ilê-Axé e voltar para sua casa. É preciso que sua liberação seja ritualmente adquirida. O Panam é

---

121. R. Bastide afirma serem três manifestações. A segunda ocorreria 9 dias depois da primeira e a terceira depois de 17 dias. As duas primeiras manifestações ocorrem diante de apenas alguns membros do culto. Cf. BASTIDE, R.: Candomblé, 42-44. Cf. tb. a este respeito L'ESPINAY, F. de: Igreja, 879-880.
122. Os Orixás têm um nome geral e um segundo nome que especifica mais alguma propriedade deste Orixá. Assim, o nome do Orixá é sempre um composto de um nome geral e outro (ou mais) específico(s) que determinam sua(s) propriedade(s). Por exemplo: Oxalá Oxalufã, onde Oxalá é o nome geral e Oxalufã é uma das possíveis propriedades de Oxalá (no caso, o Oxalá velho).
123. Este momento da cerimônia em que a pessoa em transe grita o nome de seu Orixá pessoal é motivo de grande júbilo no terreiro, pelo fato de o Orixá se ter manifestado na comunidade, garantindo assim a sua continuidade.
124. Este nome secreto da pessoa e seu Orixá é conhecido em alguns terreiros como a "Dijina" da pessoa. Cf. ARAÚJO, C.: ABC, 38. Acontece às vezes que, além da própria pessoa, também o seu Babalorixá ou a sua Ialorixá conhece seu nome secreto. Cf. BASTIDE, R.: Imagens, 59.
125. "Os dois (Orixá e pessoa) estão unidos para sempre como marido e mulher". L'ESPINAY, F. de: Igreja, 880.
126. Segundo R. Bastide, a Iaô permanece ainda 8 dias no Ilê-Axé. Cf. BASTIDE, R.: Candomblé, 46.

exatamente a cerimônia da aquisição (resgate) da Iaô por parte de seus familiares. O preço desta aquisição é combinado entre a Ialorixá ou o Babalorixá e o comprador[127]. O Panam transforma-se muitas vezes em uma festa popular no terreiro; em barracas são oferecidos diversos produtos e o lucro serve para melhorar a condição financeira da comunidade[128].

Durante a estadia no Ilê-Axé, a Iaô deve obediência em todos os sentidos à sua Ialorixá ou ao seu Babalorixá. Depois da cerimônia do Panam, esta obediência refere-se mais às coisas da religião. A influência da pessoa que fez a iniciação de alguém, sobre o iniciado ou a iniciada, permanece geralmente bastante grande[129].

Sete anos após a passagem para o grau de Iaô dá-se por encerrado – com o cumprimento da obrigação dos sete anos – o período básico da iniciação e a Iaô passa então ao grau de Vodunsi (ou Ebome)[130]. A Vodunsi está teoricamente capacitada a assumir qualquer tarefa ou ofício dentro do terreiro. Após os sete anos de iniciação, a pessoa está apta também para abrir sua própria casa de Candomblé. O término deste período de iniciação não significa, porém, o conhecimento de todos os segredos da religião. Considera-se, porém,

---

[127]. Geralmente a compra é feita por familiares (pai, mãe, esposo, esposa) e esta quantia destina-se a cobrir os gastos com a iniciação. Estes gastos não são necessariamente baixos. Na iniciação há custos com as oferendas e sacrifícios, com objetos a serem usados (pratos, facas, recipientes que precisam ser novos) e com o sustento das pessoas que permanecem no terreiro durante a iniciação. No artigo de A. Vogel et. al., "A Moeda dos Orixás", há uma boa análise dos custos no Candomblé. Cf. tb. a este respeito as entrevistas (Anexo 1).

[128]. Cf. QUERINO, M.: Costumes, 73.

[129]. Diz-se que a Ialorixá ou o Babalorixá tem a mão sobre seus iniciados. Em alguns Candomblés faz-se a chamada "retirada da mão" quando da morte do iniciado ou daquele(a) que conduziu à iniciação. Cf. BASTIDE, R.: Candomblé, 60-61. O Babalorixá Ominarê descreve uma tal cerimônia: BABALORIXÁ OMINARÊ: Candomblé, 44.

[130]. Este período de sete anos na prática nem sempre é observado. Em algumas tradições ele é, porém, rigorosamente mantido. Cf. BASTIDE, R.: Candomblé, 48-49. A Ebome está então qualificada para ela mesma conduzir a iniciação de uma outra pessoa no Candomblé. Por ocasião da cerimônia da obrigação dos sete anos, a pessoa iniciada recebe o seu Decá, isto é, os objetos que foram usados na iniciação. Cf. GOLDMAN, M.: Construção, 38-39. Cf. tb. entrevistas (Anexo 1).

que a pessoa iniciada está em plenas condições de venerar os Orixás e tomar assim parte ativa da garantia pela vida. Esta pessoa pode com isso manter através do culto a comunicação entre o Orum e o Aiye, colaborando desta forma para que haja liberação de Axé, a dinâmica da vida. Um maior aprofundamento da relação entre a pessoa e o seu Orixá continuará a ser perseguido, mesmo após os sete anos de iniciação sob o comando de uma Ialorixá ou de um Babalorixá.

Capítulo 7: OS ORIXÁS

Na teologia e na organização do Candomblé apresentadas em poucas palavras nas últimas páginas foi acentuada claramente a importância do relacionamento entre os Orixás e os seres humanos, entre os Orixás e cada um de seus filhos. Na vida religiosa do Candomblé é dado a este relacionamento um papel de tal importância, que sem uma ligação harmônica com os Orixás a vida não teria dinâmica, não poderia realizar-se. Como e por que alguém entra em contato com os Orixás? O que significa o Orixá para alguém que está disposto a dedicar-se ao seu culto por toda a vida? Qual é o desejo profundo que impulsiona alguém que busca a vida na religião do Candomblé? Qual é a experiência que tem alguém de seu contato com o Orixá? A estas perguntas – que em parte já foram inclusive respondidas – é que vamos nos dedicar agora ao analisarmos mais de perto a figura dos Orixás. As propriedades, a essência e a ação dos Orixás guiarão o interesse da pesquisa nas próximas páginas.

1. QUEM SÃO OS ORIXÁS?

No Candomblé "acredita-se que Olorum é a fonte última de todas as bênçãos, das chuvas, das boas colheitas, da carne e do mel em abundância, da vitória na guerra, da paz no lar, mas que todos estes benefícios passam pelos Orixás, intermediários estabelecidos pela vontade divina"[1]. Olorum é a fonte de toda graça e todo bem, a fonte de toda vida[2]. Em Olorum, o Senhor único do Orum, tudo teve o seu

---

1. REHBEIN, F.C.: Candomblé, 30.
2. Cf. BILOLO, M.: Begriffe, 18.

início. A bondade de Olorum não alcança, porém, os seres humanos e o Aiye de uma forma direta. Entre Olorum e o Aiye estão os Orixás, como mediadores ou administradores dos bens de Olorum. No Candomblé, a veneração ou adoração a Olorum não acontece de forma direta, mas sim através da figura dos Orixás[3]. Seu nome é raríssimas vezes invocado no culto e ele não é alvo primeiro de nenhuma ação ritual. Os Orixás, estes sim, são o alvo e as figuras centrais das ações de culto; eles são o eixo central em torno do qual gira a vida religiosa no Candomblé.

A função própria e originária, bem como a imagem que se tem dos Orixás, é a de mediadores ou, talvez melhor, de administradores. Aos Orixás confiou Olorum a responsabilidade sobre os seus bens. O direito de existência dos Orixás está ligado, na concepção mitológica do Candomblé, a esta função mediadora. O Orixá não existiria sem administrar algum bem de Olorum. Esta premissa não é apenas teórica. De fato, ocorreu na história do Candomblé no Brasil que muitos Orixás africanos "morreram", isto é, desapareceram na transferência da religião para este país: eles não transmitem nenhum Axé, a eles não há culto, não há fiéis a eles iniciados, enfim, eles aqui no Brasil não existem.

Os Orixás formam uma grande família entre si. Este parentesco é narrado através dos Itans. Baseado justamente neste sistema de parentesco entre os Orixás é que há também uma hierarquia entre os Orixás. Hoje é praticamente impossível reconstituir no Brasil a ordem original desta hierarquia entre os Orixás bem como os diversos graus de parentesco, pois muitos elos desta história foram perdidos. Apesar das perdas, conservou-se a memória da relação de parentesco entre os Orixás, relação esta que se resume hoje a poucos elementos. No culto, no momento do transe, há uma certa observância desta hierarquia de parentesco entre os Orixás incorporados[4].

---

3. O conceito Orixá, advindo da língua Yoruba, é sinônimo do conceito Vodu, advindo da língua gêge. Cf. RODRIGUES, N.: Africanos, 370.
4. Cf. ELBEIN DOS SANTOS, J.: Nàgô, 91.

O número de Orixás que "sobreviveram" no Brasil não é exatamente muito expressivo. Na tradição africana dos Yorubas, os Orixás eram classificados em dois grupos: os Orixás da direita (ou os Orixás masculinos) e os Orixás da esquerda (ou os Orixás femininos)[5]. Alguns Itans falam da existência originária de 400 Orixás da direita e 200 da esquerda. Estes números não têm, porém, um valor absoluto, mas sim simbólico: é uma forma de dizer que existiam muitos Orixás. É certo, porém, que o número de Orixás cultuados pelos Yorubas na África é significativamente maior que o número de Orixás cujo culto foi conservado no Brasil[6].

Tradicionalmente concebe-se que o lugar dos Orixás é o Orum. O Orum não é entendido, porém, tanto como um local, mas mais como uma forma de existência. A forma da existência dos Orixás é, pois, a forma do Orum, do nível não palpável, do nível espiritual. O local pode ser, pois, em todo lugar, pois em todo lugar a forma do Orum pode se fazer presente. O Orum abrange o todo. Assim, os Orixás podem estar tanto num lugar inalcançável, como também na cabeça de seus filhos ou nas pedras onde foram fixados. Durante o culto, os Orixás são chamados aos terreiros através do mensageiro Exu e dos atabaques. Ao virem aos terreiros, os Orixás encontram seus filhos e, através dos corpos destes, os Orixás – que não têm corpos – podem se fazer presentes no nível do Aiye. O mensageiro Exu e os atabaques são, pois, os instrumentos de chamado da presença dos Orixás para o Aiye. Através deles, os Orixás deixam a forma do Orum para apresentarem-se na forma do Aiye, na forma palpável, material, corpórea.

---

5. A palavra Orixá era utilizada na tradição Yoruba original apenas para os Orixás masculinos. Para os femininos usava-se a palavra Ebora. No Candomblé brasileiro, a palavra Ebora é praticamente inexistente e fala-se simplesmente em Orixás masculinos e Orixás femininos. Cf. ELBEIN DOS SANTOS, J.: Nàgô, 80.

6. Os Orixás que tiveram seu culto conservado no Brasil são praticamente todos originários da tradição Yoruba, às vezes também chamada de tradição nagô. Resquícios de outras tradições religiosas, como por exemplo da tradição gêge, foram modificados e assimilados pela tradição Yoruba. Cf. CARNEIRO, E.: Candomblés, 73.

Na concepção teológica do Candomblé, os Orixás são forças ou entidades não físicas, que controlam e regulam tanto os acontecimentos cósmicos como os fenômenos naturais, que determinam tanto a vida social como a vida individual das pessoas. Por um lado, os Orixás são forças anônimas – como, por exemplo, forças da natureza –, que não conhecem limites, que são distantes dos seres humanos[7]. Por outro lado, os Orixás são por vezes apresentados quase que com personalidades individuais, com desejos e caráter definidos; são destarte seres que conhecem as pessoas e lhes dão atenção, seres que têm uma relação afetiva para com os seus filhos. Nem tanto pela racionalidade se pode explicar e conciliar estas contradições; elas são percebidas, experienciadas, vividas através da experiência religiosa.

Às pessoas, os Orixás transmitem simultaneamente confiança e temor, aconchego e distância. "Os Orixás são massas de movimentos lentos, serenos, de idade imemorial. Estão dotados de um grande equilíbrio necessário para manter a relação econômica entre o que nasce e o que morre, entre o que é dado e o que deve ser devolvido. Por isso mesmo, estão associados à justiça e ao equilíbrio. São as entidades mais afastadas dos seres humanos e as mais perigosas. Incorrer no desagrado ou na irritação de um Orixá-funfun é fatal... Os Orixás estão associados a calma, a umidade, a repouso, a silêncio"[8].

2. ÂMBITO E INFLUÊNCIA DA AÇÃO DOS ORIXÁS: PESSOA E INSTITUIÇÃO

A definição dos Orixás dada acima, que mais é uma descrição, deixa transparecer a dubiedade destes seres espirituais. Eles são compreendidos como próximos das pessoas, mas ao mesmo tempo distantes; eles transmitem segurança e aconchego, mas também raiva e temor. À primeira vista, eles são ao mesmo tempo defesa e ameaça à vida. Estas

---

7. "A religião negra foi, originariamente, apenas a divinização das forças elementares da natureza.". Cf. CARNEIRO, E.: Xangô, 139.
8. ELBEIN DOS SANTOS, J.: Nàgô, 76. Esta afirmação da autora sobre os Orixás mostra claramente a grandiosidade, mas também a contradição na compreensão dos Orixás.

características dos Orixás não podem ser entendidas como absolutas. São características contextuais e marcadas pelo relacionamento entre a pessoa e o seu Orixá. O que e como são os Orixás, isto só pode ser percebido no contexto no qual eles agem ou na relação que se tem para com eles. Os Orixás não são, pois, grandezas a serem entendidas, mas somente vivenciadas e experienciadas.

É no relacionamento que o Orixá se dá a conhecer, que pode apresentar caracteres diversos, pois esta ligação é formada de ao menos dois polos (ser humano e Orixá) e o Orixá não se mostra a não ser no relacionamento. E nesta relação é também responsabilidade dos seres humanos fazer acontecer harmonia ou provocar desarmonia. A percepção da existência do Orixá se dá, pois, quase que exclusivamente na relação. Os Orixás receberam de Olorum a tarefa de reger o Aiye e assim eles se manifestam como responsáveis por uma parte da criação, como forças ou elementos da natureza, como possibilitadores ou protetores de determinadas atividades humanas. Eles são relacionados com animais, cores, metais... De modo que os Orixás têm suas cores, velam sobre o mar, sobre a água doce, sobre as plantas ou a terra; mas também sobre o vento, a tempestade e o raio. Igualmente atividades humanas como o caçar, o pescar, o guerrear ou o trabalhar o metal estão sob a proteção de um ou mais Orixás. São atribuídos aos Orixás da mesma forma valores como a justiça, o amor, bem como a cura de doenças. Com esta variada gama de relações, os Orixás são, pois, colocados em primeiro lugar como forças que estão em contato com o Aiye e tudo o que nele existe; só num segundo lugar os Orixás são colocados como forças que estão em contato com cada pessoa[9].

---

9. Os Orixás na África eram relacionados com uma maior variedade de atividades humanas. A transplantação da religião para o Brasil acarretou não apenas perdas de elementos religiosos, mas também modificações de significados e importâncias. Assim, determinadas atividades, que na África eram muito importantes, perderam no Brasil sua importância. Com isso, os Orixás a elas relacionados também perderam no Brasil a importância. Desta forma, perderam aqui sua importância Orixás na África relacionados à fertilidade, à colheita, à agricultura. O trabalho no campo trazia aos escravos no Brasil mais desgraça que bênção, mais morte que vida. Vale lembrar aqui que cada Orixá não está relacionado apenas a uma atividade, mas geralmente a várias.

Na concepção do Candomblé, a influência dos Orixás abrange o todo do universo e traz dinâmica a toda a existência. Eles são guardiães e possibilitadores do todo e, por isso, não têm diante deles apenas as pessoas individualmente. Os Orixás também estão diante da comunidade humana como um todo. Talvez este aspecto fique mais claro com um exemplo: Yansã é o Orixá do vento e da tempestade. Quando uma comunidade humana é ameaçada pelo vento e pela tempestade, que colocam em risco a harmonia, toda a comunidade – e não apenas os filhos de Yansã – tem a responsabilidade de dirigir-se a Yansã para recompor a harmonia. Assim não apenas as pessoas como indivíduos colocam-se no esquema da oferta e retribuição, mas também a comunidade como um todo. Assim, o dar e receber estende-se também para o âmbito da comunidade e obedece neste âmbito a mesma lógica que no âmbito pessoal: todo desejo de receber algo exige uma oferta. Como o indivíduo recorre a Ifá para saber a forma na qual deve ser feita a oferta, igualmente é a consulta a Ifá que determina a maneira da oferta da comunidade. Ifá pode revelar o caminho da recomposição do equilíbrio.

O principal responsável pelas atividades religiosas e rituais em nome da comunidade é aquele ou aquela que está à frente do terreiro: o Babalorixá ou a Ialorixá. Em suas mãos está grande parte da responsabilidade pela garantia da harmonia. Como líder de uma comunidade, a Ialorixá ou o Babalorixá são em primeira linha chamados a contribuir para o bom relacionamento entre Orum e Aiye. Se do lado do Orum é Exu o mensageiro e mediador dos Orixás, do lado do Aiye são as Ialorixás e os Babalorixás que têm a tarefa mediadora diante do Orum. A Ialorixá ou o Babalorixá é o principal intermediador no relacionamento das pessoas com os Orixás[10]. Esta grande responsabilidade dos líderes das comunidades de Candomblé está sempre ligada a uma série de mandamentos e continências.

---

10. Cf. Anexo 1: Entrevistas VI,16; XII,6.

De igual maneira como diante da comunidade humana, também diante de cada pessoa têm os Orixás um papel importante. Em nível pessoal, a importância dos Orixás não está, porém, tanto ligada ao fato de eles velarem sobre alguma força da natureza ou sobre alguma atividade humana específica. A importância do Orixá em nível pessoal está ligada ao fato de se entender que o Orixá é o regente ou o senhor do Ori – a inteligência de cada pessoa – e com isso o possibilitador da harmonia em nível pessoal. Em nível do relacionamento pessoal encontram-se os mesmos Orixás que velam sobre as forças da natureza ou sobre determinadas atividades humanas. Eles aparecem, no entanto, de outra maneira neste nível do relacionamento entre ser humano e Orixá. Neste nível, eles aparecem (quase) como pessoas, com um caráter que se assemelha ao humano. Assim, eles são muitas vezes suaves ou perversos, sedentos de vida ou sonhadores. São apresentados como seres espirituais com personalidades definidas, com sua história e sua postura. Eles têm desejos, eles amam e se vingam. Eles ajudam, protegem, zangam-se e liberam a dinâmica do Axé. Eles se relacionam individualmente com as pessoas. E embora o número de Orixás conhecidos e cultuados no Candomblé seja relativamente pequeno, eles aparecem "individualmente" em um sem-número de variações[11]. O mesmo Orixá pode aparecer como criança, como jovem, como velho, como juiz ou como guerreiro. Em cada uma destas variações, o Orixá recebe então um segundo nome, nome este que indica a variação a que se refere. Assim, por exemplo, Oxalá é o Orixá da paz e Oxalá Oxalufã é o Oxalá idoso. Além disso, há mais um nome que caracteriza o Orixá pessoal dos iniciados, nome este que é proclamado por ocasião da cerimônia do "dom do nome", já anteriormente descrita. "Estes Orixás pessoais variam em sua essência da mesma forma como é diferente o caráter de pessoas que têm o mesmo nome. Os muitos aspectos dos Orixás, que permitem múltiplas variações e interpreta-

---

11. R. Bastide supõe que a origem desta grande variação de cada Orixá se deve ao grande número de nações e clãs africanos. Cf. BASTIDE, R.: Estudos, 170.

ções, são o motivo principal do caráter próprio de cada centro de culto como são também responsáveis pelas grandes divergências no que se refere ao culto e à doutrina"[12]. Uma Ialorixá recorria à história para explicar este fenômeno da grande variação de cada Orixá. Para ela, a mistura dos muitos povos feita pela escravidão levou os negros a praticar juntos o culto. Através da prática comum do culto, eles teriam notado que os mesmos Orixás eram cultuados pelos diversos povos sob nomes diferentes. Os nomes foram então unificados, mas as características diferentes foram preservadas. Com isso, se explicaria a grande variação de cada Orixá[13].

O alcance da ação dos Orixás pessoais restringe-se ao âmbito da pessoa. O esquema geral do relacionamento entre Orixás e seres humanos é transposto para o nível pessoal: oferta e retribuição permitem a harmonia. Quando este equilíbrio mostra-se perturbado é sempre necessária uma oferta para restabelecê-lo[14]. O sistema de consulta a Ifá irá revelar à pessoa o caminho e a forma da Oferta.

3. OS ORIXÁS COMO SERES: DESCRIÇÃO

Até agora em nosso trabalho foi citado um ou outro nome de Orixá. Na maioria das vezes falamos, porém, de forma coletiva em "Orixás". Queremos agora dar um perfil mais acurado a cada um dos Orixás. Uma pequena descrição de cada Orixá irá mostrar o caráter individual de cada um, bem como refletir a forma como o Orixá em questão é experimentado pelas pessoas. O número de Orixás conhecidos no Candomblé brasileiro é significativamente menor que o número de Orixás conhecidos pelos Yoruba na África. Além

---

12. KOCH-WESER, M.R.M.: Yoruba-Religion, 182.
13. Cf. BASTIDE, R.: Candomblé, 163-164.
14. Cada indivíduo deve pautar sua vida de tal modo que não seja ocasionado nenhum desequilíbrio no relacionamento com o seu Orixá. O relacionamento com o Orixá não diz respeito apenas à atitude religiosa de cada pessoa, mas da vida como um todo. As atitudes éticas e morais no relacionamento entre as pessoas são, segundo J. Elbein dos Santos, reguladas pelos Eguns, os antepassados humanos. Cf. ELBEIN DOS SANTOS, J.: Nàgô, 103-104.

do mais, o número de Orixás que recebe efetivamente no Brasil um culto regular é ainda menor que o número de Orixás nominalmente conhecidos. As múltiplas variações sob as quais cada Orixá pode se apresentar suprem, porém, a lacuna ou o empobrecimento do número de Orixás cultuados no Brasil.

A hierarquia originária entre os Orixás, vigente na África, foi perdida na transposição da religião para o Brasil. A importância e a posição hierárquica entre os Orixás atribuída pelos Itans não é necessariamente a ordem de importância observada no culto. É, inclusive, de se duvidar que tenha havido alguma vez na África – antes da vinda dos escravos para o Brasil – uma organização geral única da hierarquia dos Orixás[15]. O mesmo se pode dizer da ideia do sistema de parentesco entre os Orixás. A constituição dos Orixás em uma única família é uma imagem idealizada. De fato há apenas alguns resquícios da ligação de parentesco entre os Orixás – pelo menos no Brasil. De modo que os Orixás conhecidos no Brasil não formam um sistema único de parentesco e nem há a compreensão de uma hierarquia unificada de Orixás. Destarte, a importância de cada Orixá varia com o local e com o culto. Uma exceção parece ser Oxalá. Ele é mencionado em todos os lugares como o mais importante e poderoso dos Orixás. Assim sendo, pode-se afirmar que o Candomblé brasileiro conhece um primado de Oxalá entre os Orixás.

3.1. Exu

A figura de Exu tem um *status* especial no Candomblé[16]. Ao lado de Exu, pode-se dizer que apenas Ossaim e Ifá tenham também algo de um *status* diferente entre os Orixás. Diferentemente, porém, de Ossaim e especialmente de Ifá, Exu não perdeu nada em importân-

---

15. É de se duvidar, inclusive, que tenha havido originalmente uma unidade religiosa estrita entre os Yoruba. A ligação de determinados Orixás com determinadas famílias faz supor que tenham existido diferentes tradições ligadas aos diversos clãs e famílias.
16. A. Ramos supõe que a palavra Exu é derivada de shu (trevas). Cf. RAMOS, A.: Introdução 2, 263.

cia na transferência do culto para o Brasil. O contrário parece ser o caso: ele ganhou uma grande importância no culto brasileiro. Exu é uma figura quase que onipresente no sistema religioso do Candomblé e a figura mais importante para o sistema. Este lugar de importância é atribuído a Exu tanto na teoria do sistema, como também na prática religiosa do dia a dia.

O *status* especial de Exu começa já com o fato de não se poder afirmar com toda a clareza que se trata de um Orixá. Na tradição, Exu é tido como ministro dos Orixás, o que em princípio o faria um Orixá de segunda categoria, pois a Exu Olorum não confiou nenhuma tarefa específica de controlar alguma força da natureza ou uma atividade humana específica. A ele foi confiada a tarefa de ser o ministro, ou melhor, o mensageiro dos Orixás[17]. E esta é a função específica de Exu no sistema religioso do Candomblé: Ele é o mediador dos Orixás entre si, dos Orixás com os seres humanos, dos seres humanos com os Orixás, o mediador entre o Orum e o Aiye e mesmo o mediador entre os próprios seres humanos[18]. Exu é a força da comunicação.

Sempre que se faz necessário estabelecer alguma comunicação, Exu precisa estar presente. O sistema religioso do Candomblé está baseado na comunicação entre o Orum e o Aiye, entre os Orixás e os seres humanos. A comunicação proporciona a troca de Axé, que possibilita a harmonia e o vir a ser da existência. A oferenda é o fator de equilíbrio neste sistema: todo desequilíbrio é recomposto por uma oferta. Esta recomposição através da oferta só acontece quando há comunicação entre oferente e receptor da oferta. A oferta precisa ir do oferente para o receptor e a restituição precisa percorrer o caminho inverso. Exu é o mediador, o elo de comunicação deste sistema. É através dele que a oferta é levada ao Orixá e é através dele que acontece a restituição.

---

17. Segundo um Itan, Olorum, ao distribuir aos Orixás a responsabilidade sobre as diversas partes da criação, não confiou a Exu nenhuma parte específica, mas sim, a tarefa de ser a ligação entre as partes. Cf. BASTIDE, R.: Candomblé, 197.
18. Cf. PORTUGAL, F.: Exu, 1; AUGRAS, M.: Quizilas, 63.

Somente através de Exu pode acontecer a troca de Axé. Ele é o elo, a figura-chave na sequência da oferta e restituição.

Exu é o transportador do Axé e a esta função se deve o fato de ser ele uma figura central do Candomblé. Todas as atividades religiosas do Candomblé têm no fundo sempre o mesmo objetivo de proporcionar a troca de Axé e com isso possibilitar uma maior harmonia. E esta troca só acontece por causa de Exu, que é o mensageiro, o mediador entre ambos os lados. Todo ato religioso precisa imprescindivelmente a presença de Exu. Exatamente por isso, toda atividade religiosa no Candomblé é iniciada com uma oferta a Exu (Padê de Exu); oferta esta que tem como objetivo pedir a Exu que estabeleça a comunicação entre os dois lados[19]. Assim é que se pode entender o motivo da quase que onipresença de Exu no Candomblé. Ele não é o que vela sobre alguma parte específica da existência, e muito menos o possibilitador de alguma atividade humana; mas, sem ele, a existência não se comunicaria, não viria a ser; sem ele não haveria dinâmica nem encaminhamentos. Ele é a faísca que inicia o processo[20]. Através da comunicação estabelecida por Exu é dada à vida a possibilidade de desenvolvimento. Sem ele a existência não se desenvolveria, não poderia vir a ser.

Olorum é o princípio geral da existência. Esta existência geral torna-se, entretanto, existência individual e diferenciada na medida

---

[19]. É comum ouvir no meio do povo que a oferta a Exu feita no início de toda cerimônia religiosa teria como objetivo acalmar Exu para que ele não venha atrapalhar o seguimento do culto. Na concepção teológica tradicional, o Padê de Exu é interpretado como uma ação possibilitadora da atividade ritual. Existem diversos Itans que explicam o porquê do fato de Exu receber sempre a primeira oferenda. Cf. BASTIDE, R.: Candomblé, 177-179. "Exu, que tem sido equiparado ao diabo cristão por observadores apressados, serve de correio entre os homens e as divindades, como elemento indispensável de ligação entre uns e outros. Todos os momentos iniciais de qualquer cerimônia, individual ou coletiva, pública ou privada, lhe são dedicados para que possa transmitir às divindades os desejos, bons ou maus, daqueles que a celebram." CARNEIRO, E.: Candomblés, 22.

[20]. "Exu é o princípio de tudo, a força da criação, o nascimento, o equilíbrio negativo do Universo, o que não quer dizer coisa ruim. Exu é a *célula mater* da geração da vida, o que gera o infinito, infinitas vezes." BARCELLOS, M.C.: Orixás, 47.

em que há delimitação e comunicação. Através da comunicação, a existência aparece como existência individualizada. Como Exu é a comunicação, é possível afirmar que ele é o polo oposto de Olorum: este como princípio da existência generalizada, aquele como princípio da existência individualizada[21].

Toda existência individualizada tem seu Exu. Cada Orixá tem inclusive seu Exu que o acompanha. É através dele que o Orixá pode agir e se comunicar, pode aparecer e entrar em contato com outros. Cada pessoa, cada cidade, cada povo, cada coisa, cada existência tem seu Exu individual e pessoal[22]. Cada acento de Orixá no Pegi é, na verdade, sempre um acento duplo: um para o Orixá e o outro para seu Exu acompanhante. Sem este acompanhante, o Orixá poderia inclusive existir; não poderia, porém, entrar em contato com seus filhos. Cada pessoa é acompanhada por um Exu e por isso pode contactar seu Orixá.

O símbolo de Exu não poderia ser mais adequado: o caminho[23]. Ele conhece o caminho que liga os seres entre si; ele conhece o caminho que liga Orum ao Aiye. O caminho é um lugar predileto para se depositar uma oferta a Exu, especialmente onde mais de um caminho se encontram – a encruzilhada. Exatamente por causa de sua função de ser comunicação, coloca-se na entrada de todo terreiro a

---

21. Há, inclusive, um Itan que significativamente narra ser Exu o primogênito de toda a criação. Ou seja, teria Exu sido a primeira existência individualizada. Cf. ELBEIN DOS SANTOS, J.: Nàgô, 60s. Exu é tido como "uma das principais divindades do céu, onde estava com Olodumare, o Ser Supremo, desde o princípio das coisas.". DOPAMU, P.A.: Exu, 13.
22. "Se alguém não tivesse seu Exu em seu corpo, não poderia existir, não saberia que estava vivo, porque é compulsório que cada um tenha seu Exu individual.". ELBEIN DOS SANTOS, J.: Nàgô, 131.
23. O órgão sexual masculino era na África um símbolo corrente para Exu. Este símbolo não é utilizado no Brasil com muita frequência. A moral escrupulosa da sociedade brasileiro-portuguesa do século XIX, que chegava a censurar nas igrejas, inclusive estátuas de anjos sexuados – promovendo uma devida "castração" – fez com que o uso do Falo como símbolo de Exu fosse dissimulado. No entanto, a utilização deste símbolo não desapareceu totalmente, o que às vezes leva a interpretações errôneas sobre o papel de Exu. Cf. BASTIDE, R.: Religiões, 348-349.

casa (assento) de Exu. Toda pessoa, ao entrar na casa, deve mostrar a ele o seu devido respeito. O culto a Exu não se restringe a este assento. Ele é feito em todos os lugares e em todos os níveis: em nível privado, em nível familiar, em nível de grupo e em nível de terreiro.

Os serviços de Exu são indispensáveis para o contato entre pessoas e Orixás. Sem Exu não acontece nenhuma experiência de Orixás. Além desta importante função de intermediador, está ligada a ela outra função de Exu: ele é o intérprete do sistema do Candomblé. Na concepção religiosa do Candomblé, Exu é tido como aquele que compreende tanto as pessoas como os Orixás. A linguagem é um meio privilegiado de comunicação e por isso está sob o controle de Exu. Este talvez seja o motivo pelo qual Exu tenha no Brasil assumido quase que totalmente a tarefa de Ifá[24]: São feitas consultas a Exu. Embora a tradição antiga conheça já esta capacidade de Exu, pois, segundo um Itan, teria sido ele o mestre de Ifá na arte do oráculo. Devido ao fato de ter a figura de Ifá perdido no Brasil muito de sua importância no sistema de consultas, que é um sistema muito importante dentro do Candomblé, a figura de Exu ganhou muito em importância ao assumir esta função oracular.

Apesar de Exu não ser reconhecido no Candomblé brasileiro exatamente como um Orixá, é possível iniciar pessoas a Exu. O número dos filhos de Exu é, entretanto, muito reduzido e raramente há alguma incorporação[25].

Exu é, por um lado, uma figura muito importante no Candomblé. Por outro lado, não se pode deixar de ressaltar que se trata de uma figura altamente controversa. Graças a Exu é possível a comunicação entre os Orixás, entre Orixás e seres humanos, de seres humanos entre si. Por causa da comunicação, é possível o equilíbrio do sistema (Orum-Aiye), mas é justamente uma comunicação errônea

---

24. Tradicionalmente, entende-se ser Exu aquele que leva as perguntas das pessoas a Ifá e dele traz as respostas às pessoas. Cf. CARVALHO DA COSTA, V.: Umbanda 2, 582.
25. Cf. PORTUGAL, F.: Exu, 1; KOCH-WESER, M.R.M.: Yoruba-Religion, 207.

que ocasiona o desequilíbrio. A comunicação pode levar tanto ao entendimento como ao desentendimento. A Exu é atribuída a capacidade de possibilitar o entendimento no sistema; mas é também a Exu atribuída a responsabilidade pelo desentendimento. Entendimento e desentendimento trilham o mesmo caminho da comunicação e por isso passam necessariamente por Exu. Destarte, ele se torna uma figura ardilosa no Candomblé. Através de Exu, entra a ordem no sistema, mas também a desordem. De uma figura impreterivelmente necessária, torna-se ele uma figura altamente temida. Para um membro do Candomblé é muito importante saber tratar Exu de uma maneira correta e sobretudo saber evitar sua ira, pois Exu é também o possibilitador de desarmonia, de desgraça, de azar[26]. Por causa deste aspecto da figura de Exu, ele é identificado com o demônio nas representações sincréticas do Candomblé baiano[27]. Esta identificação fez de Exu uma figura de má fama e que inspira medo. De figura ardilosa, Exu foi com isso transformado em uma figura má, o que não corresponde ao seu caráter original[28]. Com a identificação com o demônio, Exu recebe a conotação de absolutamente mau, ideia esta que é estranha à cultura Yoruba[29].

Mas um aspecto faz de Exu uma figura muito interessante no sistema do Candomblé: sua ligação com o novo. A des-ordem no siste-

---

26. E, de fato, o mal do mundo está no Candomblé relacionado à ação de Exu. Cf. DOPAMU, P.A.: Exu, 71.
27. Esta forte identificação entre Exu e o demônio fez com que os primeiros pesquisadores do Candomblé não reconhecessem praticamente nada de positivo na figura de Exu. Cf. RODRIGUES, N.: Africanos, 362; RAMOS, A.: Negro, 40; CARNEIRO, E.: Negros, 47-48. A Igreja Católica corroborou para esta identificação. Cf. BARCELLOS, M.C.: Orixás, 150. É de se notar, porém, que esta identificação não foi feita apenas no Brasil. Na Nigéria esta identificação tornou-se mais patente através da tradução da Bíblia para a língua Yoruba, que tomou a palavra Exu para traduzir demônio. Cf. DOPAMU, P.A.: Exu, 20.
28. Os próprios negros utilizaram-se desta caricatura de figura má de Exu para assustar os brancos. Cf. BASTIDE, R.: Religiões, 171.
29. A cultura Yoruba não conhece a ideia do bem ou mal absoluto. Cf. CARNEIRO, E.: Candomblés, 119. "Exu não é nem o 'demônio' do conceito cristão nem o 'shaitan' da fé muçulmana. O 'demônio' nessas duas religiões é completamente mau, não ocorrendo o mesmo com o Exu na crença iorubá.". DOPAMU, P.A.: Exu, 16.

ma não é necessariamente algo ruim. Através da des-ordem – isto é, outra ordem que a do caminho comum – é possibilitado o novo. O novo, a mudança só surge, quando outros caminhos são percorridos. Com Exu há assim a possibilidade de modificações, de novidades. Exu possibilita o novo. Ele permite a possibilidade de novos arranjos no sistema e, com isso, mantém sempre aberto o caminho da renovação na religião. Sua figura está muito ligada com a ordem. Ele mantém a atual ordem (harmonia) e possibilita o surgimento de uma nova ordem. Não se pode negar que com isso Exu é uma figura controversa, mas de um caráter complexo, muito interessante e indispensável para o sistema religioso do Candomblé.

3.2. Oduduwa

O Orixá Oduduwa – também chamado de Odudua ou Odua – é a força feminina da geração. É a figura feminina contraente à figura masculina de Obatalá[30]. Enquanto Obatalá é o céu, Odua é a terra. Ela forma com Obatalá uma espécie de casal primitivo que agiu na criação[31]. A figura de Oduduwa parece não poder ser separada da de Obatalá e é citada sempre com Obatalá numa atividade criacional[32]. Como Orixá independente, Oduduwa praticamente não tem nenhuma função no culto e é quase que absorvido por Oxalá. Pode-se encontrar, inclusive, a versão de que Oxalá seria uma figura mista: seis meses por ano seria ele masculino e os outros seis meses femini-

---

30. A palavra Oduduwa significaria "fonte geradora da vida". Cf. PORTUGAL, F.: Axé, 53. Há quem derive a palavra Oduduwa de dudu + uwa (existência negra, ao contrário de Obatalá, cuja cor é o branco) ou de odu + ti + o + da + wa (aquele que criou a existência). Cf. RAMOS, A.: Introdução 2, 259.
31. Em um dos Itans que contam a criação do mundo, Obatalá e Oduduwa recebem juntos de Olorum a tarefa de criar a terra e todas as criaturas. No caminho para cumprir esta tarefa, Obatalá teria tomado muito vinho de palma, o que o levou a cair num profundo sono. Enquanto isto, Oduduwá toma para si o "saco da existência" e realiza a tarefa da criação. Cf. FREITAS, B.T. de; FREITAS, V.C. de.: Orixás, 71-72.
32. Esta profunda ligação entre Oduduwa e Obatalá faz com que, às vezes, Oduduwa seja apresentada como uma qualidade de Oxalá e não como um Orixá. Cf. PORTUGAL, F.: Exu, 70.

no[33]. Esta versão baseia-se no fato de que se pode encontrar em Oxalá algumas características de Oduduwa. Este Orixá parece ser um exemplo típico daqueles cujos nomes são ainda conhecidos no Brasil, mas que têm pouco significado para o culto, cujo culto esteja num processo de desaparecimento ou que já tenha desaparecido totalmente[34].

3.3. Yemanjá

A figura feminina exuberante do Candomblé não é Oduduwa, mas sim Yemanjá[35]. Ela é cultuada no Brasil como o Orixá das águas salgadas, do mar. Certamente por isso sua cor é o azul claro[36]. Yemanjá é uma figura ligada sobretudo à feminilidade, à beleza e especialmente à maternidade – e, por extensão, à família. Yemanjá é o Orixá feminino da fertilidade.

Segundo conta um Itan, Yemanjá é filha de Obatalá e Oduduwa. Ela foi desposada por seu irmão Aganju e deste casamento nasceu Orunga. Orunga violentou sua mãe e desta relação nasceram muitos outros Orixás[37]. Por isso é dado a Yemanjá o título de "mãe dos Orixás"[38]. A representação de Yemanjá espelha esta sua função materna: ela é comumente apresentada como uma mulher jovem, com seios salientes representando sua fertilidade. Yemanjá é, no Brasil, com certeza uma das figuras mais populares do Candomblé. Ela é conhecida especialmente nas regiões costeiras do país e a fama de

---

33. Cf. KOCH-WESER, M.R.M.: Yoruba-Religion, 41-43; ELBEIN DOS SANTOS, J.: Nàgô, 79.
34. F. Portugal cita Oduduwa entre os Orixás cujo culto desapareceu no Brasil. Cf. PORTUGAL, F.: Axé, 53.
35. A palavra Yemanjá derivar-se-ia de ye – omo – eja ou de Yeyé – omo – já cujo significado é "mãe dos filhos peixes" ou "mãe, cujos filhos são peixes". Cf. ELBEIN DOS SANTOS, J.: Nàgô, 90; REHBEIN, F.C.: Heil, 16-17.
36. Na África, Yemanjá está mais ligada à água-doce. Esta troca ocorreu tanto pelo fato de que o culto a Olokum, o Orixá africano da água salgada, não foi implantado no Brasil, como também pela identificação que ocorreu entre Yemanjá e a figura europeia da sereia ou figuras semelhantes de tradições indígenas. Cf. IWASHITA, P.: Maria, 47.
37. Cf. CARVALHO DA COSTA, V.: Umbanda 1, 185-186; KOCH-WESER, M.R.M.: Yoruba-Religion, 44.
38. Cf. RIBEIRO, J.: Magia, 56; IWASHITA, P.: Iemanjá, 325.

sua figura ultrapassa os limites dos terreiros[39]. Yemanjá deve parte de sua popularidade à identificação que se fez dela com a figura cristã de Maria – especialmente Nossa Senhora da Conceição. Esta identificação levou ao fato de que muitos adeptos do Candomblé entendem ser Yemanjá uma virgem, embora mãe dos Orixás[40].

Desta Orixá-mãe acentua-se no Candomblé, além de sua fecundidade, a sua beleza. Ela simboliza o ideal da mãe bela. Em sua festa são lançados ao mar espelhinhos, vidrinhos de perfume, baton, flores, etc. como oferenda a Yemanjá e ao mesmo tempo sinais de sua beleza. E as pessoas que lançam estas oferendas desejam alcançar amor e sorte[41].

3.4. Xangô

Ao lado de Yemanjá, está nos terreiros a figura forte de Xangô. O Pegi de Yemanjá é acompanhado muitas vezes pelo Pegi de Xangô. Ela "come" das oferendas levadas a Xangô. Segundo um Itan, Xangô é o filho mais importante de Yemanjá e tem como esposas Oyá, Oxum e Obá. Segundo um outro Itan, teria sido Xangô rei na cidade de Oyó,

---

39. Yemanjá tornou-se uma figura muito conhecida não apenas por mérito do Candomblé, mas também por intermédio da Umbanda, onde ela também é cultuada como símbolo da maternidade e da fertilidade. Cf. CARVALHO DA COSTA, V.: Umbanda 1, 188-189. Yemanjá é um dos poucos Orixás cujo culto pode acontecer fora do terreiro, ou seja, à beira-mar. Cf. IWASHITA, P.: Maria, 73.

40. A identificação entre a Virgem Maria e Yemanjá levou, inclusive, à modificação dos Itans sobre o estupro por ela sofrido, modificação esta feita para aproximar Yemanjá à figura de Maria. Nestas modificações, Yemanjá é apresentada como esposa de Oxalá, que teria sido seduzida por um outro Orixá. Cf. BASTIDE, R.: Religiões, 354-355.

41. Na cidade do Rio de Janeiro, há um festejo especial a Yemanjá na noite da passagem de ano, onde as pessoas lançam oferendas ao mar. Ao amanhecer do primeiro dia do ano espera-se ansiosamente para ver se Yemanjá aceitou as oferendas. Quando o mar devolve na praia o que a ele foi jogado, é sinal de que Yemanjá não aceitou o que lhe foi ofertado e o ano que se inicia não será de sorte. Cf. IWASHITA, P.: Maria, 83. A popularidade de Yemanjá fez com que ela perdesse alguns traços originais africanos. Assim, especialmente pela influência da Umbanda, Yemanjá é muitas vezes representada como uma mulher branca. Em uma sociedade influenciada pela "ideologia do embranquecimento" o ideal de beleza feminina só pode ser encarnado por uma mulher branca. Outras vezes, Yemanjá é representada como sereia ou como Dona Janaína, uma figura feminina mítica de tradição indígena.

a capital política dos Yoruba, e, depois de sua morte, ter-se-ia transformado em Orixá. Diferentemente, porém, de Yemanjá, Xangô não perdeu praticamente nada de suas características africanas. Ele é um Orixá masculino e sua cor é o vermelho e branco.

Xangô é o Orixá do fogo, do raio e da tempestade (como forças da natureza). Ele também é juiz e é o Orixá da guerra e da justiça. Com seus raios castiga os mentirosos e os que praticam maldade. Um dos fatores que contribuiu para que Xangô conservasse suas características africanas é sem dúvida o fato da grande incidência de raios e tempestades no Brasil como na terra dos Yoruba. Por outro lado, para os negros tratados de forma injusta, Xangô encarna uma figura ideal com seus atributos de defensor da justiça. Xangô é o vingador daqueles que sofrem injustiça[42]. Como figura sincretizada, Xangô é identificado com Santa Bárbara, com São Jerônimo ou com São Pedro[43].

3.5. Oyá

O Orixá feminino Oyá – no Brasil também conhecido sob o nome de Yansã – é apresentado como a primeira mulher de Xangô. Ela é quase que o lado feminino de Xangô, pois suas características muito se assemelham às dele. Oyá era na África o Orixá do Rio Níger[44]. No Brasil – como Xangô – ela está relacionada com a força das tempestades. Enquanto Xangô em uma tempestade é caracterizado através dos raios, Yansã é vista sobretudo no vento impetuoso.

---

42. Xangô é uma figura muito forte no Candomblé. Como guerreiro valente, ele é uma figura sem concorrência. Por causa da importância desta figura, a religião dos Yoruba em Recife não é chamada de Candomblé, mas de Xangô. Nos tempos de N. Rodrigues (na virada para o século XX) Xangô era o Orixá mais popular da Bahia. Cf. RODRIGUES, N.: Africanos, 357. E, com o tempo, sua figura não perdeu a importância. Cf. RAMOS, A.: Negro, 39.
43. A identificação com Santa Bárbara provém do fato de ser esta a santa invocada no catolicismo popular para a proteção contra raios e tempestades. Não deixa de ser um paradoxo o fato de um Orixá claramente masculino ser identificado com uma santa/mulher. Isto mostra que a identificação entre Orixás e Santos segue a lógica do objetivo e não a da origem.
44. Segundo um Itan, Oyá teria chorado tanto com a morte de Xangô, que de suas lágrimas originou-se o Rio Níger. Cf. CARVALHO DA COSTA, V.: Umbanda 1, 267.

Yansã é apresentada como uma mulher batalhadora. Ela é corajosa, teimosa, ciente de sua autoridade, guerreira, poderosa e fiel. À maneira de Xangô, ela também reage de forma colérica quando é contrariada. A cor de Yansã é o vermelho e, como figura sincrética, ela é identificada com Santa Bárbara. Oyá ou Yansã é um Orixá muito conhecido e igualmente cultuado no Candomblé.

Há uma característica em Oyá que a diferencia fortemente de Xangô: a sua relação com os mortos. Ela é a rainha ou a mãe dos Eguns e com eles é cultuada[45]. Yansã é o único Orixá que tem um relacionamento com a morte[46]. O único Orixá que pode se manifestar durante o Axexê (ritos fúnebres) é Yansã.

3.6. Oxum

Conforme a tradição, Oxum é a segunda mulher de Xangô, a mais bela e mais sedutora. Oxum era na África o Orixá do rio com o mesmo nome. No Brasil, ela não é identificada com um rio determinado, mas com os rios e a água doce em geral. Com isso, Oxum é também o Orixá da fertilidade e da reprodução. A gravidez e os bebês estão sob a proteção dela, bem como pássaros e peixes.

Como esposa de Xangô, Oxum é apresentada como mulher vaidosa e ciumenta. Oxum é o Orixá do amor. Ela é a esposa favorita de Xangô e este lugar ela conquistou por sua beleza e seus dons culinários[47].

---

45. Cf. ELBEIN DOS SANTOS, J.: Nàgô, 122. O próprio nome de Yansã derivar-se-ia de seu relacionamento com a morte: iya - mesan - orun, que significaria mãe dos nove orum. Cf. CARVALHO DA COSTA, V.: Umbanda 1, 266.
46. Na linguagem popular se diz que Yansã não tem medo da morte. Esta ligação entre Yansã e a morte parece advir do fato de ser Yansã o Orixá do vento e estar com isso relacionado ao ar, à respiração. O Emi (a respiração) é uma das partes que compõem uma pessoa. Somente pela morte é separado da pessoa e volta ao Orum.
47. Por causa dos dons culinários de Oxum, em muitos terreiros são escolhidas para cozinheiras as filhas de Oxum. Cf. GIOBELLINA-BRUMANA, F.: Comida, 44. As filhas de Oxum também são tidas no Candomblé como possuidoras de uma queda especial para jogar búzios. Cf. Anexo 1: Entrevistas VI,17.

Tanto o amarelo como o vermelho são cores de Oxum e na representação sincrética ela é identificada com diversas figuras de Maria.

3.7. Obá

Como terceira esposa de Xangô, Obá é a mais idosa e a mais infeliz. Por causa de sua idade, ela também é chamada nos terreiros de "avó". Segundo a tradição, Obá lutou muito para ser a esposa preferida de Xangô, mas não conseguiu. Ela representa uma mulher esforçada, trabalhadeira e batalhadora, mas não compreendida e infeliz no amor[48].

Obá é na África o Orixá de um rio com o mesmo nome, enquanto no Brasil é tida como o Orixá das águas em geral. Sua cor é o vermelho. Obá não é um Orixá muito conhecido e cultuado, e por causa de ser uma mulher batalhadora é identificada sincreticamente com Santa Joana d'Arc.

3.8. Ogum

Este Orixá é uma figura muito complexa e variada no Candomblé. Ogum é um Orixá masculino e segundo algumas tradições seria filho de Yemanjá. Já outras tradições o colocam como filho de Odudua[49]. Ogum é o Orixá da mata e do ferro e com isso está ligado a uma série de atividades relativas à mata ou ao ferro. Ogum é o caçador, o pescador, o guerreiro, o inventor, o desbravador, o agricultor, o ferreiro, etc. Ele é o Orixá do desenvolvimento, aque-

---

48. Um Itan narra que Obá quis saber de Oxum como poderia ganhar o amor de Xangô. Oxum, muito malandra, enganou Obá dizendo que seu desejo seria realizado se cortasse a própria orelha e a cozinhasse para Xangô. Oxum garantiu que sua orelha voltaria a crescer normalmente. Obá seguiu o conselho de Oxum, cortando a própria orelha e cozinhando-a para Xangô. Conseguiu, com isso, porém apenas atrair a raiva de Xangô e perder a orelha. E Oxum zombou dela. Por causa deste Itan, os filhos de Obá dançam com uma orelha coberta. Cf. CARVALHO DA COSTA, V.: Umbanda 1, 282-283.
49. Cf. CARVALHO DA COSTA, V.: Umbanda 1, 198.

le que traz a cultura[50]. Além disso ele conhece os segredos da floresta. Em resumo, há uma gama enorme de atividades que a tradição relaciona a Ogum.

A situação dos negros no Brasil fez com que houvesse uma mutação na figura de Ogum. Atividades como a agricultura e a caça, que tinham um significado vital na África, perderam grande parte de sua importância no Brasil. Os escravos, após a sua alforria, dirigiam-se quase todos às cidades. Por causa, porém, de sua ligação com o ferro, começaram no Brasil a ser relacionadas com Ogum muitas outras profissões, como o ferreiro, o mecânico, o motorista, o açougueiro, o barbeiro, etc. Todas as profissões ligadas de alguma forma ao metal ferro foram relacionadas com Ogum[51].

O caráter de Ogum desenvolveu-se no Brasil também na direção do guerreiro, o que originalmente vinha apenas num segundo plano. Ele é o Orixá da revolta, da violência, é um Orixá imprevisível. Por isso ele é muito respeitado e temido no Candomblé.

No sincretismo baiano, Ogum é identificado com Santo Antônio ou São Jerônimo e suas cores são o azul-escuro e o verde.

3.9. Oxossi

O Orixá Oxossi lembra a figura de Ogum, de quem é um irmão, segundo a tradição. Oxossi é o Orixá da caça. Esta atividade tinha na sociedade africana uma importância muito grande, pois a caça era imprescindível para a alimentação. Através da caça, Oxossi entra em contato com o mato e suas plantas e também com seu Orixá, Ossaim. Orixá este que conhece a força das plantas. Por este contato, também Oxossi é conhecedor das plantas e sua força. A importância

---

50. Cf. KOCH-WESER, M.R.M.: Yoruba-Religion, 47, 194.
51. Cf. RIBEIRO, J.: Magia, 42. Também profissões que surgiram mais tarde e estão relacionadas com metalurgia ou de alguma forma com o metal ferro (como, por exemplo, piloto de avião) também são relacionadas com Ogum. Assim, acidentes de automóveis, de trens, de aviões e outras máquinas são interpretados como sinais de descontentamento de Ogum. Cf. PORTUGAL, F.: Exu, 7-8.

de Oxossi é também grande por causa de outro fator: através dos caçadores – que são protegidos e guiados por Oxossi – são encontrados bons lugares para novas aldeias. Estes três fatores (caça, conhecimento das plantas e descoberta de lugares para novas aldeias) davam a Oxossi um lugar importante na sociedade africana. Para os negros no Brasil, estes três fatores têm pouca importância. Apesar disso Oxossi permaneceu conhecido e benquisto no Brasil. "O Orixá Oxossi deve sua popularidade no Brasil claramente ao fato de ter havido uma mistura com a tradição indígena: ele é o senhor das florestas e da caça e em todos os terreiros que têm uma leve influência sincrética com as tradições dos índios ele é representado como índio, com uma pena na cabeça e com arco e flecha na mão. Oxossi tem caráter juvenil"[52]. Ele teve suas características africanas preservadas e, além disso, foi enriquecido com características brasileiras, de modo que se tornou uma figura nacional, o que calhou bem para o Candomblé que tem um quê de nacionalismo.

A cor de Oxossi é o azul-claro e como figura sincrética do Candomblé baiano ele é identificado com São Jorge ou com o arcanjo Miguel.

3.10. Omolu

Omolu é um Orixá ligado à terra. Por isso, Omolu – que também é chamado de Obaluaiyê, Soponna ou Xapanã – está ligado ao nascimento, à morte e ao segredo que interliga as duas coisas. Por um lado Omolu pode trazer a vida, por outro, a morte. Isto faz dele um Orixá muito poderoso, que é tanto cultuado como temido. As doenças estão sob o domínio de Omolu, especialmente a varíola, as doenças de pele e as epidemias. O papel de Omolu é dúbio também no caso das doenças: a doença é sinal da vingança de Omolu, mas ao mesmo tempo é ele o único que as pode combater e com isso restaurar a harmonia.

Por causa de sua ligação terrível com a varíola e outras doenças, Omolu é na África cultuado fora das aldeias e cidades. No Brasil, o

---

52. KOCH-WESER, M.R.M.: Yoruba-Religion, 195.

seu culto é feito normalmente separado dos outros Pegis[53]. Quem incorpora Omolu tem o rosto tapado com palha. O seu rosto não pode ser visto.

Como Omolu não apenas espalha a doença, mas também controla os segredos da cura, ele também é o Orixá da medicina. Seu símbolo é o Xaxará, uma vassoura ritual com a qual ele pode varrer as pessoas, mas também as doenças. As pessoas acometidas de alguma doença buscam conselhos e cura através de Omolu[54]. Omolu é "o médico dos pobres". Isto fez com que a sua figura tivesse uma boa conotação. Como figura sincrética, Omolu é identificado com São Roque, São Benedito e São Lázaro.

3.11. Nanã

Nanã é um Orixá feminino e segundo a tradição seria mãe de Omolu. É também um Orixá ligado à terra e mais especificamente ao barro, à lama, ou seja, à mistura de terra e água. Daí já se pode entrever seu significado. Segundo a tradição Yoruba, o barro é o material original do qual o ser humano foi modelado e que no final da vida do ser humano deve novamente ser devolvido à terra. Por esta combinação, Nanã está ligada ao começo e ao fim. Ela é mãe e morte ao mesmo tempo, em um ciclo no qual a vida é possibilitada e renovada pela morte. Ao ser lama, ela é mãe da mãe.

Por ser o Orixá da lama, Nanã também é relacionada com a fertilidade, com a agricultura e com as colheitas. A terra é invocada, na tradição Yoruba, sempre como testemunha de juramentos feitos ou de alianças

---

53. Teria havido na África o costume de que os iniciados a Omolu eram responsáveis pelo sepultamento das pessoas que morriam de varíola. Com isso, eram também herdeiras destas pessoas. Através do contato com os mortos, eles se tornavam também transmissores da doença. Com isso, eram temidos e odiados. Teriam sido, inclusive, perseguidos no Dahomé. Cf. RIBEIRO, J.: Magia, 58. No Candomblé brasileiro, o Pegi de Omolu é separado dos outros Pegis. Cf. RODRIGUES, N.: Africanos, 363; RAMOS, A.: Negro, 44.
54. Num país onde grande parte da população não tem acesso ao atendimento médico, não é difícil de imaginar a grande importância da figura de Omolu e seu poder de cura. Cf. BASTIDE, R.: Religiões, 352-353.

secretas. Daí surge uma outra característica de Nanã: ela é testemunha das alianças e juramentos, especialmente os dos ritos iniciatórios e por este motivo Nanã é chamada também de Orixá da justiça.

Nanã é chamada no Brasil também de Nanamburucu ou de Nanã Buruku e é cultuada como o mais velho dos Orixás da água. Como figura sincrética, Nanã é identificada com Santa Ana.

3.12. *Oxumaré*

O culto a Oxumaré foi preservado no Brasil, embora este não conste entre os Orixás mais importantes dos Yorubas. Segundo a tradição mitológica, Oxumaré é um servo de Xangô e filho de Nanã. Ele é o Orixá do arco-íris e, com isso, o Orixá da ligação entre a terra e o firmamento. Cobras também são vistas como sinais de Oxumaré.

Como o arco-íris é composto de muitas cores, Oxumaré é um Orixá que representa uma grande combinação de Axé. Oxumaré é apresentado tanto como uma figura masculina como também feminina e na representação sincrética ele é identificado com São Bartolomeu.

3.13. *Ossaim*

Ossaim é o Orixá da vegetação, das folhas, das ervas e especialmente do Axé por elas contidas. Todos os preparados de ervas estão sob a proteção de Ossaim. As plantas têm no Candomblé tanto uma importância litúrgica como medicinal. Praticamente todas as cerimônias no Candomblé necessitam do uso de alguma planta ou de algum preparado de ervas[55]. Os banhos de purificação são parte obrigatória do tempo de iniciação. Eles são feitos com a mistura de diversas ervas que podem ajudar o iniciando a entrar em transe. As ervas podem liberar diversos Axés na vida de um iniciado.

---

[55]. "As folhas são por excelência portadoras de Axé, e no Candomblé, sem elas e sem Ossaim, nada se faz. Ossaim é o dono do Axé.". PORTUGAL, F.: Exu, 26; "Sem folha não há Orixá, não há Axé!". BARCELLOS, M.C.: Orixás, 60.

Através desta curta descrição já se pode perceber a importância da figura de Ossaim no Candomblé. Ele tem um *status* especial no culto. O culto a Ossaim é incomum. Justamente por causa da importância de Ossaim no sistema religioso do Candomblé, seu culto é organizado de forma independente e autônoma. Ossaim tem uma sociedade organizada própria e um sacerdócio especial a ele devotado: os Babalossaim. Estes são responsáveis tanto pelo culto a Ossaim, como pela coleta, tratamento, preparação e efeito das plantas. Eles formam uma sociedade quase secreta no Candomblé[56]. Esta sociedade detém os conhecimentos sobre os efeitos das ervas, sua forma de coleta e preparação. Os conhecimentos são tanto rituais como medicinais.

Ossaim vive no mato e sua cor é o verde. A parte "floresta" do terreiro é seu domínio. Ele é um Orixá cultuado ao ar livre. As ervas de Ossaim não devem ser cultivadas, mas crescer livremente na mata. As ervas cultivadas em casa, mesmo sendo da mesma espécie, não possuem o mesmo Axé de Ossaim, pois cresceram no espaço cidade, que não está sob o domínio de Ossaim[57].

As plantas e os seus efeitos estão à disposição de todas as pessoas. O mesmo vale para Ossaim: ele está a serviço de todos. Através de ervas, ele pode vingar-se, como trazer sorte, saúde, amor e fecundidade.

3.14. Ibeji

Ibeji é um Orixá gêmeo. Embora este par de Orixás não tenha grande importância entre os Orixás, o seu culto no Brasil é muito difundido e popular. Esta popularidade deu ao culto de Ibeji algo de folclórico. Ibeji

---

56. O mundo das ervas e seus efeitos, sua preparação e mistura é um segredo dos que conduzem o culto a Ossaim. Como este campo não é ainda muito pesquisado no Candomblé, muitos dos conhecimentos morrem quando morrem os seus mestres. R. Bastide tentou em seu tempo ganhar conhecimentos neste campo e, com a ajuda de um Babalossaim, conseguiu reunir alguns conhecimentos religioso-medicinais sobre uma série de plantas. Cf. BASTIDE, R.: Candomblé, 134-137.
57. Com toda a discussão que se faz hoje em torno da questão ecológica, discussão esta que também atinge os terreiros, a figura de Ossaim tem um lugar especial. Cf. BARCELLOS, M.C.: Orixás, 57.

é o Orixá das crianças e o seu culto é uma festa para as crianças. Ibeji recebe, pois, como oferenda coisas próprias de crianças: doces e brinquedos. Tais oferendas são postas diante de seu Pegi.

Como figura sincretizada, Ibeji é identificado com Cosme e Damião. A data de comemoração destes santos, 26 de setembro, é sempre ocasião de festa para as crianças. Da festa de Ibeji é que se originou o costume de neste dia se distribuir doces às crianças.

3.15. Iroko

O Orixá Iroko permaneceu no Candomblé brasileiro mais como lembrança do que propriamente como culto. Iroko era o Orixá do carvalho africano e por extensão o Orixá das árvores em geral. Em honra a Iroko há em muitos terreiros o costume de se levantar uma árvore ou um mastro, diante do qual são colocadas as oferendas. Este Orixá não mais é incorporado durante o culto, o que leva a supor que a ele não há mais pessoas iniciadas[58].

3.16. Ifá

Ifá é um Orixá que – como Ossaim – tem um *status* especial no Candomblé. Ele tem seu próprio culto e seu corpo de sacerdotes próprios: os Babalawôs. Ifá é o Orixá do oráculo e da sabedoria. Ele conhece o passado, o presente e o futuro. Ifá concentra toda a sabedoria; ele é o portador da cultura e do saber. Seu saber, ele consegue transmitir através das consultas.

Por causa de sua ligação com o oráculo, Ifá tem uma importância muito grande na manutenção do sistema religioso do Candomblé. Sua sabedoria é tão grande que, segundo alguns Itans, os próprios Orixás se consultam com ele quando precisam de um conselho[59].

---

58. Cf. KOCH-WESER, M.R.M.: Yoruba-Religion, 50, 197; BARCELLOS, M.C.: Personalidade, 59. Sobre Iroko na África: RIBEIRO, J.: Magia, 59-60.
59. Um Itan conta que Ifá é filho do casal primeiro Obatalá e Oduduwa. Um outro Itan conta que Ifá aprendeu a técnica da consulta de Exu. Cf. CARVALHO DA COSTA, V.: Umbanda 1, 162; RAMOS, A.: Introdução 2, 258.

Este papel importante de Ifá é corretamente compreendido quando o relacionamos com a manutenção do equilíbrio entre Orum e Aiye. Como Orixá da sabedoria, Ifá conhece os caminhos que conduzem à restituição da harmonia entre os dois níveis da existência. Através de Ifá, as pessoas ficam sabendo qual é o seu Orixá, ficam sabendo a causa de algum desequilíbrio e sabem a oferenda a ser feita para restaurar o equilíbrio perdido. A função mais importante da consulta é justamente dar às pessoas uma resposta sobre o caminho para a conquista da harmonia. A consultação segue sempre o caminho da oferta e retribuição: Cada resposta de Ifá (oferta) exige do consulente uma oferenda (retribuição). Sem esta oferta e restituição não seria possível a consulta a Ifá.

A consulta a Ifá ocorre através dos Babalawôs. Para isso, eles utilizam o sistema de 16 nozes de palma que são jogadas e, conforme elas caem, formam uma figura[60]. Este procedimento é repetido diversas vezes e a resposta às perguntas é lida a partir das combinações de figuras. Este sistema de consultação, altamente desenvolvido e complexo, era muito utilizado entre os Yorubas e seus vizinhos na África. Não era, porém, a única técnica de oráculo praticada.

Este sistema altamente complicado de oráculo yorubano através das 16 nozes de palma de consultação a Ifá parece que pouco ou nunca foi praticado no Brasil[61], embora o Candomblé brasileiro apoie-se muito na consultação. Aqui impuseram-se, sobretudo, outros métodos de consultação mais fáceis de serem manipulados

---

60. Cada uma destas figuras é chamada de Odu (destino). O sistema de consultação está construído sobre uma base de 256 figuras diferentes (16 x 16). Cf. KOCH-WESER, M.R.M.: Yoruba-Religion, 51.
61. Diversos motivos contribuíram para que este sistema não se desenvolvesse no Brasil. Primeiro não se tem a certeza se algum Babalawô africano tenha vindo ao Brasil como escravo ou – em caso positivo – que tenha conseguido ensinar o sistema a sucessores. Em segundo lugar, espalharam-se pelo Brasil outros métodos mais simples de consultação de modo que tanto o culto como a fé em Ifá foi diminuindo. A utilização de métodos mais simples de consultação não necessita de uma classe de sacerdotes especialistas. O método de consultação que mais se desenvolveu no Brasil foi o do jogo de búzios que praticamente substituiu a consultação a Ifá. Este método é utilizado principalmente pelas Ialorixás e pelos Babalorixás.

como, por exemplo, o jogo de búzios, onde a resposta não precisa ser lida a partir de uma complicada combinação de figuras, mas em um sistema dual de sim ou não.

Ifá permaneceu, pelo que tudo indica, uma figura poderosa no Candomblé, apenas em nível teórico. A figura importante e poderosa de Ifá que se conhece dos Itans não corresponde à figura não tão importante no culto. Como figura sincrética, Ifá é identificado com todos os santos ou com São Francisco.

3.17. Oxalá

Oxalá é o mais importante e o mais poderoso dos Orixás, bem como o Orixá mais cultuado do Candomblé baiano. Ele também é conhecido por outras designações como Obatalá, Orixalá ou Orinxalá[62]. Oxalá é o primeiro dos Orixás. A ele deu Olorum a tarefa de criar a terra com tudo o que nela existe[63]. Água, terra e ar são associados a Oxalá, como elementos básicos dos quais surgiu a criação. Estes elementos estão sob o domínio de Oxalá. O Axé de Oxalá (a força dinâmica da água, da terra e do ar) é responsável por toda a criação. Por

---

62. O nome Oxalá – nome este mais utilizado no Brasil para este Orixá – parece ser quase que desconhecido na África. A. Ramos supõe que este nome seja uma simplificação de Orixalá. Cf. RAMOS, A.: Negro, 38. Os nomes Obatalá (derivado de Abati – ala, rei da brancura ou da pureza, ou de Aba – ti – nla, rei que é grande) ou Orixalá [ou Orinxalá] (ori – sha – nla, o grande Orixá) são utilizados com mais frequência na África. Id.: Introdução 2, 259. Não está claro se estes nomes na África não eram utilizados para diferentes Orixás. Na Umbanda, Obatalá e Oxalá são entidades diferentes. Cf. CARVALHO DA COSTA, V.: Umbanda 1, 128-131.

63. Um longo Itan conta a história da criação da terra e todas as criaturas. Resumindo, se pode dizer: Obatalá recebeu de Olorum o "saco da existência" para que pudesse criar a terra e suas criaturas. No caminho para realizar sua tarefa, Obatalá teve sede e bebeu vinho de palma. Com isso, ele perdeu a consciência e adormeceu profundamente. Os outros Orixás viram a cena e queriam acordar Obatalá. Este, porém, continuou a dormir. Eles tomaram então o "saco da existência" e o levaram de volta a Olorum. Este deu então aos Orixás a tarefa de criar a terra. A Oduduwa coube a tarefa de liderar os outros Orixás. Quando Obatalá acordou dirigiu-se a Olorum cheio de raiva, pois lhe haviam tirado o "saco da existência". Olorum deu a ele então o poder de criar todos os animais, as plantas e os seres humanos para povoar a terra. Por isso, Obatalá tem o poder sobre todas as criaturas. Cf. ELBEIN DOS SANTOS, J.: Nàgô, 61-64. Uma outra versão deste Itan: Cf. LINARES, R.A. et. al.: Cosme, 47-48.

isso, Oxalá domina a criação como um todo, a vida e a morte. Todas as criaturas estão sob a proteção e responsabilidade de Oxalá. Também os outros Orixás reconhecem a sua primazia[64].

Obatalá é identificado com o céu. Ele incorpora a força criacional masculina; sua cor é o branco, a cor da vida e da morte. A maioria das características africanas de Oxalá foram conservadas no Brasil: seu papel na criação, a cor branca, sua posição de primazia. Da mesma forma, foram conservados diversos Itans sobre Oxalá[65] e, igualmente, tabus alimentares ou a proibição dos filhos de Oxalá de tomar bebidas alcoólicas[66]. Alguns aspectos do Obatalá africano são praticamente inexistentes no Brasil, como, por exemplo, a grande rivalidade entre Obatalá e Oduduwa (força criacional masculina e força criacional feminina)[67].

Oxalá incorpora nos terreiros tanto na figura de um velho, alquebrado e doente (Oxalufã), como também numa figura jovem e viril (Oxaguiã). Nestas duas formas de manifestação de Oxalá espelha-se novamente a sua responsabilidade pela vida, que é um contínuo ciclo de nascimento, envelhecimento e morte. Com Oxalá também são relacionadas as virtudes da sabedoria e do equilíbrio.

No Candomblé baiano, Oxalá é identificado sincreticamente com Jesus Cristo (especialmente com o Senhor do Bonfim), embora não se tenha transferido para Oxalá nenhum traço da pessoa históri-

---

64. Numa cerimônia a Oxalá, utiliza-se um grande pano branco e todos os membros do terreiro cantam e dançam em torno do pano, pedindo a proteção de Oxalá para todas as criaturas. Como Oxalá é senhor da vida e da morte, seu poder estende-se tanto sobre o Aiye como sobre o Orum. Cf. ELBEIN DOS SANTOS, J.: Nàgô, 75-77.
65. Muito popular é o Itan sobre a visita de Oxalá ao rei Xangô – seu vizinho, rei ou seu filho, conforme versões diferentes – com todos os mistérios que acompanham esta viagem. Uma versão pode ser lida em CARVALHO DA COSTA, V.: Umbanda 1, 129-130. Este Itan é contado para esclarecer o costume da "lavagem do Senhor do Bonfim".
66. Cf. Anexo 1: Entrevistas I,5.
67. Segundo J. Elbein dos Santos, Oxalá reúne em si Obatalá e Oduduwa. Cf. ELBEIN DOS SANTOS, J.: Nàgô, 59. Oxalá seria então uma figura hermafrodita. O mais comum, porém, é a apresentação de Oxalá como uma figura masculina. Cf. BASTIDE, R.: Religiões, 347-348.

ca de Jesus. Esta identificação colaborou para reforçar no Brasil a posição de primazia de Oxalá sobre os outros Orixás, bem como para o fato de que sexta-feira seja considerado o dia de Oxalá[68].

4. O RELACIONAMENTO ENTRE PESSOAS (FIÉIS) E ORIXÁS: A RESPONSABILIDADE PELA ORDEM DO UNIVERSO

Na tradição do Candomblé, as pessoas e os Orixás são responsáveis – cada um à sua maneira – pelos acontecimentos na vida de cada indivíduo, pelos acontecimentos na vida comunitária e também pelos acontecimentos na totalidade do mundo. A manutenção do equilíbrio tem seu ponto crucial justamente na relação entre pessoas e Orixás. A aliança de seres humanos e Orixás é uma união que pode levar à perdição ou à harmonia. Nesta relação, também se dá o cruzamento entre os dois mundos, entre os dois níveis da existência: o Aiye e o Orum. Baseado nesta relação irá acontecer a troca de Axé; troca esta que permite a dinâmica nos dois níveis da existência. O esquema do "dar e receber" como meio de troca de Axé ganha um significado especial quando se leva em conta que tanto as pessoas como os Orixás dependem desta troca. Os Orixás só podem transmitir Axé à medida em que o Axé é liberado pelo sistema do dar e receber e as pessoas só podem receber a força da dinâmica à medida em que participam deste sistema.

Neste ponto de interseção (entre Orum e Aiye), a pessoa humana encontra-se tanto como indivíduo como também como ligação entre os Orixás e a comunidade humana, entre os Orixás e todo o Aiye. A pessoa encontra-se nesta relação como indivíduo – e desta relação depende seu destino –, mas também como elo de ligação do todo. O Axé liberado por esta relação proporciona a força da dinâmica ao in-

---

[68]. Na sexta-feira é costume que não se faça no Candomblé jogo de búzios. Segundo F. Portugal esta tradição está ligada à primazia de Oxalá. No caso de haver uma previsão ruim neste dia, a quem se poderia pedir ajuda, já que Oxalá é o mais poderoso dos Orixás? Cf. PORTUGAL, F.: Exu, 65.

divíduo e à comunidade. Não há nunca uma relação da comunidade como tal com os Orixás. Esta é feita sempre passando pelo indivíduo. Com isto, cada pessoa é um ponto de relação da comunidade com os Orixás. Com isto, se conclui que a relação entre cada pessoa e o Orixá nunca é uma relação que diz respeito apenas à pessoa. Através da pessoa, o Orixá entra em contato com toda a comunidade humana e com a natureza. E este contato é decisivo tanto para a pessoa como para a comunidade, pois o Axé liberado nesta relação reverte tanto em favor da dinâmica individual como da comunitária. Nesta ligação do indivíduo com os Orixás apoia-se a comunidade e com isso cada qual tem uma certa responsabilidade pelo bem de todos.

Ao mesmo tempo, não se pode ver o indivíduo em sua ligação com o Orixá como um elo perdido e solitário. Ele é sempre parte de uma comunidade. A ligação insubstituível do indivíduo com os Orixás só é possível por este estar inserido na dinâmica da comunidade. Como membro da comunidade o indivíduo assume na iniciação obrigações que o ligam ao Orixá. Estas obrigações que ligam o iniciado à comunidade e ao seu Orixá determinam grande parte da vida do membro dum terreiro.

A ligação entre uma pessoa e seu Orixá influencia tanto o seu comportamento no dia a dia, como as grandes decisões em sua vida. Tanto as coisas mais simples como a forma de vestir ou o costume alimentar como o próprio caráter de uma pessoa é influenciado de forma decisiva pela sua pertença a um determinado Orixá[69]. Embora o número de Orixás cultuados no Brasil não seja tão grande, o número de combinações de pertença a Orixás é muitíssimo variado. O

---

69. "A crença na possibilidade de interação entre a personalidade dos fiéis e a dos Orixás é que faz considerarem bons trabalhadores aos 'filhos' de Ogum; ou turbulentos, imperiosos, aventureiros aos 'filhos' de Xangô; ou vaidosas, inconstantes e volúveis as 'filhas' de Oxum", etc. BASTIDE, R.: Candomblé, 258. Partindo justamente da ideia de que os filhos de um mesmo Orixá têm características comuns, um caráter parecido e o mesmo tipo psicológico, o Babalorixá Mário C. Barcellos escreveu o livro *Os Orixás e a personalidade humana* com o subtítulo "Quem somos? Como somos?", no qual ele tenta justamente analisar o caráter e a personalidade dos filhos de cada Orixá. Cf. BARCELLOS, M.C.: Personalidade, 13-68.

número de combinações aumenta tanto pelo fato de um mesmo Orixá poder aparecer de muitas formas como também porque cada pessoa não tem apenas um Orixá, mas vários. Cada pessoa tem um Orixá principal, o chamado Olori, do qual se diz que ele rege a cabeça da pessoa e deste Orixá a pessoa é filho(a). Além deste, cada indivíduo é influenciado por outros Orixás[70]. Por causa da influência de diversos Orixás sobre uma pessoa é que se explica a diferença de caráter existente entre os filhos dum mesmo Orixá. As diversas combinações formam a genuinidade de cada indivíduo e a pertença a um Orixá principal é responsável pelas características comuns entre os filhos de um mesmo Orixá.

A relação entre Orixá e pessoa não é uma ligação apenas vertical, mas cria as condições para relações horizontais, isto é, para relações entre as pessoas. As relações entre as pessoas também são interpretadas a partir da pertença destas aos Orixás. Relações entre filhos de certos Orixás são privilegiadas, enquanto que outras são desaconselhadas[71]. A decisão para um casamento, por exemplo, pode ser fortemente influenciada pela pertença ou não do parceiro a um determinado Orixá[72]. "A infelicidade no casamento é, às vezes, explicada pela pertença dos parceiros ao mesmo Orixá ou Orixás que não combinam entre si"[73].

---

70. Um Babalorixá apresenta a seguinte escala de influência dos diversos Orixás sobre uma pessoa: o Orixá principal (Olori): 50%; o 2º Orixá (Ajuntó): 25%; o 3º Orixá (Eketá): 15%; o 4º Orixá (Ekerim) 7% e o 5º Orixá (Orixá de carrego): 3%. Cf. BARCELLOS, M.C.: Personalidade, 10. Além destes Orixás, cada pessoa possui também um Erê (Orixá-criança), um Egun (herança dos antepassados) e um Exu (possibilitador da comunicação). Cf. GOLDMAN, M.: Construção, 37-38..

71. Um exemplo de uma lista detalhada do relacionamento entre os filhos e filhas dos diversos Orixás com sua vantagem e desvantagem pode ser encontrada em BARCELLOS, M.C.: Personalidade, 69-83.

72. Para um casamento se leva em conta a pertença da pessoa a um Orixá. Filhos de um mesmo Orixá não devem se casar. Cf. BASTIDE, R.: Religiões, 314. Da mesma forma, pessoas que foram iniciadas por um mesmo Babalorixá ou uma mesma Ialorixá não deveriam casar entre si, pois são considerados irmãos.

73. KOCH-WESER, M.R.M.: Yoruba-Religion, 185.

Cada iniciado deve cumprir suas obrigações perante seu Orixá[74]. É preciso que ele faça as oferendas regulares prescritas, que cuide do Pegi, de modo que não deixe a Quartinha secar, etc. Estas obrigações regulares são determinadas através de uma espécie de calendário litúrgico. Além das obrigações rituais prescritas do iniciado para com seu Orixá, cada fiel desenvolve um relacionamento particular com o seu, marcado com piedade e atitudes próprias[75]. Cada membro do Candomblé faz um culto doméstico a seu Orixá. Este culto (devoção) particular tem um papel importante no dia a dia dos fiéis. Também através da oração pode o fiel sentir-se em contato com seu Orixá, onde se forma uma relação de confiança e fé. Claro que a intensidade da piedade particular depende de caso para caso. A piedade individual é um contraponto no relacionamento entre o Orixá e o fiel, relacionamento este marcado um tanto pela mentalidade de negócio: se dá algo para se receber alguma coisa em troca. "Às vezes se tem a impressão que os préstimos dos Orixás são comprados através das oferendas"[76]. Não é tão fácil distinguir onde está o limite entre um negócio com os Orixás e uma troca em favor de toda a comunidade, como também não é clara a distinção entre ação em favor de interesse pessoal e ação em interesse da comunidade. Não se pode nunca excluir a possibilidade de um mau desenvolvimento no relacionamento entre o fiel e o seu Orixá ou de uma utilização maldosa desta relação. Estes fatos não são, porém, determinantes para a religião do Candomblé[77].

---

74. Quanto mais alto o grau da pessoa na hierarquia duma casa de Candomblé, maior é o número de obrigações a serem cumpridas. Cada pessoa que passou pela lavagem das contas e pela cerimônia do Bori tem obrigações para com o Orixá.
75. Alguns exemplos a respeito veja no Anexo 1: Entrevistas II,6; III,7; IV,9 VI,8; VII,3; VIII,8-9; X,2.
76. KOCH-WESER, M.R.M.: Yoruba-Religion, 69.
77. Muitas das acusações que se fazem no Brasil contra as religiões afro-brasileiras em geral têm por base justamente uma experiência com uma "atrofia" religiosa, onde o relacionamento entre fiel e Orixá é utilizado para prejudicar pessoas. Este tipo de fenômeno, que não é nenhuma exclusividade das religiões afro-brasileiras e pode ser encontrado em todas as religiões, é muito combatido pelas próprias religiões afro-brasileiras. Cf. CARMO, J.C. do: Candomblé, 43. Cf. tb. Anexo 1: Entrevistas XII,11.

A vida como um todo de um fiel do Candomblé é influenciada pelo seu relacionamento com o Orixá, e é a partir deste relacionamento que a própria vida é vista e interpretada. Esta ligação é, por assim dizer, a chave de leitura, com a qual o fiel lê a sua vida, a vida da comunidade, o mundo e todos os acontecimentos. Com isso, todos os acontecimentos e desenvolvimentos são sempre vistos à base e à luz da tradição comum e, destarte, a própria vida é sempre medida com a tradição. A busca de resposta a problemas através da consulta a Ifá (ou Exu) mostra que os fiéis procuram sempre novamente interpretar suas vidas a partir da tradição dos Orixás e nesta tradição buscam a solução para seus problemas.

O relacionamento entre os Orixás e os seres humanos é visto e avaliado sempre no Candomblé como algo positivo. Um dos sinais deste relacionamento é a alegria[78]. Os seres humanos não estão entregues a forças mágicas e incontroláveis. O próprio nome para o relacionamento com os Orixás revela algo de seu caráter: os iniciados são chamados filhos de santo. O relacionamento é caracterizado, pois, como familiar. Não se trata obviamente de um relacionamento entre iguais, mas sem dúvida de um relacionamento onde cada uma das partes é imprescindível e ativa.

Na caracterização do relacionamento entre o Orixá e o iniciado como filiação fica muito bem expressa a proximidade desta relação. A imanência (Aiye) e a transcendência (Orum) no Candomblé são entendidas como muito próximas, chegando, inclusive, a uma unificação no momento do transe. Neste momento o próprio Orixá está presente[79]. A pessoa que recebe o Orixá despe-se naquele momento de sua cotidianidade humana e é revestida pela personalidade do próprio Orixá[80].

---

78. Cf. Anexo 1: Entrevistas III,7; IV,4.

79. "Dentro da atmosfera misteriosa do transe é que o fiel vivencia a experiência do sagrado do próprio Orixá, o mesmo Orixá.". SOMETTI, J.: Maravilhoso, 100.

80. "Agora não são mais os negros, os mulatos, e, muitas vezes, também os brancos – são os deuses da África que dançam."; BASTIDE, R.: Estudos, 300. Pessoas que são marginalizadas em todos os sentidos na sociedade experimentam no momento do transe um momento de libertação de sua situação deprimente. A posição social é no transe quase que invertida. Cf. GOLDMAN, M.: Construção, 28.

São os Orixás que se aproximam dos seres humanos. Enquanto outras religiões, como o Cristianismo ou o Islamismo, falam em elevação da alma à transcendência através de exercícios espirituais, no Candomblé é a transcendência (os Orixás) que desce aos humanos.

A situação psicológica ou a função social do transe podem ser analisadas a partir de ciências como a psicologia, a medicina, a sociologia. E, de fato, já se fizeram muitos estudos a partir destes pontos de vista. Para a experiência religiosa, porém, o que está em jogo não são as conclusões destas ciências. Do ponto de vista religioso, é importante notar que no momento do transe, por um pequeno espaço de tempo, a tão desejada e procurada unidade entre ser humano e Orixá – entre Aiye e Orum – torna-se realidade. Nesta unidade o ser humano não é um mero objeto passivo ou um espectador; ele é um fator ativo desta unidade. Em sendo um fator ativo, o ser humano oferece a sua contribuição para a harmonia do universo.

Esta grande responsabilidade do ser humano como participante ativo na manutenção do equilíbrio é motivo de esperança e ao mesmo tempo garantia de proteção. Está ao alcance do ser humano e da comunidade assumir parte da responsabilidade pela continuidade da vida. Esta certeza marca as pessoas e funciona como laço que une no compromisso os membros de uma comunidade. "A ligação permanente com um grupo de culto determina em sentido amplo a vida dos membros da comunidade. Eles têm obrigações e objetivos e se apoiam mutuamente. É visível nos bairros pobres que, por exemplo, as crianças de membros do culto tenham uma aparência mais saudável e asseada que as dos seus vizinhos. É visível que os membros do terreiro irradiem mais alegria e esperança que seus vizinhos, mesmo quando a situação de vida não dá motivo para tal. Os Orixás não apenas exigem. Eles são também companheiros e poderosa proteção. O contato com os Orixás tem no mais das vezes um caráter de alegre confiança e não há diante deles o temor que se deveria esperar quando se lê suas características nos mitos africanos.

Eles são humanos e até certo ponto previsíveis. Se o iniciado cumpre suas obrigações, não há o que temer"[81].

Esta atmosfera de alegria torna-se claramente perceptível no momento de maior intimidade no relacionamento entre Orixá e ser humano: o transe é um momento de festa, de música, de alegria, de dança. Os Orixás possuem os corpos de seus filhos para desfrutar de um momento de alegria. Para os membros do culto, o transe é igualmente um momento de alegria: a ligação entre Orum e Aiye não está interrompida, o Axé continua a ser trocado. Esta certeza dá a todos a segurança de que a dinâmica da vida está garantida[82].

5. O MAL: UM DISTÚRBIO NO EQUILÍBRIO

A relação para com seu Orixá é, para o fiel, sempre o esquema básico no qual ele irá medir todas as suas outras relações. Todas as atividades de alguém – para consigo mesmo, diante dos outros, diante da comunidade, diante da natureza – têm sua parcela de participação na ligação que tem esta pessoa com o seu Orixá e com os Orixás em geral. Todas as iniciativas e todos os acontecimentos têm, para um iniciado, um significado dentro do sistema religioso. Uma divisão entre área ou atividade profana e religiosa é estranha e sem sentido neste sistema religioso. Tudo o que existe, encontra-se no sistema e dele participa à medida em que tem dinâmica, em que recebe Axé.

Todas as atividades humanas são vistas também por este prisma: elas estão sempre ligadas ao sistema e são julgadas à luz desta ligação. O objetivo do sistema religioso do Candomblé – e, com isso, o objetivo último de todas as atividades religiosas – é manter a harmonia entre o Orum e o Aiye, entre os Orixás e os seres humanos. Esta harmonia possibilita o desabrochar, o desenvolvimento e a realização humana, bem como a realização de todas as coisas. Uma per-

---

81. KOCH-WESER, M.R.M.: Yoruba-Religion, 219. "Não se tem medo do Orixá; ao contrário, ele é amado." DE L'ESPINAY, F.: Igreja, 877. Cf. tb. Anexo 1: Entrevistas I,7; IX,6; XI,7.
82. Cf. Anexo 1: Entrevistas XI,2.

turbação neste equilíbrio impede o desenvolvimento e o desabrochar do ser humano. Não apenas o ser humano, mas todo o seu contexto são atingidos por um distúrbio no equilíbrio.

Nada pode ser visto como sendo neutro diante desta harmonia. Tudo o que acontece pode contribuir para manter o equilíbrio ou para perturbá-lo. Todas as atividades humanas são valorizadas e interpretadas a partir deste esquema. Também os acontecimentos da vida são analisados a partir deste ponto de vista. Uma doença, por exemplo, não é nunca para um membro do Candomblé um acaso, não é algo que diz respeito apenas a um determinado órgão do corpo humano, mas sim à pessoa como um todo e seu contexto. Uma doença é sempre consequência de uma desarmonia e, por isso, nunca é uma questão apenas física. Ela é sintoma de algum distúrbio no equilíbrio. Algum comportamento perturbou a harmonia e como consequência possibilitou o surgimento da doença. A cura da doença deve ter, pois, como objetivo, restabelecer a harmonia e não apenas eliminar o sintoma físico. Quando a harmonia é restabelecida, o sintoma físico desaparece. Toda terapia contra uma determinada doença consiste, no Candomblé, tanto na prescrição de ervas como também numa série de ritos, oferendas e orações. Esta terapia é mais ampla que uma terapia como a entende a medicina comum[83]. Há uma ligação causal entre desarmonia e doença, entre harmonia e saúde. Como a harmonia não é uma questão apenas individual, a desarmonia não tem necessariamente sempre a origem na própria pessoa, pois a ligação entre a pessoa e o seu Orixá faz parte do todo da relação entre Aiye e Orum.

---

83. "Nossa religião não é Medicina, não é ciência. Nosso trabalho é mais missionário que científico. Nós combatemos as causas das doenças e os médicos combatem os efeitos.". Palavras de um Babalorixá em MONTEIRO, P.: Doença, 125. Este livro analisa a ideia de doença e cura na Umbanda. A ideia de que uma doença é consequência de uma desarmonia, de uma desordem e que a cura só é possível através do restabelecimento da ordem, está presente em todas as religiões afro-brasileiras. Não se pode, porém, negar que justamente este campo da doença e da cura seja um terreno fértil para charlatães.

Da mesma maneira como o processo de uma doença é interpretado e resolvido, assim também são entendidas no Candomblé azar e sorte, mal e bem, realização ou perdição. Na verdade, não existe no Candomblé azar ou sorte, nem bem ou mal. Todas as atividades ou acontecimentos podem levar à harmonia ou perturbar a harmonia. Em âmbito pessoal, todas as atividades podem levar a uma maior proximidade ou maior distância para com os Orixás, com todas as consequências que isto traz consigo. Em âmbito maior, todas as atividades podem levar a uma melhor ou pior relação entre o Aiye e o Orum, podem levar a uma troca de Axé – e, com isso, à garantia da dinâmica e da harmonia – ou dificultar que ela aconteça. O mal é, portanto, entendido primordialmente como o impedimento da harmonia; e o bem é a harmonia acontecendo. A harmonia ou o equilíbrio são o ponto de referência e de interpretação de tudo.

A procura de harmonia ou equilíbrio na vida é muitas vezes o motivo que leva alguém a procurar uma comunidade de Candomblé e a decidir-se pela iniciação. Através da iniciação se espera ganhar a proximidade e a proteção dos Orixás e com isso garantir o Axé como dinâmica da vida. Na compreensão do Candomblé, a pessoa pode participar, através de uma vida religiosa ativa, na manutenção da harmonia e, através de meios religiosos, afastar os fatores que ameaçam esta harmonia.

A ideia de que possa existir algo absolutamente bom ou absolutamente mau é com isso estranha à compreensão do Candomblé. Não existe o bem ou o mal em si. O que existe é um maior ou um menor equilíbrio, uma maior ou uma menor harmonia. Não se trata aqui apenas de um jogo de palavras, mas sim de uma estrutura de pensamento religioso para o qual a busca da unidade ou harmonia entre ser humano e Orixá é a medida para todas as coisas. Tudo gira em torno deste eixo no sistema religioso do Candomblé. E como este sistema é entendido como algo dinâmico, a harmonia ou o equilíbrio não é uma propriedade estática. E como ela não é algo conquistado uma vez por todas, a harmonia precisa ser sempre buscada, o equilíbrio precisa ser permanentemente mantido. A troca do Axé permite que isto aconteça sempre novamente.

Capítulo 8: AXÉ: ENERGIA QUE TUDO TRASPASSA, MOVIMENTA E POSSIBILITA

As atividades humanas como constante busca e esforço pelo equilíbrio e harmonia entre Orum e Aiye, a ligação permanente com os Orixás como garantia da harmonia, a harmonia entre seres humanos e Orixás como condição para o desabrochar e a manutenção da vida, a troca de Axé entre seres humanos e Orixás como fator mais importante da harmonização, todos estes elementos são pontos centrais da fé no Candomblé. O ser humano sozinho não tem condições de alcançar a realização. Ele necessita dos Orixás, ele necessita da energia que deles advém. A obtenção de Axé dos Orixás é o objetivo principal do contato humano com eles, da busca humana da religião[1]. O Axé é entendido como força, como energia que tudo traspassa, tudo movimenta, tudo dinamiza, tudo possibilita. Não a existência em si é possibilitada pelo Axé, mas sim o seu desabrochar, o seu vir a ser. "O conceito de 'axé' é fundamental na cultura africana. 'Axé' é energia, força vital que constitui e mantém dinamicamente a ordem cósmica"[2]. Ele diz respeito tanto às pequenas coisas do dia a dia como também às grandes decisões da vida, ele relaciona-se tanto com o indivíduo como com a comunidade, ele dinamiza tanto os seres humanos como também toda a natureza. Sem a força do Axé todo o sistema não teria dinâmica, tudo estaria paralisado. As ativi-

---

1. Cf. AUGEL, M.: Jesus, 35.
2. BENÍCIO, J.C.: Axé, 44.

dades rituais, através das quais acontece a troca de Axé, tem, no fundo, a função de impedir a paralisação do sistema. As obrigações, que cada qual assume através da iniciação, são não apenas obrigações diante dos Orixás, mas também obrigações diante e em favor da própria comunidade humana. Estas obrigações são fonte de energia da vida, são a garantia para a troca de Axé. O Axé não é uma dádiva casual dos Orixás. Ele é a energia dos Orixás, mas a fonte primordial de Axé é Olorum. Os Orixás – assim se pode dizer – são os administradores desta energia. Olorum é a energia primordial, é dele que emana a possibilidade da dinâmica. Através das atividades rituais, o Axé é liberado. Ele é objetivo e resultado da ligação entre seres humanos e Orixás, entre Orum e Aiye. Ele é o objeto desta ligação, o "combustível" para a harmonia e o equilíbrio.

1. AXÉ: LIGAÇÃO ENTRE SERES HUMANOS E ORIXÁS

No processo de troca de Axé, a comunidade do Terreiro tem um papel muito importante. Somente na e através da comunidade uma pessoa tem acesso às atividades rituais no Candomblé. O terreiro é o lugar que concentra o Axé, e a partir dele o Axé é irradiado. Da mesma forma que o contato com os Orixás só é possível via comunidade, a obtenção do Axé também só é possível em ligação com a comunidade. O terreiro não é a fonte do Axé, mas sim o lugar onde ele está "plantado", onde ele está concentrado e a partir do qual ele é partilhado. O Axé é o maior tesouro e o sentido último de uma casa de culto.

É muito significativo notar que, na teologia do Candomblé, a comunidade esteja no centro da busca de harmonia, de ligação com os Orixás. A manutenção do equilíbrio, a possibilidade do desabrochar e do desenvolvimento da vida, a concentração do Axé é uma tarefa comum e comunitária. É tarefa da comunidade conservar e reforçar o Axé. Há em cada terreiro três pontos através dos quais o Axé é reforçado e trocado:

a) O Pegi de cada Orixá. No Pegi, local onde se encontram os símbolos de cada Orixá e local onde o Orixá foi fixado no terreiro, concentra-se o Axé deste Orixá. Diante do Pegi são colocadas as oferendas e acontecem atividades rituais[3]. Tanto pelas oferendas como pelos ritos, o Axé do Pegi é fortalecido e distribuído. Diante do Pegi, concretiza-se o esquema da oferta e devolução. Através da oferenda devolve-se ao Orixá o Axé recebido; este, por sua vez, tem seu Axé fortalecido e pode oferecê-lo novamente aos seus filhos e filhas.

b) Membros do terreiro. Cada membro do terreiro é portador de Axé. Durante a iniciação é feita a fixação do Orixá na cabeça do iniciando e através disso cada membro do terreiro torna-se portador desta força de vida[4]. Este Axé pessoal é interpretado em primeiro lugar como força e dinâmica para a vida desta pessoa. O Axé é mantido, revivificado e fortalecido através das obrigações regulares de um iniciado. Cada iniciado é, porém, membro de uma comunidade e só no âmbito desta comunidade devem ser feitas as cerimônias para fortalecimento do Axé. A comunidade é o local de facilitação da ligação entre pessoa e Orixá. Destarte, as obrigações de cada iniciado para com seu Orixá são feitas no âmbito da comunidade, mas também em favor da comunidade. Como as obrigações dos diversos membros do terreiro são diferentes e dependem em muito da posição ocupada na hierarquia da casa, também o Axé de cada pessoa é diferenciado e é avaliado pela importância da pessoa em questão para a casa. A Ialorixá ou o Babalorixá, como primeiro responsável pelas obrigações de uma casa para com os Orixás, é portador de um Axé mais forte[5]. Em contrapartida,

---

3. "As pessoas não entendem muitas vezes este comer, por parte do Orixá. Este comer é um comer fluídico, é um comer mítico. O Orixá não senta para comer. Ele, na verdade, não se alimenta do acarajé. Isto são formas. Como estas comidas todas têm muitas potências energéticas, ele revive, através destas situações, funções que ele desconhecia em seu psiquismo que são dos antepassados". Cf. Anexo 1: Entrevistas XII,4.

4. Através da cerimônia do Bori (dar de comer à cabeça) o Orixá é fixado e reforçado na cabeça (Ori) de cada pessoa. Esta cerimônia pode ser repetida muitas vezes na vida, toda vez que a pessoa se sentir fraca, quando sentir que há algum desequilíbrio. Os problemas que aparecem na vida de uma pessoa são interpretados como sinal de fraqueza do Axé pessoal e exigem que se faça uma cerimônia extraordinária para fortalecimento do Axé pessoal. A cerimônia do Bori não é privativa para iniciados no Candomblé.

5. Cf. ELBEIN DOS SANTOS, J.: Nàgô, 43. O fato de se entender que a pessoa que conduz o terreiro tem um Axé mais forte dá a ela uma posição de poder diante dos outros membros da casa. Por outro lado, a coloca, porém, numa posição de maior responsabilidade pela harmonia. Reveses na dinâmica de uma casa são atribuídos à falta de jeito da pessoa que a conduz.

sua responsabilidade pela troca do Axé, pela harmonia da vida no terreiro, é também maior. Através do Axé presente em cada pessoa, fica clara a ligação de cada pessoa com os Orixás. A matéria que os liga (o Axé) está presente nos dois lados desta relação. Os Orixás são forças do Orum, de um outro nível de existência. Através do Axé, estas forças se ligam com seus filhos. Pelo fato de cada pessoa ser portadora de Axé, os Orixás não são forças que se encontram somente fora do ser humano. Eles estão presentes em cada ser humano. Eles moram nas pessoas que são portadoras e transmissoras de Axé. Cada indivíduo, por ser portador de Axé, é uma ligação viva com o Orum e, por isso, também princípio de dinâmica e de vida. No Axé de cada um estão ligadas imanência e transcendência.

c) Nos antepassados do terreiro. O terceiro ponto de concentração do Axé no terreiro são os Eguns, antepassados humanos. O Axé individual de um membro do terreiro não desaparece com sua morte. Ele reforça o Axé da comunidade. A morte é uma devolução da vida e tem o significado de uma oferta. Por isso, ela é fonte e origem de dinâmica para a comunidade. Os Eguns são uma fonte permanente de vida e seus acentos no terreiro são portadores de Axé. O culto aos Eguns tem o mesmo objetivo que o culto aos Orixás: proporcionar a troca, a liberação e a obtenção do Axé[6].

Estes três pontos de concentração de Axé são uma garantia para a vida de um terreiro. Cada uma delas estabelece, à sua maneira, uma ligação entre o Orum e o Aiye. Esta ligação necessita de um cuidado e reforço permanentes. Quanto mais profunda for a ligação, tanto mais forte o Axé e a garantia de continuidade e desenvolvimento da vida. "O desenvolvimento do Axé individual e o de cada grupo impulsiona o Axé do terreiro; por outro lado, quanto mais an-

---

6. Embora o culto aos Eguns seja muito pouco difundido no Brasil, o Axé dos membros finados do terreiro é considerado um fator importante para a comunidade. Quando a comunidade pode contar pessoas famosas e dignas entre seus Eguns, isto é uma garantia para a força do Axé da casa. Cf. ELBEIN DOS SANTOS, J.: Nàgô, 128.

tigo e ativo é o terreiro, mais poderoso seu Axé"[7]. E da força do Axé de um terreiro todos são beneficiários: pessoa, comunidade, sociedade.

2. DINÂMICA DA VIDA

O Itan que conta a criação do ser humano através de Olorum, no qual Ikú traz um material adequado (lama) e do qual Olorum cria o humano, este Itan esclarece de maneira muito plástica a dinâmica da vida, na compreensão do Candomblé[8]. Ikú é intimado a devolver a lama, de modo que sempre haja lama para novas criações. Este esquema pode ser aplicado para toda a existência no nível do Aiye, trocando a lama por Axé e Ikú pelos Orixás. Quanto mais lama houver, maior a garantia da possibilidade e desenvolvimento de novas existências. Quando nada é devolvido, nada pode ser criado. Se aos Orixás nada é dado, também eles nada podem dar. Oferta e devolução se exigem e se possibilitam mutuamente. Esta reciprocidade é representada substitutivamente no Candomblé. As oferendas substituem a devolução da vida e possibilitam nova força, nova energia, dinâmica para a existência. A substituição através da oferenda evita a morte da existência e abre o caminho para sua realização. "O sacrifício é destinado antes de tudo a enganar a morte" (Maupoil)[9]. A existência e seu desenvolvimento é assim possibilitada através da troca do Axé, que, por sua vez, acontece através da oferta. Quanto mais Axé for trocado, maior é a dinâmica da vida.

A existência em si é um presente unilateral de Olorum, do qual também os Orixás tomam parte. A manutenção, a realização, o desenvolvimento e a continuidade da existência precisam, por sua vez, ser realizadas através do sistema da oferta e devolução. A dinâ-

---

[7]. MONTEIRO, P.: Doença, 166.
[8]. Este Itan foi contado e interpretado neste livro no capítulo 6, sob o ponto 3 "A ordem do mundo e a preservação do equilíbrio: o culto e seus locais".
[9]. Aqui apud ELBEIN DOS SANTOS, J.: Nàgô, 223.

mica da vida é resultado da troca, da ligação permanente entre os seres humanos e os Orixás, entre Aiye e Orum. A existência da vida é um dom. Sua dinamização, seu desenvolvimento e sua realização é, por sua vez, uma tarefa a ser assumida. Desta maneira, o ser humano toma parte na própria realização. Qual a direção que a existência irá tomar, se uma harmônica ou desarmônica, isto depende da disponibilidade do humano em devolver (pelas oferendas) permanentemente a energia da existência (o Axé). Sem a disponibilidade da devolução, não há oferta; sem Axé, não há possibilidade de desenvolvimento do ser.

A vida e seu vir a ser não é compreendida no Candomblé como sendo um processo linear, mas, sim, uma realidade que sempre novamente precisa se constituir, precisa ser dinamizada. Com uma palavra: a vida é Axé, a energia de realização da existência – tanto da existência individualizada como da existência em geral. Tudo aquilo, pois, que toma parte na dinâmica da vida, é portador e transmissor do Axé, tanto pessoas como objetos. Todo o terreiro é impregnado, embebido com Axé, de modo que ele é o ponto central da troca de Axé. O ritual é o caminho e a oferta, o objeto na troca. Pela oferenda, o Axé é liberado e através dos rituais, ordinários ou extraordinários, acontece a troca do Axé[10]. A devolução e redistribuição do Axé através da oferenda e do rito é a única possibilidade para a manutenção da harmonia entre os dois níveis da existência e a garantia para a dinâmica da mesma. E este é, no fundo, o objetivo e o esforço comum da comunidade dos fiéis. A Olorum deve a existência o "ser", o "existir", e ao Axé deve a existência o seu "modo de ser".

---

10. "Como é possível potencializar o Axé, ou evitar que ele diminua? A resposta é clara: fazendo e dando as 'obrigações' prescritas. Cuidando do santo; lavando as contas; preparando as comidas; confeccionando os trajes, sacrificando os animais; guardando os interditos. Cumprindo os rituais, em suma". VOGEL, A. et al.: Moeda, 17. Cf. tb. BENÍCIO, J.C.: Axé, 44.

3. O SIGNIFICADO DO AXÉ NA ORGANIZAÇÃO SOCIAL E RELIGIOSA E A SUA TRANSMISSÃO

A obtenção do Axé não é – como foi acentuado até agora – fruto de uma ação espontânea. A troca de Axé acontece através do ritual e sempre dentro do âmbito da comunidade. A tradição religiosa cuida para que este processo aconteça dentro de uma determinada ordem[11]. O culto é organizado e acontece somente dentro de uma comunidade organizada. Com isso, a obtenção do Axé não é apenas garantia para a vida do indivíduo ou da existência individual, mas também expressão e garantia de uma determinada estrutura, somente dentro da qual este processo é possível. A troca de Axé supõe uma determinada organização ou ordem, que vale tanto para o nível individual, como para o comunitário-social.

O Axé é energia, que garante dinâmica para a vida; ao mesmo tempo, é também garantia para a continuidade da comunidade e sua estrutura. Mesmo quando não se entenda que a estrutura em si seja portadora de Axé, ela é o suporte, dentro do qual a troca de Axé e o desenvolvimento da vida é possibilitado. A transmissão de Axé exige e condiciona que seja transmitida uma estrutura. O como é esta estrutura em detalhes, isto varia de terreiro para terreiro. Aqui interessa deixar claro que o processo de troca de Axé não é um acaso nem um caos. Uma determinada forma de comunidade – um terreiro – abriga, protege e garante este processo.

Através da iniciação, uma pessoa pode tornar-se membro de um terreiro e, com isso, participar ativamente deste processo de troca de Axé. A transmissão da possibilidade de participação ativa é a acolhida ou introdução da pessoa na estrutura da comunidade. A quali-

---

11. O Candomblé não conhece nenhuma instância de controle religioso e ou regras escritas reconhecidas por todos. A transmissão de ritos e costumes dentro da comunidade através de Ialorixás e Babalorixás a seus filhos e filhas é a única garantia de transmissão da ordem religiosa no Candomblé. Sobre a questão de instância de controle no Candomblé, cf. Anexo 1: Entrevistas IV,1.

dade de membro de uma casa não é uma conquista pessoal, é muito mais uma transmissão. Esta transmissão – que também é transmissão de Axé – está sob responsabilidade da comunidade; mais concretamente sob a responsabilidade de quem dirige a comunidade (Ialorixá ou Babalorixá). A obtenção da qualidade de membro de um terreiro não acontece pelo esclarecimento ou por compreensão racional de conceitos. Ela supõe condições. Em primeiro lugar, para que alguém seja membro de um terreiro, são necessárias ao menos duas pessoas, conscientes do que estão fazendo: aquele que transmite esta condição (iniciador) e aquele que a recebe (iniciando). A transmissão, em si, acontece por palavras, gestos e matéria[12]. No contexto da iniciação, estes três elementos recebem uma força simbólica. As palavras ultrapassam seu sentido semântico, os gestos são mais que movimentos, os objetos são instrumentos de Axé. Palavras, gestos e objetos recebem uma força realizadora.

Um dos gestos de grande valor simbólico na transmissão do Axé na iniciação é o mascar do Obi. Esta noz é símbolo de força, de energia (Axé). As palavras faladas depois de se ter mascado o Obi estão impregnadas com sua força. Estas palavras têm, pois, um peso especial. Elas são meios de comunicação, de integração entre a pessoa e o Orixá (comunicação vertical) e entre as próprias pessoas (comunicação horizontal e passagem do nível individual para o comunitário). No momento em que as palavras da iniciação são pronunciadas, nem é tão importante que elas sejam entendidas semanticamente[13]. O que importa é que elas cumprem uma função: portar e transmitir Axé.

"A transmissão do Axé através da iniciação e da liturgia implica a continuação de uma prática, na absorção de uma ordem, de es-

---

12. Por matéria entende-se aqui os instrumentos e objetos necessários na iniciação, como por exemplo tudo o que é necessário para um sacrifício.
13. Muitas palavras usadas no culto são de origem africana e às vezes seu significado semântico já se perdeu, ou não é do conhecimento de todas as pessoas envolvidas na cerimônia. Cf. PIEPKE, J.G.: Heritage, 168.

truturas e da história e devir do grupo ('terreiro') como uma totalidade"[14]. Através da iniciação, a pessoa assume uma responsabilidade que deve ser entendida em nível pessoal/individual. Esta responsabilidade é, porém, também uma responsabilidade diante da comunidade, da tradição, de sua preservação e transmissão. Com isso, cada iniciado é igualmente um elo de ligação com os antepassados, que desta tradição fizeram parte, e uma garantia de ligação que se estende para as futuras gerações. A transmissão do Axé é uma garantia para a continuidade da vida do indivíduo; ao mesmo tempo, este processo é uma garantia para a continuidade da estrutura comunitária e social do Candomblé; estrutura esta dentro da qual o indivíduo pode se desenvolver[15].

---

14. ELBEIN DOS SANTOS, J.: Nàgô, 46.
15. "O estado de Ser Pessoa, de Ser Humano/a, só pode ser atingido em comunidade". SETILOANE, G.M.: Teologia, 10.

TERCEIRA PARTE

A EXPERIÊNCIA DOS ORIXÁS – UM BALANÇO

Seres humanos e Orixás estão no Candomblé intimamente ligados. Uns não podem ser entendidos sem os outros e eles se possibilitam mutuamente. Do nó do relacionamento entre pessoas e Orixás depende tanto o destino pessoal de cada indivíduo como o destino de todo o sistema. A ordem do mundo, na qual os seres humanos podem encontrar sua realização, é, no fundo, consequência da harmonia entre seres humanos e Orixás. Através da harmonia no relacionamento entre seres humanos e Orixás é que se garante também a harmonia entre Orum e Aiye – os dois níveis de existência. Cada indivíduo está inserido neste sistema de responsabilidade pela harmonia através de sua inserção na comunidade. A integração na comunidade abre a cada um o caminho para entrar em contato com o seu Orixá. Através deste contato há troca de Axé e a dinâmica da vida é garantida. O relacionamento entre seres humanos e Orixás tem, no Candomblé, um significado tão decisivo, que se pode dizer que toda a religião é construída à base deste relacionamento. O eixo central de toda a religião do Candomblé é a experiência que cada indivíduo tem de seu Orixá. O exercício para este contato é o ponto central do processo de iniciação; a manutenção deste contato é o objetivo permanente de toda a atividade religiosa. A vida é lida e interpretada a partir deste contato e também a partir dele organizada. A experiência religiosa é no Candomblé indicadora e reguladora para a vida como um todo dos fiéis.

As páginas anteriores deste trabalho foram dedicadas justamente à questão da experiência dos Orixás, sua consequência (a troca do Axé) e o seu significado para a vida das pessoas no Candomblé. As próximas páginas serão dedicadas a uma espécie de balanço da experiência dos Orixás. A intenção deste balanço é dar uma visão de conjunto do significado da experiência dos Orixás. Enquanto a apresentação da experiência dos Orixás foi feita, o mais fiel possível, a partir da visão dos fiéis do Candomblé, este balanço pretende ser feito a partir do ponto de vista "de fora", ou seja, com um certo distanciamento da fé. Três perspectivas irão marcar este balanço: a busca dos seres humanos pela unidade perdida, a experiência religiosa como resposta a esta busca e a disposição humana em aceitar a troca religiosa como abertura à vida.

Capítulo 9: A ETERNA BUSCA DA UNIDADE PERDIDA

1. A ORIGEM COMO CRITÉRIO

No tempo em que Aiye e Orum ainda eram limítrofes, uma mulher estéril, esposa de um homem idoso, dirigiu-se muitas vezes a Orixalá (o criador dos seres humanos), pedindo para poder ter uma criança. Ele sempre se negara a atender o pedido. Como a mulher insistia com o pedido, Orixalá concedeu-lhe a vontade. Ela conceberia, porém sob uma condição: este rebento nunca poderia ultrapassar as fronteiras do Aiye. Nasceu um menino. Quando a criança começou a dar seus primeiros passos, os pais tomaram todo o cuidado para manter a condição colocada por Orixalá. Quando o menino cresceu, insistia para acompanhar o pai em seu trabalho no campo. Os pais utilizavam todas as artimanhas possíveis para impedi-lo, pois o seu campo ficava na fronteira com o Orum. O pai levantava-se cedo e saía de casa sem que o menino percebesse. Porém, quanto mais o menino crescia, tanto maior sua vontade de ir ao campo junto com seu pai. Quando o rapaz chegou à puberdade, levantou-se à noite, tomou o saco que seu pai levava diariamente ao campo, fez no fundo dele um pequeno buraco e colocou cinza dentro do mesmo. Quando, cedo, o pai foi ao trabalho levando o saco, deixou um rastro de cinza atrás de si. O rapaz o seguiu. Eles andaram muito, pois o campo do pai ficava justamente na fronteira entre o Aiye e o Orum. Quando o pai chegou ao campo, notou que havia sido seguido pelo rapaz. Este correu em direção ao Orum sem que o pai o pudesse deter. Todos os camponeses imploraram para que ele voltasse, mas ele não deu ouvidos. Quando ele entrou no Orum, o sentinela quis dissuadi-lo. Não teve, porém, sucesso. Estando no

Orum, o rapaz gritava e desafiava o poder de Orixalá. Muitos tentavam convencê-lo a voltar, mas ele não mostrava respeito para com ninguém. Ele atravessou todo o Orum e chegou à antessala do grande Orixalá. As blasfêmias gritadas pelo rapaz foram inclusive ouvidas por ele. Orixalá o admoestou diversas vezes. Ele, porém, não deu ouvidos e continuou a gritar, desafiando Orixalá. Orixalá, tremendamente irritado, arremessou seu Opásóró (bastão ritual) com tamanha violência, que ele atravessou todo o Orum e foi bater no Aiye. Esta batida foi tão forte que separou para sempre o Orum do Aiye. Entre Orum e Aiye apareceu então o Sánmò, que se origina do Ofurufu (hálito divino) de Olorum. Desde então, os Ara-Aiye (corpos do Aiye) não podem sem mais ir ao Orum[1].

Este Itan, recolhido por J. Elbein dos Santos, explica o porquê da divisão entre os dois níveis da existência. O relato tem diversos aspectos interessantes que ajudam a compreender o mundo religioso e a fé no Candomblé.

Primeiramente, é de se notar que Orum e Aiye, embora estando divididos e formando uma unidade, não se equiparam. O Orum tem, na fé do Candomblé, uma primazia apriorística sobre o Aiye[2]. É Orixalá que pode dar ao casal a possibilidade de ter filhos. É ele que estabelece a condição para que o desejo do casal seja atendido. Ao mesmo tempo, o Itan deixa claro que a vida é um compromisso entre os dois níveis da existência. A mulher não pode conceber sem Orixalá. Justamente a mulher, que é portadora da fecundidade, recebe esta qualidade a partir do Orum. A criança (a continuidade ou transmissão da vida) é resultado de um compromisso que envolve

---

1. Cf. J ELBEIN DOS SANTOS, J.: Nàgô, 55-56.
2. Um outro Itan conta uma desavença havida entre Orum e Aiye por causa da primazia: um dia Orum e Aiye foram juntos à caça. Ao final do dia, ambos tinham caçado apenas um rato. Cada um reclamava a presa para si, com o argumento de ser o mais velho. Como a discussão durasse muito tempo, Orum se aborreceu e foi para casa. Ele ordenou que não mais chovesse, de modo que uma grande fome adveio sobre a região. Esta durou tanto que Aiye foi convencido e teve que concordar que Orum é o mais velho. Cf. SODRÉ, M.: Terreiro, 89. Como no Itan narrado acima, aqui também fica claro que a fertilidade é controlada por Orum e, por isso, ele também é senhor do Aiye.

ambas as partes. A vida só surge nesta reciprocidade. Em outras palavras, esta reciprocidade é a condição de possibilidade do sistema. Toda dádiva tem uma contrapartida. Fica aqui novamente claro o sistema do dar e receber. Nesta correlação, tem Orum a primazia sobre o Aiye. Orixalá é quem coloca as condições.

Esta ordem é quebrada de duas maneiras no Itan relatado acima. Primeiro, a condição imposta para o nascimento do menino (ele não deveria ultrapassar as fronteiras do Aiye) não é mantida; em segundo lugar a primazia do Orum sobre o Aiye é colocada em questão (o menino desafia Orixalá). O ser humano desafia os Orixás, ele tenta insubordinar-se contra a ordem primeira. E esta é a causa da divisão entre os dois níveis da existência. Esta divisão traz uma desvantagem para o ser humano, que não pode sem mais entrar em contato com o Orum e seus seres. Os seres do Orum, especialmente os Orixás, podem entrar em contato direto com o Aiye e seus habitantes. O ser humano carrega, pois, a culpa da divisão entre Orum e Aiye; a esta culpa corresponde a tarefa da busca constante do contato entre os dois níveis. O ser humano não pode mais entrar imediatamente em contato com o Orum. Ele necessita da mediação de rituais. No fundo, todo ritual no Candomblé é uma busca de contato entre os dois níveis da existência. A recomposição da unidade primitiva entre Orum e Aiye é sempre novamente buscada através da ação religiosa. Esta ordem, que no Itan é colocada como sendo a ordem original, é claramente um dos objetivos do Candomblé. A origem legitima a busca religiosa atual e dá a ela um ponto de referência concreto. A origem serve como critério para aquilo que deve ser buscado. A unidade entre Orum e Aiye deve ser recomposta, pois os dois níveis formam uma totalidade única. Uma representação comum no Candomblé da totalidade mostra claramente o que foi dito: o universo é representado como uma cabaça cortada ao meio[3]. As duas partes da cabaça estão di-

---

3. Esta cabaça é chamada Igbá. Cf. ELBEIN DOS SANTOS, J.: Nàgô, 58; SODRÉ, M.: Terreiro, 51.

vididas, mas continuam sendo uma totalidade e somente juntas podem as duas ser esta totalidade. Da mesma forma, somente juntos podem os dois níveis da existência formar a totalidade.

Se, por um lado, a unidade original entre os dois níveis da existência não mais pode ser totalmente restabelecida; por outro lado, esta imagem da origem permanece como um símbolo da realidade religiosa. A divisão é a realidade atual; mas esta não é a última realidade possível, não é a perfeição. A vida não se limita a esta situação imperfeita de divisão. A divisão é a imperfeição da existência como um todo, mas apresenta ao mesmo tempo a condição real da existência humana. O âmbito, no qual o humano experimenta o seu ser, é o âmbito da limitação, da não totalidade, da divisão.

A totalidade permanece, no entanto, sendo uma realidade acima da divisão e da limitação. Orum e Aiye não existem de forma independente. Um é sempre referência para o outro. O símbolo da cabaça cortada ao meio diz isto claramente: cada uma das partes é apenas uma parte e só é todo com a outra parte. Os dois níveis da existência só formam a totalidade juntos. Eles coexistem e se interpenetram e somente através desta reciprocidade se permitem. Em muitos pontos os dois níveis da existência se tocam; em outros, eles existem paralelamente. Mas a experiência religiosa do Candomblé é um sinal concreto da mútua pertença dos níveis da existência. No centro desta experiência religiosa está o ser humano. Exatamente no ser humano aparece claramente a coexistência e a reciprocidade de Aiye e Orum.

2. TODO SER HUMANO É PORTADOR DE UM ORIXÁ

O que foi exposto anteriormente em relação à unidade de todo o sistema e parece tão especulativo e teórico fica mais concreto quando se aplica para cada indivíduo. Segundo a compreensão do Candomblé, os seres humanos vivem no nível do Aiye. A forma da existência humana é a forma do Aiye: a forma da matéria, da limitação e da concretez. Este nível de existência não esgota, porém, o ser humano; ele é mais que esta matéria concreta e limitada. Cada ser humano carrega em si algo do Orum. Cada qual tem algo de sobrenatural, de ilimitado, de intocável. O Candomblé diz isto de uma maneira precisa ao afirmar que em cada ser humano existe um Orixá, um Orixá específico e individual. A ligação entre a pessoa e seu Orixá específico não é fruto de uma escolha, do acaso ou da simpatia. Esta ligação existe desde o nascimento e permanece por toda a vida. Cada qual tem – a partir do nascimento – o seu Orixá.

É preciso que as afirmações anteriores sejam corretamente entendidas. Não se trata de um elemento estranho que habita em cada pessoa ou que a possui. O Orixá e o ser humano não são dois entes a habitar num único corpo. Da mesma forma não são dois entes que existem primeiramente de forma separada e que então posteriormente se unem num ser humano. Os Orixás como seres são quase uma personificação das forças do Orum que regem o Aiye, mas que têm sua origem em Olorum. Os Orixás são entendidos acima de tudo como forças do Orum que estão em cada pessoa, e não como indivíduo ou entes individuais. A personificação que se faz dos Orixás e que aparece especialmente nos Itans quer expressar, em caráter simbólico, a força dos Orixás. Através da presença destas forças em cada pessoa, cada qual é partícipe do Orum. O Orum – e seu senhor Olorum – estão assim de alguma forma presentes em cada pessoa. O ser humano é o causador da divisão entre as duas formas ou níveis da existência (Orum e Aiye), mas ele é ao mesmo tempo uma espécie de ponte a unir os dois lados. Embora a forma de existência do ser humano seja entendida como sendo a forma do Aiye, há nele uma ligação permanente com o Orum. O Orum está presente em cada ser humano através de seu Orixá individual. Por causa desta força de Orum no ser humano, ele pode superar-se a si mesmo, pode ultrapassar a sua limitação e materialidade, condições estas próprias da forma de existência do Aiye.

A explicação que se dá no Candomblé para a palavra Orixá pode esclarecer esta ligação entre ser humano e Orixá. A palavra Orixá é traduzida como "regente da cabeça" ou "senhor da cabeça". Ori (cabeça) é um conceito importante no Candomblé. Através do Ori vem a cada pessoa a dinâmica da vida. O Ori é a inteligência, a consciência, o "espírito" de cada pessoa. Através do Ori cada ser humano é "animado", pode perceber o mundo, pode tomar alguma iniciativa, pode dar um rumo à sua existência. O Orixá é então a força que rege, que dirige esta inteligência, esta consciência. O Orixá é a força do Orum presente no Ori (na inteligência, na consciência, no espírito) de cada pessoa, dando a ela a possibilidade de orientar-se, de ter dinâmica. Através do Orixá, o espírito de cada qual é marcado pela força do Orum de tal forma que o ser humano – mesmo vivendo ao nível do Aiye – pode também experimentar o nível do Orum, tornando-se com isso sinal da divisão, mas também da pertença comum, da unidade entre os dois níveis. O Orixá é o "espírito" do Orum em cada indivíduo. E que esta força seja regente do Ori, deriva-se do fato da primazia do Orum sobre o Aiye. Esta primazia pode ser sempre novamente posta em questão, gerando com isso uma desarmonia entre pessoa e Orixá. As consequências desta desarmonia e o processo ritual de restabelecimento da harmonia já foram analisados anteriormente neste trabalho[4].

A presença de um Orixá em cada pessoa garante tanto uma ligação permanente entre Orum e Aiye, como entre antepassados e descendentes. A força do Orum permanece de geração em geração, com a qual está ligada a tradição da sabedoria e da simbologia. A tradição milenar do culto aos Orixás ultrapassa a limitação do indivíduo. Esta longa tradição é por si mesma já um sinal da presença constante do Orum nos seres humanos. "O terreiro cultua a Arkhé, a tradição, logo o saber do símbolo. [...] Mais do que uma pletora de significados, o Orixá (deus), base do saber tradicional do negro, é símbolo, logo, força"[5]. Esta força manifesta-se especialmente no fato de serem os Orixás pontos de apoio simbólicos nos quais se baseiam uma série de normas sociais e individuais que ajudam na manutenção de uma determinada ordem (chamada então de "harmonia"). "'Zelar'

---

4. Cf. especialmente o ponto 5 do capítulo 7: "O mal: um distúrbio no equilíbrio".
5. SODRÉ, M.: Terreiro, 158.

por um Orixá, ou seja, cultuá-lo nos termos da tradição, implica aderir a um sistema de pensamento, uma 'filosofia', capaz de responder a questões essenciais sobre o sentido da existência do grupo"[6].

O Orixá presente em cada indivíduo é o objeto concreto ao qual a pessoa presta o culto. Em sentido estrito, ele é o objetivo para o qual o sistema de culto no Candomblé está organizado. A ele se apresentam as oferendas e ele é o "regente" ou "senhor" da inteligência de seu filho ou filha. O Orixá individual e específico é a presença do Orum e sua força em cada pessoa. Com isto, fica claro que este Orixá individual não pode ser visto independentemente de todo o sistema; ele só pode ser corretamente compreendido quando integrado dentro de todo o sistema[7]. Embora seja sempre o Orixá individual que é cultuado, cultivado e adorado, este culto é feito metonimicamente, pois exatamente este Orixá significa para cada pessoa o acesso e o "retorno" do sistema. Na coexistência entre o Orixá individual e seu filho ou filha realiza-se a busca em cada pessoa da unidade perdida, que em termos do sistema como um todo é a busca entre o Orum e o Aiye.

---

6. Ibid., 55.
7. É comum que se fale em deuses ou divindades do Candomblé. Fala-se assim da deusa Oxum, do deus Xangô, do deus Oxalá. A utilização do conceito deus para os Orixás é, no meu ponto de vista, muito problemática. Por isso, tentamos evitar neste trabalho a utilização dos conceitos deus ou divindade para Orixás. Evitamos a utilização destes conceitos em primeiro lugar pelo fato das palavras "divindade" ou "deus" estarem já preenchidas com conteúdos que praticamente em pouco coincidem com a ideia básica que se tem de Orixá no Candomblé. Em segundo lugar, conceituar os Orixás do Candomblé brasileiro como deuses é pressupor uma individualidade e independência de cada Orixá que não está presente na compreensão e no culto da religião do Candomblé. A utilização da palavra deus para os Orixás ocasionaria uma maior confusão ainda quando se afirma que cada pessoa traz em si um Orixá individual e específico. Esta enorme "reprodução de deuses" não faria sentido no Candomblé. Em minha opinião, esta confusão pode ser evitada quando se entende os Orixás como forças do Orum, como forças mediadoras de Olorum.

3. OS ORIXÁS NÃO PODEM VIVER SEM SEUS FILHOS

A representação comum do mundo feita no Candomblé através de uma cabaça cortada ao meio, onde uma parte representa o Orum e a outra o Aiye, deixa claro, como já afirmamos, que apenas as duas juntas formam a totalidade. Esta forma muito plástica de representar o mundo deixa transparecer também um outro aspecto da relação entre os dois níveis: a reciprocidade deste relacionamento. Não apenas que a metade que representa o Aiye é incompleta sem a metade que representa o Orum. A metade que representa o Orum também é sozinha apenas metade. No sistema Aiye-Orum do Candomblé, há entre os dois níveis da existência uma relativa dependência mútua ou, dito de uma forma mais positiva, há uma possibilitação mútua. A primazia do Orum não elimina esta mútua dependência; não há como compreender o todo da existência apenas em um dos níveis.

Esta relação de dependência um do outro entre Orum e Aiye fica clara também na relação entre Orixás e seres humanos; relação esta que não é entendida como sendo unilateral ou de mão única. Esta relação é circular e dinâmica. Seres humanos e Orixás precisam-se e possibilitam-se mutuamente. Tanto Orixás como seres humanos dão alguma coisa e recebem alguma coisa neste relacionamento. O sistema da oferta e devolução só pode funcionar de modo circular e este é – como já foi analisado – o caminho e a possibilidade da manutenção da harmonia ou do equilíbrio entre os dois níveis da existência. O sistema oferta e devolução entre seres humanos e Orixás é mantido concretamente através da oferenda (ou sacrifício) – que é a oferta por parte dos seres humanos – e o Axé – que é a oferta por parte dos Orixás. "Para conseguir a proteção do Orixá e, ao mesmo tempo, revitalizar e dinamizar o fluxo do seu Axé, são feitos sacrifícios e oferendas. Trata-se de um verdadeiro pacto de interdependência, porque o Orixá, para manter sua força, seu Axé, tem necessidade de receber tais ofertas. Por sua vez, ele protege e mantém em boa situação aquele que é fiel em oferecer-lhe os sacrifícios e as oferendas prescitas"[8]. Se alguém não cuida de seu Orixá, não o alimenta, também não pode esperar que este lhe transmita Axé. Justamente este "cuidar do santo" é uma obrigação importante para o iniciado. "Em termos espirituais, quando você fez ou tem santo assentado – às vezes você não fez, mas tem santo assentado –, tem obrigação e dever de zelar por aquelas coisas que foram entregues a ele ou ela. Cuidar, zelar por aquilo para dar força. Se deixar pra lá, perde a força. Você cuida daquilo, lava todo o mês, fica pedindo, chamando, ah minha mãe. Você está transportando a sua energia pra aquele Otá e para aquele ferro. Desde o momento que você larga pra lá, perde a força. O contato com as mãos e falar é fundamental. Está botando o seu hálito em cima daquilo. Se a pessoa não cuidar, perde a força. Depois diz: Ah, o meu santo não me ajuda!"[9] A força do Orixá (o Axé) depende também da pessoa. A expressão "dar de comer ao santo" mostra de forma muito clara esta dependência do Orixá de seu filho ou filha[10].

O engajamento religioso no Candomblé é diferente de fiel para fiel e depende da compreensão que cada qual tem da religião. Cada qual decide sobre o seu engajamento. O trazer oferendas e fazer sacrifícios não é visto, porém, como uma decisão pessoal do iniciado. Trata-se de obrigações, cujo não cumprimento implica em consequências graves. Através da apresentação de oferendas e sacrifícios, o Orixá obtém sua força e somente quando o Orixá tem força pode ele liberar Axé, ou seja, dar a seus filhos a dinâmica da vida. Oferen-

---

8. REHBEIN, F.C.: Candomblé, 31. "Ela (a pessoa) entra em desarmonia com o seu Orixá quando ela viola ou frauda os seus compromissos para com o Orixá. Na verdade, existe um pacto. Isto estabelecido entre ele e o astral. Alguns Babalorixás evitam falar nesta questão, falam muito mitologicamente. A coisa é muito profunda e muito perigosa, no sentido lato da palavra." Cf. Anexo 1: Entrevistas XII,6.
9. Palavras da Ialorixá Antonieta de Oxalá – Babamim. Cf. Anexo 1: Entrevistas VI,4.
10. "As pessoas não entendem muitas vezes este comer, por parte do Orixá. Este comer é um comer fluídico, é um comer mítico. O Orixá não senta para comer. Ele na verdade não se alimenta do acarajé. Isto são formas. Como estas comidas todas têm muitas potências energéticas, ele revive através destas situações, funções que ele desconhecia em seu psiquismo que são dos antepassados. Ele revive estas situações." Cf. Anexo 1: Entrevistas XII,4.

das e sacrifícios não são de forma alguma possibilidades no exercício da religião, mas sim o cumprimento de um pacto entre Orixá e seu filho ou filha, cujo não cumprimento implicaria colocar riscos para a própria vida. Este pacto, embora represente o pacto entre Orum e Aiye, ele é sempre um pacto pessoal. Do lado humano, este pacto envolve não apenas a obrigação de oferendas e sacrifícios, mas também outras obrigações que dizem respeito a tomar ou evitar determinadas atitudes, diz respeito a tabus de ordem de vestimenta, de ordem sexual, de comidas e bebidas[11]. E como se trata sempre de um pacto pessoal, não existem muitas regras que sejam válidas para todos, nem exigências dos Orixás que valham para todos os seres humanos[12].

Esta certa dependência que o Orixá tem de seu filho ou filha não coloca em questão, porém, a sua primazia. A obediência perante o Orixá é uma das regras básicas do relacionamento entre Orixá e fiel. A vontade do Orixá precisa ser seguida, mesmo quando esta possa ir contra outras regras. Mesmo o não seguimento de regras predeterminadas por parte do Orixá pode significar uma demonstração de força de sua parte[13].

Com o que foi exposto, fica claro que o Orixá de uma determinada pessoa não pode ser por ela regido ou dirigido. Pelo contrário. Cada qual deve deixar-se conduzir pela força de seu Orixá, pois somente através da condução do Orixá é que se chega ao caminho da harmonia. Neste sentido, não é o Orixá que pertence à pessoa, mas o

---

11. Muitas vezes, estes tabus dizem respeito a determinados períodos ou a alguns dias da semana. Cf. IWASHITA, P.: Maria, 73-74.
12. Um dos poucos tabus "universais" no Candomblé é a proibição de se ingerir sangue – direta ou indiretamente. Cf. AUGRAS, M.: Quizilas, 72.
13. Além disso, a violação de determinadas regras por parte do Orixá não traz para este necessariamente consequências ruins. O sistema do Candomblé é basicamente dinâmico, de modo que a violação de alguma regra desencadeia a dinâmica da harmonização. "Em sistema essencialmente dinâmico, a contradição é imprescindível. O mundo constrói-se pelo desafio, a vida procede dialeticamente. Nessa ordem de ideias, longe de constituir fenômeno estranho, a transgressão, por desencadear o processo da reparação, constitui indispensável mecanismo de organização do mundo." AUGRAS, M.: Quizilas, 76.

contrário, a pessoa precisa esforçar-se para manter-se na pertença (contato, harmonia) do Orixá. O Orixá pode manifestar-se a qualquer momento na pessoa; esta, porém, só pode chamar sua presença através do ritual[14].

O contato e a harmonia entre o Orixá e seu filho ou filha é o eixo em torno do qual gira todo o sistema do Candomblé. Quanto mais harmonia e unidade entre os Orixás e seus filhos, tanto maior é a força que garante a manutenção da vida. A procura de unidade entre Orum e Aiye precisa ser dinamizada constantemente de forma substitutiva na busca de unidade entre Orixá e seu filho ou filha. No dar e receber acontece a troca de Axé, no dar e receber unem-se pessoa e Orixá.

Neste processo, o ser humano faz uma experiência mística ao nível do Orum, da ilimitabilidade e o Orixá faz uma experiência ao nível do Aiye, na limitação do corpo de seu filho ou filha. Somente através de seu filho ou filha pode o Orixá experimentar o ser humano em sua fragilidade corporal, em sua alegria e sua dor. Se, por um lado, cada pessoa – por causa de seu Orixá – é marcado por algo do Orum e do que lhe é próprio, por outro lado, o Orixá também é marcado pelo outro nível de existência e tem em si algo que é próprio ao nível do Aiye.

---

14. Esta primazia no contato entre Orixá e pessoa é expressa pelo Babalorixá Bira de Xangô com as seguintes palavras: "O Orixá te toma. Ele pode chegar a qualquer momento, a qualquer hora. Poderia chegar até aqui, agora. Quem sabe é ele, não sou eu. Eu não digo ao Orixá: 'venha cá, estou aqui'. Não existe isto... Eu não posso diagnosticar quando ele virá. Há os rituais feitos para ele vir. Mas pode se preparar tudo isto e ele também não vir". Cf. Anexo 1: Entrevistas III,7.

Capítulo 10: A INTEGRAÇÃO DO SER HUMANO COMO CONSEQUÊNCIA DA EXPERIÊNCIA RELIGIOSA

1. O CONCEITO DE PESSOA E DE INTEGRAÇÃO

O Concílio Vaticano II constata que "por meio de religiões diversas procuram os homens uma resposta aos profundos enigmas para a condição humana, que tanto ontem como hoje afligem intimamente os espíritos dos homens, quais sejam: que é o homem, qual o sentido e fim de nossa vida, que é bem e que é pecado, qual a origem dos sofrimentos e qual sua finalidade, qual o caminho para obter a verdadeira felicidade, que é a morte, o julgamento e retribuição após a morte e, finalmente, que é aquele supremo e inefável mistério que envolve nossa existência, donde nos originamos e para o qual caminhamos"[1]. É uma constatação genérica e com certeza cada religião ocupa-se à sua maneira com estas questões básicas. Este "ocupar-se" não se limita a um âmbito teórico que se contenta em procurar respostas racionalmente plausíveis às questões formuladas. Uma das mais importantes funções das religiões é justamente oferecer aos seres humanos caminhos concretos que levem à verdadeira felicidade, é recomendar determinados comportamentos que levem finalmente o ser humano à realização, ao encontro do sentido da vida. A pretensão das religiões não é pequena. Cada religião pretende compreender o ser humano como um todo. Deste modo, a experiência religiosa de cada pessoa não é um subproduto em sua

---

1. Nostra Aetate 1.

vida, mas sim uma experiência ligada intimamente ao ser humano e à busca do sentido como um todo. O Candomblé, como religião, não é nenhuma exceção. Ele tanto oferece uma resposta à questão do sentido da vida como oferece um caminho concreto que levará à realização deste sentido. Também ele coloca objetivos para a vida humana e aponta o caminho para a verdadeira felicidade.

A verdadeira felicidade, o Candomblé vê na união ou harmonia entre os dois níveis da existência: Orum e Aiye. Segundo relatos de Itans, esta união existiu no início e foi quebrada pelo erro humano. O destino do ser humano está, pois, ligado a esta divisão. O próprio ser humano personifica esta divisão, pois se encontra no nível do Aiye – da limitação, da materialidade – mas carrega em si algo do Orum, da ilimitabilidade – um Orixá. A busca da união e harmonia deve ser feita primeiramente, pois, em cada ser humano mesmo. Esta união está baseada, porém, em um determinado conceito de pessoa, de ser humano. A partir da compreensão que se tem de ser humano, é possível entender o caminho religioso que tem como objetivo a concretização ou a realização de um determinado conceito de pessoa e de seu lugar no mundo. Através do caminho religioso, a pessoa chega mais próxima do ideal definido pela própria religião como a realização, a verdadeira felicidade. O Candomblé tenta dar uma resposta à pergunta do ser humano pelo sentido da vida à medida em que apresenta um objetivo religioso e um caminho concreto para alcançá-lo.

Quando o Candomblé apresenta como objetivo a busca da unidade ou harmonia entre os dois níveis da existência na própria pessoa e oferece um caminho para esta busca, ele tem como ponto de partida uma determinada compreensão de pessoa. Esta compreensão de pessoa é importante para se pensar a realização. No Candomblé se compreende o ser humano como uma composição de variados elementos. Em primeiro lugar, cada qual tem um Ara, isto é, um corpo. Este foi modelado a partir da lama[2]. Ele é, pois, parte da terra:

---

2. O Itan que narra a criação do ser humano a partir da lama já foi relatado neste trabalho no ponto 3 do capítulo 6.

na terra teve sua origem e à terra volta após a morte. No corpo modelado pela lama, Olorum soprou o Emi. O Emi é a respiração. Através dele, o Ara tem vida. O Emi se origina da respiração de Olorum. Dois outros conceitos estão ligados ao conceito de Emi: primeiro Iwá, que é a força ou o princípio da existência. Através do Emi, o ser humano recebe a existência. Em segundo lugar, o Emi vem do ar ou respiração (Ofurufu) que Olorum soprou entre o Orum e o Aiye quando da separação dos dois níveis da existência. É importante notar isto, pois o Emi é compreendido de certa forma como algo intermediário entre Orum e Aiye. Além de Ara e Emi, cada pessoa tem seu Ori, quer dizer, a inteligência, a consciência. Segundo a tradição do Candomblé, o Ori teria sido criado pelo Orixá Oxalá, o Orixá da criação[3]. O ser humano, no que tange à sua existência no nível do Aiye, é, pois, composto destes três elementos: Ara, Emi e Ori.

Cada ser humano carrega em si também algo do Orum, expresso quando se diz que cada pessoa tem seu Orixá. Examinando, porém, mais de perto esta presença de Orum em cada ser humano, percebe-se que não se trata apenas de um Orixá, mas novamente de uma série de elementos[4]:

a) Cada pessoa tem diversos Orixás. Estes Orixás não são iguais. Há o Orixá principal chamado Olori. A este Orixá a pessoa é iniciada e dele se diz que é pai ou mãe do iniciado. O objetivo principal da iniciação é harmonizar o contato com este Orixá, de modo que o iniciando ou a inicianda possa recebê-lo de forma harmônica. Quando se pergunta a um fiel do Candomblé pelo seu Orixá, sempre se entende o Olori. Este Orixá é também o objeto principal do culto pessoal, a ele se fazem sacrifícios e oferendas. Cada pessoa é,

---

3. Cf. CAPONE, S.: Cerimônia, 61.
4. Existem interpretações divergentes a este respeito no Candomblé. As divergências são quanto a detalhes, enquanto em linhas gerais há o mesmo pensamento. Para comparação cf.: GOLDMAN, M.: Construção, 37-38; CAPONE, S.: Cerimônia, 61-62; BARCELLOS, M.C.: Personalidade, 9-11. Seguimos aqui, em geral, a interpretação de M. Goldman.

porém, ainda influenciada por outros Orixás, que são uma espécie de Orixás secundários e cuja influência se faz notar em diversos graus de intensidade[5].

b) O Erê. O Orixá da pessoa é sempre acompanhado por um Erê. O Erê é a propriedade "infantil" do Orixá e/ou seu intérprete. A pessoa pode entrar em transe com o Erê de seu Orixá. É comum que esta situação ocorra após o transe profundo com o Orixá. Trata-se de uma forma de transe mais leve ou superficial, uma espécie de situação intermediária entre transe profundo e não transe. Como nesta condição a pessoa tende a uma atitude alegre e brincalhona, diz-se que se trata de uma propriedade "infantil" do Orixá. O período de transe de Erê pode ser longo e importante, pois nesta forma de transe o Orixá pode mandar alguma mensagem, o que em situação de transe profundo dificilmente ocorre. É comum que as mensagens dos Orixás sejam transmitidas, pois, na condição de Erê. Por isso, o Erê é entendido também como o "intérprete" do Orixá[6].

c) O Egun. O Egun é mais um elemento do Orum que compõe a pessoa. Egun é o falecido. Através da presença do Egun, cada qual carrega em si alguma força de seus antepassados[7].

d) O último desta lista de elementos que compõem cada pessoa é um Exu. A função geral do Exu pessoal é ser o elo de ligação entre ser humano e Orixá. Exu é o mensageiro, o servo, o escravo dos Orixás. Com estas características, está um Exu presente em cada pessoa. Ele

---

5. Estes Orixás são chamados Juntó ou Ajuntó ou então segundo Orixá, terceiro Orixá, etc. Segundo M. Goldman, a pessoa tem ao todo sete Orixás e entre eles há sempre um Oxalá, um Exu e um Omolu. Cf. GOLDMAN, M.: Construção, 37.
6. Não é muito claro o significado exato do Erê no Candomblé. Todos concordam, porém, com a ideia de ser ele "intérprete" e ser um transe suave. Também é comum a ideia de que cada Orixá tem seu Erê. R. Bastide faz um grande excurso sobre o tema, sem chegar a uma conclusão definitiva. Cf. BASTIDE, R.: Candomblé, 206-234.
7. Como a presença do Erê, também a presença do Egun – dos antepassados – em cada pessoa não é muito clara. A ideia de que o "espírito" ou a "alma" de um falecido venha a tomar um novo corpo (segundo os moldes reencarnacionistas) é, porém, descartada pelo Candomblé. Cf. GOLDMAN, M.: Construção, 37.

acompanha o Orixá específico como seu mensageiro. Ele possibilita o contato entre pessoa e Orixá.

Diversos elementos compõem, pois, o conceito de pessoa no Candomblé, tanto elementos que se encontram no âmbito do Aiye (Ara, Emi e Ori) como um feixe de forças do Orum. A unidade "pessoa" é, pois, um conjunto de elementos nos quais estão expressos por um lado as divisões da existência; mas, por outro, a necessidade e busca de unidade.

É muito simbólica a presença de forças do Orum em cada pessoa. Esta presença de um Orixá em cada pessoa mostra em última instância a participação de cada um no próprio poder de Olorum, pois os Orixás são entendidos como mediadores de Olorum. Em nome dele, eles regem o Aiye e por extensão o ser humano. A existência de um Orixá individual simboliza a participação do ser humano na força que rege o universo. A suposição de que entre os Orixás individuais estejam sempre um Oxalá e um Omolu não deixa de ser relevante. Oxalá é o Orixá da criação e Omolu da cura. Com isso, cada ser humano tem em si sempre a força criativa e a força curativa de Olorum. O Egun em cada pessoa é a ligação com o seu antepassado. Assim, cada pessoa é uma continuidade, a estabelecer a ligação entre antepassados e descendentes. A presença do Egun é a ligação através do tempo. Em cada pessoa também está presente a possibilidade de contato do Orum para o Aiye (o Erê) e vice-versa (o Exu). Através do Erê são transmitidas as mensagens dos Orixás (geralmente do Orixá específico) para os seres humanos; através da oferenda a Exu, o ser humano pode estabelecer contato com os Orixás. Todas estas forças presentes no ser humano têm um valor simbólico, que representa a ideia de ser humano, de sentido e de busca de realização.

A pessoa é como que um ponto, onde muitas forças ou elementos se cruzam. Somente a manutenção da união destas forças permite a existência da pessoa. Aqui fica novamente claro por que a manutenção da harmonia é tão importante para a vida individual. A tão buscada harmonia é a harmonia entre os elementos que compõem o ser humano. O caminho oferecido pela religião (o caminho da iniciação) é uma garantia na busca da verdadeira felicidade, a garantia de integração da pessoa. O ser humano só consegue se realizar, à medida que integrar em si todas as forças, todos os elementos que o compõem.

2. A EXPERIÊNCIA RELIGIOSA COMO CAMINHO DE INTEGRAÇÃO

As diversas observações feitas sobre o conceito de pessoa no Candomblé, como por exemplo que pessoa é um plural de elementos, que pessoa é uma união de diversas forças, que pessoa é um ponto de cruzamento de forças, estas ideias deixam transparecer que por trás do conceito de pessoa há no Candomblé a compreensão de junção de diversas partes. O ponto de partida para "pessoa" é a divisão, a parte. "Pessoa" é então em primeiro lugar uma composição de diversos fragmentos. Com o passar do tempo, estes fragmentos vão compondo pelo caminho da religião cada vez mais uma unidade. Na verdade, no Candomblé uma pessoa não é, ela se torna. Este "tornar-se pessoa" é entendido de forma processual e há várias etapas neste caminho de unidade dos diversos elementos.

O objetivo destas etapas é a integração das diversas partes componentes da pessoa. A realização definitiva da pessoa consiste em superar a divisão, ligar de tal modo os fragmentos, integrar de tal forma as diversas forças de maneira que não haja mais contradição, divisão; de modo que seja criada uma unidade. Nisto consiste o sentido da vida, a verdadeira felicidade. "A 'pessoa' é postulada então como fragmentada, e todo o esforço do sistema parece voltado para fundi-la numa grande unidade. Este esforço está, contudo, como todo esforço ritual, votado ao fracasso, ou, ao menos, a um relativo fracasso"[8]. Uma unidade definitiva (harmonia total) permanece sempre uma utopia para o ser humano. Por ser utopia, é objeto de

---

8. GOLDMAN, M.: Construção, 46.

permanente busca: o sentido da vida nunca é alcançado em sua exaustão, a verdadeira felicidade só pode ser divisada. Com isso, a própria religião do Candomblé é uma religião em busca, busca esta que exige um permanente perseguir a harmonia no caminho da troca entre Orum e Aiye.

A religião do Candomblé não apenas apresenta um ideal como objetivo, como apresenta-se também como um caminho concreto através do qual as pessoas poderão aproximar-se deste ideal. O caminho da iniciação, com todo o comportamento que dele advém, leva o ser humano a unir paulatinamente as forças que nele se encontram. Neste processo de união "constitui-se" a pessoa. Através da experiência religiosa, o ser humano chega mais próximo do que é "tornar-se pessoa": a integração de todos os elementos nele presentes. A expressão usada popularmente como sinônimo de iniciação traduz de forma muito precisa este processo: "fazer do santo". O "santo" (a pessoa com seu Orixá) é "feito" no caminho da iniciação. As diversas forças de Orum presentes em cada indivíduo são "fixadas" na pessoa no longo caminho da iniciação, isto é, há uma integração destas forças na pessoa de modo que no iniciado não estão presentes novos elementos, mas sim, integrados os elementos que cada qual tem consigo desde o nascimento. O que exatamente se entende por "integração" pode ser observado na questão do transe. Quando o Orixá se manifesta na pessoa antes da iniciação, esta manifestação é selvagem e incontrolada. A pessoa não sabe receber ou suportar corretamente esta força, de modo que é geralmente jogada ao chão[9]. Com a iniciação acontece uma harmonização entre pessoa e Orixá, de modo que o transe ocorrerá de uma forma equilibrada e – de certa forma – controlada. A partir da iniciação há um pacto entre pessoa e Orixá. O objetivo deste pacto é manter a harmonia. As obrigações que advêm da iniciação precisam ser observadas. A harmo-

---

9. Esta forma de transe é chamada "santo bruto". A incorporação acontece quase sem exceção com o Orixá principal (Olori). Cf. Anexo 1: Entrevistas IV,6; XI,2.

nia ou integração entre a pessoa e o seu Orixá, proporcionada pela iniciação, é instável; ela precisa constantemente ser mantida no equilíbrio. Qualquer violação das obrigações pode perturbar o equilíbrio. Um momento propício em que se mostra um distúrbio na relação é o transe[10]. Além do significado central do transe para a experiência religiosa no Candomblé como uma ocasião em que, por um pequeno momento, alcança-se unidade e harmonia, em que, por um pequeno momento, a divisão entre Orum e Aiye é superada, há um outro significado importante do transe: ele é uma espécie de barômetro da relação entre o Orixá e seu filho ou filha; o transe mostra até que ponto a unidade e harmonia estão sendo mantidas pelas obrigações[11].

O transe é um momento especial de integração da pessoa, mas não é o único. O processo de integração da pessoa engloba todas as atividades humanas, de modo que o contato com o Orixá não é algo que se restrinja estritamente ao culto.

O processo de integração dos diversos elementos na pessoa não é dado por acabado após os sete anos da iniciação. Depois de sete anos, o iniciado está capacitado a ele mesmo abrir uma casa de Candomblé, dirigir uma comunidade, iniciar outras pessoas no culto. Com isso, não se dá ainda por encerrado o processo de integração dos diversos elementos em uma pessoa, de modo que ainda há mais etapas neste processo. Depois das obrigações especiais do primeiro, do terceiro e do sétimo ano de iniciação, vêm as obrigações importantes dos 14 e dos 21 anos de iniciação. São etapas de integração da

---

10. Por causa de alguma violação das obrigações, o Orixá pode castigar a pessoa durante o transe. Também a não ocorrência de um transe esperado pode ser interpretado como sinal de desarmonia. Cf. Anexo 1: Entrevistas III,6. Nas pessoas que não têm a faculdade de entrar em transe, esta desarmonia mostra-se por outros meios.
11. O transe é entendido como sinal da unidade entre pessoa e Orixá. Somente neste contexto dos diversos elementos que compõem uma pessoa se pode entender corretamente o transe no Candomblé. Sem entender isto, os primeiros pesquisadores do Candomblé (como Nina Rodrigues e Arthur Ramos) interpretaram o transe patologicamente como "dissociação de personalidade". Cf. GOLDMAN, M.: Construção, 31.

pessoa que exigem rituais, oferendas e sacrifícios especiais. Depois de 21 anos de iniciação é dado por encerrado o processo de iniciação da pessoa. Não se entende que com 21 anos de iniciação se alcance a harmonia ou unidade definitiva da pessoa. O que se entende é que, após 21 anos de iniciação, a pessoa está em condições de dominar o que é necessário para manter e renovar constantemente a unidade das forças que a compõem[12].

O caminho da experiência religiosa percorrido pelo fiel com o seu Orixá é o próprio caminho que leva à unidade. Esta experiência é ao mesmo tempo uma espécie de garantia de que o caminho está correto. Pelo caminho da experiência religiosa, o ser humano chega pouco a pouco mais próximo àquilo que lhe é próprio, àquilo que a religião vê como sentido da vida, como ideal. O caminho da experiência religiosa é o caminho para si mesmo, para a integração de todas as forças do universo, para a integração das forças de Olorum que regem a natureza, a terra, o ser humano, enfim, o caminho para a integração de tudo o que é regido pelos Orixás. O caminho da procura de si mesmo é o caminho da unidade e harmonia com os Orixás, que é, no fundo, a harmonia e unidade com o próprio Olorum, fonte última de todas as bênçãos.

À medida que o caminho da experiência religiosa através do transe contribui para a harmonia entre Orum e Aiye, este caminho é entendido como um canal de comunicação entre os dois níveis da existência. A ligação entre Orum e Aiye na experiência do transe no Candomblé é vista como uma ligação entre os dois níveis da existência. O transe é, pois – como o sacrifício –, uma ponte ou uma abertu-

---

12. "Pode-se sustentar legitimamente então, creio, que sendo a questão central da iniciação ao Candomblé a manutenção de uma certa unidade, bastante precária, de uma pessoa eternamente – pois que múltipla – ameaçada de desequilíbrio e destruição, a possessão apareceria como um dos instrumentos, também precário e provisório, para a manutenção deste equilíbrio, instrumento que com sua verdadeira chegada, quando completados os vinte e um anos necessários para que a pessoa seja definitivamente construída, tende a se extinguir por completo, depois de vir declinando em frequência ao longo de todo o tempo utilizado nesta construção.". GOLDMAN, M.: Construção, 40.

ra para a comunicação entre Orum e Aiye. Como o sacrifício ou a oferenda, também o transe é sustentado pela ideia do dar e receber. O que no sistema do sacrifício acontece através da morte ou na oferenda através da entrega, acontece no transe de forma simbólica, ritual e passageira. No momento do transe, a pessoa morre para si, entrega-se totalmente para que o Orixá possa tomar lugar[13]. O transe – exatamente como a oferta – serve à liberação de Axé, quer dizer, à transmissão da dinâmica da vida ao ser humano. O transe tem, pois, a função dupla de servir à continuidade da vida em si (pelo fato da liberação do Axé) e ao processo do "tornar-se" pessoa (através da integração dos diversos elementos).

3. A COMUNIDADE COMO LUGAR DE INTEGRAÇÃO

As considerações sobre a ideia básica de pessoa e o caminho para a sua integração podem ter dado a impressão que a própria pessoa é quem, por conta e condição próprias, alcança a integração e com isso a realização. Este não é o caso no Candomblé. A pessoa é sim, em grande parte, responsável por sua relação para com o Orixá. A experiência religiosa do transe é uma experiência, sem dúvida, individual, que cada qual faz, porém, na condição de membro de uma comunidade religiosa. Somente nesta condição de pertença à comunidade é que pode ser desencadeado o processo de integração das forças do Orum presentes em uma pessoa. "O estado de ser pessoa, de ser humano, só pode ser atingido em comunidade"[14].

Através da comunidade, a pessoa chega às condições que a capacitam a fazer a experiência dos Orixás, utilizando-a como caminho para a própria integração. Esta experiência religiosa também é regulada e promovida pela tradição da comunidade: a comunidade é a guardiã da tradição. A comunidade não é tanto o centro de expan-

---

13. "Assim, a possessão é sacrifício, e o vocabulário da iniciação, quando o noviço 'morre' para renascer como 'cavalo de santo', se esclarece inteiramente." GOLDMAN, M.: Construção, 47.
14. SETILOANE, G.M.: Teologia, 10.

são de ideias religiosas; ela é muito mais, o local onde pode ser trilhado o caminho da experiência religiosa. A pertença à comunidade não é caracterizada tanto pela partilha do mesmo universo de ideias, mas muito mais pelo caminho que se percorre em comum: o caminho da iniciação e o caminho das obrigações.

A estrita ligação entre pessoa e comunidade fica mais clara quando se tem em mente que um fiel no Candomblé é membro apenas de uma comunidade, ou seja, do terreiro em que foi iniciado[15]. Quando um iniciado não mais mora na região onde fez a iniciação, ele continua, porém, tendo uma ligação com o terreiro e para lá volta sempre para fazer suas obrigações. Para ser mais exato, nenhum fiel é membro do Candomblé em geral; sempre se é membro de um terreiro específico.

O processo de integração das forças de Orum na pessoa é ao mesmo tempo um processo de integração da pessoa na comunidade. No processo comunitário da iniciação, a pessoa vai aos poucos ocupando seu lugar no mundo e na comunidade. "Estar integrado" significa sempre estar integrado na comunidade.

---

15. Mesmo quando uma pessoa abre uma nova casa, ela continua a ter uma ligação íntima com o terreiro onde foi iniciada. Há casos em que a pessoa troca de terreiro. Este fato não é, porém, bem-visto pelos dirigentes do culto, especialmente quando esta troca ocorre antes dos sete primeiros anos da iniciação. Cf. Anexo 1: Entrevistas IV,2.

Capítulo 11: A TROCA: A POSSIBILIDADE DE VIDA

1. O SER HUMANO NA COMUNIDADE COMO MANTENEDOR DA VIDA

O conteúdo mais precioso de um terreiro é o Axé[1]. Sem Axé o terreiro perderia sua razão de ser. Mais que isto: sem Axé, a própria existência não teria sentido, pois o Axé é a força da dinâmica, do vir a ser, da concretização da vida. Este conteúdo tão precioso e vital do terreiro não está presente por si próprio ou de forma espontânea. O terreiro precisa despender esforços através de atividades religiosas para manter o Axé, para fortalecê-lo e sempre novamente ganhá-lo. Já descrevemos neste trabalho o processo de obtenção do Axé através de atividades religiosas. Na descrição ficou claro que sem Axé todo o sistema seria paralisado. No caso individual, a ausência de Axé interrompe o processo de integração da pessoa. É a força do Axé que pode levar a pessoa em direção à verdadeira harmonia. Sem Axé, não haveria busca de integração.

O ser humano tem sua responsabilidade no processo de obtenção do Axé. Ou dito de uma forma mais precisa: os membros da comunidade são responsáveis pela obtenção, manutenção e vivificação do Axé da casa. A Ialorixá ou o Babalorixá é o primeiro responsável. A eles cabe a responsabilidade principal do terreiro. À medida em que eles iniciam pessoas no terreiro, transmitem eles a elas a possibilidade de participar no processo de obtenção do Axé. Eles levam os fiéis a participar ativamente do sistema de oferta e devolução. O Babalorixá

---

1. Cf. ELBEIN DOS SANTOS, J.: Nàgô, 39.

ou a Ialorixá é o iniciador deste sistema no terreiro. Cada membro da casa contribui para a obtenção e manutenção do Axé na medida em que observa suas obrigações. Com isso, cada qual está contribuindo para que a vida seja mantida e possa desenvolver-se.

A manutenção da vida, na compreensão do Candomblé, não é algo espontâneo. O ser humano é em grande parte responsável por esta manutenção. E vida é entendida aqui tanto como a vida pessoal como a vida em geral, que também necessita de Axé para desenvolver-se. A religião oferece ao ser humano o caminho que garante a dinâmica. Com isso, o ser humano tem, na visão do Candomblé, uma grande responsabilidade. Ele não é visto apenas como indivíduo, mas como membro de uma comunidade e como tal toma ele parte no todo do sistema. Ele não é entregue a si mesmo, mas parte de um todo. A integração de cada indivíduo só pode ser alcançada através do caminho da comunidade. O processo de troca entre Orum e Aiye só pode acontecer no caminho da experiência religiosa dentro da comunidade. O ser humano encontra a sua integração e contribui para a manutenção da vida enquanto cumpre suas obrigações na comunidade, enquanto não se fecha em si mesmo, mas está disposto e aberto ao dar, ao oferecer. Somente pela troca a vida pode ser mantida. Nesta troca, os dois lados – seres humanos e Orixás – precisam participar, pois caso contrário não há troca. Não há nenhuma autorrealização ou autointegração. Cada qual depende do sistema como um todo e o sistema como um todo depende da participação de cada um.

2. A FORTE LIGAÇÃO COM O AQUÉM NA RELAÇÃO COM O ORIXÁ

Na manutenção da vida, seja a vida pensada como um todo ou a vida em pequenos detalhes, o Candomblé pensa em primeiro lugar na vida concreta do agora e do aqui. Quando se pensa em manutenção, realização ou integração da vida, não se entende em primeiro lugar a "vida eterna" ou a vida no pós-morte. O que se tem em mente é sempre a vida na concretude de sua existência atual e histórica.

As atividades religiosas e o cumprimento das obrigações para com o Orixá têm em mente a manutenção da harmonia entre marido e mulher, da harmonia na família e na comunidade, têm em mente a superação de algum problema de saúde, financeiro, de relacionamento ou profissional. A manutenção e integração da vida pensa, sobretudo, no aquém de seu acontecimento. A religião do Candomblé está ligada em primeiro lugar com as dificuldades humanas do dia a dia e estas dificuldades é que se procura resolver através da religião. O Axé é dinâmica para o acontecimento atual da vida. Quando afirmamos que o Candomblé se oferece como um caminho de manutenção, realização e desenvolvimento da vida, isto deve ser entendido de forma atual e concreta, isto é, em ligação com as coisas do dia a dia, com os detalhes e problemas que o envolvem. A experiência religiosa que acontece nesta religião, antes de afastar o ser humano de suas lides diárias, quer – pelo contrário – inserir as lides humanas concretas no universo de seu significado religioso, quer levar cada pessoa a perceber a pertinência religiosa da vida em todos os seus aspectos. Tudo o que acontece na vida tem alguma relevância religiosa.

A partir desta ligação estreita entre a experiência religiosa e as coisas do cotidiano, torna-se impossível para o Candomblé considerar a possibilidade de uma divisão entre atividade profana e atividade religiosa. Todo o contexto em que vive o ser humano é importante do ponto de vista religioso. No ambiente e meio ambiente, onde o ser humano se encontra, pode ser sentida a presença dos Orixás, suas forças podem ser experimentadas. Em todos os setores da vida, o ser humano pode experimentar maior ou menor harmonia com os Orixás. A procura de harmonia com o Orixá é concretamente a procura de harmonia nos relacionamentos, no local de trabalho, na família, consigo mesmo, etc. Nenhuma parte da vida, nenhum dado da realidade pode ser excluído, nenhuma atividade humana pode ser relegada.

Esta forma de pensar leva por um lado ao fato de que a religião diz respeito à vida como um todo e a cada um de seus detalhes, seja a vida do indivíduo, seja a vida da comunidade. Por outro lado, esta forma de pensar tem como consequência o fato de que tudo deve estar envolvido na estrutura do dar e receber, ou seja, não há nada que possa ser esquecido, nem nada que possa ser perdoado. Todas as atividades e acontecimentos ou trazem harmonia, ou a perturbam. Nada é neutro. E toda perturbação da harmonia exige atos de reparação. O sistema do dar e receber não conhece hiato, nem na vida pessoal, nem na vida comunitária, nem na vida social, nem nos acontecimentos da natureza. O relacionamento entre seres humanos e Orixás é – neste sentido – muito pragmático.

A religião do Cristianismo pertence no Brasil também ao contexto onde está o Candomblé, especialmente o Cristianismo de matiz católico. Também este é um dado da realidade e não é excluído de algum significado religioso no que diz respeito à busca de harmonia com os Orixás. A Igreja Católica e suas atividades podem, pois, influenciar tanto de forma positiva como de forma negativa a harmonia e a integração da vida[2].

---

2. A dupla militância religiosa, isto é, o fato de muitas pessoas serem ao mesmo tempo membros do Candomblé e da Igreja Católica não é vista, pois, como contradição, pois as duas experiências religiosas servem à busca de harmonia na vida.

QUARTA PARTE

CRISTIANISMO E CANDOMBLÉ

A tarefa primeira pretendida por este estudo – oferecer uma contribuição para o conhecimento do Candomblé e sua experiência religiosa – foi basicamente cumprida. Tendo como ponto de partida a trama da história, foi apresentada primeiro a geografia das religiões afro-brasileiras; em cima deste pano de fundo histórico, apresentamos mais de perto o Candomblé e a experiência religiosa que nele ocorre. O Candomblé foi apresentado principalmente como um caminho de busca de harmonia através da experiência religiosa. A busca de felicidade, sentido e harmonia tem no Candomblé uma resposta concreta na oferta de um caminho de experiência religiosa em comunidade. O caminho de fidelidade ao Orixá, trilhado dentro da comunidade e começado a partir da iniciação, faz parte essencial da religião dos Orixás. A vida de cada pessoa é modelada e interpretada tendo como medida este caminho. O lugar concreto da vida é sempre o lugar da experiência e nada na vida permanece sem um peso religioso.

Nossa apresentação do Candomblé não se preocupou em fazer uma avaliação religiosa ou teológica dele. Saber ouvir é uma primeira atitude para quem pretende perceber a alteridade religiosa. É preciso que o outro apareça primeiramente para nós em sua "estranheza", em seu "ser diferente". Foi tentado fazer isto, sem enquadrar o Candomblé no próprio horizonte de fé, o que é importante para "um encontro verdadeiro entre pessoas que pertencem a diferentes religiões"[1]. Se conseguimos apresentar o Candomblé cem por cento em sua genuinidade e independência, isto não podemos garantir, pois todo "ouvir" é feito com os próprios ouvidos, isto é,

---

1. WALDENFELS, H.: Fundamentaltheologie, 397.

não livre de pré-conceitos e interpretações. O trabalho de pesquisa do Candomblé foi feito consciente desta dificuldade.

Depois do esforço de ouvir o Candomblé e a experiência religiosa que nele ocorre o mais detalhadamente possível, esta quarta parte do trabalho ocupar-se-á com a pergunta pela possibilidade de um encontro positivo entre Cristianismo e Candomblé. Seguindo o objetivo deste estudo, perguntaremos agora a respeito da base sobre a qual pode acontecer um encontro entre cristãos e membros do Candomblé. Informações de fundo histórico e religioso sobre o Candomblé já foram dadas, de modo que há já bagagem suficiente de conhecimentos para se passar à questão proposta. A pergunta por uma base para o encontro se concentrará do lado do Cristianismo. Qual a base teológica oferecida pelo Cristianismo sobre a qual pode se apoiar uma nova atitude perante os membros do Candomblé? É evidente que se pode falar apenas em possibilidades e perspectivas e não se pode nem dar uma receita para o encontro, nem muito menos falar de possíveis resultados de um tal encontro. Resultados só se podem cristalizar no decorrer do processo. Aqui iremos apenas colocar o âmbito no qual deverá ser possível um encontro positivo entre cristãos e membros do Candomblé.

Na primeira parte deste trabalho, colocou-se diversas vezes a necessidade de uma nova atitude dos cristãos diante do Candomblé. Isto não deve ser entendido no sentido de que dependa apenas do lado cristão proporcionar ou impedir um encontro positivo com o Candomblé. Também por parte do Candomblé é necessária uma nova atitude diante do Cristianismo; um encontro positivo exige uma nova atitude de ambas as partes. Exatamente por isso, falava-se no início deste trabalho em expectativas dos cristãos diante dos membros do Candomblé. Uma reflexão sobre uma nova atitude do Candomblé ultrapassaria, no entanto, o âmbito deste trabalho.

Uma nova atitude dos cristãos diante do Candomblé tendo em vista um encontro positivo implica por um lado em superar atitudes que não levam a um encontro positivo. São atitudes surgidas geralmente no processo histórico e que hoje devem ser avaliadas como fracassadas. A capacidade de aprender da história leva a esta avaliação. Por outro lado, os cristãos não podem e nem devem negar sua identidade própria neste encontro. Como o Candomblé deve ser percebido em sua positividade neste encontro, da mesma forma, a identidade cristã também deverá aparecer neste encontro em sua positividade. Esta quarta parte do trabalho irá primeiramente colocar estas duas questões – atitudes fracassadas (capítulo 12) e identidade cristã e Candomblé (capítulo 13). Depois disso, serão colocadas questões em torno de um encontro positivo entre Cristianismo e Candomblé (capítulo 14), questões que aprendam do passado e que abram perspectivas para o futuro[2].

---

2. "Quando não se conhece a história, corre-se o risco de repeti-la; quando se conhece a história, não está, porém, de modo algum ainda garantido que se saiba o que fazer." SCHREIJÄCK, T.: Tawantinsuyu, 285.

Capítulo 12: ATITUDES FRACASSADAS

A convivência histórica entre Cristianismo e Candomblé no Brasil levou ao fato de se ter formado uma maneira de ver, de avaliar, de enquadrar o outro dentro de um determinado horizonte. O esforço por um relacionamento mútuo de nova qualidade deve, primeiramente, poder questionar esta postura que se tem diante do outro, postura formada ao longo da história de contato mútuo. Queremos questionar neste capítulo o lado cristão, a postura diante do Candomblé. Ao se refletir agora sobre "atitudes fracassadas", o que se quer é chamar a atenção para determinadas posturas que cristãos têm diante do Candomblé e que, a nosso ver, não contribuem para um diálogo entre estas duas religiões. Pelo contrário, são um entrave ao diálogo – e, por isso, as chamamos de "fracassadas".

1. A "ILUSÃO DA CATEQUESE"

De Nina Rodrigues, um dos primeiros pesquisadores das religiões afro-brasileiras, é que temos a expressão "ilusão da catequese". Com esta expressão, chamava ele no início do século a atenção para o fato de que a presença de elementos católicos nos grupos afro-brasileiros (especialmente de estátuas de santos) não deveria ser contado como sucesso da catequização católica. A presença de elementos católicos nos grupos afro-brasileiros foi anotada inicialmente pelos círculos católicos como sinal de conversão da população negra. Quem, no entanto, observasse mais de perto este fenômeno, percebia que se tratava exatamente do contrário, que era apenas uma manobra. A população negra utilizava-se de elementos católicos para proteger e dar continuidade às tradições religiosas africanas.

Hoje tal manobra não mais é necessária. A presença de elementos católicos junto a grupos afro-brasileiros continua a existir e é classificada como um elemento do processo de sincretismo. Continua, porém, a existir de diversos modos a ideia de que há uma ligação entre catequese e surgimento das religiões afro-brasileiras. Esta ideia pode ser notada especialmente nas reflexões sobre a atitude da Igreja Católica diante dos membros das religiões afro-brasileiras.

Quando antigamente a prática de ritos afro-brasileiros com elementos católicos foi vista como um sinal do sucesso da catequização, hoje parece que há – ao contrário –, em muitos círculos, a ideia de que a prática de ritos afro-brasileiros com a presença de elementos católicos deve ser vista como um sinal e prova do fracasso da catequização dos negros. Ou seja, as religiões afro-brasileiras são vistas como consequência de uma catequização malfeita; há, inclusive, os que pensam que o surgimento das religiões afro-brasileiras só foi possível devido ao fato de a catequização ter deixado a desejar. Nesta forma de pensar, aparece, sorrateiramente, com maior ou menor clareza, a ideia básica de que as práticas dos cultos afro-brasileiros são sinais de pouco conhecimento religioso ou de ignorância religiosa[1]. Com esta ideia, está ligada uma outra forma de pensar, segundo a qual as religiões afro-indo-americanas são classificadas em religiões menos ou mais "cristianizadas"[2]. Em algumas delas, o processo de "cristianização" já estaria tão avançado, que poderiam ser contadas como estando dentro da religião cristã; em outras ainda não se chegou a isto.

Consequentemente, temos que concluir que, segundo esta forma de pensar, as religiões afro-brasileiras não teriam surgido se ti-

---

1. Exemplo disto: "Que atitude deve tomar a Igreja em relação a esse conjunto emaranhado de práticas religiosas? [...] Diante daqueles que, em continuidade aos cultos africanos desde os tempos da escravidão ou que, por circunstâncias diversas de ignorância ou falta de assistência religiosa de suas Igrejas, aderiram a estes cultos, diante destes, a Igreja deve usar do diálogo prolongado e paciente". ALMEIDA CINTRA, R. de: Cultos, 516.
2. Cf. SCANNONE, J.C.: Mestizentum, 109.

vesse sido feita junto à população negra uma boa catequese católica. Tivesse esta premissa validade ainda hoje, as religiões afro-brasileiras desapareceriam no caso de se fazer junto aos membros destas religiões uma boa catequese. Esta forma de pensar aparece muitas vezes nas reflexões sobre uma prática pastoral católica (e cristã em geral) junto aos membros das religiões afro-brasileiras[3]. O grande desafio a ser enfrentado aparece como um corrigir os erros do passado e fazer uma nova (leia-se "correta") evangelização. Com isso, os fiéis e membros das religiões afro-brasileiras iriam deixar de seguir suas práticas e voltar-se totalmente ao Cristianismo. A chave da atitude da Igreja perante as religiões afro-brasileiras seria, pois, reforçar a catequese[4].

A compreensão de que a única coisa que a Igreja Católica tem a oferecer diante das religiões afro-brasileiras é catequizá-las para que estas práticas desapareçam está baseada numa premissa falsa, ou seja, na premissa de que o exercício das religiões afro-brasileiras é sinal da necessidade de esclarecimento religioso, de que o surgimento das religiões afro-brasileiras deve-se a uma catequese falha. Ou seja, a "ilusão da catequese" deve ser corrigida por uma nova catequese. Trata-se de uma nova ilusão: a ilusão da ilusão da catequese, como iremos demonstrar.

Por um lado, não se pode negar que o esforço por uma catequese da população negra durante o tempo da escravidão deixou muito a desejar. Não se pode negar que esta falta de empenho na catequese dos negros durou mais de três séculos. Não se pode negar que a abolição oficial da escravatura negra no ano de 1888, no Brasil, não recompôs para os negros nem a identidade religiosa nem a dignidade

---

3. "A excomunhão, classificar de hereges ou a exclusão não seriam medidas adequadas a uma situação de boa fé e ignorância invencível por parte de um grande número de adeptos militantes, assistentes habituais ou esporádicos [dos cultos afro-brasileiros]. A prática pastoral, que é uma pedagogia e uma arte, deverá ditar concretamente os caminhos a seguir". ALMEIDA CINTRA, R. de: Cultos, 516.
4. Cf. KLOPPENBURG, B.: Sincretismo, 215.

de povo, bem como também não criou condições para que isto acontecesse. Não se pode negar que durante muitos séculos não houve de fato uma vontade da Igreja Católica de acolher os negros como membros com todos os deveres e direitos[5]. Por outro lado, não se pode negar que o cristianismo de matiz católica tenha influenciado claramente os escravos negros e principalmente seus descendentes. Não se pode negar que esta influência não é avaliada por parte dos descendentes dos negros como sendo essencialmente negativa. Não se pode negar que a fé cristã, apesar de todas as dificuldades, tenha sido assumida com sinceridade por muitos descendentes de escravos. Também não se pode negar que a Igreja vê na catequese e na evangelização duas de suas maiores tarefas e que a formação religiosa por ela oferecida deixa a desejar, de modo que fé e superstições andam muitas vezes lado a lado. De todos estes aspectos não se pode, porém, concluir que o surgimento das religiões afro-brasileiras é um resultado imediato da catequese, insuficiente e que uma intensificação da catequese levaria ao desaparecimento destas tradições religiosas. Pelo menos para o Candomblé, esta premissa não é verdadeira. Em seu contato com o Cristianismo e sua catequese é claro que o Candomblé foi influenciado, mas ele não se origina de um Cristianismo mal entendido ou mal transmitido. A base sobre a qual o Candomblé nasceu são as tradições religiosas trazidas da África e transmitidas adiante no Brasil. As práticas religiosas dos membros do Candomblé não se originam do grupo daqueles que (ainda) não entenderam corretamente a fé católica, mas sim do grupo daqueles que continuaram a prática religiosa principalmente dos Yoruba, com todas as influências a ela acrescidas ao longo da história. No leito desta tradição, eles encontraram um caminho para viver e interpretar sua experiência religiosa.

Por isso, faz-se necessário superar esta atitude que classificamos aqui de "ilusão da ilusão da catequese", pois seu ponto de partida não

---

5. Isto fica claro quando se tem em mente que a Igreja Católica relutou muito em acolher negros ao sacerdócio.

condiz com a realidade e – justamente por isso – não pode ser reconhecida como base para um encontro positivo ou uma cooperação mútua entre filhas e filhos da Igreja Católica e fiéis do Candomblé.

2. O PERIGO DO ENCAMPAMENTO TEOLÓGICO

Se, por um lado, a presença de cultos afro-brasileiros é interpretada como sinal de conhecimentos religiosos falhos ou simplesmente como sinal de ignorância religiosa, não se pode, por outro lado, negar que a prática e a compreensão religiosa das religiões afro-brasileiras – especialmente as do Candomblé – sejam percebidas como tais. Esta percepção deve ser avaliada em primeiro lugar como um fator positivo. Ela representa um grande progresso em relação à primeira atitude, na qual o outro não era reconhecido como sujeito próprio, mas como resultado de uma falha, de algo que faltou. Queremos agora enfocar a atitude onde as práticas religiosas das religiões afro-brasileiras são vistas em ligação com um conteúdo religioso próprio. Por causa deste fator, há a chance de se compreender as religiões afro-brasileiras. Ou seja, o outro é percebido em sua alteridade e suas práticas religiosas não são definidas a partir do negativo, do falho.

Quando o outro não é negado em sua prática religiosa, a questão que se coloca é: como se dá esta percepção da alteridade religiosa? Queremos evidenciar uma maneira de perceber estas práticas que podemos considerar como atitude fracassada para um verdadeiro diálogo: A percepção das religiões afro-brasileiras se dá muitas vezes apenas através de elementos isolados. As práticas e compreensões religiosas das religiões afro-brasileiras são vistas e percebidas como práticas e compreensões religiosas, mas não como elementos de uma religião. São práticas e compreensões vistas de forma isolada de seu contexto religioso e, por isso, vistas como expressão religiosa pessoal isolada de indivíduos. Não se percebe a ligação orgânica que existe entre estas práticas e compreensões. Estes elementos isolados são então interpretados em nível de questão pessoal, em nível da tradição cultural ou folclórica, etc. São elementos vistos como soltos na sociedade, como propriedade cultural de uma parte da população.

Esta maneira de ver o Candomblé por parte de cristãos católicos tem, muitas vezes, como consequência uma mentalidade segundo a qual estes elementos "culturais" isolados podem ser utilizados a bel-prazer na catequese, na liturgia, no processo de transmissão e aprendizagem da fé na Igreja. Estes elementos das religiões afro-brasileiras, percebidos de forma isolada, são vistos destarte como formas vazias que podem ser preenchidas com outros conteúdos. Deste modo, são tomados alguns Itans dos Yorubas e preenchidos com elementos cristãos, são tomadas algumas danças e introduzidas na liturgia, toma-se os atabaques e se os introduz na Igreja. Esta atitude que vê elementos isolados das religiões afro-brasileiras como formas vazias não percebe que todas estas formas de expressão estão diretamente ligadas a determinados conteúdos teológico-religiosos. Uma tal recepção acrítica de elementos isolados das religiões afro-brasileiras por parte do cristianismo, sobretudo cató lico, traz dentro de si o perigo de um encampamento teológico da alteridade religiosa. O outro é colocado dentro do círculo de pensamento cristão, de modo que desaparece sua alteridade religiosa. As formas de expressão religiosa e teológica do outro, por vezes bastante complexas, não são percebidas nem avaliadas como tal. São vistas como formas vazias a serem preenchidas com conteúdos outros, ou como elementos soltos, dos quais se pode, sem mais, lançar mão. O outro, neste caso, é apenas um detalhe que está a serviço do próprio. Este "enxerto" é feito na esperança de que, através das formas do outro, o conteúdo da doutrina cristã possa ser assumido com mais facilidade pela parcela da população em questão[6].

Não queremos negar aqui que elementos de uma religião possam ser utilizados por uma outra ou entram em outra religião, o que no Brasil de fato aconteceu entre o cristianismo e as religiões afro-brasileiras. Para um encontro entre religiões, isto porém não

---

6. "A utilização de tais tradições míticas pela catequese cristã fará a mensagem mais compreensível aos ouvidos índios e negros, por corresponder à sua própria idiossincrasia". MARZAL, M.M.: Sincretismo, 533.

pode acontecer sem se ter presente a consciência da alteridade. O outro precisa ser percebido em sua unidade e não através de elementos isolados, que podem então ser trocados ao bel-prazer.

Uma atitude destas não conduz a um encontro verdadeiro dos cristãos com os fiéis das religiões afro-brasileiras. No Candomblé, os elementos religiosos estão entrelaçados de modo que todo o sistema forma uma estreita unidade em sua compreensão básica, em sua forma de pensar e em seu exercício prático. O próprio fiel do Candomblé entende-se como parte desta unidade e somente dentro desta unidade – seja ela entendida em nível religioso, seja ela entendida em nível de comunidade – encontra ele o caminho da experiência religiosa, o caminho da realização, o caminho para tornar-se pessoa. Não perceber esta unidade implica em não perceber o outro como outro.

Uma forma parecida de encampamento teológico acontece através da funcionalização do outro. Neste caso, são percebidos e entram em questão somente os elementos do Candomblé que podem ser também encontrados na própria escala de valores dos cristãos. Há, sem dúvida, elementos e estruturas no Candomblé e no cristianismo que podem ser comparados e onde há uma grande semelhança, como por exemplo a fé em Deus/Olorum como criador. Quando o Candomblé, porém, é percebido somente através de elementos e estruturas que de alguma forma também estejam presentes no cristianismo, ele não é percebido, pois, em seu ser sujeito próprio. O Candomblé passa a ser percebido apenas onde nele há elementos convergentes com o cristianismo. Neste caso não há dois sujeitos, mas apenas um sujeito (o cristianismo) e o outro (o Candomblé) só aparece nos elementos que apresentam uma maior proximidade com o sujeito-referência. Uma tal percepção do outro é uma percepção distorcida, não sendo assim uma base apropriada para um encontro positivo entre as duas religiões.

Atitudes, nas quais elementos do Candomblé ou das religiões afro-brasileiras em geral são percebidos isoladamente ou apenas como elementos culturais típicos e dos quais se pode sem mais apropriar-se ou aquela na qual elementos do Candomblé são funcionalizados, não levam a um encontro entre cristianismo e Candomblé, pois este não é percebido nem levado a sério em sua unidade e alteridade, não é levado a sério como religião.

3. ENVIO MISSIONÁRIO CRISTÃO: NÃO OBRIGATORIEDADE DE CONVERSÃO

As duas atitudes diante dos fiéis do Candomblé, ou das religiões afro-brasileiras em geral, descritas anteriormente têm um ponto de partida comum. Uma vê nas práticas destas religiões sinais de ignorância religiosa, de falta de conhecimentos em matéria de religião. Este déficit precisa ser corrigido, as pessoas precisam ser tiradas de sua ignorância religiosa. Em uma palavra: é preciso catequizar; é preciso missionar. A outra atitude percebe a existência das práticas das religiões afro-brasileiras, mas as percebe como elementos isolados e que podem ser sem mais utilizados na catequese e na missão. Há, pois, uma atitude de querer missionar diante destes que praticam estes elementos vistos isoladamente. Ambas as atitudes têm, pois, em comum, a ideia de que a ponte de contato entre cristãos e praticantes de religiões afro-brasileiras é a missão, a catequese. O Candomblé e as outras religiões afro-brasileiras são vistos então como "terreno a ser missionado". O objetivo, pois, de todo o encontro de cristãos com fiéis destas religiões é fazê-los cristãos, é, mais cedo ou mais tarde, fazer com que eles deixem de praticar suas religiões e façam parte de alguma Igreja cristã. A ideia de que todo encontro entre cristãos e membros do Candomblé, da Umbanda ou de outra religião afro-brasileira, deve levar mais cedo ou mais tarde à conversão destes ao cristianismo e que, por isso, o objetivo deste encontro já está definido *a priori*, esta ideia deve ser superada se se pretende uma nova atitude dos cristãos diante dos membros das religiões afro-brasileiras. Uma atitude que pretenda um encontro positivo é diferente de uma atitude que visa obrigatoriamente a conversão do outro. O caminho consciente de um encontro positivo é outro que o caminho missionário de conversão.

Queremos deixar claro aqui que a afirmação de que o caminho para um encontro positivo é um caminho diferente do missionário não pretende invalidar o envio missionário de Jesus: "Ide, pois, fazei discípulos meus todos os povos, batizando-os em nome do Pai e do Filho e do Espírito Santo, ensinando-os a observar tudo quanto vos mandei" (Mt 28,19s.). Por "encontro pelo caminho missionário", entendemos aqui uma determinada atitude, ou seja, a atitude que entende missão exclusivamente como ganhar pessoas para a religião cristã. Nesta atitude, todo cristão precisa, pois, sempre que encontrar um membro do Candomblé, tentar "ganhá-lo" para o cristianismo ou para uma Igreja cristã. E então considera-se que o encontro deu certo quando acontece a conversão. O envio missionário de Jesus não pode ser entendido como uma ordem para "ganhar" pessoas para a instituição cristã, mas sim como um compromisso dos discípulos de Jesus em testemunhar e anunciar sua boa-nova. O envio é dirigido aos discípulos e não aos não discípulos. O compromisso com o envio missionário diz respeito à transmissão da boa-nova. Ou, dito de outra forma, o envio missionário não é uma ordem à obrigatoriedade da conversão do outro.

O encontro entre cristãos e membros do Candomblé não pode ser visto como fracassado quando não aconteceu a conversão destes ao cristianismo. Um encontro positivo exige uma atitude mais aberta, exige a disposição por entrar em um processo, cujo desenvolvimento não pode ser fixado aprioristicamente. Ou seja, um encontro positivo com o Candomblé exige que não se tenha aquela atitude que tenha por objetivo fazer com que o membro do Candomblé deixe sua religião e se torne cristão. Esta atitude é uma consequência daquilo que no Concílio Vaticano II foi declarado solenemente para toda a Igreja e que desde então tem sido repetido muitas vezes pela Igreja Católica: que nas outras religiões, nas religiões não cristãs, há "sementes do verbo", que nas outras religiões há também a busca pela verdade, pela realização, pelo sentido da vida[7]. Depois de termos analisado o

---

7. Cf. AG 11; LG 17; NA 1-2; EN 53.

Candomblé e o seu caminho de experiência religiosa, não podemos negar que estamos diante de uma religião na qual há busca pela verdade, há busca de realização, na qual há uma resposta à pergunta pela origem e pelo fim. O membro do Candomblé que leva a sério seu compromisso no terreiro e é fiel em sua obrigação para com o Orixá, este precisa ser levado a sério pelo cristão em sua decisão religiosa.

Quando o cristão não toma diante deste fiel uma atitude missionária para poder compreender a sua decisão religiosa, disto não se pode concluir que o cristão esteja relativizando sua fé, ou que tenha desistido de anunciar o Evangelho. Não tomar uma atitude missionária em nome de um encontro positivo não pode ser igualado à relativização da fé. Uma relativização da própria fé é uma atitude que em nada contribui para um encontro positivo entre membros de religiões distintas. Pelo contrário. Abrir mão da identidade religiosa própria em nome da procura de um pretenso encontro com o outro só prejudicaria o encontro entre fiéis de diferentes religiões. Assim sendo, o cristão deverá estar sempre disposto a testemunhar e anunciar sua fé. Isto é um compromisso que está ligado com a própria identidade do seguimento de Jesus Cristo. Não tomar uma atitude missionária não pode ser igualado a abrir mão de testemunhar sua própria fé. A própria procura de um encontro positivo com o outro já é um testemunho de fé[8]. A renúncia ao testemunho da própria fé diante de uma pessoa de religião diferente não tem lugar no diálogo religioso, pois quem não leva a sério a própria fé, como poderá levar a sério a fé do outro?

A tomada de uma nova atitude diante do outro também não pode ser confundida com uma atitude indiferente ou a-crítica diante dos conteúdos de fé do Candomblé, ou seja, uma atitude que não se defronta com estes conteúdos e não os contrapõe aos próprios conteú-

---

8. "Para ser testemunha de Cristo, um dos caminhos mais privilegiados hoje é a busca do diálogo sincero com pessoas de outras religiões. Um diálogo genuíno inclui o testemunho e um testemunho pode ser dado especialmente pelo diálogo". ZEHNER, J.: Dialog, 51.

dos. A partir desta contraposição com os próprios conteúdos de fé, o cristão pode e deve, inclusive no encontro com o outro, questioná-lo.

Mesmo se tendo uma posição crítica diante do outro, não se pode esquecer que uma nova atitude exige que em última instância se tenha sempre um respeito (teológico) perante a decisão de fé do outro. Independentemente da posição crítica que se possa ter diante do Candomblé, não se pode deixar de ver que se trata de uma decisão de fé e como tal precisa ser sempre respeitada num encontro sincero. O direito de cada pessoa, de em liberdade e consciência decidir-se por uma religião, deve ser entendido como precondição ao encontro positivo entre religiões. A decisão pela iniciação e pelo caminho de fidelidade ao Orixá no Terreiro, com todas as obrigações que isto implica, deve ser reconhecida como uma decisão positiva pelo lado cristão no encontro, como também o cristão exige que sua decisão pelo seguimento de Jesus Cristo seja positivamente reconhecida.

O que nos fica claro aqui é que nem sempre é clara a relação entre missão e um encontro positivo com o outro. A questão básica que se coloca é: como deve o cristão portar-se diante de alguém que segue outro credo? A Igreja Católica tem uma longa experiência com uma postura missionária diante do outro. Uma postura, na qual o outro é reconhecido positivamente em sua alteridade religiosa, ainda não tem longa tradição. Desde o Vaticano II, ela é procurada mais acentuadamente. Esta nova atitude não deve, porém, ser entendida nem como substituta para a missão, nem como uma nova tática missionária.

A questão a ser colocada aqui não é tanto se missão ainda tem sua razão de ser em um tempo no qual o relacionamento entre cristãos e fiéis de outros credos é caracterizado por uma atitude positiva – e não mais apologética ou beligerante –, mas sim, como deve ser entendida missão neste tempo. "Na opinião de diversos teólogos, a categoria do testemunho oferece hoje uma possibilidade adequada de se entender missão num tempo pós-colonial. Não se trata apenas de usar uma outra palavra para se livrar do peso da história ou para renunciar ao apelo do Evangelho, mas sim de uma outra forma de transmitir a fé e de relacionar-se com o outro. Pois o testemunho respeita adequadamente a alteridade do outro"[9].

Sem querer renunciar à possibilidade da missão, o que se quer acentuar aqui é uma atitude diante do Candomblé aberta ao encontro. E para isso não se pode esquecer em primeiro lugar o papel da história. O cristianismo em sua versão católica teve no Brasil até agora uma atitude quase que exclusivamente missionária frente ao Candomblé. O relacionamento com os membros do Candomblé – tenham sido estes reconhecidos ou não como tal – tinha como objetivo a conversão destes à Igreja Católica. A história deste relacionamento não pode, porém, ser avaliada justamente como exemplar, nem para católicos, nem para membros do Candomblé. Através de uma nova atitude e da construção de um relacionamento positivo, oferece-se a chance de se modelar este relacionamento em um outro nível, de modo que – sem esquecer a história – possa se tornar realidade de forma concreta no Brasil o apelo do Vaticano II para a colaboração entre os filhos e filhas da Igreja e os membros de outras religiões. Em segundo lugar, somente num encontro onde o fiel do Candomblé é levado a sério em sua decisão de fé, são criadas condições para procurar o diálogo com esta religião, como o documento final da IV Assembleia Geral do Episcopado Latino-Americano em Santo Domingo exige: "Para intensificar o diálogo inter-religioso, consideramos importante: Levar a cabo uma mudança de atitude de nossa parte, deixando para trás preconceitos históricos, para criar um clima de confiança e proximidade. [...] Buscar ocasiões de diálogo com as religiões afro-americanas [...]"[10].

4. O CRISTIANISMO COMO CULMINAÇÃO DO CANDOMBLÉ

Queremos colocar aqui, também, uma quarta atitude por parte do cristianismo diante do Candomblé que avaliamos como fracassada e que, por isso, não leva a um encontro positivo: a compreensão

---

9. COLET, G.: Bekehrung, 214.
10. Santo Domingo n. 138.

de que o Cristianismo é a culminação do Candomblé e que este irá desembocar necessariamente no Cristianismo, se passar por um processo de desenvolvimento religioso, se se debater com as questões modernas da filosofia e da técnica, se se confrontar com a problemática humana imposta pela sociedade industrializada, desenvolvida e pós-iluminista. Este desenvolvimento, que irá acontecer mais cedo ou mais tarde com toda a segurança, ocasionará mudanças tais na forma de pensar religiosa do ser humano, que o Candomblé não mais terá condições de responder às questões que então se imporão. Questões estas às quais somente o Cristianismo poderá oferecer uma resposta. O Cristianismo se oferecerá, pois, como uma culminação no desenvolvimento do próprio Candomblé. Esta atitude, que vê o Cristianismo como culminação de outra religião, não é observada apenas diante do Candomblé. Ela também pode ser observada diante de outras religiões afro-brasileiras, de religiões indígenas e de religiões africanas e podemos classificá-la como uma espécie de "darwinismo religioso"[11]. Ou seja, trata-se de uma atitude que parte do pressuposto que, em havendo uma evolução dentro das religiões, elas irão ter necessariamente com o Cristianismo. Aqui iremos nos limitar a tratar desta atitude diante do Candomblé.

O Candomblé é visto então como religião, na qual um desenvolvimento não mais é possível ou que já tenha alcançado o fim da possibilidade de desenvolvimento, de modo que algum dia – com o desenvolvimento da humanidade – ele não mais oferecerá respostas adequadas às questões humanas.

Esta atitude diante do Candomblé pode ser comparada com a primeira que aqui colocamos ("ilusão da catequese"), pois, de certa forma, também vê as religiões afro-brasileiras em geral e o Candomblé especificamente como sinal de ignorância religiosa. Na primeira atitude esta ignorância era identificada como falta de conheci-

---

11. Como exemplo desta atitude cf. RATZINGER, J.: Glaube, 24, onde esta atitude é tomada diante do Vodu. As outras religiões são vistas da mesma forma como preparação para o Cristianismo. Cf. tb. BERNER, U.: Synkretismus, 136.

mentos adequados; esta atitude vê a ignorância como sinal de atraso, de subdesenvolvimento. Esta posição se diferencia da primeira e representa um avanço em relação a ela, à medida que reconhece ser o Candomblé uma religião. O que ela não reconhece, porém, é a capacidade dessa religião de desenvolver-se e adequar-se ao tempo, duvidando com isso da capacidade dessa religião de acompanhar o ritmo de mudanças na sociedade.

Esta atitude vê, pois, o Candomblé como sinal de uma sociedade com mentalidade pré-iluminista. A chegada da racionalidade técnica, do Iluminismo, do desenvolvimento, iria fazer desaparecer logicamente o Candomblé. Aquelas pessoas que acompanharem o desenvolvimento, iriam automaticamente voltar-se ao Cristianismo, pois somente este tem envergadura suficiente para fazer uma síntese entre racionalidade técnica, desenvolvimento e religião[12]. O Candomblé – como também outras religiões – quando refletir sobre si mesmo, iria chegar à conclusão que seu futuro está em Cristo[13]. O Candomblé encontraria no Cristianismo tanto seu futuro, como também o desenvolvimento pleno de seu próprio conteúdo[14]. "As tentativas da religião Nagô de criar um lugar de salvação, no qual se possa reencontrar a pureza original, encontra sua realização em Cristo. O que os mitos africanos anunciam de forma vaga e a atividade ritual procura realizar simbolicamente torna-se realidade histórica em Jesus de Nazaré"[15]. O caminho do Candomblé não poderia, pois, nem em termos de história, nem em termos de conteúdo, passar ao largo do Cristianismo.

---

12. Cf. RATZINGER, J.: Glaube, 25.
13. "Sem dúvida, a missão cristã precisa entender e aceitar as outras religiões de uma forma muito mais profunda que até agora; por sua vez, as religiões deveriam, para poder sobreviver no que têm de melhor e em reconhecimento ao seu próprio caráter adventício, perceber que apontam para Cristo". RATZINGER, J.: Glaube, 24.
14. Cf. SOMETTI, J.: Maravilhoso, 113-115.
15. REHBEIN, F.C.: Heil im Candomblé, 56.

Esta atitude – que classificamos de fracassada em vista de um diálogo – parte da ideia de uma superioridade irrevogável e prédefinida do Cristianismo. "A sua [da Igreja] 'superioridade' não consiste em que – diferentemente de todas as outras – ela possua sozinha a graça, mas em que ela se reconheça expressamente como a comunidade daquilo que os outros apenas esperam ser"[16].

Esta atitude diante do Candomblé não conduz a nenhum encontro positivo, pois o Candomblé não é levado a sério como religião e já é considerado aprioristicamente como grupo de menor valor, que se encontra em um estágio mais atrasado de desenvolvimento e que por si próprio não possui a capacidade de sair deste atraso.

O que, pois, se duvida no Candomblé e nas outras religiões afro-brasileiras é sua capacidade de confrontar-se com o desenvolvimento da sociedade e de resistir às questões que este desenvolvimento coloca. Esta incapacidade adviria supostamente do fato de estas religiões se apoiarem mais na emoção e na tradição e menos na racionalidade e na convicção. Por isto, pouco estariam capacitadas para resistir ao materialismo ideológico e prático adveniente nas sociedades brasileira e latino-americana[17].

Diante de uma tal atitude, deve-se observar primeiramente que todas as religiões têm suas dificuldades ante novos desenvolvimentos, especialmente quando estes desenvolvimentos são impulsionados por fatores externos a esta sociedade e feitos de forma muito acelerada, sem levar em conta as condições sociais e culturais da mesma, como é o caso do processo de industrialização forçada ocorrido no Brasil.

A passagem de uma estrutura de sociedade predominantemente agrária para uma sociedade industrializada ocasionou um desenraizamento social, cultural e religioso de grande parte da população

---

16. RAMERS, P.: Absolutheitsanspruch, 238-239.
17. Cf. BARTOLUCCI, E.: Pastoral, 555.

brasileira. Este processo foi ainda mais acelerado por causa do empobrecimento da população que o acompanhou. Este desenraizamento trouxe dificuldades – do ponto de vista religioso – a praticamente todas as Igrejas e religiões. Não por último, a própria Igreja Católica sofreu no Brasil com as consequências deste desenraizamento, como teve e tem sérias dificuldades em outras sociedades marcadamente materialistas práticas.

Este desenraizamento religioso tem, muitas vezes, como consequência tanto o fundamentalismo religioso como a busca de atividades religiosas mágico-irracionais. Estes fenômenos podem ser observados tanto no interior do Cristianismo, como do Candomblé. É de se duvidar, pois, que o Candomblé como um todo irá se desintegrar nestes fenômenos ou que por isso vá desembocar logicamente no Cristianismo. Não se trata aqui de fazer previsões do futuro. O que queremos deixar claro é que, para um encontro positivo entre o Cristianismo e o Candomblé, é preciso que se reconheça mutuamente as formas dos conteúdos ou das afirmações doutrinárias como uma tentativa positiva e limitada – sem, com isso, levantar logo o fantasma do relativismo religioso – de responder às questões e angústias do ser humano na busca do sentido último e, mesmo de forma limitada, expressar a verdade[18].

---

18. "As afirmações doutrinárias cristãs não teriam nenhuma correta utilidade se não as entendêssemos em sua particularidade e limitação, se não as víssemos no horizonte daquele ininteligível na qual estão também outras religiões, mesmo, quem sabe, com afirmações contraditórias. Estas afirmações não são simplesmente doutrinas errôneas, que devem ser rechaçadas, mas são uma possibilidade (por nós não aceita) de chegar mais próximo do mistério do divino". LEUZE, R.: Christentum, 291.

Capítulo 13: IDENTIDADE CRISTÃ E CANDOMBLÉ

O desejo cristão de encontrar o outro de forma positiva deve estar acompanhado por duas características básicas: abertura e fortaleza. Esta tensão acompanha o encontro. Por um lado, a abertura para o outro, a capacidade de reconhecer e aceitar o outro como sujeito e de tal forma decidido, que não haja nenhum encampamento teológico da alteridade. Para o encontro entre Cristianismo e Candomblé, isto significa que por parte do cristão o Candomblé deve ser visto em sua independência e soberania como religião dos Orixás. Uma abertura com tal radicalidade traz consigo o perigo de poder colocar em crise a própria identidade. Este é, porém, o preço da abertura sincera. Por outro lado é necessária a fortaleza, isto é, os cristãos, no encontro com os outros, não podem perder de vista o que lhes é próprio. Para isso, é necessário tanto uma atitude "conservadora" no sentido da consciência da necessidade da manutenção da própria identidade no processo de abertura para o outro[1] como também a capacidade de saber diferenciar-se do outro[2]. Neste capítulo iremos abordar estas duas questões: a diferenciação do Cristianismo frente ao Candomblé e à própria identidade.

No encontro com o Candomblé é preciso estar claro a nós cristãos que o ponto de referência no qual devemos estar firmes e para o

---

1. "'Manter a identidade na mudança' é uma atitude 'conservadora', mas não significa nenhum conservadorismo 'a-histórico'". DELGADO, M.: Theologie, 201.
2. "Neste momento da história, o Cristianismo terá que se esforçar para encontrar sempre de novo sua identidade e relevância numa situação de diferenciação e integração reconciliadora". WALDENFELS, H.: Frömmigkeit, 159.

qual sempre temos que voltar chama-se Jesus Cristo. Mesmo tendo a consciência da própria perspectividade, de que o ponto de vista próprio não é absoluto e da tentativa de manter uma abertura tal que o outro possa aparecer como sujeito, Jesus Cristo permanece impreterivelmente como critério decisivo de diferenciação, critério este do qual o cristão colhe sua identidade e no qual encontra sua fortaleza. A identidade própria não se torna própria na medida em que se diferencia do outro, mas sim na medida em que professa a sua propriedade. O cristão não se torna cristão na medida em que se diferencia e distancia do Candomblé, mas na medida em que sua vida é colocada no seguimento de Jesus Cristo. A fé em Jesus Cristo é o ponto de partida para os cristãos, isto é, ele não vai ao encontro do outro como alguém que a partir de fora percebe da mesma maneira as duas perspectivas de fé, mas vai ao encontro do fiel do Candomblé como um crente, e, como tal, ele não representa as duas posições e nem o pode. O ponto central de sua diferença perante o Candomblé é a sua decisão pelo seguimento de Jesus Cristo.

1. SER CRISTÃO: A IDENTIDADE NO SEGUIMENTO DE JESUS CRISTO

Em que ponto se pode reconhecer a identidade cristã, que deverá ser o ponto de referência no encontro com outras identidades religiosas? O essencial da identidade cristã, a *conditio sine qua non* de sua existência, é o seguimento concreto de Jesus Cristo[3]. Alguém é cristão na medida em que Jesus Cristo é para ele pessoalmente caminho, verdade e vida. Esta é, por assim dizer, a "certidão" do cristão. "Ser cristão significa ser em Cristo, fazer de Cristo o seu princípio de vida, definir sua vida a partir de Cristo e para Cristo"[4]. Dois

---

3. "O seguimento diferencia os cristãos dos discípulos e simpatizantes de outras grandes personalidades, no sentido de que os cristãos têm nesta pessoa seu ponto de referência último, não apenas em sua doutrina, mas em sua vida, morte e nova vida". KÜNG, H.: Christ, 535. Cf. a este respeito também SOBRINO, J.: Jesús, 209-221.
4. CONGAR, Y.: Geist, 237.

elementos essenciais estão aqui presentes: primeiramente um encontro pessoal com Jesus Cristo, isto é, com Jesus Cristo dos evangelhos, com o filho de Deus humanado que anunciou a boa-nova da proximidade do Reino de Deus, que foi crucificado, que morreu e ressuscitou. Este encontro pessoal com Jesus Cristo – no sentido de deixar-se tomar por Ele – é sempre único e intransferível. Em segundo lugar, é necessário que este encontro não seja sem consequências. Ninguém que se deixa tomar por Jesus Cristo continua como era antes. Deste encontro surge um relacionamento de amor para com Jesus Cristo que leva esta pessoa a pautar sua própria vida na vida e prática de Jesus Cristo. O encontro com Jesus leva, pois, a uma práxis. Esta práxis se orienta na vida e práxis do próprio Jesus. Estes dois elementos essenciais – o encontro com Jesus e as consequências do encontro – não acontecem separados. No seguimento acontece o encontro e só no encontro pode o cristão dizer quem é Jesus. O ser cristão não é, pois, definido a partir da resposta teórica à pergunta quem é (ou foi) Jesus Cristo, mas sim a partir da resposta prática sobre o significado de Jesus Cristo na vida pessoal do cristão[5]. A prática concreta de fé no seguimento de Jesus Cristo é "a norma suprema da existência cristã"[6]. Com isto se pretende tanto dizer que Jesus Cristo não é nenhum passado ou lembrança, mas presente e presença na vida de cada cristão, como também que o ser cristão não é definido através do conhecimento ou da sabedoria de cada qual sobre a pessoa de Jesus Cristo. O significado de Jesus Cristo para o cristão é aquele que se pode haurir de uma ideia ou de uma pesquisa. Tudo isto pode, é claro, ajudar o cristão a ter mais clareza sobre sua identi-

---

5. "A Jesus, o nazareno, o reconhecido eclesialmente como o Filho de Deus, não se conhece quando alguém se apresenta a Ele, nem ao ler os testemunhos de seus atos e palavras, nem ao escutar pregações e sermões, ou seguir cursos bem elaborados. A única forma possível para conhecer a Jesus está no seguimento, real e vivido, de sua pessoa, no esforço de identificar-nos com suas preocupações históricas, na tentativa de plasmar seu Reino entre nós. Em outras palavras, só a partir da práxis cristã é possível aproximar-nos de Jesus". SOBRINO, J.: Cristologia, 11.

6. SOBRINO, J.: Cristologia, 397.

dade e mais certeza sobre sua tarefa no seguimento. Não pode, porém, nunca substituir o encontro pessoal com Jesus Cristo e a consequência que advém deste encontro. Neste relacionamento com Jesus Cristo, abre-se ao humano tanto a infinitude divina como a finitude humana. É o seguimento concreto que aponta ao mistério divino; ele acontece, porém, na concretude da vida de cada qual, que não faz esta experiência só, mas na comunidade dos crentes. E o fato da experiência de fé ser sempre pessoal, feita, porém, dentro da comunidade dos crentes, a protege tanto contra o absolutismo individualista como contra a ideologização.

A identidade cristã deve levar o cristão a portar-se cristãmente no encontro com fiéis de outras religiões. Este portar-se de forma cristã deve ser entendido de duas maneiras: primeiro como consequência do próprio seguimento de Jesus Cristo. O seguimento de Jesus Cristo exige uma abertura diante do outro, a exemplo do próprio Cristo, que não rejeitou ninguém que veio ao seu encontro, que teve uma atitude de amor e atenção a todo o que encontrou. O "estar em Cristo" exige dos cristãos a mesma atitude de Jesus diante das pessoas, ou seja, a mesma atitude de Jesus diante das pessoas que professam outra religião. A partir da mensagem de Jesus Cristo, o cristão não pode ter diante do outro uma atitude diversa que a de amor, pois, ao contrário, trairia Jesus e sua mensagem, que para ele é caminho, verdade e vida. A abertura e uma atitude amorosa diante do fiel de outro credo são obrigatórias para o cristão que leva a sério seu compromisso de fé. A fidelidade a Jesus Cristo exige esta abertura ao outro, mesmo quando a história do encontro do Cristianismo com outras religiões dá testemunho de uma outra atitude[7].

---

7. "Por que foram os cristãos para os outros tantas vezes um empecilho no caminho da salvação deles?". DELGADO, M.: Theologie, 200.

Em segundo lugar, não pode o cristão encontrar o outro a não ser cristãmente quando leva a sério sua própria fé. Sua identidade cristã é tanto o seu ponto de partida para o encontro, como também sua contribuição, aquilo que ele leva consigo para o encontro. Sem sua identidade, isto é, sem a convicção de que Jesus Cristo é para ele caminho, verdade e vida, o cristão no encontro com o fiel do Candomblé é um observador, um perito, um mediador, um curioso ou qualquer outra coisa, mas não um cristão. O encontro com o outro é também o lugar do testemunho de sua fé, pois o testemunho é uma contingência da fé.

A abertura cristã diante do outro e o levar sua identidade para este encontro têm como consequências que tanto o cristão poderá questionar o outro a partir de sua identidade como também poderá ser pelo outro questionado. Poder criticar e ser criticado fazem parte do encontro. Tanta abertura e segurança deve o cristão colocar no encontro com o outro e poder também suportar.

O cristão deve utilizar a possibilidade de ser questionado pelo outro, mesmo quando este questionamento coloque a própria identidade em crise. A crise é uma chance de purificação, de esclarecimento do próprio ponto de vista. É, inclusive, de se desejar que o confrontar-se concretamente com um membro de outra religião leve tanto a um enriquecimento através do outro como também à possibilidade a uma purificação através do confronto, do questionamento que o outro possa vir a colocar. É possível, inclusive, que uma voz crítica advinda de fora possa melhor levar o cristão a encontrar sua identidade, a esclarecer certos pontos que estejam obscuros em consequência da falta de autocrítica. Uma voz crítica advinda de fora pode levar os cristãos a – no lugar e tempo concreto onde vivem – entender melhor Jesus Cristo, aprofundar sua fé e renovar o caminho do seguimento. Uma crítica do outro pode levar o cristão a superar a soberba e admitir sinceramente que ainda se encontra a caminho tanto na compreensão da própria identidade como no caminho do seguimento de Jesus Cristo.

2. A IDENTIDADE CRISTÃ DIANTE DO CANDOMBLÉ: DISCERNIMENTOS

No encontro com fiéis do Candomblé, tornar-se-á claro ao cristão que se trata de uma religião com conteúdos de fé claramente diferentes dos do Cristianismo. Uma comparação ou discernimento em detalhes entre Cristianismo e Candomblé seria, pois, um empreendimento difícil, pois há poucos pontos de referência para um tal trabalho. Trata-se de duas religiões diferentes em sua totalidade. Em segundo lugar, uma comparação em detalhes entre Cristianismo e Candomblé iria dar uma imagem distorcida das duas religiões. Um tal detalhamento não mais transmite a imagem da religião como um todo, mas apenas de detalhes da religião. Estes perderiam a força de expressão quando tirados de seu contexto. Por isso, rejeitamos a ideia de se fazer uma comparação ou diferenciação entre as duas religiões.

O que nos propomos a fazer aqui não é uma comparação ou discernimento entre elementos isolados das duas religiões, mas sim apontar para dimensões das duas religiões, onde diferenças podem ser claramente notadas. Trata-se de apontar dimensões da fé em Jesus Cristo que – segundo nossas observações – não estão presentes no Candomblé, ou pelo menos não desta forma. Estas diferenças entendemos que aparecem especialmente em três aspectos nos quais a fé em Jesus Cristo leva a uma outra atitude que a fé do Candomblé, dando assim à identidade cristã um perfil próprio: o significado da história para a fé; a chance do Cristianismo de agir de forma integradora numa sociedade pluralista e a compreensão sobre a base para o relacionamento com a transcendência.

2.1. A história como história da salvação

A fé cristã não surgiu de especulações teóricas sobre a existência de Deus nem de proposições filosófico-teológicas plausíveis sobre sua compreensão. Também não está fundamentada a fé cristã em substrato mitológico ou a-histórico. A fé cristã está ligada de forma irredutível e irrevogável com um acontecimento histórico: a história de Jesus de Nazaré. Por isso, o seguimento deste Jesus – o ser cristão – "não tem sua origem numa ideia humana, mas tem claramente seu início numa história humana: a história de Jesus de Nazaré"[8]. "Ser cristão não é crer primordialmente em uma mensagem, mas sim em uma pessoa. Ter fé significa crer que um homem desta história, o judeu Jesus, nascido de Maria, que anunciou o amor do Pai, o Evangelho aos pobres, a libertação dos cativos, que enfrentou os grandes de seu povo e da potência invasora e que foi morto como subversivo, é o Cristo, o Messias, o Ungido, o Filho"[9]. A fé na pessoa de Jesus não está ligada em acreditar que Jesus tenha tido uma experiência especial de Deus, mas sim que Jesus é o Cristo, que nele Deus e homem são uma só pessoa. "Do ponto de vista cristão, em lugar algum houve uma maior proximidade entre Deus e o ser humano que na figura de Jesus"[10]. Esta ligação entre divino e humano na pessoa de Jesus tem um significado capital para a fé cristã. Sem a encarnação, sem a humanização de Deus em Jesus de Nazaré, não se pode pensar Cristianismo. Em Jesus, Deus mesmo se torna história: isto é fundamental para a fé cristã. "O Deus em que cremos é o Pai de Jesus. E nós conhecemos Jesus como uma pessoa de nossa história, nele reconhecemos o Filho. Em Jesus, Deus não só se revela na história, como também se faz história, armando sua tenda em meio à história"[11].

A partir da encarnação do Filho de Deus, a história tem uma outra dimensão: ela é mais que o lugar da vida humana, ela é mais do que o lugar onde o ser humano faz a experiência do divino. Em Jesus, o próprio Deus torna-se partícipe da história. Com isso, a história recebe um significado teológico para o horizonte da fé que antes não estava presente[12]. Por um lado isto é uma novidade absoluta

---

8. WALDENFELS, H.: Phänomen, 168.
9. GUTIÉRREZ, G.: Força, 26.
10. WALDENFELS, H.: Phänomen, 172.
11. GUTIÉRREZ, G.: Força, 27.
12. "Desde que Deus se fez homem, a humanidade, cada homem, a história, é o templo vivo de Deus vivo". GUTIÉRREZ, G.: Teologia, 162.

para a revelação de Deus à humanidade. Por outro lado, na questão da importância da história para a revelação de Deus, o significado da pessoa de Jesus não é apenas uma novidade ou ruptura. A importância da história para a revelação e encontro com Deus é uma constante na tradição bíblica. "A fé bíblica é, antes de tudo, uma fé em um Deus que se revela em acontecimentos históricos. Em um Deus que salva na história"[13]. No Antigo Testamento, o povo de Israel lê a revelação de Deus nos acontecimentos históricos. Deus intervém na história: Ele liberta seu povo da escravidão do Egito, Ele conduz o povo pelo deserto para a Terra Prometida, ele está ao lado do povo na guerra, Ele chama profetas e reis, etc. Deus revela-se ao povo na medida em que age na história[14]. A profissão de fé está ligada diretamente com o reconhecimento da ação de Deus nos acontecimentos históricos. O povo do Antigo Testamento professa sua fé como uma espécie de narrativa da intervenção de Deus na história em favor de seu povo: "Quando amanhã o filho te perguntar: 'Que significam estes mandamentos, estas leis e estes decretos que o Senhor nosso Deus nos prescreveu?', então responderás ao filho: 'Nós éramos escravos do faraó e o Senhor nos tirou do Egito com mão poderosa. O Senhor fez à nossa vista grandes sinais e prodígios terríveis contra o faraó e contra toda sua casa. Libertou-nos de lá para nos conduzir à terra que, com juramento, prometera a nossos pais. O Senhor mandou que cumpríssemos todas estas leis e temêssemos o Senhor nosso Deus, para que fôssemos sempre felizes e nos conservasse vivos, como nos faz hoje. Seremos justos, se guardarmos os seus mandamentos e os observarmos diante do Senhor nosso Deus como ele nos mandou'" (Dt 6,20-25). Nesta profissão de fé fica claro que a fé está ligada diretamente com a ação de Deus na história.

---

13. GUTIÉRREZ, G.: Teologia, 130.
14. Cf. GUTIÉRREZ, G.: Força, 17-18. O agir de Deus na história "é transcendente, não é nenhuma 'intervenção' no decorrer 'normal' da história. É uma intervenção divina, por isso, 'criadora', soberanamente livre, transcendente e, apesar disso, imanente em nossa história". SCHILLEBEECKX, E.: Jesus, 562.

Deve-se notar que a intervenção de Deus na história não é compreendida como uma intervenção apartidária. Muito pelo contrário. Deus não se revela de forma neutra na história, mas toma claramente partido por seu povo, pela justiça, pelos oprimidos, pelos pobres, pelas viúvas, pelos sofredores...

A fé vétero-testamentária tem no Novo Testamento uma continuidade que supera toda expectativa e "alcança um cume que não se pode superar"[15]: Deus não apenas se revela em acontecimentos históricos; Deus mesmo se torna história na pessoa de Jesus. "Assim, a história de Deus torna-se também nossa história na pessoa de Jesus, o ressuscitado"[16]. Com isso, há para o Cristianismo uma ligação irrevogável entre fé e história, pois existe uma ligação interna entre revelação divina e história: a história é o lugar da revelação de Deus. Dito de outra forma: Deus encontra o ser humano na história e é na história que o ser humano deixa-se tomar por Deus. "Se o humano é iluminado pela palavra, é precisamente porque ela chega a nós através da história humana; é indiscutível, diz G. von Rad, que 'a história é o lugar em que Deus revela o mistério de sua pessoa'. A história humana será então, também, o espaço de nosso encontro com Ele, em Cristo"[17].

Se afirmávamos no parágrafo anterior que o seguimento de Jesus acontece no encontro com ele e somente neste encontro o fiel pode dizer quem é Jesus, aqui agora temos que completar este pensamento dizendo que a história é o lugar onde acontece este encontro com Jesus Cristo. E, por isso, tem a história, para a fé, uma importância extraordinária que não pode ser olvidada. O seguimento de Jesus Cristo, o ser cristão, torna-se realidade somente no tornar-se história da fé. O termo história não utilizamos aqui no senti-

---

15. RAHNER, K.: Grundkurs, 177. E. Schillebeeckx fala de uma "ação salvífica definitiva" "na pessoa humana histórica de Jesus". Cf. SCHILLEBEECKX, E.: Jesus, 564.
16. SCHILLEBEECKX, E.: Christus, 621.
17. GUTIÉRREZ, G.: Teologia, 157.

do de conhecimento sobre acontecimentos do passado (como, por exemplo, conhecimentos sobre a vida de Jesus de Nazaré), mas sim como a ligação entre estes acontecimentos e o presente. História está ligada com atualização. Sem dúvida, existe o perigo de no Cristianismo se entender história como passado, sem ligação com o presente. "Talvez a teologia cristã tenha por muito tempo deixado com que as histórias que se escondem atrás das existências cristãs e biografias se tornassem apenas conceitos. Não são, porém, os conceitos que se devem trazer à lembrança, mas sim a história mesma do ser cristão"[18]. Aqui se coloca de forma clara que conceitos do passado não possibilitam nenhum encontro com Jesus Cristo e com isso não podem levar ao seguimento. Somente na historicização este se torna possível. Outra questão é perguntar se os cristãos sempre estiveram conscientes disto. G. Gutiérrez fala da necessidade constante de conversão à história e do fato de os cristãos não se terem convertido ainda suficientemente à história[19]. A fuga da história concreta significa para o cristão uma alienação da própria identidade, pois somente na história o seguimento é possível.

Por esta breve exposição da ligação (essencial) entre fé cristã e história, ficou claro que o encontro com Jesus Cristo só é possível na história concreta humana e só nesta é possível o seguimento. Seguindo a tradição bíblica, a história concreta onde vivemos é o lugar onde acontece o encontro com Deus. "Toda a Bíblia, com efeito, nos fala de um Deus que se revela a um povo concreto no caminhar de sua própria história, a história de um povo oprimido a caminho da libertação. E é à luz dessa Palavra bíblica que nós podemos descobrir esse mesmo Deus na história coletiva que vivemos hoje"[20]. Nesta tradição não há duas histórias: uma história na qual acontece o encontro com Deus e uma outra, uma história profana ou secular. A

---

18. WALDENFELS, H.: Phänomen, 168.
19. Cf. GUTIÉRREZ, G.: Teologia, 174.
20. MUÑOZ, R.: Gott, 18-19.

história concreta do ser humano é a história onde acontece – ou não – o encontro com Deus. "História da salvação e história do mundo são, pois, coextensivas"[21]. Para os cristãos, história deve, pois, ser sempre entendida como história da salvação, pois ela é o lugar onde acontece a ação libertadora e salvadora de Deus. E a resposta humana à ação divina só é possível – no entender dos cristãos – na história, na medida em que o ser humano, por causa do encontro com Deus, dispõe-se a agir na história. Em outras palavras: a história concreta é o único lugar onde pode acontecer o seguimento de Jesus Cristo, isto é, onde Jesus torna-se para o cristão caminho, verdade e vida.

Na ligação entre fé e história há uma clara diferença entre a forma de pensar do Candomblé e a compreensão cristã. Esta ligação estrutural entre fé e história, como a encontramos no Cristianismo, não a encontramos no Candomblé. A diferença básica consiste no fato de que para o Candomblé não há nenhum acontecimento histórico de importância capital para a fé que possa ser comparado à importância da vida de Jesus de Nazaré para os cristãos. Os acontecimentos da história não fazem parte da estrutura da fé no Candomblé, como o fazem na tradição judeu-cristã. Não é que os acontecimentos históricos não tenham qualquer importância para a fé. Na análise que fizemos do Candomblé de modo especial e das outras religiões afro-brasileiras em geral – na segunda e terceira partes deste trabalho – ficou claro que a fé traz consequências para a história[22]. Acontecimentos da história não são no Candomblé, porém, refletidos como lugar de especial revelação de Deus. Esta diferença salta aos olhos quando se observa a grande importância para a formação da fé vétero-testamentária da escravidão/libertação do Egito e do exílio babilônico e a relativa pouca importância para a reflexão da fé no Candomblé que se dá ao fato da deportação da África e ao tempo

---

21. WALDENFELS, H.: Fundamentaltheologie, 182. Cf. a este respeito também RAHNER, K.: Grundkurs, 147-149, e BOFF, L.: Destino, 71-73.
22. No capítulo 5 deste trabalho foi tratado especificamente deste assunto.

da escravidão no Brasil. Esta história não é precisada e refletida no Candomblé como lugar de experiência religiosa. O lugar da experiência religiosa é o Terreiro. O Terreiro tem no Candomblé uma importância capital para a experiência de fé, para o encontro entre o fiel e o seu Orixá. O lugar que a história toma na compreensão cristã, como espaço do encontro com Deus, como templo vivo de Deus, é ocupado no Candomblé pelo Terreiro.

2.2. A força integradora da identidade cristã

Uma segunda dimensão diferente entre Cristianismo e Candomblé deriva-se como consequência direta do significado da história concreta para a fé cristã. A história é para os cristãos o lugar do encontro com Deus e de sua revelação ao ser humano. Ao mesmo tempo, a história é também o lugar concreto onde ocorre a resposta humana à revelação divina. A história concreta é sempre história da salvação, pois é traspassada pela ação divina, ação esta que diz respeito à história como um todo. Para o cristão não há, pois, na história lugar onde ele age de forma 'profana' e um outro lugar – uma história paralela a esta – onde ele age de forma 'cristã'. A única história concreta é o lugar onde o cristão age; e sempre como crente. A história é o lugar da ação do fiel e o seguimento de Jesus exige a participação ativa dos cristãos.

A fé é vista na tradição tanto do Antigo como do Novo Testamento como uma resposta do humano na concretude da história. O povo do Antigo Testamento vê na história o lugar onde ele deve agir de tal forma a cumprir a vontade de Deus. A atitude do povo nos diversos acontecimentos da história mostra sua fidelidade ou não ao seu Deus; os acontecimentos ruins na história, como a derrota na guerra, a fome ou doenças, são vistos como sinais da falta de fidelidade a Deus. Como Deus se revela nos acontecimentos da história, também são nestes acontecimentos que se revela a fidelidade do povo à vontade de Deus. A atividade do povo na história é a resposta à revelação de Deus. O cumprir a vontade de Deus nunca se dá num retirar-se da história, mas – pelo contrário – num participar ativamente da história.

A história da vida de Jesus mostra da mesma forma que Ele age na história de seu tempo. Seus discípulos vêm de diversos grupos, Jesus não vive de forma recolhida, mas prega e age de cidade em cidade, de lugar em lugar; Ele se encontra com os mais diversos grupos sociais de seu tempo e nas mais diversas ocasiões. A condenação e crucificação de Jesus mostram com toda a clareza que seu campo de ação é a história: Ele é levado ao sumo sacerdote, a Herodes e a Pilatos. Seguindo os passos de Jesus, a comunidade de discípulos não é um grupo fechado, mas sim uma comunidade aberta, que está disposta a ir ao encontro das pessoas, que age no mundo. Esta abertura fica clara no chamado envio missionário de Jesus: "Ide, pois, fazei discípulos meus todos os povos" (Mt 28,19) e "Ide por todo o mundo e pregai o Evangelho a toda criatura" (Mc 16,15). O envio missionário faz dos discípulos de Jesus uma comunidade que age para fora, que está a caminho para "todo o mundo", para "todos os povos", para "toda criatura". O recebimento do Espírito Santo mostra de forma muito densa a compreensão de que os discípulos se entendem como comunidade que age de forma aberta, que supera todo o medo que ocasiona fechamento (cf. Jo 20,19), que se volta para o mundo. O acontecimento de pentecostes mostra um ponto de mudança na atitude dos discípulos. O Espírito Santo os impele ao mundo.

O seguimento de Cristo não é vivido em comunidade fechada, é um seguimento que impele para fora, para o mundo, para a história. Esta é a consequência da experiência pentecostal: os apóstolos começam a pregar, a testemunhar ao mundo a sua fé, a batizar pessoas (cf. At 2). "Longe de ser um fechamento da consciência sobre si mesma, a experiência do Espírito Santo lança os homens para o mundo"[23]. Esta consciência de ser enviado ao mundo faz parte da

---

23. COMBLIN, J.: Espírito, 20.

identidade cristã. O seguimento de Jesus Cristo está ligado à comunidade dos fiéis que tem a consciência do dever estar aberta ao mundo e à história, a consciência de seu papel de fermento a levedar toda a massa. Em sentido figurativo, podemos dizer que o seguimento de Jesus Cristo age de forma côncava e convexa. Ele tanto reflete para dentro, no sentido que reúne a comunidade, como para fora, no sentido de enviar os discípulos ao mundo. A identidade cristã está ligada com a ação no mundo dos discípulos de Jesus. E neste agir é que se manifesta a identidade cristã. A partir da fé, os cristãos estão comprometidos em agir para fora, em dar testemunho no mundo onde vivem. Este testemunho não está limitado nem a língua nem a cultura, nem a povo, nem a país, nem a raça nem a sexo, nem a situação social ou histórica. A partir deste ponto de vista, a comunidade cristã nunca está no exílio: a história concreta é sempre seu lugar, o mundo é seu campo de ação. Também neste sentido, é o Cristianismo uma religião universal. A identidade cristã está sempre aberta para o mundo e a sua história.

A partir destas características, a fé cristã é provida de uma grande capacidade integradora. Por ser aberta ao mundo e à história, a fé cristã tem a capacidade de, numa situação de pluralidade e diferenças, agir não de forma limitadora e limitante, mas sim de forma integradora, unificadora, que busca o diálogo e o encontro. Sem dúvida, este potencial não foi utilizado em muitos momentos da história. Apesar disso, tem a fé cristã ainda potencial e credibilidade para uma ação integradora.

Tanto a partir de sua compreensão de fé como também a partir da condição histórica tem a fé cristã na situação concreta do Brasil a chance de pôr em prática sua capacidade integrativa. Não se pode negar que, nesta grande mistura de raças e culturas que forma o Brasil, o Cristianismo é uma das únicas forças que tem presença e um papel importante em todo o território nacional.

Nesta dimensão de capacidade integradora da identidade cristã, por causa de sua abertura ao mundo e à história, há uma diferença para com o Candomblé. O Candomblé é, em sua origem, uma religião familiar ou tribal[24]. A religião do povo Yoruba, com suas diversas tribos, forneceu a base religiosa a partir da qual se desenvolveu o Candomblé no Brasil. Este fato marca fortemente a religião do Candomblé em seu relacionamento para com o mundo e a história. No Candomblé não há a dimensão do envio, não há o compromisso de levar a mensagem "a todos os povos". Uma abertura ao mundo e à história pertencente à identidade da fé, como no caso cristão, por causa do envio do próprio Cristo, não está presente no Candomblé. Nele não há envio, não há ideia missionária. Como já havíamos acentuado em outro lugar deste trabalho, o Candomblé não é marcado por nenhum espírito missionário. Por isso, também, não tem nenhuma pretensão de ser religião universal. Ele está enraizado na tradição de um determinado povo e ligado inseparavelmente à sua cultura e destino histórico[25].

"Na cultura dos povos Yoruba e banto, a vida individual das pessoas desenvolve-se apenas dentro da comunidade"[26]. Esta tradição influenciou profundamente o Candomblé. O mundo da religião dos Orixás é o mundo do Terreiro. Ele está no centro da religião e dentro deste âmbito desenvolve-se a vida de cada pessoa. As condições, nas quais surgiu o Candomblé, contribuíram decisivamente para que a ideia originária da comunidade como o local do desenvolvimento da vida fosse levada ao quase extremo da isolação e fechamento da comunidade perante a sociedade em geral. O Candomblé nasceu claramente numa situação de religião e povo no exílio. A religião só sobreviveu por ter encontrado pequenos espaços de liberdade, nichos estes conquistados a duras penas e com muita criatividade pelos praticantes do Candomblé. Os terreiros foram estes pequenos espaços que garantiram a sobrevivência da identidade cultural e religiosa deste povo. Eles são como que pequenos mundos isolados, que, de certa forma, tentam reconstruir a situação ori-

---

24. Cf. AUGEL, M.: Axé, 88.
25. Cf. L'ESPINAY, F. de: Religião, 639.
26. AUGEL, M.: Axé, 88.

ginária da África. São sinais de resistência da própria identidade contra um mundo estranho e inimigo, e, ao mesmo tempo, sinais da íntima ligação originária entre religião e cultura. "Estes locais de culto fortaleceram a consciência das camadas baixas da população do Brasil colonial, protegeram contra a perda de personalidade e contra o poder absorvedor da sociedade branca dominante"[27]. Dentro deste mundo isolado dos terreiros pôde ser conservado um tanto da religião dos Orixás. "Dentro dos terreiros brasileiros formou-se uma espécie de condensação simbólica, uma espécie de reprodução densa do espaço geográfico africano. A imagem da 'mãe África' foi transferida para os terreiros. Cada terreiro aparece como uma África em miniatura, onde a concepção espacial da cosmovisão dos povos Yoruba teve um papel importante [...] Num terreiro organiza-se da maneira mais intensiva possível a simbologia do cosmos. É uma África qualitativa que se presencializa e 'reterritorializa'. A comunidade do terreiro contrapõe ao mundo branco uma ordem própria, sem negar a situação social. Trata-se, na prática, de uma ordem própria no exílio"[28].

Nesta dimensão, pode-se perceber uma diferença clara entre Cristianismo e Candomblé. Enquanto o Cristianismo está presente em todos os níveis e grupos da sociedade, podendo, assim, agir de forma integrativa, inclusive com sua pretensão de universalidade, o Candomblé acontece no Terreiro e tenta reproduzir no Terreiro a totalidade do mundo, segundo sua cosmovisão. Por causa de sua abertura à história, o Cristianismo não age em comunidades isoladas, mas tenta sempre fazer com que sua ação alcance a sociedade como um todo.

Aqui se pode colocar, com razão, a seguinte pergunta: o que teria acontecido se a situação histórica no Brasil tivesse sido inversa, isto é, se o Candomblé fosse a religião da grande maioria – e do grupo dominante – e o Cristianismo a religião de um grupo escravizado e perseguido? A pergunta tem sua razão de ser não por procurar uma

---

27. Ibid., 86.
28. Ibid., 87.

especulação teórica, mas por ser atual no momento em que o Candomblé está saindo de sua situação de isolamento e sempre de forma mais clara aparece na sociedade, reivindicando o direito de ser reconhecido e aceito totalmente como religião[29]. Quanto menos a identidade do Candomblé está ameaçada na sociedade brasileira e o mundo do Candomblé deixa seu isolamento para aparecer em público, tanto mais clara fica a sua reivindicação de assumir um papel mais importante na sociedade como um todo. "Para a elite intelectual afro-brasileira, que estava muito consciente deste isolamento social, parecia insuficiente a autoridade que se estendia apenas ao campo da religião. Eles exigiam sempre mais uma maior participação na regulamentação da sociedade como um todo"[30]. A era de isolamento defensivo do Candomblé e sua cultura está chegando ao fim em muitas partes da sociedade e, com isso, o Candomblé exige seus direitos e seu lugar justo na sociedade brasileira. A multiculturalidade do Brasil, já há muito existente, que não permitia, porém, a alguns partícipes o lugar devido, está se tornando de fato mais multicultural com a reivindicação de pleno reconhecimento do Candomblé. Justamente nesta situação, precisa a identidade cristã fazer uso de sua capacidade integradora e de promotora do diálogo.

2.3. Graça e reconciliação

A terceira diferença que colocamos neste trabalho entre Cristianismo e Candomblé tem mais o caráter de uma observação a respeito da diferente compreensão sobre a base da relação com a transcendência. Trata-se da compreensão diferente que há sobre aquilo que forma a base do relacionamento entre o humano e o divino no Candomblé e no Cristianismo.

---

29. Esta reivindicação foi claramente exposta e sublinhada na declaração do II Congresso Mundial da Tradição dos Orixás e Cultura, acontecido na cidade de Salvador da Bahia de 17 a 23 de julho de 1983. Os fiéis são incentivados a terem orgulho da religião do Candomblé e a rejeitarem uma visão folclorística do Candomblé. Cf. KLOPPENBURG, B.: Sincretismo, 209.
30. AUGEL, M.: Axé, 90.

No Cristianismo, o relacionamento divino-humano é entendido como presente, como graça. Deus se doa a si mesmo ao humano, busca com ele comunidade, procura um relacionamento amoroso. O ser humano não é um parceiro à mesma altura de Deus, nem cabe a ele a iniciativa no relacionamento para com o divino. O ser humano experiencia o voltar-se amoroso de Deus a ele como gratuidade, como presente à criação. Isto é graça, Deus é graça. "Graça é o nome para Deus mesmo, como Ser que é sempre Comunhão, Êxodo de si mesmo, Amor para com, Simpatia para com outros diferentes dele. Isso não é uma qualidade de Deus. É a essência (*divinitas*) de Deus mesmo. Deus não tem graça. É graça"[31]. Deus mesmo se comunica, busca a comunidade em sua autodoação à criação, Deus tem a capacidade e a vontade do relacionamento[32]. Não é a criação ou o ser humano por parte da criação que toma a iniciativa de se abrir para Deus, mas Deus que a ela se volta. Para definir este devotamento de Deus à criação, usamos a palavra graça. "Graça deve ser entendida em primeira linha como permanente e básica, não deduzida e como um voltar-se de Deus à criação que não é por esta merecida e nem se pode fazer por merecer"[33]. Graça quer expressar a experiência cristã do que está na base do relacionamento para com Deus: "A palavra graça quer traduzir a experiência cristã mais originária e original: por um lado, de Deus, que tem uma profunda simpatia e amor para com o homem a ponto de se dar a si mesmo, e, por outro, do homem capaz de se deixar amar por Deus, abrindo-se ele também ao amor e ao diálogo filial"[34].

"Graça" designa a estrutura da base sobre a qual a experiência do encontro ou do relacionamento entre Deus e os seres humanos é entendido no sentido cristão. Esta estrutura pode ser compreendida em quatro elementos: a) Deus volta-se para a criação, comuni-

---

31. BOFF, L.: Graça, 16.
32. Cf. HILBERATH, B.J.: Gnadenlehre, 4.
33. Ibid., 36.
34. BOFF, L.: Graça, 15.

ca-se abre-se toma a iniciativa de buscar a comunidade com os seres humanos; b) a autocomunicação de Deus não é provocada pelo ser humano, ela é gratuita; c) o ser humano experimenta a ação de Deus como gratuita, como presente; d) através da autocomunicação gratuita de Deus, o ser humano também é convidado a esta abertura, é convidado a aceitar fazer comunidade.

Não queremos aqui desenvolver um tratado da graça, apenas apontar para o fato de que a experiência cristã do encontro com Deus é sentida como graça, como gratuidade da parte de Deus que não exige contrapartida. "Deus, por exemplo, não ama por causa dos méritos, da beleza e da bondade do homem, mas ama simplesmente porque é esse o seu modo próprio e íntimo de ser. Ele é Amor gratuito; de graça é sua benevolência para com todos, até para com os ingratos e maus (Lc 6,35)"[35]. Assim é experimentada a comunidade com Deus: é presente dele para a humanidade. Este presente é entendido como oferta à humanidade. A iniciativa de Deus em fazer comunidade com os seres humanos é um convite. Os seres humanos têm a liberdade de aceitar ou rejeitar este convite. "O homem é o ser na criação que pode ouvir a pro-posta do Amor e pode dar-lhe uma res-posta com responsabilidade. Porque é uma liberdade criada, e, por isso, limitada, sua resposta não é fatal. O homem possui a capacidade terrível de recusar. É a sua grandeza e o seu drama. Historicamente exerceu a liberdade como recusa. Por isso, pode livremente perder-se para sempre. Deus se torna vulnerável desde que existe uma liberdade criada. Apesar desta negação ao Amor, Deus não desiste de amar, de perdoar, de renovadamente se oferecer"[36]. Seu devotamento ao ser humano não depende da resposta deste, permanece sempre como convite aberto a toda a humanidade, que pode aceitar sua palavra e com ele reconciliar-se.

"O cristianismo do Novo Testamento não conhece o chamado de Deus a todos os povos à reconciliação e à comunhão com o Deus da

---

35. Ibid., 63-64.
36. Ibid., 144-145.

vida através de um saber metafísico a respeito da necessária bondade de Deus. Conhece-o pela fé nesse 'Evangelho' do grande 'mistério' oculto para toda a humanidade e 'revelado' agora em Jesus Cristo: que Deus, com toda a liberdade de seu amor pessoal que escolhe e faz diferenças, oferece agora sua salvação inesperada e subitamente a todos os povos e a todo ser humano"[37]. A boa-nova pregada por Jesus testemunha esta oferta de salvação de Deus a toda humana criatura[38]. Diferentemente de outros pregadores escatológicos, Jesus não anunciou a vinda imediata de um juízo divino, mas sim a proximidade do Reino de Deus como boa-nova, como Evangelho. O Reino de Deus é anunciado por Jesus como graça que provém da iniciativa divina e não resultado do mérito humano[39]. A medida divina para os seres humanos não são as obras destes, mas a graça daquele. A parábola do fariseu e do publicano contada por Jesus (Lc 18,9-14) mostra exatamente como Jesus anuncia o voltar-se divino ao ser humano como graça e não como resposta ao mérito deste. A reconciliação, o perdão de Deus acontece por pura graça[40]. Deus é graça e, por isso, oferta permanente e gratuita de comunhão, de reconciliação com o ser humano[41]. Graça e perdão, isto forma a base do relacionamento de Deus para com o ser humano no entender cristão. Ambos são iniciativa gratuita de Deus, que possibilitam uma resposta humana.

---

37. MUÑOZ, R.: Deus, 229-230.
38. "Afinal de contas, o Evangelho não é a pregação dos pecados, mas do perdão dos pecados. De outro modo, nem boa nova é. O Evangelho não é, pois, anúncio da perdição, mas da salvação; não da condenação, mas da graça". BOFF, C.: Comunidade, 181.
39. Cf. SOBRINO, J.: Cristologia, 67.
40. "O 'pecador' é o protótipo de homem que não pode esperar sua salvação se Deus o julgar conforme suas obras. Jesus, ao pregar o Deus que se aproxima na graça, abre-lhes o único futuro possível: se aceitarem que Deus, realmente, se aproxima em graça, Jesus perdoa seus pecados". SOBRINO, J.: Cristologia, 70-71.
41. "Realmente, afirma-se com muita frequência no Novo Testamento que Deus perdoa; que Ele é misericordioso, bondoso, que ama; que ele é o Deus de toda a graça, de toda consolação, o Deus da esperança e da paz, o Deus do amor, que em sua misericórdia quer salvar todos os homens. Mas este amor misericordioso de Deus aparece ali radicalmente como graça que, para além de toda esperança, é oferecida agora à humanidade que se tornou ateia pelo pecado.". MUÑOZ, R.: Deus, 234.

Exatamente sobre este ponto da compreensão da base do encontro divino-humano, há uma diferença entre a compreensão cristã e a compreensão do Candomblé. Onde o Cristianismo entende graça e perdão como base para o relacionamento imanente-transcendente, o Candomblé entende estar o sistema da oferta e devolução. O relacionamento entre o ser humano e o Orixá não é uma oferta gratuita ou um presente, mas baseia-se na oferta do ser humano (oferenda, sacrifício) e na devolução (Axé), por parte do Orixá. Ou se pode inverter o esquema, dizendo que o Axé é a oferta do Orixá e a oferenda ou o sacrifício é a devolução do ser humano neste relacionamento[42]. Sem oferta e devolução, ou sem o dar e receber, não se sustenta o relacionamento entre Orixás e seres humanos. Todo o sistema religioso do Candomblé está ligado a esta estrutura do dar e receber. Onde no Cristianismo entende-se estar a graça, sempre possibilitando o relacionamento, e o perdão, sempre possibilitando a reconciliação entre divino e humano, o Candomblé entende estar a reciprocidade do dar e receber como garantia da ligação entre ser humano e o Orixá. No caso de uma desarmonia entre o Orixá e o seu filho, não há a reconciliação gratuita, mas sim, a necessidade de uma oferta para recompor o equilíbrio.

---

42. Nos capítulos 6, 7 e 8 deste trabalho, analisamos e descrevemos bastante detalhadamente este sistema da oferta e devolução no Candomblé.

Capítulo 14: QUESTÕES EM ABERTO

No final desta análise sobre o Candomblé no Brasil, depois de termos apresentado tanto as atitudes que consideramos fracassadas perante o Candomblé, como termos também feito algumas distinções a respeito da identidade cristã frente ao Candomblé, queremos colocar agora algumas questões que, a nosso ver, abrem-se a partir de um encontro positivo entre Cristianismo e Candomblé. São tanto questões que se levantam a partir do passado comum e que não podem ser ocultadas num encontro como questões que membros do Candomblé e do Cristianismo se fazem mutuamente, como também teológicas, provocadas pelo encontro destas duas religiões.

Este último capítulo do trabalho será dedicado a estas questões. Não é nenhum acaso que tenhamos colocado no término deste trabalho um capítulo com questões em aberto. O capítulo reflete a atual situação do relacionamento entre Cristianismo e Candomblé no Brasil. Se por um lado o conhecimento a respeito do passado ajudam a empostar um relacionamento sobre outra base, estes conhecimentos não oferecem, por outro lado, nenhuma receita de como se proceder no futuro. No relacionamento positivo entre Cristianismo e Candomblé, que sem dúvida já existe de forma incipiente, ainda não chegou o tempo de querer colher resultados apressados. Este capítulo, com questões em aberto, quer ser uma abertura para o futuro, atitude que deve caracterizar o próprio relacionamento entre as duas religiões.

1. A QUESTÃO DA DUPLA MILITÂNCIA RELIGIOSA

A longa história do encontro entre Cristianismo (especialmente o de matiz católico) e o Candomblé no Brasil levou a fenômenos que hoje são fatos no relacionamento entre fiéis das duas religiões. Estes fatos não podem ser ignorados, pois fazem parte da realidade e é necessário levá-los a sério. Estes fatos, que são herança da história comum de Cristianismo e Candomblé, precisam agora ser pensados em comum nesta conjuntura atual onde se pretende fundar o mútuo relacionamento sobre uma base positiva. Não está, porém, ainda suficientemente claro qual a melhor atitude a tomar diante de certos fatos na nova situação.

Um dos fenômenos, que é uma herança histórica, é a dupla militância religiosa. Este fato traz grandes questionamentos por parte dos cristãos no relacionamento entre Cristianismo e Candomblé. O fato é que grande parte dos membros dos Terreiros – de comunidades de Candomblé – são batizados e fizeram a primeira comunhão. São, pois – e assim se sentem em sua grande maioria –, membros tanto da Igreja Católica como do Candomblé, com todos os direitos e deveres. Se praticam as duas religiões ou por elas se engajam com a mesma intensidade, esta já é outra questão. Dom Boaventura Kloppenburg afirma que, "dos 125 milhões de católicos no Brasil, 85% são apenas ocasionalmente cristãos e participam de modo irregular na vida cristã. Vivem de fato no indiferentismo religioso positivo e, como tais, abertos às mais variadas formas de sincretismo, que lhes é oferecido pelos movimentos que se dizem 'espiritualistas"[1]. Aqui pode ser utilizada a expressão comum – e contraditória – usada por muitas pessoas para definir sua pertença religiosa: "católico não praticante". Até que ponto as pessoas de dupla militância religiosa se engajam no Candomblé depende muito do fato de terem ou não passado pelo processo de iniciação nesta religião e especialmente do fato de exercitarem ou não uma função no terreiro. Sem dúvida, há também o fenômeno do "candomblecista não praticante".

A dupla militância religiosa – no Candomblé e na Igreja Católica – não é, porém, acompanhada de uma mentalidade dominante em movimentos como, por exemplo, de Nova Era, que reclamam "para si

---

1. KLOPPENBURG, B.: Sincretismo, 203.

como seus a utilização paralela de elementos de diferentes ofertas religiosas"[2]. Uma prática, na qual cada pessoa toma elementos desta ou daquela religião e "arranja" para si uma religião sob medida, esta prática não está ligada ao fenômeno da dupla militância religiosa como acontece entre Cristianismo e Candomblé, embora se conheça também no Brasil estes movimentos de mentalidade de Nova Era ou que geralmente autointitulam a religiosidade como "espiritualista".

Na dupla militância religiosa, permanece a ligação com ambas as instituições religiosas (com o Terreiro e com a Igreja Católica) e não apenas em alguns elementos religiosos de cada lado. Não se faz uma nova religião com elementos das duas religiões, nem se gosta de misturar elementos dos dois lados. Estas pessoas sentem-se membros das duas religiões (também do ponto de vista institucional) e praticam – com maior ou menor intensidade – as duas religiões[3]. O sincretismo, isto é, a presença de elementos católicos no Candomblé, não mistura as duas instituições e nem modifica a estrutura do Candomblé, como já tivemos a oportunidade de analisar neste trabalho. O sincretismo diz respeito a alguns elementos religiosos, mas não a uma mistura estrutural da religião.

Na dupla militância religiosa, trata-se de fato de duas militâncias distintas entre si. Uma não tem nada a ver com a outra, a não ser no fato de se tratar de uma só pessoa[4]. A dupla militância religiosa não é algo que diz respeito apenas a algumas pessoas ou a pessoas que estejam à margem na religião do Candomblé. Mesmo personalidades de liderança do Candomblé sempre fizeram questão de acentuar sua pertença à Igreja Católica[5]. A insistência na pertença à Igreja

---

2. WALDENFELS, H. Dialog, 186.
3. Cf. BERKENBROCK, V.J.: Religionen, 151.
4. "A participação no Candomblé era, para eles, uma coisa à parte e não tinha nada a ver com a religião católica". PIEPKE, J.G.: Heritage, 174.
5. Assim, por exemplo, Mãe Menininha do Gantois – uma das mais importantes e já falecida Ialorixás brasileiras – não se cansou de repetir que era membro da Igreja Católica. A Ialorixá Tete, chefe do Terreiro da Casa Branca (o mais antigo do Brasil), também reitera ser católica. Cf. KLOPPENBURG, B.: Sincretismo, 207.

Católica não é apenas consequência de uma tradição, mas expressão de uma sincera convicção religiosa[6]. Apesar de as pessoas que praticam a dupla militância religiosa terem sido (e são) fortemente criticadas pela Igreja Católica por causa disto, elas permanecem com um grande respeito e devotamento à Igreja Católica[7]. Deve-se deixar claro aqui que a dupla militância religiosa não é praticada por todos os membros do Candomblé, mas é, sem dúvida, uma prática ainda bastante comum[8].

A questão em aberto que se coloca é, pois, como tratar esta realidade da dupla militância religiosa em um encontro positivo entre o Candomblé e o Cristianismo. Como poderá se dar uma discussão e distinção, quando "um lado" professa dos "dois lados"?

Uma solução teórica ideal seria simplesmente dar um fim à militância dupla, colocar as pessoas diante de uma decisão: ou a militância na Igreja Católica, ou a militância no Candomblé. A prática mostra, porém, que este caminho é impossível de ser trilhado. Do lado do Candomblé há um grupo que apela a seus membros para abandonar a sua militância católica. Não encontram, porém, grande ressonância, mesmo porque cada Terreiro é independente. A principal dificuldade encontra-se, porém, no fato de que a ligação com o Candomblé e com a Igreja está enraizada tão profundamente que não se deixa dissolver com um simples apelo.

Do lado da Igreja Católica, sempre houve – com maior ou menor clareza – a posição de exigir o fim da militância dupla. A história mostra, porém, que esta posição tem um sucesso muito modesto.

---

6. Cf. L'ESPINAY, F. de: Religião, 643.
7. Muitos membros do Candomblé "sentir-se-iam ofendidos, caso se declarasse o contrário (que não são membros da Igreja Católica). E não porque a Igreja os lisonjeie. Sabem eles que são criticados pela Igreja. Sentem-se até hostilizados por ela. Um misterioso laço umbilical os mantém, não obstante, unidos à Mãe-Igreja.". KLOPPENBURG, B.: Sincretismo, 207.
8. Há dentro do próprio Candomblé um grupo que rejeita decididamente a dupla religiosa. Tratamos já deste assunto no capítulo 5 deste trabalho, quando falamos a respeito da "reafricanização".

Uma medida drástica teria certamente o mesmo efeito que ocorreu no Haiti, onde também se pode encontrar o fenômeno da dupla militância entre o Cristianismo e o Vodu. O bispo de Gonaives, uma diocese com 550 mil habitantes, colocou os fiéis diante da decisão: eles deviam se voltar somente ao Catolicismo e deixar a prática do Vodu ou então se voltar somente ao Vodu, deixando sua militância na Igreja Católica. Para os que se decidissem pela Igreja Católica, seria feita uma espécie de "carteira de identidade católica". Somente com a posse deste documento as pessoas teriam acesso aos sacramentos. A medida teve o seguinte resultado: 25.757 pessoas optaram pela Igreja Católica. Ou seja, apenas 5% da população compareceu para dar a conhecer sua decisão pela Igreja[9]. Segundo estatísticas anteriores, 75% da população era católica. Uma ação drástica como esta teria no Brasil certamente um resultado semelhante, pois a militância tanto na Igreja como no Candomblé está enraizada de uma forma tão profunda, que uma separação forçada a partir de fora seria um ato de violência contra o sentimento religioso e contra a própria convicção religiosa destas pessoas[10]. Do lado do Candomblé, a dupla militância religiosa não é vista na maioria das vezes como algo contraditório[11]. Do lado da Igreja Católica, esta prática é vista, porém, como problemática.

Do ponto de vista pastoral, a proposta do Bispo Dom Boaventura Kloppenburg parece ser a mais razoável: continuar a batizar as crianças dos que praticam a dupla militância, para que não se rompa

---

9. Cf. ALMEIDA CINTRA, R. de: Cultos, 512.
10. "A dupla militância religiosa, vista muitas vezes como resultado de ignorância religiosa ou como atraso religioso, recebe um outro significado quando visto à luz da história da escravidão. Ela é claramente uma herança da escravidão e da capacidade de adaptação dos africanos a um novo terreno religioso. A vontade e a luta pela sobrevivência fizeram aparecer este malabarismo. O processo doloroso de crescimento junto das duas militâncias religiosas não pode agora em nome de uma verdade dogmática – seja por parte da Igreja Católica, seja por parte do Candomblé – ser separado novamente num processo doloroso". BERKENBROCK, V.J.: Religionen, 154.
11. Cf. BASTIDE, R.: Religiões, 374-376.

de vez a ligação que eles têm com a Igreja, mesmo que esta ligação seja fraca[12]. Com esta atitude não se resolve, porém, a questão da dupla militância. Trata-se mais de uma solução emergencial para a pastoral. A questão da dupla militância não deve ser tratada, porém, apenas como uma questão pastoral. É preciso que seja discutida na teologia. Da parte do Candomblé, a dupla militância não é experienciada nem avaliada como problemática. Por parte do Cristianismo, deve-se perguntar até que ponto ela é totalmente incompatível com a mensagem cristã. Ou há a possibilidade de trabalhar em um âmbito positivo na teologia a questão da dupla militância? As primeiras tentativas nesta linha foram feitas pelo sacerdote católico F. de l'Espinay, que, por muitos anos, manteve contato com o Candomblé. Para ele, o principal obstáculo para uma maior compreensão da dupla militância por parte do Cristianismo não está na mensagem cristã, mas sim em sua interpretação ocidental europeia. "O Ocidente como que aprisionou Deus numa única e só mensagem, confundindo unidade e exclusividade"[13]. Ele conclama os cristãos a romperem os limites da reivindicação de exclusividade e a admitir que Deus não se contradiz quando fala aos seres humanos de formas diferentes[14]. F. de l'Espinay admite, porém, que esta forma de pensar traz consigo o perigo de querer pensar a fé cristã prescindindo de Jesus Cristo[15]. É também de se perguntar se uma visão tão positiva da dupla militância religiosa não impulsiona justamente aquilo que os bispos latino-americanos expressamente no documento de Santo Domingo pensam dever rejeitar: o sincretismo religioso[16].

A dupla militância é e permanece sendo uma questão em aberto no relacionamento entre Cristianismo e Candomblé. Uma "solução rápida" para esta questão não haverá. Para isto, por um lado as posi-

---

12. Cf. KLOPPENBURG, B.: Sincretismo, 212.
13. L'ESPINAY, F. de: Religião, 646-647.
14. Ibid., 649.
15. Ibid., Religião, 647.
16. Cf. Santo Domingo n. 138.

ções iniciais de ambas as partes sobre esta prática são muito diferentes e, por outro lado, a própria prática da dupla militância está de tal forma enraizada, que não se pode esperar uma mudança rápida – se é que deva haver uma mudança.

2. A UTILIZAÇÃO DE ELEMENTOS RELIGIOSOS

Uma segunda questão em aberto no relacionamento entre Cristianismo e Candomblé, e que tem também – como a questão anterior da dupla militância religiosa – sua origem na história comum das duas religiões, é a utilização de elementos religiosos de uma religião através da outra. O fenômeno do sincretismo brasileiro, processo no qual se ajuntaram elementos das tradições africanas, indígenas, católica e espírita, é extremamente complexo. Em cada uma das religiões afro-brasileiras este processo ocorreu diferentemente. No Candomblé, este processo teve um efeito claramente externo. Em termos de conteúdo e estrutura da religião, os elementos cristãos presentes no Candomblé são de menor importância do que a aparência faz crer que sejam. Sua presença não pode, porém, ser ignorada. Não queremos aqui, porém, discutir o processo do sincretismo[17]. O sincretismo lança, porém, uma questão quando se pensa no futuro do relacionamento entre Cristianismo e Candomblé: a questão da presença e utilização de elementos religiosos de uma religião através da outra. Por um lado, esta presença já é um fato, por outro, é uma questão, principalmente na discussão que se tem feito no Cristianismo em torno da inculturação. Como devem ser entendidos este fato e esta questão? Temos que levar em conta que no longo contato histórico havido entre Cristianismo e Candomblé já houve influência de uma parte sobre a outra. E este processo continua. Por um lado foram (e são) introduzidos elementos do Cristianismo no Candomblé, o que deu origem ao que chamamos comumente de sincretismo. Por outro lado fala-se no Cristianismo que a Igreja deve

---

17. O que já foi feito no capítulo 5 deste trabalho.

nos países onde anuncia a mensagem do Evangelho levar em conta a cultura e os costumes aí presentes. Fala-se de "inculturação" ou da necessidade de um Cristianismo ou de uma Igreja inculturada. No âmbito de um Cristianismo inculturado, ele deveria assumir elementos e feições da respectiva cultura – cultura que não se pode pensar sem a respectiva religião. E como não se pretende entender inculturação apenas como uma adaptação didática, mas como um processo muito mais profundo no qual valores e formas de pensar de uma determinada cultura sejam assumidos como tais e não apenas como formas vazias a serem preenchidas por outros (cristãos) conteúdos, um Cristianismo inculturado deverá assumir conteúdos da cultura em questão. É, pois, de se supor que elementos religiosos desta cultura não desapareçam, mas que permaneçam e encontrem sua forma de expressão dentro do Cristianismo inculturado. Em relação ao Candomblé, significa que um Cristianismo que pretenda aqui se inculturar deveria, pois, assumir formas e expressões do Candomblé. Neste sentido se pode dizer que inculturação é o verso de sincretismo. Apenas que sincretismo é o projeto dos evangelizados e inculturação é o projeto dos evangelizadores; a inculturação quer ser um processo de abertura para o outro e o sincretismo é o resultado da resistência no contato (inevitável) com o outro; a inculturação é um processo ativo, o sincretismo é mais um processo reativo[18]. A inculturação é um projeto da cultura dominante, o sincretismo é um projeto de resistência da cultura dominada. Embora ambos os processos (inculturação e sincretismo) pareçam em muitos pontos contraditórios, eles são intimamente ligados, pois em ambos se trata da presença de elementos e formas de expressão de uma religião em outra. E neste ponto é que se abrem questionamentos que precisam ser pen-

---

18. Cf. MARZAL, M.M.: Sincretismo, 523. "Para os membros de uma cultura exposta à invasão de outra cultura, parece que o sincretismo não é em primeiro lugar um problema, mas sim uma solução para o problema... Para os membros de uma cultura dominante, o sincretismo é um problema no sentido de representar uma objeção à sua cultura, por sinalizar uma ainda não aceitação completa e validade da cultura dominante". SILLER, H.P.: Handeln, 174.

sados teologicamente em um encontro no Brasil entre Cristianismo e Candomblé.

O que expressamente se deve evitar é uma posição de purismo religioso, tanto por parte do Cristianismo, como por parte do Candomblé. Esta posição é simplesmente ilusória, nem no Cristianismo nem no Candomblé existe uma forma de expressão que se pudesse considerar pura ou padronizada, sem qualquer influência alheia[19]. Uma influência de pessoas, do contexto ou do tempo, sempre existe, mesmo quando não se está consciente disso. Ao lado do purismo religioso deve-se evitar também uma certa mentalidade de "propriedade particular religiosa", segundo a qual "nossos elementos religiosos" não podem ser usados "por quem não é dos nossos".

O evitar as duas posições acima descritas não deve levar, porém, ao outro extremo de aceitar acriticamente qualquer possibilidade de troca de elementos religiosos. A identidade religiosa tanto do Cristianismo como do Candomblé precisa ser preservada em um encontro. Até que ponto, porém, o uso de elementos de uma religião por outra religião não ameaça a sua identidade religiosa? O que faz esta questão mais complexa ainda é o fato de que a sensibilidade de cada religião é sem dúvida diferenciada. Em nosso caso concreto, é de se perguntar até que ponto deixam Cristianismo ou Candomblé que elementos e expressões seus possam ser usados pela outra religião sem sentir que haja um abuso ou sem sentir estar em perigo a própria identidade religiosa? De fato, é difícil constatar "onde está hoje o limite entre uma legítima transferência ou inculturação por um lado e um submergir por outro lado em uma outra cultura com a perda da própria identidade"[20]. A identidade religiosa dos membros do Candomblé ou dos cristãos, que se baseia em conteúdos de fé, encontra em elementos religiosos ou expressões sua forma concreta inclusiva (ou exclusiva). O reconhecimento da identidade reli-

---

19. SILLER, H.P.: Lernertrag, 194.
20. WALDENFELS, H.: Phänomen, 154.

giosa através de certas formas concretas leva a uma forte ligação entre identidade e forma. Esta ligação deve ser levada em conta na discussão em torno do sincretismo ou da inculturação.

Tanto no sincretismo como na inculturação, o "outro" é apenas um objeto e entra em questão apenas no tornar-se sujeito de uma das partes. Ou, dito de outra forma, o outro entra em questão apenas quando entra em contato com o processo de uma das partes. Aqui é preciso também se perguntar, além disso, até que ponto sincretismo e inculturação se tocam e se interagem. Não mais basta apenas que o Candomblé questione-se sobre a presença de elementos cristãos em seu meio e que o Cristianismo pense em uma forma de inculturar-se num contexto marcado pelo Candomblé. Num encontro positivo, faz-se necessário que estas questões (sincretismo e inculturação) sejam pensadas conjuntamente. É preciso que seja expressamente tratada a questão da utilização de elementos religiosos de uma religião pela outra. Neste encontro, ao lado cristão deverá ser permitido perguntar aos membros do Candomblé, por exemplo, por que a grande maioria dos Terreiros ainda conserva um altar com estátuas de santos ou por que ainda é costume depois do Axexê mandar celebrar uma missa na Igreja, ou por que muitos Babalorixás e Ialorixás só aceitam para a iniciação pessoas que antes tenham sido batizadas na Igreja Católica[21]. Da mesma forma, ao lado do Candomblé também deverá ser permitido perguntar aos cristãos por que estes introduzem elementos sagrados do Candomblé em muitos de seus ritos, seja pela utilização de atabaques como instrumento musical[22], ou de elementos ou símbolos do Candomblé em cerimônias como batizados ou casamentos[23]. Deve-se poder perguntar reciprocamente

---

21. Cf. DAMASCENO, C.M.: Oxalá, 15. Cf. tb. Anexo 1: Entrevistas III,8.
22. Já explicamos neste trabalho que os atabaques não são no Candomblé apenas instrumentos musicais, mas têm um significado sagrado. Através dos atabaques, os Orixás são chamados do Orum ao Aiye.
23. Cf. COMISSÃO REGIONAL DOS AGENTES DE PASTORAL NEGROS (org.): Ritual; PAMPLONA, G.: Olorum, 42-44.

em que horizonte teológico os elementos religiosos do outro são colocados e até que ponto uma religião não sente isto como um uso indevido, como um abuso contra o que ela tem de sagrado.

3. UM DILEMA: ASSUMIR OU CENSURAR

A caminho de um encontro positivo entre Cristianismo e Candomblé encontra-se tanto o fato de elementos de uma religião terem sido assumidos pela outra ou estarem de alguma forma presentes na outra, ou seja, o fato de uma identificação ou de um aproveitamento positivo de elementos do outro, como também a situação de crítica ou de rejeição de elementos de uma religião pela outra. No parágrafo anterior, tratamos da problemática advinda da identificação ou da aceitação de elementos do outro através do sincretismo ou da inculturação. Neste parágrafo vamos apontar para a problemática da rejeição de elementos do outro. O caminho do conhecimento e do respeito mútuo, isto é, o caminho para um encontro positivo, não pode ser confundido com uma atitude acrítica diante do outro. Uma atitude acrítica do Cristianismo diante do Candomblé traz consigo o perigo do desbotamento do próprio ideal. A afirmação deste ideal, do ideal do seguimento de Jesus Cristo, exige a afirmação da própria identidade e, com isso, a diferenciação diante do Candomblé e do seu ideal. E mais que isto. Em nome do próprio ideal se pode e se deve poder criticar o ideal do Candomblé. A dinâmica própria do seguimento exige esta crítica e um distanciamento de elementos que não estejam condizentes ou que contradigam esta dinâmica. Esta crítica pertence ao processo.

Na crítica mútua é necessário que se distingam dois níveis: o nível do ideal e o nível da prática. Partindo do ideal de seguimento de Jesus Cristo, pode e deve o Cristianismo exercer seu direito de crítica sobre o conteúdo do ideal do Candomblé. Da mesma forma, partindo da prática, pode o Cristianismo criticar a prática do Candomblé. O mesmo vale para o Candomblé em relação ao Cristianismo. O ideal de um não é, porém, o ponto de partida para criticar a prática do outro, pois se tratam de níveis diferentes. A relação entre ideal e prática no Candomblé pode ser alvo de crítica do Cristianismo. E da mesma forma vice-versa.

A posição de crítica cristã diante do Candomblé em uma tentativa de um encontro positivo entre as duas religiões não é de modo algum simples ou evidente. A crítica cristã diante do Candomblé pode facilmente ser mal-entendida. Por um lado, pode esta crítica facilmente ser confundida com uma atitude neocolonial, pois não faz muito tempo que o Candomblé – bem como as outras religiões afro-brasileiras – era combatido pela Igreja Católica como heresia; e esta posição beligerante contra o Candomblé ainda é uma atitude muito comum entre os cristãos de modo que uma atitude crítica no âmbito da tentativa de um encontro positivo pode facilmente ser confundida com a atitude crítica anterior[24]. Por outro lado, também se pode confundir facilmente uma atitude crítica com uma atitude de censura[25]. O Cristianismo católico goza no Brasil de um grande reconhecimento, sendo reconhecido muitas vezes, inclusive tanto pelo Candomblé como por outras religiões afro-brasileiras, como uma instância e autoridade moral[26]. Com isso há a possibilidade e o perigo de ela querer exercer censura. Ou seja, por parte da Igreja Católica há o perigo de que católicos – especialmente o clero – achem-se no direito de ir até algum Terreiro e lá querer fazer modificações ou querer inclusive dissolver a comunidade[27]. A possibilidade contrária – de que um membro do Candomblé venha querer fazer alguma modificação na Igreja Católica – é simplesmente impensável. A

---

24. No capítulo 5 deste trabalho tratamos de forma detalhada das diversas posições que a Igreja Católica tomou na história diante do Candomblé.
25. Por censura, entendemos aqui a tentativa de querer tirar certos elementos do Candomblé que, aos olhos de um cristão, não estejam corretos. Uma tentativa de censura ao Candomblé se identifica, por exemplo, quando se fala da necessidade de uma "purificação" do Candomblé. Cf. KLOPPENBURG, B.: Sincretismo, 208.
26. As igrejas pentecostais, por sua vez, não gozam deste status junto às religiões afro-brasileiras. Este fato parece estar ligado com a atitude fortemente apologética destas igrejas diante da Igreja Católica. Cf. KLOPPENBURG, B.: Sincretismo, 207.
27. Cf. o exemplo da Ialorixá Eurides (Anexo 1: Entrevistas, IX,8), cujo terreiro foi dissolvido por um sacerdote católico.

questão é, pois, como esta autoridade moral da Igreja Católica (especialmente da hierarquia) diante do Candomblé pode contribuir em um encontro positivo com esta religião.

Quando há uma posição de crítica e avaliação de cristãos diante do Candomblé, há um dilema de base entre assumir ou censurar seus conteúdos religiosos. Existe a tentação de se dizer que tudo o que não é passível de crítica pode ser assumido. Faz-se necessária uma diferenciação melhor, pois é preciso evitar as duas posições extremadas. O fato de existirem elementos no Candomblé que podem ser avaliados basicamente de forma positiva pelos cristãos não deve ser entendido como um convite automático para se assumir estes elementos, bem como a existência de elementos passíveis de crítica não devem conduzir automaticamente ao desejo do exercício da censura. Depois de um relacionamento tão difícil e contraditório havido na história entre Cristianismo e Candomblé é de se perguntar, em uma tentativa de se iniciar um relacionamento sobre uma base positiva, qual a maneira adequada para se exercer reciprocamente a crítica; crítica esta que não esquece a história, nem perde a soberania necessária. Ou dito de outra forma: Onde tem a crítica seu lugar adequado no relacionamento entre Cristianismo e Candomblé e como deve ser feita para não falhar com a medida?

4. DEFICIÊNCIAS NO CRISTIANISMO A PARTIR DO PONTO DE VISTA DO CANDOMBLÉ

Nos muitos contatos mantidos com membros do Candomblé, pode ser observado que, apesar de muitos deles serem também católicos, a partir de sua profissão no Candomblé, eles veem deficiências no Cristianismo. Não se trata geralmente de uma crítica ao Cristianismo, em geral, mas sim contra formas de Cristianismo – geralmente de matiz católica – que eles conheceram e experienciaram pessoalmente. Não se pode observar uma crítica aberta e generalizada contra o Cristianismo. Estas críticas – que chamamos aqui de "deficiências no Cristianismo a partir do ponto de vista do Candomblé – são colocadas neste trabalho a título de questionamento para o próprio Cristianismo. Não há aqui a preocupação de analisar a oportunidade ou não desta crítica. Ela quer ser colocada apenas como pergunta, não primeiramente porque analisa o Cristianismo, mas especialmente pelo fato de refletir em muitos pontos a imagem que um Cristianismo vivenciado concretamente projeta de si mesmo e que é captada pelos critérios do outro. Este é o principal argumento para que esta crítica seja levada a sério e não seja logo desqualificada como inadequada ou incorreta, pois a aceitação dela leva em conta a experiência do outro. A constatação de deficiências no Cristianismo a partir do ponto de vista do Candomblé não deve provocar a tentação de querer logo fazer uma argumentação teológica para revidar a crítica. Ela deve ser ocasião de se autoquestionar: por que o outro percebe estes pontos como deficientes?

Também é preciso que se diga que as deficiências no Cristianismo a partir do Candomblé que aqui constatamos não representam a posição "oficial" do Candomblé, mesmo porque uma tal instância não existe pelo fato de cada Terreiro ser independente. Também não existe nenhum material escrito que tenha trabalhado a questão da posição do Candomblé diante do Cristianismo ou da Igreja Católica de forma sistemática e que pudéssemos tomar por base para dizer ser esta a posição do Candomblé perante o Cristianismo. Aqui estão representadas muito mais impressões pessoais, que também não querem se arvorar no direito de falar em nome do Candomblé[28]. Também é preciso dizer que a crítica do Candomblé ocorre a partir do horizonte de fé dele. Não se trata, pois, de uma crítica feita a partir do nível teológico-sistemático, mas muito mais a partir do nível espiritual e individual.

Uma primeira e principal crítica diz respeito à proximidade com Deus, que está junto aos seres humanos com sua força e graça e que mostra sua presença atuante e mediadora de salvação através dos

---

28. A base para estas observações são, sobretudo, as muitas conversas e entrevistas com membros do Candomblé. Parte destas entrevistas podem ser encontradas no "Anexo I: Entrevistas" deste trabalho.

sacramentos da Igreja. No Cristianismo, especialmente de matiz católico, a proximidade deste Deus não fica tão evidente nas atividades religiosas como ela é anunciada na pregação[29]. O anúncio promete muito mais do que se torna ou é feito palpável na prática religiosa. Tudo o que no Candomblé é experimentado, é verdade religiosa, enquanto no Cristianismo, de longe, nem tudo o que é anunciado como verdade religiosa é feito experiência. É criticado o abismo que existe entre palpabilidade e anúncio, e com isto se pergunta até que ponto a Igreja oferece uma base para a experiência sobre a qual os conteúdos de fé possam ser experienciados com intensidade. A anunciada proximidade de Deus é sentida na Igreja Católica mais como distância do que proximidade. Não existe nada na Igreja comparável à proximidade e palpabilidade do relacionamento entre Orixá e pessoa no Candomblé. Para dizer isto usando as palavras de uma Ialorixá: "Quando eu cuidava, quando zelava, sentia que tinha aquelas intuições. Era muito palpável isto, a minha comunicação com o Orixá. Eu sentia isto muito mais forte. Na Igreja não encontro coisa que seja tão palpável como era no Candomblé. Eu não sinto isto. Tem a eucaristia e tudo, mas eu sinto que aquilo é muito longe de mim. Na minha vivência do dia a dia, aquilo do Candomblé era muito palpável"[30]. Aqui aparece um outro aspecto da intensidade da experiência religiosa que no Cristianismo é deficitário a partir do ponto de vista do Candomblé: a experiência religiosa em seu dia a dia. "Quando eu peço, quando falo, eu o sinto mais perto (o Orixá). É mais palpável no dia a dia, o que não acontece na Igreja. Eu não sinto isto todo o dia"[31]. Segundo esta declaração, falta ao Cristianismo uma ligação religiosa para com as coisas do cotidiano. A comida, a forma de vestimenta ou o comportamento diário tem no Cristianismo um papel muito reduzido. Não se dá no Cristianismo uma significância religiosa direta às coisas do dia a dia. A ritualização

---

29. Cf. PIEPKE, J.G.: Kulte, 208.
30. Cf. Anexo 1: Entrevistas IX,1.
31. Cf. Anexo 1: Entrevistas IX,12.

das coisas do cotidiano não é nenhuma obrigação estrita no Candomblé[32], mas é largamente praticada[33].

Como consequência desta falta de palpabilidade da proximidade de Deus, o Candomblé vê também no Cristianismo a falta de respostas diretas aos pedidos dos fiéis. O cristão que reza a Deus diretamente ou através da intercessão dos santos para ver atendido algum desejo não recebe nenhuma resposta clara e não pode sentir diretamente se o desejo será atendido ou não. Os cristãos não experienciam nenhuma resposta imediata aos seus pedidos. Um babalorixá constata que: "Centenas de pessoas no Brasil rezam para Santo Antônio pedindo casamento. Só que Santo Antônio está com o filho de colo, vai continuar com o filho no colo e você não vai saber se Santo Antônio disse pra você se você vai casar ou se não vai casar. E o Orixá fala. Fala das suas probabilidades, de sua vida"[34]. O Cristianismo não possibilita nem através de ritos nem através de consultas que o fiel perceba a ação de Deus diretamente em seu favor. Também não recebe ele – como no Candomblé – uma orientação direta a partir da experiência religiosa sobre como ele deverá se comportar para ser ouvido em seu desejo. Enquanto o fiel cristão precisa constantemente se esforçar para através da oração e meditação elevar sua alma a Deus, os Orixás no Candomblé descem até as pessoas para entrar em contato com seus filhos. Os Orixás descem e tomam parte por alguns momentos do corpo de seus filhos, enquanto os cristãos fazem exercícios para "elevar-se" a Deus.

Uma outra deficiência do ponto de vista do Candomblé é a situação do ser humano diante de Deus na religião cristã. Sempre se acentua a pequenez humana diante de Deus; o ser humano é fraco, é pecador; sem Deus nada consegue e somente pela graça de Deus é li-

---

32. Cf. Anexo 1: Entrevistas VI,7.
33. Determinadas cores, gestos ou atitudes podem trazer uma maior harmonia com o Orixá. Cf. Anexo 1: Entrevistas XII,4.
34. Cf. Anexo 1: Entrevistas IV,8.

bertado de seus pecados; o perdão não é merecimento humano. O ser humano no Candomblé está, pelo contrário, em condições de contribuir ativamente para a recomposição da harmonia com seu Orixá, enquanto no Cristianismo o perdão dos pecados é uma ação unilateral de Deus. Por isso, a ideia de pecado é originalmente estranha ao Candomblé[35]. Um Babalorixá coloca esta questão de forma muito clara ao afirmar: "Para nós, não existe o pecado. Existe o erro e o castigo"[36]. Critica-se, inclusive, o fato de – por influência do Cristianismo – ter entrado no Candomblé a ideia de pecado e, com isso, o medo da perdição eterna[37]. Igualmente é sentida a falta de expressões de festas, de alegria, de dança, que, apesar do anúncio da boa-nova cristã, os ritos cristãos apenas de forma subentendida transmitem. Em comparação com os ritos do Candomblé, os ritos cristãos aparecem como extremamente sóbrios.

Uma última crítica do ponto de vista do Candomblé ao Cristianismo e que colocamos aqui como questionamento não é exatamente uma deficiência cristã, mas refere-se a uma certa desconfiança e desaprovação com que certos desenvolvimentos na Igreja Católica são vistos por pessoas do Candomblé. Trata-se da introdução de elementos do Candomblé em celebrações cristãs, como, por exemplo, a introdução de passos de dança do Candomblé, de atabaques, de gestos e símbolos. Há pessoas do Candomblé que veem nestes fatos – do lado cristão tidos como impulsos para a inculturação – apenas uma nova estratégia missionária para conquistar os fiéis do Candomblé.

---

35. "No Candomblé existem as restrições, os tabus, que, às vezes, as pessoas confundem com pecado" (Regina). DAMASCENO, C.M.: Oxalá, 19.
36. Cf. Anexo 1: Entrevistas III,6.
37. "Aqui neste lado ocidentalizado existe a reparação. E a impregnação da Igreja em cima da gente, com a história do bem e do mal? Do pecado? Tudo isto entrou no Candomblé. Hoje, no Candomblé você erra, você está impregnado pela penitência porque você aprendeu a fazer isto. Você aprendeu a errar e a fazer a penitência através da obrigação, ou seja lá o que for reparar aquilo. Isto não é uma coisa que estava no perfil da religião desde o início." Cf. Anexo 1: Entrevistas IV,5.

5. DEFICIÊNCIAS DO CANDOMBLÉ A PARTIR DO PONTO DE VISTA CRISTÃO

Como no parágrafo anterior colocamos deficiências do Cristianismo a partir do ponto de vista do Candomblé, colocaremos neste parágrafo deficiências do Candomblé a partir do ponto de vista do Cristianismo. Estas deficiências aqui colocadas são reflexo das impressões tidas nos muitos contatos com o Candomblé. São, portanto, impressões de alguém de fora e não dizem sempre respeito a todos os contatos com o Candomblé. Em alguns contatos, estas impressões foram reforçadas, em outros suavizadas e em outros ainda nem se constataram. A esperança é que estas deficiências não sejam vistas pelo Candomblé como uma simples crítica, mas também como questionamento.

Uma primeira deficiência diz respeito à forma predefinida como é apresentado o relacionamento entre o fiel e seu Orixá. Tem-se a impressão que este relacionamento é de tal forma fixo, que nada nele é passível de modificação. Ao fiel não é dada a possibilidade de modificar a estrutura deste relacionamento. Ele é – pelo contrário – iniciado para seguir a estrutura desta relação. A estrutura preestabelecida precisa ser aceita e seguida. Cada qual nasceu para um determinado caminho e o ser humano só irá se realizar se seguir este caminho definido desde o nascimento. Todas as decisões que não estiverem no sentido deste caminho levam a caminhos errôneos e serão sempre errôneos enquanto não estiverem no sentido do caminho predefinido. Diversos momentos reforçaram esta impressão. Como exemplos, podemos citar a afirmação de um Babalorixá de que não é a pessoa que escolhe o Terreiro no qual quer ser iniciada, mas sim seu Orixá. Quando um Orixá não estiver de acordo com uma casa, não adianta querer fazer ali a iniciação[38]. Ou quando uma Ialorixá afirma que não adianta querer se rebelar contra o Orixá, pois mais cedo ou mais tarde tudo irá acontecer como foi definido

---

38. Cf. Anexo 1: Entrevistas V,1.

pelo Orixá[39]. Não há, pois, como escapar deste destino, mesmo quando tenha sido anunciado há décadas ou há gerações[40]. Esta impressão de imobilidade é reforçada, por exemplo, através de afirmações como: "O Orixá falou para nós e pronto, aquele assunto não se discute mais"[41]. Se, por um lado, a estrutura da relação com o Orixá pode transmitir a impressão de que o iniciado é protegido por esta estrutura, não se pode negar, por outro lado, que há também a impressão de que o iniciado está entregue a um destino imutável e predefinido. Nesta estrutura não há lugar para se falar da liberdade dos filhos de Deus.

Uma outra deficiência no Candomblé está ligada, segundo nossa impressão, à imutabilidade no relacionamento com o Orixá: na relação entre o Orixá e seu filho, não há lugar para o perdão. Quando o iniciado não segue o caminho predefinido, é perturbada a harmonia com o Orixá e a pessoa é penalizada por isso[42]. A recomposição da harmonia com o Orixá não se faz através do arrependimento ou perdão, mas sim através da realização de determinados ritos e através da feitura de determinadas oferendas ao Orixá. O princípio do dar e receber define a recomposição da harmonia e não a gratuidade da graça.

Sobre este princípio do dar e receber no relacionamento entre Orixá e fiel também se pode constatar – a nosso ver – uma outra deficiência do Candomblé: uma certa mentalidade de comércio que marca esta relação. Esta mentalidade aparece, por exemplo, quando se afirma que o Orixá deseja isto ou aquilo, que o fiel precisa fazer tal coisa para satisfazer o desejo do Orixá. Mesmo quando diversos Ialorixás ou Babalorixás afirmam ser errôneo entender a relação

---

39. Cf. Anexo 1: Entrevistas VI,3.
40. "Nasci católica apostólica romana; fui batizada, crismada, casada na Igreja. Por imposição do Orixá, confirmei Orixá e sou Ialorixá." Cf. Anexo 1: Entrevistas VI,8. Cf. tb. DAMASCENO, C.M.: Oxalá, 15.
41. Cf. Anexo 1: Entrevistas X,4.
42. Cf. Anexo 1: Entrevistas I,7; XI,5.

Orixá-fiel como um comércio[43], não se pode deixar de observar que a ideia de se conseguir vantagens através do relacionamento com os Orixás está presente em muitos membros do Candomblé e motiva a realização de ritos ou atividades religiosas, de modo que, às vezes, não é fácil fazer uma distinção entre fé e "clientelismo".

A falta de unidade entre os Terreiros é um outro ponto que podemos apontar como deficiente. Cada Terreiro é totalmente independente dos outros, tanto no que se refere a questões de organização ou estrutura como também naquilo que diz respeito a conteúdos de fé. Sem negar que esta independência pode trazer, por vezes, vantagens e que ela dá ao Candomblé uma grande flexibilidade, não se pode deixar de observar que esta independência é causa de uma grande fragmentação em termos de conteúdo. Pouco valor se dá à unidade religiosa. Cada Terreiro pode, de fato, fazer o que quiser, ou, dito de forma mais clara, cada Babalorixá ou Ialorixá – como autoridade máxima de uma comunidade – tem plena liberdade e não precisa ouvir nenhuma autoridade e ou nenhuma aprovação de algum grêmio. Esta situação deixa um espaço livre ao abuso, mesmo quando se diga que o abuso seja exceção.

Justamente a fragmentação e a falta de unidade é causadora também de uma outra deficiência no Candomblé: a atitude de concorrência que existe – com maior ou menor clareza – entre os diversos líderes de casas de Candomblé. Esta concorrência se expressa, sobretudo, em desconfianças mútuas e dúvidas a respeito da questão de estar ou não o outro cumprindo corretamente suas obrigações[44]. É bastante comum que o líder de um Terreiro coloque em dúvida a seriedade de um outro Terreiro. Palavras de um iniciado: "É difícil encontrar uma casa de Candomblé realmente séria"[45]. Esta desconfiança entre líderes do Candomblé tem, segundo F. Portugal, dimi-

---

43. Cf. Anexo 1: Entrevistas V,2; XII,7. Cf. tb. DAMASCENO, C.M.: Oxalá, 24.
44. Cf. Anexo 1: Entrevistas VIII,4.
45. Cf. DAMASCENO, C.M.: Oxalá, 24.

nuído muito nos últimos anos, desconfiança esta que esteve por muito tempo presente: "Este nosso relacionamento com outros sacerdotes há vinte ou trinta anos atrás seria extremamente difícil. As nossas relações eram bastante deterioradas"[46]. Talvez a esta atitude de concorrência entre os diversos líderes de casas de Candomblé esteja ligado um outro aspecto que pode também ser caracterizado como deficiência: o exagerado caráter de segredo de ritos. Não se pode negar a importância do segredo no Candomblé, especialmente no que se refere a certos ritos. O acento exagerado que, por vezes, se dá ao segredo deixa a impressão de que estes segredos estão mais ligados à preservação do poder que a conteúdos religiosos.

Como última deficiência do Candomblé do ponto de vista cristão, apontamos aqui a falta de ligação entre fé no Candomblé e engajamento sociopolítico. Os pobres e fracos, que segundo a tradição bíblica são protegidos por excelência de Deus, não recebem no Candomblé nenhuma atenção religiosamente motivada. A afirmação da responsabilidade da fé pelos pobres e sua situação, que é especialmente acentuada na Igreja Católica no Brasil e que leva a um engajamento sociopolítico motivado pela fé, não aparece no Candomblé. O Candomblé como religião não motiva a um engajamento social. Com isso, não se quer dizer que não haja fiéis no Candomblé engajados socialmente ou que lá não aconteçam atividades em favor dos pobres. Muitos Terreiros mantêm creches, oferecem abrigo a famílias desamparadas, participam de campanhas de saúde, etc. Há, porém, a impressão de que não há uma ligação religiosa motivada direta entre a prática religiosa no terreiro e a atividade sociopolítica. Especialmente as atividades religiosas rituais do Candomblé estão completamente desligadas do contexto sociopolítico do Brasil.

---

46. Cf. Anexo 1: Entrevistas XII,10.

6. OBJETIVOS COMUNS

Uma última questão a ser colocada ao cristão para o encontro com o Candomblé é a questão do significado deste encontro para a própria fé. Como deixamos claro, o cristão não é neste encontro um curioso ou um perito, mas sim um fiel crente, e como tal ele precisa perguntar-se sobre a relevância deste encontro. Trata-se de perguntar se no encontro com o fiel de outro credo, que segue o caminho de fé do Candomblé, não pode o cristão encontrar pegadas da ação divina. Deve-se perguntar se a partir da fé não se pode descobrir entre o Cristianismo e o Candomblé preocupações, possibilidades, objetivos, desejos em comum.

Cristianismo e Candomblé têm, como religiões, sem dúvida preocupações e objetivos que são interpretados e resolvidos de forma diferente, mas que apontam para algo em comum. Uma das primeiras coisas que têm em comum é a preocupação com o bem do ser humano. Tanto no Cristianismo como no Candomblé se busca o bem do ser humano como um todo. As preocupações e os questionamentos do ser humano pelo sentido, pela origem e pelo futuro, encontram nas duas religiões uma resposta que só é possibilitada na ligação do ser humano com o Transcendente. Segundo a fé cristã e segundo a convicção do Candomblé, o ser humano não está destinado à perdição, mas sim a Deus/Olorum, à salvação/harmonia. A ação de Deus ou de Olorum, seja direta, seja intermediada pelos Orixás, acontece em favor da realização do ser humano. Tanto para o cristão como para o fiel do Candomblé, o anseio humano de realização só pode ser finalmente saciado em Deus/Olorum. E ambas as religiões oferecem ao ser humano um caminho religioso concreto para se chegar à realização. Estas coisas em comum com o Candomblé devem levar os cristãos a se perguntarem se na resposta de fé do Candomblé também não é possível descobrir a ação de Deus na história; seguindo os padres conciliares do Vaticano II, os cristãos devem se perguntar se nas atividades, na fé e na forma de vida do Candomblé não se pode descobrir "lampejos daquela Verdade que ilumina a todos os homens"[47].

Nestes questionamentos, não se trata de querer no final ainda fazer do Cristianismo e do Candomblé uma única religião ou de querer minimizar as diferenças entre os dois. Diferenças já foram apontadas e a própria pesquisa sobre o Candomblé mostrou de forma clara que se tratam de duas religiões basicamente diferentes. Aqui se trata mais de levar os cristãos a se perguntarem se a partir da própria fé não podem também no Candomblé ver e experimentar a ação de Deus. Esta questão, a ser levantada no encontro do cristão com o Candomblé, brota da convicção de que a ação de Deus não se limita aos limites do Cristianismo. O cristão está convencido de não ter monopólio sobre a ação do Espírito de Deus neste mundo. Ele está consciente que a ação do Espírito Santo não se deixa limitar nem pelo Cristianismo institucionalizado e muito menos pela instituição Igreja Católica. Esta consciência faz também os cristãos supor que a ação de Deus tem um eco mais amplo que a ação dos cristãos[48]. A fé na ação de Deus no mundo é a motivação central para que os cristãos não permaneçam cegos diante de outras opções religiosas. No encontro com o Candomblé precisa a fé na ação do Espírito Santo neste mundo se perguntar de forma consequente se e como a ação do Espírito Santo pode ser percebida no Candomblé. O sacerdote francês François-Marie de l'Espinay (1918-1985), que, em uma experiência única até hoje, viveu por décadas com os fiéis do Candomblé, perguntava-se em um de seus últimos textos: Não pode o Deus único falar a nós também através da religião dos Orixás?[49] E quando os cristãos descobrem que o Candomblé dá às pessoas orientação e sentido, que a fé nos Orixás alimentou tanto a esperança dos escravos como continua alimentando a esperança de seus des-

---

47. NA 2.
48. Cf. SCHWANTES, M.: Wurzeln, 6; COMBLIN, J.: Tempo, 380.
49. Cf. L'ESPINAY, F. de: Religião, 639-650.

cendentes no Brasil até hoje, que deu a eles e continua dando força para resistir contra o sofrimento e a injustiça, não precisam então se perguntar os cristãos se a partir de sua própria fé não podem reconhecer nisso os caminhos insondáveis de Deus? O Espírito Santo de Deus, que, como se conhece, age onde quer, não poderia ele também no encontro com o Candomblé dizer algo aos cristãos?

PENSAMENTO FINAL

Quando, em outubro de 1965, a Igreja Católica exortou os seus filhos e filhas através da declaração conciliar *Nostra aetate* a procurar "diálogo e colaboração com os seguidores de outras religiões"[1], a Igreja Católica no Brasil encontrava-se ainda totalmente no esforço de combater as religiões afro-brasileiras. O sacerdote franciscano Frei Boaventura Kloppenburg, principal voz de então no combate às religiões afro-brasileiras, reconheceu, porém, que o concílio exigia uma mudança de atitude da Igreja Católica no Brasil diante das religiões afro-brasileiras. Três anos após a declaração *Nostra aetate*, ele escrevia um artigo intitulado "Ensaio de uma nova posição pastoral perante a Umbanda", no qual ele não mais defende a antiga posição apologético-beligerante e desafia a Igreja a ver a cultura dos negros no Brasil com olhos positivos e abrir a ela o lugar devido dentro de si mesma[2]. À exigência feita por Frei Boaventura praticamente não se seguiram fatos. As religiões afro-brasileiras continuaram a ser estranhas e desconhecidas para a Igreja Católica, e, quando esta a elas se voltou, demonstrou geralmente a antiga posição de combate. Com raras exceções, pouco se refletiu desde então sobre o relacionamento entre a Igreja Católica e as religiões afro-brasileiras[3]. A principal dificuldade foi e é vê-las como religiões e não como grupos pararreligiosos ou folclóricos ou então avaliá-las como um agrupamento de costumes supersticiosos. Elas também são vistas muitas vezes de forma indiferenciada e confunde-se uma com a outra, por exemplo,

---

1. NA 2.
2. Cf. KLOPPENBURG, B.: Ensaio, 404-417.
3. Como exceção em nível de reflexão, podem ser citados aqui os trabalhos de F.C. Rehbein, F. de l'Espinay e P. Iwashita.

Candomblé, Umbanda ou Batuque, quando não se as confunde ou iguala com o Espiritismo.

Quando começamos a escrever este trabalho, parecia-nos um dos principais objetivos a exigência de que a Igreja Católica reconhecesse as religiões afro-brasileiras como religiões. Pensava-se tanto em um reconhecimento por parte da instituição Igreja como em um reconhecimento de fato que se mostra através da atitude dos católicos. Neste meio tempo, a primeira coisa já aconteceu. No documento final da Assembleia Geral do Episcopado Latino-Americano em Santo Domingo, pela primeira vez, a Igreja Católica, em um documento oficial de âmbito latino-americano, fala de "religiões" afro-americanas. E o documento incentiva a Igreja Católica a buscar possibilidades de diálogo com estas religiões[4]. Nossa esperança e nosso desejo é que não se siga novamente um período sem atos concretos – como aconteceu após o Vaticano II – mas que se procurem possibilidades concretas de diálogo.

Uma das primeiras condições para esta procura de diálogo é não tratar estas religiões de forma indiferenciada, mas sim no que lhes é próprio como Candomblé, como Umbanda, como Casa de Minas... Por isso, também, o esforço deste trabalho de se ter concentrado em apenas uma destas religiões: o Candomblé. A procura de possibilidades de diálogo com o Candomblé – desejo exprimido no documento de Santo Domingo – precisa ser, no nosso ponto de vista, diferente das possibilidades e mecanismos de diálogo, já existentes no Cristianismo, para com outras religiões universais. Passos do encontro como discussão em nível intelectual-científico, em nível filosófico-teológico ou diálogos oficiais entre representantes de ambas as religiões, cremos que podem acontecer menos entre Cristianismo e Candomblé – pelo menos até o momento. Estes passos, que se mostraram eficientes no diálogo com o Islamismo, o Budismo ou o Judaísmo, cremos não serem adequados para o diálogo com o Candom-

---

4. Cf. Santo Domingo n. 138.

blé. Isto pelo fato de não existir no Candomblé representantes oficiais para toda a religião, de não existir uma tradição escrita que tenha autoridade para toda a religião nem uma tradição de reflexão filosófico-teológica como conhecemos no Cristianismo e em outras religiões universais. Isto não significa, porém, que não seja possível um diálogo entre o Cristianismo e o Candomblé. É preciso que se descubram e se inventem novas formas de diálogo. O diálogo, expresso como desejo no documento de Santo Domingo, não pode deixar de ser procurado. Ele deverá acontecer, inicialmente, muito mais em nível de gestos, da atenção mútua e do mútuo respeito.

Quando, certa feita, entrei em um Terreiro pouco antes do início do culto, o Babalorixá pediu silêncio à assembleia, apresentou-me aos fiéis como sacerdote católico e me convidou para tomar um acento de destaque. Também, quando da distribuição da refeição, fui tratado com deferência. Esta atenção a entendi como gesto de diálogo e de busca de um encontro positivo por parte do Candomblé. Uma resposta adequada do lado cristão a esta abertura por parte do Candomblé pode ser a atitude que São Francisco de Assis recomenda aos irmãos que desejem ir para entre os fiéis de outras religiões: "[...] absterem-se de rixas e disputas, submetendo-se 'a todos os homens por causa do Senhor' (1Pd 2,13) e confessando serem cristãos"[5].

---

5. Regra não bulada, 16,6. SÃO FRANCISCO DE ASSIS: Escritos, 152.

Anexo 1: ENTREVISTAS[1]

I – ENTREVISTA COM GILMAR TAVARES
Pegigan do Terreiro Ilê Axé Igino Ilu Oroci – Bahia

1 – Pergunta: *Quais as formas que você encontra ou que normalmente se encontram para entrar em contato com o Orixá?*

Gilmar: Existem diversas formas de entrar em contato com o Orixá. Pode começar desde um simples fechar de olho e concentrar-se, até o sacrifício do animal, a raspagem da cabeça, enfim, com toda a iniciação feita no Candomblé. Isto é uma coisa muito forte. São segredos, que a partir daí eu não posso falar. Mas existem mil maneiras de se entrar em contato com o Orixá. O Orixá em si é a energia que está sendo fluída no ar. Fazendo uma comparação com a religião católica – eu gosto muito de comparar, não para misturar, mas em termos de comparação apenas – o fiel chega diante de uma imagem e faz aquele pedido. Isto é uma das formas de entrar em contato com o santo, através da oração. Justamente nós entramos em contato com

---

1. Parte das muitas conversas tidas com membros do Candomblé durante a pesquisa foi feita e gravada em forma de entrevista. Destas entrevistas surgiu um material bastante amplo que não pode ser de todo incluído na publicação. Colocamos, a seguir, alguns trechos escolhidos destas entrevistas que refletem um pouco o cotidiano do Candomblé. Estes textos das entrevistas não são aqui colocados como resultado de uma pesquisa de campo, nem como resumo de pesquisa de opinião, nem tampouco como representantes do pensamento "oficial" do Candomblé. Dois motivos principais levaram ao acolhimento de parte das entrevistas nesta publicação: o primeiro motivo é que eles são um testemunho direto da experiência religiosa vivida por membros do Candomblé; o segundo motivo – não menos importante – é dar a palavra neste trabalho também aos próprios membros do Candomblé, de modo que não se fale apenas sobre eles, mas que eles mesmos possam falar.

o Orixá destas maneiras também. Existem mil maneiras enfim de se entrar em contato com o Orixá.

2 – Pergunta: *O que significa para você consagrar a vida para o Orixá – no caso Oxalá? Qual o significado religioso, no comportamento, no dia a dia?*

Gilmar: O que significa o Orixá é uma coisa muito relativa, de pessoa para pessoa. Cada pessoa cultua o Orixá de sua cabeça de sua forma. Eu tenho a minha forma de cultuar o meu Oxalá. Cada Orixá é único. Cada pessoa tem um determinado tipo de Orixá, seja ele Oxalá, Ogum, Oxum, Exu. Cada pessoa tem um determinado tipo de Oxalá, dentro das pessoas que são de Oxalá. Consagrar a vida a um Orixá é mais uma espécie de opção. Seria, no meu modo de entender, uma opção de vida. A partir do momento que você dedica a sua vida a um Orixá, você passa a ter um compromisso, a viver o Candomblé, você se entrega ao Candomblé. Pelo menos esta é a minha experiência pessoal. Eu dediquei minha vida ao meu Orixá. Eu entreguei a minha vida assim para ele e acho que ele vai fazer o que for de melhor para mim.

3 – Pergunta: *Em seu caso, você já sabia há mais tempo que era de Oxalá ou ficou sabendo quando foi fazer sua iniciação?*

Gilmar: Eu sempre soube que era de Oxalá. Vou contar um pouco a historinha de minha vida: Houve uma época, na gravidez da minha mãe, sendo já no sexto mês, o médico não achava a cabeça do feto. Ele conversou com o meu pai, para que fosse feito o aborto em minha mãe. Fez meu pai assinar um termo de responsabilidade para fazer o aborto, porque o feto não tinha cabeça. Meu pai chegou em casa arrasado, por ser seu primeiro filho. Foi uma coisa muito forte. Foi quando o Orixá de minha avó, um caboclo que pegava ela, disse ao meu pai que deixasse o menino, que o menino tinha cabeça. Garantiu a ele que o menino tinha cabeça e que na cabeça do menino brilhava uma estrela branca muito bonita. Isto são palavras da entidade. Meu pai confiou e deixou. Eu nasci. Tive problemas para nascer. Tive que nascer num colchão de palha. Isto é toda uma história. A gravidez foi dificílima, o parto mais difícil ainda. Quando eu nasci, a mesma entidade disse que na minha cabeça brilhava uma estrela bonita, disse que estrela era esta: era Oxalá. Eu cresci com isso. Fui suspenso como Ogã, isto é, apontado como Ogã. Não é um iniciado, mas sim um escolhido pelo Itaparica, na casa de Mirinha do Portão, na casa de Augusto César fui escolhido como Ogã. Eu levei um tempo todo de estudo. Eu queria saber o que é o Candomblé, o que é o Orixá, para que a iniciação. Para isto tudo tive uma resposta. Porque o Candomblé, por ser esta seita maravilhosa, esta coisa deliciosa de se viver e curtir, existe a crença, a credibilidade, que é uma coisa muito bonita e que poucas pessoas estão tendo hoje em dia.

4 – Pergunta: *O que o Orixá passa a você? Qual a experiência que você tem do contato com o Orixá? Como pode descrever isto em termos religiosos para o dia a dia?*

Gilmar: A coisa de ver o dia a dia a partir de seu Orixá é algo muito magnífico. As pessoas passam 15, 20, 30 anos tentando viver, tentando fazer uma coisa que cria uma fantasia em cima da sua vida. Não é o meu caso. Eu recebo a influência de meu Orixá, mas não o recebo, não tenho a incorporação. O Ogã não pode. O Ogã não tem este privilégio, esta coisa magnífica do Orixá incorporar, o que eu acho demais. Eu sinto a influência de meu Orixá na minha pele, pelo meu comportamento. Eu sou uma pessoa muito pacífica, sou uma pessoa muito calma. Nervoso, claro, em determinadas ocasiões, mas isto é muito natural do filho de Oxalá. A característica do filho de Oxalá é muito esta coisa de paz, de calma, de serenidade. Principalmente o Oxalufã, que é o meu caso. É o pai do pai. É um pãe. É um pai que é mãe, que é irmão, que é amigo, que é a coisa mais maravilhosa do mundo.

5 – Pergunta: *E em termos de influência do Orixá, do Candomblé no dia a dia pessoal?*

Gilmar: O meu dia a dia é um tanto quanto agitado. Eu abandonei o meu serviço de bancário, onde eu era operador de computador –

que não tem nada a ver com o Orixá – pra me dedicar mais, para ter mais tempo junto ao Orixá. Este trabalho que eu faço é mais um contato direto com o Orixá. É mais uma forma de manifestação dele. Para executar cada trabalho meu, eu tenho todo um ritual, toda uma concentração anterior. No dia a dia, vivendo uma coisa destas, eu sempre estou cantando, sempre estou chamando o Orixá, sempre estou vivendo a cada segundo o meu Orixá. Ele está sempre comigo. Eu ando de branco direto todos os dias, por opção, por respeito a ele. A comida, por exemplo, na sexta-feira, que é o dia consagrado a Oxalá aqui, eu não como azeite, não tomo café, não faço barba, não corto a unha. Determinadas coisas – que eu não posso dizer o porquê – já vêm passadas de geração em geração em nível de raça. Os negros vindos da África foram nascendo, sendo analfabetos, sem uma determinada cultura, passaram estas informações para a gente de uma maneira um tanto deturpada, um tanto quanto distorcida. Estas informações foram aumentando ou diminuindo a cada passada. É a velha história de quem conta um conto aumenta um ponto. Então me foi passado isto, que eu não deveria comer o azeite que é o epo-popó, o azeite de dendê, que Oxalá tem aversão total. Em maneira nenhuma a pimenta, também não sei o porquê, talvez pelo ardor, pelo fato ácido da coisa. E também o café – não sei o porquê – mas eu prefiro respeitar, mesmo sem saber o porquê. Mas quem sabe da próxima vez eu te responda isto.

6 – Pergunta: Uma pessoa que foi iniciada num terreiro, quando ela visita outro terreiro, ela pode ter lá incorporação também?

Gilmar: Isto acontece sim, porque o Orixá não está apenas no Terreiro. Ele está governando a cabeça do filho. Portanto, onde ele for chamado – isto não é em qualquer Terreiro, pois depende do Axé – ele irá incorporar. Porque cada atabaque daquele é preparado previamente para a chamada, para a puxada do Orixá do Orum. Portanto, daí vem a coisa do Orixá sair do Orum através do atabaque. Por que o atabaque? Ele não é simplesmente um instrumento. É um instrumento de Axé. Cada atabaque daquele leva uma iniciação. Ele tem um Orixá, ele tem um nome, ele tem uma maneira de vida – uma coisa abstrata, mas é uma maneira de vida.

7 – Pergunta: A relação com o Orixá também pode estar ligada com raiva ou ameaça?

Gilmar: Eu não diria raiva e ameaça, mas sim punição, por determinadas formas inconsequentes de se adorar ou cultuar um Orixá. Se há uma inconsequência no dia a dia, haverá uma punição. No meu caso, sendo filho de Oxalá, se eu vou fazer uma coisa que não devo no dia do meu Orixá, que é o dia em que ele está reinando mais forte minha cabeça, então eu devo respeitar por completo isto. Portanto, se eu sair da regra, se eu fugir da regra do Axé, logicamente vou ter que receber uma punição por isso. Não é que o Orixá fique enraivado, mas cria uma mágoa, que a gente passa a sentir a presença desta mágoa do Orixá.

8 – Pergunta: O contato com o Orixá serve para se receber Axé?

Gilmar: O ser humano não consegue alcançar nada sozinho, nem andar. Não é só o Axé. Porque quando nascemos para o Axé, nós nascemos novamente, criamos uma nova vida, onde temos uma nova família, um novo pai, uma nova mãe, um novo nome e outras coisas que são relacionadas à vida cotidiana e ao Axé. O Axé é realmente o combustível, que dá o equilíbrio, que dá a forma de vida espiritual do adepto do Candomblé.

9 – Pergunta: A pessoa também assume com a iniciação uma tarefa perante a comunidade, ou apenas de caráter pessoal diante de seu Orixá?

Gilmar: Na iniciação, a pessoa não assume uma tarefa, mas sim um compromisso. Através deste compromisso que vem a tarefa. O compromisso, a aliança entre o Orixá e a matéria se dá na iniciação. Você pode levar 10, 15 anos frequentando um Terreiro e não ser um iniciado no Axé. A iniciação se dá a partir do momento em que você raspa a cabeça e faz aqueles rituais todos para que seja um Iaô, uma esposa do Orixá. Esta tarefa é assumida em relação à pessoa, comunidade e tradição. Isto é que não está tendo hoje em dia, a conservação da tradição. Está tendo muita mudança no Candomblé. Eu sou uma pessoa relativamente moderna e converso com as pessoas de idade bastante avançada à minha no Axé e na vida. E são pensamentos completamente diferentes do que eu vejo hoje em dia com pessoas de 25, 26 anos de idade que já têm uma responsabilidade de Axé na mão. Eu acho que as pessoas deveriam amadurecer mais um pouco, em primeiro lugar fisicamente, para alcançar depois um amadurecimento espiritual. Está sendo uma coisa muito verde, muito adolescente em nível de Axé. Por exemplo: uma pessoa que seja iniciada com 10 anos. Digamos que ela tenha um cargo de Ialorixá ou de Babalorixá. Com 17 anos, esta pessoa já faz jus ao Oiê, que nós chamamos de decá, o cargo de Ialorixá. Que responsabilidade teria uma pessoa de 17 anos – sem desfazer da capacidade de cada um? Que responsabilidade teria a pessoa para fazer um Orixá que precisasse de determinado tipo de resguardo, conceitos de vida, de comportamento. Existem determinados comportamentos para cada Orixá diferente – no caso pessoal. A pessoa deve se comportar de maneira diferente para cada Orixá. As marcas tribais que recebemos passam de casa em casa, de família em família em sentido espiritual. Nós não cultuamos um determinado Orixá numa casa, como na África. Nós cultuamos numa casa diversos Orixás. Nós aqui na Bahia, no Brasil, cultuamos diversos Orixás numa casa de maneira completamente diferente. Se chegar, por exemplo, uma pessoa com a necessidade de ser cuidada, de ser lapidada em sua energia, com que capacidade uma pessoa de 17 anos pode cuidar desta pessoa, pode lapidar a energia desta pessoa até ela completar os 7 anos? Daí vêm os debates. Nós temos uma federação aqui na Bahia, a qual acha que se a pessoa completou 7 anos e se respondeu todas as obrigações, então deve ser dado o Oiê. Eu, particularmente, acho que não, que tem que ter um amadurecimento para isto. A menina não pode ser mãe antes de ter menstruado. A gente tem que ter uma puberdade, uma adolescência para depois chegar à fase adulta. Então a fruta só deve dar no tempo correto. Não deve ser antecipada a coisa.

II – ENTREVISTA COM O JOBI
Babalorixá da "Casa de força e da sabedoria de Ogum e Yansã" – Rio de Janeiro

1 – Pergunta: Qual a motivação, o objetivo que leva alguém querer ser iniciado, a ter contato com o Orixá?

Jobi: É uma pergunta que eu já me fiz muitas vezes, pelo fato de ter sido iniciado aos 12 anos e creio que é natural que se tenha algumas dúvidas. Eu nunca me senti mal no Candomblé; eu sempre me senti bem. Eu acredito que a minha fidelidade ao Candomblé vá ser eterna, pois já estou com 25 anos de iniciado e não vejo motivo para eu ter hoje as dúvidas que tive na minha adolescência. À medida que você tem uma seita, uma religião que está sempre ao seu lado, um Orixá, você pode de uma forma direta ouvir deste Orixá: "quando você chora, eu choro junto de você". Um Orixá apareceu para mim e disse que quando ele chorava, eu chorava, ele chorava junto comigo. Esta é uma entre outras mil coisas que aconteceram comigo e que eu vi acontecer com outras pessoas. A própria presença do Orixá, a palavra do Orixá, o sentir o Orixá dentro de mim: é uma coisa que você não consegue esquecer. Se você tem uma força que fala, não que vem do céu, mas que vem do teu interior para explicar a você, para te orientar, ela passa a ser parte de sua família. Você não quer deixar sua família. Então o Orixá é meu amigo, é meu irmão, é meu companheiro. Com o Orixá eu choro, com o Orixá eu brinco, com o Orixá eu brigo às vezes. É a religião que faz com que você tenha uma intimidade muito grande. E esta intimidade não é invisível não. É uma intimidade energética. Eu acho que eu e a maioria das pessoas do Candomblé não conseguem se afastar do Candomblé e fica eternamente no Candomblé, pois mesmo decepcionado com o país, com a política, com os amigos, com a família, nós nunca nos decepcionamos com o Orixá. O Orixá fala sempre a verdade, o

Orixá tem sempre razão. Mas não falo isto em sentido de submissão, mas sim de consciência, de certeza de uma coisa que eu descobri, que eu sinto. O Orixá não descobre coisas para mim. Ele me deixa só e tranquilo para que eu possa ver. É como se em algum momento de nossa vida você está tão nervoso e procura desesperadamente uma coisa que está ao seu lado. Mas você não consegue achar, porque você está totalmente atordoado. É neste momento que entra o Orixá, entra a tua fé. Pelo menos esta é a minha forma de comportamento, de conduta. Eu boto minha cabeça aos pés dos meus assentamentos. Meus assentamentos são as coisas que caracterizam o meu santo. O meu santo não está naquela imagem de gesso ou numa vasilha com pedras ou com búzios. Os assentamentos, como as imagens da Igreja, tudo isto é válido, porque isto é nada mais, nada menos que o elemento de ligação entre você e aquilo que existe em algum lugar. É um sensor, um telefone, um rádio. Então quando eu coloco minha cabeça aos pés dos meus assentamentos, que foram preparados por seres humanos, que são lavados e cultuados por mim, eu tenho certeza que estando ali eu serei ouvido, como poderia também sem nenhum destes objetos ser ouvido por meu Orixá. Assim como Deus está dentro da gente, o Orixá também está dentro da gente. Com uma diferença: cada um tem o seu Orixá próprio. No momento em que alguém diz a você, que prova a você por A mais B, pela sua forma de agir, pela sua personalidade, pelas suas características, pela forma de nascimento, pelo local que você nasceu, que você é filho daquele Orixá, e quando você sente isto, você renasce. Então eu acho que hoje, mais do que nunca, a religião é necessária; quando cada dia que passa você descobre mais doenças, mais drogas, mais coisas que podem te prejudicar. Se você tem uma coisa rica, uma coisa forte, é muito a tua razão, porque o Orixá é a tua razão. Infelizmente, o Candomblé dá uma liberdade muito grande a você, esta liberdade é uma liberdade perigosa, pois muitas pessoas não compreenderam ainda o que é esta liberdade. Você pode ser o que for. O Candomblé vai te aceitar. Você pode ser uma prostituta, você pode ser um ladrão, você pode ser o que for. Mesmo assim, você tem um Orixá. Mas a partir daí, do momento em que você é iniciado, a tua forma de conduta de vida terá que mudar. Ele te aceita da maneira que você é para que você seja catequizado. Só que, hoje em dia, as coisas não são colocadas desta maneira. Eu começo a achar que deveria haver uma preparação padrão ou uma exigência ou uma forma social dentro do Candomblé que não permitisse determinadas coisas. O Orixá não te proíbe. Na medida em que você se comporta de uma maneira boa, você poderá tê-lo com mais intensidade ou com menos intensidade, mas ele não qualifica o teu pecado, ele não te diz que é pecado.

2 – Pergunta: *Você pode dar um exemplo de uma coisa que deveria ser diferente no Candomblé, que deveria ser orientado a não acontecer?*

Jobi: Eu acho que o Candomblé deveria pôr critérios bem severos e sérios para proteger o próprio Candomblé. Exemplo: Uma casa nunca deveria ser aberta dentro de um espaço que não fosse próprio para uma sede de Candomblé. Isto por quê? Quando você faz um Candomblé em uma casa alugada, por exemplo, você está comprometendo aquela casa pro resto da vida. Porque para manter uma casa de Candomblé, determinadas coisas são enterradas e são preparadas. Então eu acho de uma total irresponsabilidade essas pessoas abrirem uma casa sem orientação. Este mundo de casas abertas é errôneo. Não pode. O Candomblé teria que ter critérios. Para que você abrisse uma casa, alguém teria que te qualificar. Ninguém te qualifica, ninguém te proíbe. Eu acho que tem que ter uma base de conduta. Se você tem uma casa de Candomblé, você terá que se conscientizar que você terá pessoas te santificando, queira você ou não. Estas pessoas vão santificar você. E isto é uma coisa perigosa. Você vai tornar-se responsável pela cabeça e pela vida de muitas pessoas, mesmo que você não queira. Mesmo que você diga, pelo meu signo, pelo meu santo, eu sou uma pessoa independente. Independente ao ponto de não querer que ninguém coloque a sua vida nas minhas mãos e nem de ninguém, porque ninguém é capaz. Mas, de qualquer maneira, quando você se torna um líder, você passa a ser um espelho para a maioria das pessoas que te cercam. Isto é uma coisa perigosa. Eu conheço algumas pessoas que são lunáticos, eles são um grito, uma aberração à própria sociedade em que eles vivem e, mesmo assim, eles são pais de santo, eles têm a casa aberta. Estas associações afro-brasileiras, estes institutos, nada disso existe. Isto aí tudo tem fins lucrativos. O que deveria haver é um órgão que se responsabilizasse por um critério bastante rígido.

3 – Pergunta: Voltando à sua experiência pessoal, eu perguntaria a você, que tem uma longa experiência como líder desta comunidade, quais as motivações principais que levam as pessoas a querer ser iniciadas no Candomblé? É mais questão de tradição da família?

Jobi: Você me fez uma pergunta bastante complexa. Primeiro que o Candomblé tem um aspecto para mim e para minha família – que a maioria de nós somos iniciados. É uma tradição, que faz parte de nossa vida social. Independente deste aspecto, há outros. O Candomblé é prazeroso, o Candomblé é bonito, o Candomblé tem ternura, tem arte, tem beleza. E muitas destas pessoas que estão no Candomblé pela troca, porque acham que ser iniciado ou fazendo algum trabalho dentro do Candomblé pode significar a mina do tesouro. É a ideia do negociante. Acha que está descobrindo o caminho do tesouro, que vai encontrar a mina de ouro. Mas a maioria destas pessoas tem apenas fase. Então, por exemplo, hoje o Candomblé para mim resume tudo: minha família, minha vida. Se você quer saber um pouco mais do Candomblé, se quiser fazer um estudo profundo, não fale só com as pessoas, porque você vai saber pouco, até porque as pessoas vão saber te explicar pouco. Conviva um pouquinho, assista algum ritual que você possa assistir, porque nem tudo você pode assistir. E você vai saber, vai ler no rosto das pessoas, na atitude das pessoas, por que elas estão aqui. Você vai ter uma resposta muito mais certa. Se você for uma pessoa sensível, você vai perceber que aquilo ali faz parte da vida das pessoas. Então o Candomblé ainda dá isto. Ele dá isto que você viu aqui, nós sentarmos juntos, rirmos, conversarmos. Isto é religião, isto é religioso, é bom, é necessário ao ser humano.

4 – Pergunta: *A experiência com o Orixá não é então apenas vertical, mas também horizontal?*

Jobi: Ampla, comunitária, religiosa, filosófica, psicológica, tudo. Reúne mais coisas do que se pode imaginar. Só que as pessoas do Candomblé estão sabendo falar pouco sobre isto. Elas estão se deixando engolir por outras entidades que deixam infinitamente a desejar. Se você conversar com as pessoas do Candomblé, é preciso que você puxe por elas. A princípio, as pessoas não vão saber te dizer muito, porque o que eu estou falando pra você não é a definição do Candomblé, é o sentimento do Candomblé. Definição é uma coisa que poucas pessoas sabem fazer.

5 – Pergunta: *As pessoas, no caso, não expressam em discurso o que elas vivem?*

Jobi: Isto. Eu tento refletir. Eu sou uma pessoa que se questiona, que se pergunta muito. Você, às vezes, é um professor, é uma pessoa de uma boa família, mas é uma pessoa que está perdida no mundo, porque você não conhece determinados pontos que definem você. É importante você saber qual a relação que você tem com o mundo. Pra mim foi muito importante, por exemplo, saber que eu sou filho de Ogum com Yansã, que são Orixás que representam a luta, que eu sou filho do sol porque sou de leão. Todas estas características de várias filosofias, que chegam quase à mesma coisa, fizeram com que eu entendesse por que eu era brigão na escola, por que eu sempre estava reivindicando tipo "por que não posso fazer?", eu quero fazer, eu quero ser livre. Muito antes de saber que eu era filho de Ogum e que Ogum era dono das estradas, dono dos caminhos e que as pessoas de Ogum gostavam da sua liberdade, eu fazia isto desde que eu me entendo por gente.

6 – Pergunta: *Esta sua relação com Ogum foi crescendo com o tempo? Foi sendo uma relação mais pessoal?*

Jobi: É uma relação que cresceu quando nós nos descobrimos, ou melhor, quando eu descobri Ogum e quando fui percebendo mais, sentindo mais, houve um dia de um grande encontro. É a mesma coisa de uma relação de pai e filho. Como eu tenho minha relação com Yansã, que é uma relação de mãe e filho.

7 – Pergunta: Seria possível falar sobre esta experiência sua com Ogum, com Yansã? O que ela te traz em termos de vida?

Jobi: Mas não foi ninguém que me disse que eu era de Ogum, que eu era de Yansã. Estas forças chegaram a mim, elas se manifestaram, eu fui possuído por esta força e esta força disse quem era. A partir daí, o que me faz ter esta relação – não é nem manter esta relação, porque eu acho que nós já casamos, já estamos juntos, já estamos um dentro do outro; no Candomblé se costuma dizer eu sou o Orixá, o Orixá sou eu. Então eu digo: eu sou Ogum com Yansã, Ogum com Yansã sou eu. Porque a relação, ela torna-se muito séria, muito profunda. Esta descoberta de si mesmo, de suas capacidades é um encontro com o Orixá. O Orixá é a possibilidade de descoberta de si mesmo, de sua definição. O Orixá nos dá a frequência. O Orixá nos ajuda dentro da nossa reflexão. É comum num dia de ênfase, de alegria, eu chegar e dizer: "Ah, meu pai, eu sou muito feliz com o Senhor". Na maioria das vezes que eu faço o ritual, eu não faço para pedir nada, eu faço para agradecer. Eu tenho uma filosofia de vida. Eu digo sempre para as pessoas: É natural o ser humano sempre querer mais, exigir mais. Eu tenho ambição de vida. Acho que se Deus chegar perto de mim e me perguntar se eu quero alguma coisa, antes de dizer o que eu quero, vou dizer, vou pedir isto pro senhor, se eu merecer, o senhor me dá, mas se eu não merecer, não tem importância, pois com tudo o que o senhor me deu até agora eu sou muito feliz. Quando eu falo Deus, falo em um Deus só. Estou me referindo a Oxalá, a Jesus Cristo, a qualquer outro Deus que eu conheça ou não conheça. Eu tenho certeza que tem alguma coisa nos ouvindo. Eu cheguei a ver esta energia através de Oxalá, através do Candomblé. Então o meu caminho é o Candomblé. Eles me deram, pela época que eu vivi, pela falta hoje em dia, eu na maioria das vezes fui vencedor e fui feliz em tudo: feliz no amor, feliz na minha vida material, nas minhas realizações pessoais. Deus me deu as essências básicas pra você viver bem e ser feliz. Viver bem, viver em harmonia é viver com o meu Orixá, com Ogum e Yansã, e saber que eles estão perto de mim.

III - ENTREVISTA COM UBIRAJARA GOMES - BIRA DE XANGÔ
Babalorixá da Casa Axé o Júoba Ògòdò (Que esta casa seja os olhos de Xangô) - Rio de Janeiro

1 - Pergunta: Quais as formas do iniciado entrar em contato com o Orixá, com o seu Orixá?

Bira: A forma do fiel entrar em contato com o Orixá é através do culto, das suas louvações, das oferendas, das suas obrigações e a mensagem nós obtemos através do jogo dos búzios. Este é o contato do Orum com o Aiye, que é a força da terra. Através do jogo de búzios, o Oluwô, o olhador, o zelador, ele lê através do jogo aquilo que o Orixá traz de mensagem para você, do Odu, de sua vida, de conforto, de seu caminho. O jogo é uma base de contato. Outra forma é através das obrigações, de oferendas, de rituais. Toda a nossa religião é composta de um ritual, é um culto através de rezas, de fundamentos, de obrigações, de cantigas, de louvação a todos estes deuses ou encantados ou Orixás - como queira. Também através do Obi, que é uma fava. A gente parte e conversa com o Orixá e também toma deste o Axé, que é esta força que nos alimenta tanto materialmente como espiritualmente.

2 - Pergunta: O que traz o Orixá para a pessoa?

Bira: O Orixá talvez seria para o católico o anjo da guarda. É o que nos rege, o nosso pai espiritual, aquele intermediário entre o homem e Deus. Ele está entre o Aiye e o Orum, entre a terra e o espaço. Ele é aquele ser espiritual que nos traz o conforto. Sincretizando, você vai numa igreja católica, você tem uma padroeira, Santa Rita de Cássia, que tudo faz ... Então no caso de nosso Orixá, em tudo nós recorremos a ele. Só que nós temos aí uma mensagem mais direta, porque nós ouvimos através do jogo de búzios aquilo que o Orixá nos tem a dizer. E pode coincidir através de uma obrigação, de um Orixá trazer a própria mensagem de conforto, de ajuda, de cura, de apoio espiritual, de dizer meu filho, não caminhe por aqui porque atrás daquela montanha não vai ter saída para você. Siga por aqui. Através deste Ebó, através desta oferenda, você cultivará a terra para você se encontrar melhor ali. Nós temos o nosso destino, mas tudo depende daquilo que nós fazemos, daquilo que nós praticamos. A força magnética que uma pessoa traz dentro dela, através de uma reza, de uma rezadeira, através de um banho de folhas que o Orixá passa, através de um jogo de búzios, ou dos conhecimentos do próprio zelador, você se cura daquilo, você fica bem. O Orixá é todo um apoio espiritual que você busca.

3 – Pergunta: *Não é apenas você que vive esta experiência. Existem muitas pessoas que o procuram para ser iniciadas. Quais as motivações que levam as pessoas a procurar a iniciação?*

Bira: Tem vários motivos. Eu gostaria que as pessoas viessem à nossa religião – e isto acho que está melhorando – por querer, por amar simplesmente a religião, por opção simplesmente. Mas nem sempre é assim. Há casos assim. Existe a necessidade, na maioria das vezes. Às vezes, a pessoa por problemas mil materiais, por desencontros materiais, procura uma casa de Orixás, uma casa de Candomblé, e através do jogo de búzios, através dos trabalhos, através das oferendas, através de todo o culto, elas começam a se encontrar. Se nós somos matéria, se somos a casa do nosso Orixá, quando nós fazemos nossas obrigações estamos nos preparando para receber este Orixá. E as pessoas não têm preparo. Então, lógico, se ela não tem preparo, se ela não lida com aquilo, então, como toda casa aberta disponível, não vão ser forças positivas que vão tomar conta dela. Você vai encontrar muito mais fácil as forças negativas, estas energias negativas, espíritos obsessores, espíritos desencarnados, sem luz. Então, através do Candomblé, elas procuram se encontrar. Serão feitas as obrigações e o Orixá tomará parte desta vida, deste corpo, desta cabeça e da pessoa. Dará aí o início a esta religião, que no Brasil é conhecida como Candomblé.

4 – Pergunta: *Qual a experiência que o fiel tem de seu Orixá? Esta experiência cresce depois da iniciação, ele vai tendo um contato mais pessoal ou uma vez feito o santo ele não precisa mais cultivar o seu Orixá?*

Bira: O Orixá – se existir o culto – ele estará no Aiye, na terra. Se deixar de ter o culto, ele voltará para o Orum. O Orixá pode cada vez mais crescer dentro de seu filho. Pode também decrescer, se for o caso. Um bom médium – trocando de linguagem – eleva cada vez mais a sua entidade. Tudo o que ele fizer de bom, só o fará crescer espiritualmente e materialmente. Se ele cumpre com o seu culto, se ele faz tudo o que deve fazer, ele só crescerá. Tanto ele como também a energia.

5 – Pergunta: *A energia no caso é o Axé, aquilo que o Orixá passa?*

Bira: É muito vasto o nome Axé. Se você diz: "Bira, que Deus te ilumine", eu digo "Axé". Esse Axé aí significou amém. Se eu digo: "muito Axé pra você" então estou dizendo "muita força pra você". O Yoruba, que é a nossa linguagem e da qual não temos muito conhecimento, ele é meio cantado. O Axé é toda a força, é tudo o que se concentra, que vem do Orum para o Aiye. O Axé é tudo o que é cultuado. Todos os Orixás são cultuados nesta casa. Esta casa é Axé, é o Ilê Axé, é uma casa de Axé, é uma casa de força, de segredo, de preceitos de Orixá.

6 – Pergunta: *Sua experiência e a experiência de seus iniciados é que o contato com os Orixás leva a uma harmonia, a um equilíbrio e uma realização da pessoa e ao crescimento espiritual. Há uma reflexão em torno disso?*

Bira: Sem dúvida. Para nós, não existe o pecado. Existe o erro e o castigo. Se você erra, o seu Orixá pode chegar a castigar você de mil formas. Hoje está praticamente abolida a forma material de castigo do Orixá, devido o valor das coisas ter mudado. Antigamente, você via que um Orixá – no caso de erro de um filho – vinha e dava uns tapas, para o filho sentir a dor, ou pegar uma erva que queimasse. Isto quando ele estava ali. Mas quando ele ia embora, o filho urrava de dores. Hoje, de certa maneira, poucos Orixás fazem isto. Foi abolido. Eu mesmo não permitiria isto na minha casa. Não que eu ache que esteja errado. É porque eu não seria entendido. Esta energia pode vir de muitas formas. Não que o Orixá vai se ocupar de destruir a vida de um filho. O Orixá é culto, e, quando ele é cultuado, ele está ali. Toda a sua energia floresce ali. Quando ele está irado, quando ele não está bem, ele se afasta daquilo ali. Então existe o lado negativo. O lado negativo também pode tomar conta e fazer desandar muita coisa. Eu digo que é melhor você levar uma surra de seu Orixá que da polícia amanhã. Antes você levar um sacolejo de seu Orixá que você ficar desempregado, de seus filhos desandarem. Isto pode acontecer. O Orixá, quando está na matéria, de qualquer maneira está no ser humano. Ele não vai destruir o filho. Mas existe toda uma força negativa que poderá atuar. Existe muito disto também na Bíblia. No Antigo Testamento, Deus amava e destruía com seu ódio. No Novo Testamento é que foi esquecido muita coisa do velho. Então há o castigo.

7 – Pergunta: *Você poderia falar um pouco da experiência pessoal com o Orixá, no caso com Xangô?*

Bira: Quanto ao entrar em contato com o Orixá, existe todo um preparo para a manifestação, existem obrigações, existem rituais. Os atabaques chamam os Orixás do Orum para o Aiye, as cantigas, as rezas. Os filhos tomam banho, passam por preceitos. O Orixá te toma. Ele pode chegar a qualquer momento, a qualquer hora. Poderia chegar até aqui, agora. Quem sabe é ele, não sou eu. Eu não digo ao Orixá: "venha cá, estou aqui". Não existe isto. Ele poderia, por algum motivo especial para ele e para a gente, me tomar agora. Ou tomar amanhã, ou depois de amanhã, em previsão até de alguma coisa que pudesse acontecer, algum filho, ele vim em socorro, dar a mensagem. Ele pode dar esta mensagem também através de um Obi, de Orogbo, através de jogo de búzios. Ele que sabe o porquê desta necessidade de ele vir. Eu não posso diagnosticar quando ele virá.

Há os rituais feitos para ele vir. Mas pode se preparar tudo isto e ele também não vir. Já aconteceu aqui mesmo em minha casa de se fazer obrigações para Xangô, festa dele e ele não vir. Estar satisfeito, receber tudo, mas não chegar. Tudo isto pode acontecer. Nós estamos ligados ao Orixá com alegria. Tudo o que nós fazemos tem dança: se nasce, dança; se planta, dança; se colhe, dança; se morre, dança. Tanto que se você me presenteia algo, isto é muito importante. Eu posso agradecer dizendo eledami a sire fún é, isto significa: que o meu Deus ou que o meu Orixá ou que o meu Eledá dance para você. Isto é lindo. Através da dança, ele estará te agradecendo, estará elevando toda uma vida, toda uma energia, toda uma posição, toda uma história.

8 – Pergunta: Na sua opinião, o Candomblé irá acabar?

Bira: Creio que sim, mas adoraria estar enganado. Quando eu falo acabar, não é acabar com a religião, com as suas práticas mais externas. E sim, toda sua tradição, essência, toda a sua origem, princípios, ficarão esquecidos, se perderão. Como na realidade muito dessa cultura já se perdeu com a morte dos nossos mais velhos (pessoas antigas da nossa religião). A juventude de hoje, na sua maioria, não tem o amor e a paciência de escutar os nossos mais velhos, de aprender com eles, não tem humildade de um filho, de um aprendiz, e como tal estes não têm como passar aqueles ensinamentos. Hoje as pessoas, umas não podem e outras não querem ficar no Axé por todo um "Orô de um Orixá", querem apenas ir à festa e tão logo termine ir embora. É aí aonde eu falo, e os preceitos, os preparos, o orô, como se fará? Ninguém faz Candomblé sozinho. E Candomblé não é apenas barracão. É muito mais... Exemplo: tem gente que vem no primeiro dia de orô, mas no segundo ou no terceiro já não vem mais. Ou porque o marido não deixa, ou por causa dos filhos, ou por outros motivos pessoais, profissionais, por terem outras festas para irem. Então aquelas práticas vão se deixando de fazer e vão se perdendo. Porque você só aprende vendo, você fazendo. Não está em livros. É uma coisa do dia a dia. E este Orixá, lógico, cada vez mais ele vai para o Orum, porque não está sendo cultuado, não está sendo chamado. Você sabe que existem as obrigações, as oferendas. Tudo isto é a forma de se trazer o Orixá do Orum para o Aiye. Então se não existe aquela prática, aquele preparo, aquele ritual todo, ele não vai vir, não vai responder, vai estar no Orum. Então eu digo, existirá o nome deles, mas não mais eles. Existirá talvez espíritos e entidades que virão com o nome de Orixás, mas não mais estes Orixás. Eu creio nisto. Eles existem onde existir o culto. Daí você vê: no Rio de Janeiro, você encontra mil casas de Candomblé, Axé poucos. Lógico que existem muitas pessoas com sabedoria, com condições plenas. E quantas pessoas aprenderam catando daqui e dali, não têm mais uma raiz, não têm uma origem, não têm uma fonte segura da coisa, mas vai praticando, vai fazendo, vai passando e os filhos destes saberão menos ainda. Mas, na realidade, muitos destes não sabem partir uma coisa simples que é partir o Oroko pra Xangô, não sabem o que é pôr uma água no chão para chamar o Orixá. Em tudo nós vemos sentido. Nós saudamos, pomos água e pedimos licença a esta terra para cultuá-los, os Orixás em cima dela. Ela um dia vai comer até a nossa própria carne. Tudo é uma troca. Tudo na vida é uma troca. Para nós hoje estarmos vivos, alguém teve que morrer. Você tem que matar uma galinha pra se alimentar, você mata uma vaca, um boi, pra você comer a carne, fazer o bife. Enfim, tudo na vida é uma troca. Se a gente sorri, é porque alguém chorou. Atrás de um sorriso existe uma lágrima, atrás de uma lágrima existe um sorriso. Então, devido a esta troca de valores hoje, o que as pessoas fazem: elas curtem. Não é aquele se dar. Tudo é medido. Eu pago isto e você me paga aquilo. Tudo é medido. A nossa religião requer muita profundidade em muitas coisas que as pessoas hoje não dão mais a ela, a este culto. As águas de Oxalá, que nós encerramos domingo passado, são 16 dias de rituais lindos. É de uma purificação, de um conteúdo, que eu poderia conversar horas sobre ela, sobre o porquê disto tudo. Quando morre alguém, nós fazemos o Axexê, que são recomendações do espírito. É uma coisa muito bonita e muito profunda. A gente fica sete noites aqui fazendo obrigações profundas. Aí, depois, eu vou para a missa para complementar tudo aquilo? Isto não tem nada a ver. Eu acho até uma desfeita a tudo aquilo que eu fiz durante sete dias. Eu aceito, como não traição, para esta meia dúzia de pessoas antigas que vieram nesta tradição. Aceito porque elas levaram a vida toda fazendo estas duas coisas. E você hoje não pode dizer a uma pessoa de 80 anos o que está certo, o que está errado. Elas aprenderam assim. Hoje elas já sabem que uma coisa é separada da outra. Mas elas não sabem se desvencilhar destas duas coisas. Meu pai tinha uma tradição que lógico que sabia desvencilhar uma coisa da outra. Mas ele não tinha mais como viver sem estas duas coisas. Seria matá-lo. A vida dele foi assim, correndo do Candomblé para a igreja, da igreja para o Candomblé. Por isso, eu digo que nossa religião vai se acabar. Existirá o nome dela. Mas não com todo o Axé. Isto pela falta de culto. Nós temos um ciclo de festas muito profundo. Se eu digo assim, no dia tanto de janeiro vai ter uma grande festa no Axé e anuncio para os quatro cantos. Então vai estar todo mundo, os meus filhos de santo, pessoas que gostam da religião. Enfim, vai estar cheio. Realmente a festa vai ser muito bonita. Agora, o mais importante é que 15 dias antes da festa está se preparando para esta festa. Só que aí com rituais, com preceitos, fora o trabalho material, da roça em si, da manutenção. Porque a nossa religião depende de muita gente. Na nossa religião não se pode fazer nada sozinho. Nós dependemos de toda uma equipe. Nós precisamos de Ogãs para tocar, de pessoas para cantar, de filhas para fazer aquilo, filhos para apanhar folhas, para preceito. Precisamos de uma série de pessoas. E ficou caro isto. Porque para você fazer estes preceitos todos, para recolher um barco, você tem que ter pessoas em sua casa para trabalhar. E o que está mais caro hoje é o aluguel, a alimentação. E numa casa cheia fica difícil controlar a alimentação. Se as pessoas sentirem que estão sendo podadas de comer... Já não querem vir, e se vierem e você poda, aí é que eles vão para casa. Não vieram para passar fome. Você vai depender de pessoas para aquilo ali. As pessoas não querem mais isto. As pessoas querem a religião, mas não querem o trabalho que ela dá. Você precisa de pessoas para trabalharem. Cadê elas? De dez filhos você vai encontrar um, dois. Depois da festa, tem todo o lado material com a desarrumação, para colocar tudo em ordem. Estes filhos você não vai encontrar. Fora disso, existem os preceitos que serão necessários por causa daquela festa que foi feita. A satisfação que vai dar a determinadas coisas, o catar folhas. Uma série de coisas que precisa se fazer durante vários dias. E cadê as pessoas. Uns porque não podem, outros porque não querem. Elas querem ir à missa – comparando – querem chegar depois e sair antes de terminar. E, em nossa religião, é preciso que você chegue antes e saia depois. Quem chega na hora são as visitas. Mas como se dizer isto no Rio de Janeiro? Em Salvador ainda se consegue um pouquinho disto, porque a cultura é outra. Tudo isto requer muito amor.

IV – ENTREVISTA COM ROBSON DE OGUM
Babalorixá da Casa Ilê de Ogum – Rio de Janeiro

1 – Pergunta: Quais são as instâncias de controle dentro do Candomblé?

Robson: O primeiro controle é a praça. A praça é um controle assistemático, não como uma coisa material e subjetiva. A praça não existe, no sentido da palavra. O que existe é que a gente sempre procura fazer as coisas dentro de uma certa constituição plausível, para que teu nome não vá para a praça. Seu nome estar na praça significa a mesma coisa de você ter feito alguma coisa desagradável, ruim, que fez com que seu nome fosse para a praça, isto é, seu nome caísse no conceito perante os demais zeladores de santo. O segundo elemento de controle ou fiscalizador de nossas casas e que é mais importante que a praça, que é uma coisa fictícia, é Exu. Exu realmente controla o caminho e todas as casas. Se você está bem, se você está em dia com obrigações e oferendas, se sua casa está bem acertada, se seu Axé está direito, Exu permite que sua casa aconteça. Se sua casa está acontecendo, é porque Exu, que é o grande fiscal, está permitindo.

2 – Pergunta: Não seria possível fazer uma instância externa de controle, tipo uma associação que tivesse autoridade para controlar as casas?

Robson: Eu acho isto muito difícil. Existe a questão das grandes casas. Cada um segue aquilo que aprendeu. Eu não consigo imaginar uma coisa como um papa no Candomblé, que fiscalizaria, administraria e saberia tudo o que está acontecendo. Eu não acredito nisto. Até mesmo quando o Candomblé veio para o Brasil, houve a fundação das três grandes casas. As três princesas, cada uma entrou pelo seu caminho. Eu acredito que poderia haver um grande papa, mas isto apenas em cada Axé. Engenho Velho teria o seu grande papa, Axé Opô Afonjá teria o seu grande papa, Gantois teria o seu grande papa. Na grande verdade, nós até temos algo semelhante. Só não existe aquela ligação muito grande. Nós temos as grandes mães. Mas não existe isto de controle na sua casa, um controle direto. O que se sabe é o seguinte: fulano que fundou o Axé passou para beltrano, que abriu a casa dele, que passou pra sicrano, que abriu a casa dele e passou para outro... Mas como quem conta um conto aumenta um ponto, hoje em dia, fica muito difícil tentar centralizar a coisa. Eu não acredito num órgão centralizador do Candomblé. As tentativas que eu conheço são tentativas que se prendem muito ao lado social e burocrático. Geralmente estas tentativas são reuniões até mesmo de pais de santo, mas, geralmente, mais intelectuais, que estão voltadas para outros pontos. Para tentar apurar a coisa, você deveria ter pessoas ligadas ao culto, subsídios para uniformizar o culto. Não para reunir pessoas e discutir assuntos. Claro que existem âmbitos maiores como a situação dos negros, a situação do Candomblé, dos Orixás. Mas isto são pontos de vista sociais. Eu acho que, para unir, primeiro tem que tentar uniformizar o culto. Uniformizar é justamente o maior problema no momento. Isto é praticamente impossível, pois cada um recebe uma formação que ele adequa à sua realidade. Uma outra coisa que eu acho que prejudica muito é a entrada e saída de pessoas de Axés diferentes. Você raspa com um, daqui a pouco dá obrigação com outro, que é de outra casa, depois passa pra outra. O que aconteceu: você raspou em um, com um determinado ritual, você tomou obrigação com outro ritual. Você então adquiriu mais um pouco de conhecimentos, mas só que de outro Axé. Aí, na obrigação de três anos, você tomou obrigação num outro Axé. Aí você aderiu a um outro ritual, tomou mais conhecimento de outro ritual. Com o passar do tempo, quando você formar como pai de santo, você vai usar elementos dos três. Você aí já deturpou. Não tem como eu chegar na sua casa e reconhecer aquilo como sendo do meu Axé. Por exemplo: A reza pra fazer um determinado ritual na sua casa é uma, na minha pra fazer o mesmo ritual é outra. Não tem como uniformizar. Para uniformizar você teria que mexer com as bases da casa de muita gente. Se existir uma possibilidade, eu penso que esta só pode se dar através de Axé. Cada Axé tentar uniformizar. É muito difícil tentar fazer do Ketu inteiro uma coisa única, pois ele se subdivide nas grandes casas: em Gantois, em Engenho Velho, em Afonjá. Então você aí já vê ramificações. Como é que você vai querer agora pegar estas ramificações tradicionalíssimas, que vêm das três princesas, que cada uma tomou seu rumo, como se vai querer tentar agora uniformizar o Ketu.

3 – Pergunta: O fato de uma casa se reportar sempre ao nome de um dos grandes Axés se deve somente ao ato de que o fundador desta casa, seu pai ou seu avô, etc., um dia foi iniciado numa destas casas, ou existe por parte destas grandes casas um interesse em saber quais as casas que foram fundadas com o Axé delas?

Robson: Eu não percebo nenhum interesse neste sentido. As casas estão muito ligadas ao acontecimento interno. Quando falamos que viemos de um determinado Axé, isto é feito no sentido da credibilidade. No Candomblé existe uma coisa assim: ninguém nasce do puff, ser raspado por não sei quem. Você tem que vir de algum lugar. Nem que você seja neto, do neto, do neto, do neto de alguém que foi ou do Engenho Velho ou do Opô Afonjá ou do Gantois. Isto em termos de Ketu. Você precisa ser filho de alguém e este alguém tem que ser filho de alguém e alguém tem que bater automaticamente em uma destas casas. Não tem como bater em outra. Com relação ao interesse das grandes casas, eu acho que a coisa não passa muito por aí não. Eu conheço uma pessoa – o que eu admiro muito – que tem um interesse, de controlar as pessoas que saíram dele, os pais de santo que saíram dele, que é o seu Paulo da Pavuna. Ouço dizer que ele é um zelador muito competente e que ele tenta zelar no sentido de estar sempre ao par do que está acontecendo na casa de todos os filhos, ele dá subsídios para os filhos fazerem da mesma forma do que ele. Parece que ele controla os filhos dele de uma forma humana e organizada. Isto deveria acontecer nas casas grandes para as outras casas.

4 – Pergunta: Quais as formas que o fiel encontra para louvar ou entrar em contato com o seu Orixá?

Robson: A forma de adorar o Orixá é sempre de uma forma feliz. É dançando, é cantando, é louvando. O negro é feliz porque ele existe e ele existe graças a Deus e ao Orixá. Porque o Orixá não é um santinho que está ali, mas sim energia, a força que o mantém vivo. É intrínseco. Então ele é feliz por estar vivendo. As saudações expressam isto. Por exemplo, se diz bom-dia, boa-noite, boa-tarde. Se fala em Ekalé. Ekalé tem o sentido de boa-noite, mas, na grande verdade, Ekalé é desejar que você não morra esta noite, é desejar vida para você esta noite. Vida pra você de tarde, vida pra você de manhã, vida pra você que está sentado, vida pra você que está de pé. Todo o esquema do negro yorubano é vida. O negro não se penitencia em relação ao Orixá. Não existe o "eu errei, vou pagar me penitenciando". O negro não reza um número enorme de orações. Ele louva, ele tem uma forma feliz.

5 – Pergunta: *Isto exige todo um longo caminho, a descoberta de como estar em harmonia perfeita com o seu Orixá. Indo para o início deste caminho. Em algum lugar e época você descobriu o seu Orixá e resolveu ser iniciado com ele. Quais as motivações que levaram você a querer ser iniciado?*

Robson: Eu já gostava muito. Para mim, Orixá tem algo de sangue, realmente coisa de tradição. Sempre foi uma coisa que me atraía. Antes mesmo de eu ter entrado, as poucas vezes que eu ia, eu me familiarizava com aquilo, como se eu já fizesse parte daquilo. As pessoas atribuem esta facilidade ao cargo de santo. Sempre tive uma facilidade de pegar logo as cantigas, de pegar logo as danças. Tudo isto para mim foi muito bom. Apesar de eu ter tido problema quando eu fui fazer santo. Se ouve muito dizer: "Se você não fizer isto pra Oxossi, você vai morrer, se não fazer aquilo pra fulano, você vai cair, porque isto vai te fazer doente". Santo não mata ninguém, santo não bota ninguém doente. Está nas mãos do santo a solução de teus problemas. Você tem que chegar a ele para ele resolver a coisa pra você. Oxossi não vai te matar. A ausência dele em tua vida é que pode te levar à morte. Ele deixa aberto para você seguir ou não o caminho dele. É aí que entra esta história de reparação. Aqui neste lado ocidentalizado existe a reparação. E a impregnação da Igreja em cima da gente, com a história do bem e do mal? Do pecado? Tudo isto entrou no Candomblé. Hoje, no Candomblé, você erra, você está impregnado pela penitência porque você aprendeu a fazer isto. Você aprendeu a errar e a fazer a penitência através da obrigação, ou seja lá o que for, reparar aquilo. Isto não é uma coisa que estava no perfil da religião desde o início. Voltando à questão da minha entrada no Candomblé. Eu tinha os meus problemas, porque a ausência de Ogum na minha vida me trazia problemas. Não a ausência, mas eu sem Ogum. A presença dele constante na minha vida me faz ter uma nova vida, me faz ter uma nova forma de viver. Por isso que eu fiz santo. Quando jogaram não é que disseram um caminho para mim, mas disseram que Ogum poderia resolver. Era preciso que eu fosse a ele. Que desse o primeiro passo.

6 – Pergunta: *Há, porém, pessoas que desmaiam e veem isto como um sinal do Orixá cobrando a feitura. Como você vê isto aí?*

Robson: Esta é a mesma situação. O Orixá quer você. Ele está aí e quer te ajudar e esta é uma forma de mostrar. Bolar só bola uma vez. É o primeiro impacto de energia que você nunca sentiu. Então ela te arrebata. Você cai. É por isso que existe a iniciação. Fazer o santo nada mais é do que preparar você para se harmonizar e "trabalhar" com o santo. Você precisa estar bem montado, bem aparelhado para poder receber aquela emissão, aquela carga. O bolar é exatamente isto. Foi o primeiro contato que você teve e que foi desarmônico com uma energia que é o seu Orixá. Ela passa por você e se você não está preparado para receber aquela energia, ela mexe com as suas bases. Quando você vai fazer santo, o seu corpo começa a se educar, o zelador começa a educar seu corpo, a ajudar a você conseguir ter uma vida harmônica com o seu Orixá. Realmente existe uma desarmonia de uma entrada. Qualquer coisa que entrar no seu corpo vai ser uma desarmonia. Se você nunca recebeu um santo em sua vida, nada nunca te pegou, se de repente o Orixá resolver passar por você, você vai cair duro. É o primeiro contato que você tem com uma energia externa a você. Então você vai ser iniciado pra que você tenha uma relação harmônica, esta relação Orixá-pessoa.

7 – Pergunta: *E esta relação vai crescendo? A partir da iniciação você vai conhecendo melhor o seu Orixá? Existe uma melhor harmonização da relação?*

Robson: Você vai conhecendo melhor o seu santo. Quando você sai do Roncol, quando você sai da iniciação, você já sai pronto, já sai harmonizado com ele no sentido de ele te pegar, de ele entrar e sair te deixando bem. Mas com o passar do tempo, cada vez mais você vai se familiarizando com ele, cada vez mais você vai gostando daquela energia que está entrando em você e estas coisas você só pode adquirir com o tempo. A iniciação, que é um período curto de dias, que varia entre 17 e 21 dias. Esta iniciação, que vai te dar apenas o elemento básico, que é a harmonização da entrada e saída. Você vai virar e desvirar, se for preciso 10 vezes. Isto vai se dar de uma forma harmoniosa. O amor, a identificação, a familiaridade com aquela força, isto só vem com o passar dos anos.

8 – Pergunta: Esta familiarização vai te proporcionar algo?

Robson: Há benefícios internos. Eu me encontrei. Até porque não dá para negar uma força que é superior a você. Existiria a questão do porquê disto, se houvesse fingimento tipo: "Meu Deus, por que tenho que fingir que estou com isso?" Aí sim se pode questionar o porquê. Eu acho que o Candomblé é a religião que traz o divino mais próximo do homem. Nós não vivemos tão longe do divino como outras religiões. Nós não precisamos ajoelhar diante de um objeto, uma imagem, sem obter uma resposta daquilo. Nós temos ligações com o outro lado. Nós temos o Ifá, temos os búzios. Temos o Orixá que vem, que fala. Então nosso mundo profano é muito próximo do sagrado. O nosso sagrado gosta da gente, tanto que se faz presente, vem entre nós. O benefício é este. Você está cultuando o sagrado que se faz presente para você, o sagrado que te dá respostas. Você ora o quanto quiser frente a uma imagem de um santo e ela vai estar sempre do mesmo jeito. A imagem não vai falar com você. Se Ogum, se Oxossi virar na minha casa, se for aos búzios a pessoa vai pedir uma orientação ao Orixá, seja para vida material, seja para vida espiritual. Todas as pessoas em todas as religiões procuram caminhos e soluções para os seus problemas. Centenas de pessoas no Brasil rezam para Santo Antônio pedindo casamento. Só que Santo Antônio está com o filho de colo, vai continuar com o filho no colo e você não vai saber se Santo Antônio disse pra você se você vai casar ou se não vai casar. E o Orixá fala. Fala das suas probabilidades, de sua vida.

9 – Pergunta: Ele fala através dos búzios somente ou fala também diretamente no momento do transe?

Robson: Ele fala através dos búzios, ele fala no transe. Aqui no Brasil, ele fala no transe a partir de uma certa idade. Aqui no Brasil, existe uma coisa que eu penso que na África não existe. Aqui as pessoas passam por um processo de idade e com elas o santo também passa por este processo. A pessoa nova tem um santo do mesmo porte. A pessoa vai envelhecendo e com isso o santo vai adquirindo também novas coisas para ir acompanhando. O santo do pai de santo tem um perfil e o santo de um filho de santo, de um Iaô tem um outro perfil. Isto tem a ver com as obrigações de um, de três, de sete. Aí o Orixá vai gradativamente afluindo. Mas eu particularmente acredito que o Orixá já é Orixá desde que foi feito. Mas aqui existe esta coisa de permitir que o Orixá vá ficando mais exteriorizado gradativamente. É um processo evolutivo. Eu fiz santo então sou Iaô. Com isso, eu sento no chão, eu não falo alto. Existe uma hierarquia. Eu vejo quase como se fosse uma questão militar. Você é reco, soldado, cabo, sargento, tenente. Quando você chegar a general, você fala de peito aberto pra todo mundo. Eu acredito que isto exista no material, entre as pessoas, entre os filhos de santo existem as Ekedes, as Ebomis, existem os pais de santo. Cada uma respeita a si. Eu acho que isso não deveria existir em termos de santo, porque os Orixás também acompanham isto. O santo da Iaô também é mais calmo, ele ainda está de cabeça baixa. Ele ainda não fala com aquela fluência. O santo do pai de santo não, ele já fala, vira. O santo acompanha o processo da pessoa.

10 – Pergunta: Como você descreveria este contato da pessoa com o seu Orixá?

Robson: Eu me sinto uma pessoa protegida, um tanto quanto diferente das outras. Eu tenho uma possibilidade que muitas pessoas não têm, que é de entrar em contato com aquilo que me é sagrado, aquilo que me foi dado por Deus como sagrado para tomar conta de mim. Isto vem e fala pra mim. Esta é a relação principal, de gostar e até de se aborrecer. Às vezes, eu até me aborreço com o meu santo. Isto porque eu penso de uma forma e ele pensa de outra; eu acho que uma coisa deveria ser de uma forma, ele acha que deveria ser de outra. Futuramente eu vou ver que ele, naquela época remota, estava certo e que se eu tivesse feito daquela forma que eu queria, a coisa não estaria hoje como está. Mas é uma relação de proteção, de saber que ele se preocupa comigo. E de querer servi-lo.

11 – Pergunta: É também uma relação de ameaça?

Robson: Da parte dele eu não vejo não. Vejo uma relação no sentido de que ele tem um plano e eu posso seguir aquilo que ele me diz. Se eu não faço aquilo, eu corro o risco de ter que responder pelos meus atos sem as bênçãos dele, sem a ajuda dele. Eu vejo muito como se fosse um pai. Eu posso chegar para você e dizer: "Não ande por aqui, porque por aqui o chão está solto e você pode cair e se machucar. Eu quero que você ande por aqui ou procure um outro caminho". "Não, eu quero ir por ali". Se você fizer isto, você vai se machucar. Não foi ele que te machucou. Ele não te ameaçou, não falou: "Se for por aqui, eu faço aquilo cair". Ele falou que você não fosse por lá. Se você caiu, se machucou e quebrou, isto foi uma opção sua. Eu acho que o Orixá não monopoliza, não dirige, não diz que você tem que ser isto, tem que fazer aquilo. Ele pode te mostrar os caminhos que ele acha que são os caminhos viáveis. Você pode seguir os caminhos que quiser.

12 – Pergunta: Você diz que o Orixá transmite força, bênção. Em linguagem do Candomblé isto seria o Axé?

Robson: O Axé é uma palavra muito pequena, mas que encerra nela milhões de coisas, de sentidos, de coisas positivas. Axé é Axé. Axé é retribuição, é força que vem dele, que vem de Deus. Tudo o que é bom está no Axé.

13 – Pergunta: O Axé é o objeto principal de sua relação com o Orixá ou ele é independente do Orixá?

Robson: O Axé vem do Orixá. O meu Axé vem do meu Orixá. Se eu tenho Axé é por causa do meu Orixá.

14 – Pergunta: Ter menos ou mais Axé depende da bondade ou não do Orixá?

Robson: Não. Você tem ou não tem Axé. Se você tem Axé, você tem Axé pra dar. Não depende desta coisa do Orixá. Ele também é uma coisa intrínseca. Você tem que sentir ele em você. O santo dá, mas nem todo mundo tem cabeça para ver ou para sentir, tem qualidade ou sensibilidade para perceber o Axé.

V – ENTREVISTA COM ZITO DE XANGÔ
Babalorixá da Casa Obá Ilê Baru – Rio de Janeiro

1 – Pergunta: Há gente que procura a sua pessoa, que procuram outros zeladores para fazer o santo, para serem iniciados. Qual a motivação – de um modo geral – que leva estas pessoas a procurar a iniciação?

Zito: Geralmente vem uma necessidade assim tipo ele bola, ele tem uma tonteira, ele cai, ele não dorme direito quando o Orixá aflora e quer ser raspado. Então ele vem procurando até a casa que o Orixá aceitar. O Orixá é que tem a obrigação, o direito de aceitar, não ele. Ele pode achar uma casa linda, bonita, maravilhosa. Mas se o Orixá não aceitar, ele faz aquilo ali quase em vão. O Orixá tem que aceitar. Nem que seja uma choça pequenininha, uma choupana de sapé. Ele sabe a facção dele, ele sabe a aura astral dele, ele sabe a vaidade do pai zelador.

2 – Pergunta: A pessoa passa de casa em casa procurando o lugar mais adequado onde o Orixá dele terá que ser iniciado?

Zito: Isto quando o Orixá não guia direto ao local.

3 – Pergunta: O senhor poderia falar um pouco mais sobre o retorno que a pessoa tem do contato com o Orixá?

Zito: Em primeiro lugar, tem gente que fala em dinheiro e riqueza. Orixá não traz riqueza. Orixá traz uma boa estabilidade, traz uma ajuda, quase sempre não financeira, mas sim do bem-estar, uma proteção. O mundo de hoje é muito complexo, é muito nervoso. Às vezes você diz não vou àquela festa. É uma coisa espiritual que bateu na tua mente. Você não vai porque não iria se dar bem. Isto tudo parte do Orixá. É uma orientação espiritual, uma ajuda. Às vezes, um conforto, uma palavra que você transmite a um terceiro está partindo um pouco do Orixá. Eu acho a vida do Orixá maravilhosa e de quem o tem, quem cuida dele, também maravilhosa.

4 – Pergunta: *A partir da iniciação, a pessoa conhece melhor o seu Orixá, há uma relação de maior ou menor intimidade?*

Zito: O Orixá não vai crescendo com o tempo. Ele vai se adaptando, ele vai se homogeneizando ao carnal.

5 – Pergunta: *A pessoa vai conhecendo melhor o seu Orixá. O que é conhecer melhor o Orixá?*

Zito: Significa ele conhecer todas as formas do Orixá, o que o Orixá gosta, como o Orixá age, como ele orienta. Depois ele vai aprender a transmitir junto ao Orixá alguma coisa especial para alguém que precisa. A finalidade do Orixá é prestar caridade, é ajudar, é orientar, é clarear.

6 – Pergunta: *Então há possibilidade de o iniciado estar em harmonia ou desarmonia com o seu Orixá. Como funciona esta questão da harmonia e da desarmonia com o Orixá?*

Zito: É a rebeldia, às vezes, a própria descrença, o relaxamento. Isto tem muita consequência para a pessoa. Ela cai muito e já não tem aquela capacidade que tinha. Isto em todos os sentidos. A pessoa estar bem com seu Orixá é estar bem consigo mesma.

7 – Pergunta: *A desarmonia pode ser revertida? A pessoa pode se reconciliar com seu Orixá?*

Zito: Pode. O Orixá quase sempre aceita. Dependendo do que seja feito. Têm coisas que magoam você como também magoam o Orixá. O Orixá passa a ser uma parte do Iaô, passa a ser uma parte daquele ser humano. Ele foi aceito. Ninguém foi ali para dentro forçado. Na medida em que ele foi aceito, ele não pode ser desprezado. Pra encerrar: eu posso amanhã fazer uma passagem. Mas eu me sinto muito feliz comigo, comigo mesmo, comigo, comigo mesmo. Dizendo assim, eu estou feliz com o meu Orixá.

VI – ENTREVISTA COM ANTONIETA DE OXALÁ – BABAMIM
Ialorixá da Casa Ilê Ixalufã Oxum Yansã

1 – Pergunta: Muitas pessoas procuram a senhora para jogar, aconselhar?

Antonieta: É, eu jogo mais. A minha casa aqui é mais uma casa de preceitos. Não é tanto uma casa de função. A casa de função é a casa que faz Candomblé três, quatro vezes no ano. Numa casa tradicional, recolhe Iaô uma vez por ano, ou uma vez cada dois ou três anos. Que é o tempo que as novatas se preparam para fazer obrigação de três anos e tudo mais. Uma casa de tradição recolhe Iaô de três em três anos. Agora está tudo diferente.

2 – Pergunta: Qual a motivação das pessoas que procuram a senhora para jogar?

Antonieta: Problemas, às vezes espirituais, às vezes materiais, doenças, às vezes a pessoa está estressada. Então, em vez de procurar um analista, ela vem aqui. Tem então uma função terapêutica. Também se procura um aconselhamento religioso, pois às vezes se está estressado. Nem tudo o que se faz em uma casa de Candomblé é confirmar o Orixá na cabeça da pessoa – isto é, fazer o santo. Às vezes, a pessoa tem um problema espiritual que está colocando esta pessoa pra baixo, a pessoa não tem ânimo pra trabalhar, as pessoas se tornam antipáticas. Então elas vêm numa casa de Candomblé. A gente joga e vê. Às vezes, a pessoa está sendo mal assistida espiritualmente. Então a gente faz uma série de trabalhos, de Ebós, essa coisa toda para despachar aquela influência negativa que passou na pessoa e de um modo geral dar um conforto à cabeça, que a gente chama de Bori. É um conforto que se dá à cabeça da pessoa. Então a pessoa vem para cá e passa um dia, ou mais. Fica aí deitadinho, recolhido aqui. E aí faz as obrigações necessárias. Isto não quer dizer que vai fazer aquilo porque vai fazer santo, nem vai ser mãe de santo. É mais um conforto espiritual que a gente está passando para aquela pessoa. A gente dá uma obrigação na cabeça da pessoa depois de fazer certas limpezas para afastar os espíritos maléficos, as influências negativas. Depois então a gente recolhe a pessoa para fazer uma espécie de meditação. Como o psicólogo manda deitar no sofá, aqui a gente deita na esteira. E faz uma espécie de oferenda para a pessoa se tranquilizar e ter um mundo de vida tranquila lá fora. Então qualquer pessoa leiga não precisa vir aqui só para fazer santo, para receber santo, não. Qualquer pessoa leiga pode fazer um trabalho desta natureza, uma meditação. Então a pessoa passa aquele dia de sábado para domingo caladinha lá dentro, deitada, pensando no seu guia espiritual, no seu Orixá, pedindo as forças de Oxalá, que é o pai de todos nós. Não tem leitura, não tem nada. A pessoa passa ali deitada, dormindo. Geralmente passa o tempo todo dormindo. Depois de uma obrigação desta, a pessoa tem muito sono. Por isso, passa o tempo todo dormindo. Quando acorda está bem.

3 – Pergunta: A pessoa passa este dia procurando mais harmonia com o seu Orixá? Como funciona isto?

Antonieta: Para entrar em harmonia com o Orixá, entra a nossa função como zeladora. Nós somos preparadas para isto. Temos uma determinada força para invocar a presença daqueles Orixás para assistir aquela pessoa que está necessitada. Os padres não rezam, não oferecem a hóstia em benefício dos fiéis? Quando o padre ingere a hóstia e o vinho, está fazendo em benefício dele e dos fiéis; pedindo proteção, pedindo paz. Infelizmente não se consegue uma coisa geral nisto, pois há pessoas de muitos pensamentos. Mas aquela elevação da hóstia tem muita força. Nós aqui não usamos nem hóstia nem vinho. Usamos outros elementos. E nestes elementos nós pedimos para que a divindade, para que os Orixás assistam àquele filho que está necessitando, para que eles possam através de nossas mãos, que são preparadas para isto, trazer a paz, a resignação. Muita gente pensa que vindo para uma casa de Candomblé vai enriquecer. Isto não. Cada um tem o que merece. Quando eu peço pelo que o filho está pedindo em pensamento, se ele merecer, que seja dado a ele. Caso não mereça, que ele tenha conformação para aceitar aquilo que lhe é de direito. Não consegue, então se revolta com os Orixás.

Isto não deve acontecer. Cada um tem aquilo que merece. Se não é na hora, você tem que esperar. Mais tarde, quando você merece, mesmo quando não está esperando, recebe. Se não tiver merecimento tem que passar pela provação. O Orixá é que dá. A gente vê qual é o Orixá que governa a pessoa e a gente pede. Na força de Oxalá, que é o pai maior e de Yemanjá, que é a mãe dos Orixás, a gente pede que aquele filho seja beneficiado, que ele tenha paciência para esperar a hora de ele melhorar de vida, se é que tem melhora. Se é que ele tem que passar pela provação, que ele se conforte e espere e passe pelas provas e supere as provas.

4 – Pergunta: *Cuidar do santo. O que é isto?*

Antonieta: É zelar pelas coisas do Orixá, os assentamentos. Trocar a água, lavar, cuidar do assentamento. Em termos espirituais, quando você fez ou tem santo assentado – às vezes, você não fez, mas tem santo assentado –, tem obrigação e dever de zelar por aquelas coisas que foram entregues a ele ou ela. Cuidar, zelar por aquilo para dar força. Se deixar para lá, perde a força. Você cuida daquilo, lava todo o mês, fica pedindo, chamando, ah, minha mãe. Você está transportando a sua energia para aquele Otá e para aquele ferro. Desde o momento que você larga pra lá, perde a força. O contato com as mãos e falar é fundamental. Está botando o seu hálito em cima daquilo. Se a pessoa não cuidar, perde a força. Depois diz: Ah, o meu santo não me ajuda! Tanto que quando assenta santo, eu já aviso. Eu não vou cuidar do santo de ninguém porque tenho os meus. Então, se vocês não cuidarem, a única, que eu faço é não deixar a quartinha ficar seca – se bem que eu tenho pouco santo aqui. Vou lá e boto. Mas cuidar, manusear, não faço. Tem gente que paga para fazer isto. É burro. A mãe de santo não orienta. Eu oriento. Digo: "Olha, estou fazendo aqui, mas só vai ter valor se cuidar". Se pagar para outra, a outra é que está passando a energia dela para aquilo ali. A falta de inteligência é tão grande que manda botar fora ou então não vai mais lá. Pensa que a que está cuidando vai dizer: "Ah, melhore a situação de fulana!"? Ela quer melhorar é a dela. Ela cuida sim, mas vai pedir para ela. Isso aí é ignorância. É o que eu digo: o Candomblé é muito bonito, mas infelizmente ele é professado por muita gente ignorante, que não assimilou bem o efeito da coisa. Aqueles ferros, aquelas pedras que a gente prepara, aquilo é preparado com folhas, com muito carinho, folhas próprias, com reza. Não é uma coisa pra ser abandonada assim.

5 – Pergunta: Se a pessoa abandonou e quiser voltar, tem que fazer uma série de trabalhos?

Antonieta: Vai ter que alimentar tudo de novo. Com Igé, com sangue. Tem que sacrificar bicho em cima daquilo.

6 – Pergunta: Normalmente não precisa sacrificar bichos?

Antonieta: Só de tempos em tempos. Três, quatro ou cinco anos. Não precisa todo dia. Só de tempos em tempos é que precisa fortificar com Igé, sangue vivo. Isto só de tempos em tempos. Hoje o que a gente vê é muita deturpação. Todo mundo quer fazer santo, quer raspar cabeça, quer botar fio de conta no pescoço. Eu acho que a seita não é isto não. A seita traz muito sacrifício, muito mesmo. Isto é uma prova que a gente passa muito dura. E não é para a gente dar assim de mão beijada pra qualquer um. Eu não dou. Filho de santo comigo tem que passar o que eu passei. Não está a fim de passar, então vá à vida, vá à luta. Eu não preciso disto aqui. Não estou falando com orgulho nenhum, pai Oxalá. Não estou falando. Se você me deu antes é porque eu merecia. Eu não estou precisando disto aqui para comer. Para comer eu ganho. O que peço aqui, o que eu cobro do jogo é pra botar aqui dentro mesmo. Pagar a luz, pagar imposto, fazer obras, fazer melhoramentos. O que eu peço aqui é para ficar aqui mesmo. Pra mim lá fora, graças a Deus, já tenho. Oxalá, já antes de eu fazer santo, me deu. Antes de firmarem minha cabeça, quando eu entrei pro santo, eu já tinha encargo, já tinha minha posição, já tinha tudo.

7 – Pergunta: A senhora disse antes que exige muito sacrifício. Isto é um determinado comportamento no dia a dia da pessoa consagrada?

Antonieta: A pessoa tem a sua vida lá fora. O Orixá não proíbe. Depois que passou a época daquele compromisso de ficar na casa do santo, a pessoa leva a vida normal. Mas ele sabe que pelo menos uma vez por mês ele tem que vir à casa do santo, pra cuidar, pra passar um dia na casa do santo. Vem num sábado, fica até no domingo cuidando, zelando lá por suas coisas, arrumando. Ele tem esta obrigação. O católico não tem a obrigação de ir à missa todos os domingos e dias de santo de guarda? O filho de santo tem também compromisso de vir à casa de santo nos dias determinados, de acordo com o regime da casa de santo. No dia a dia ele é uma pessoa normal. Não precisa se paramentar, nem coisa nenhuma. Se ele tem os negócios dele, ele pode trazer isto tudo muito discretamente. Não precisa se expor. Como a pessoa se comporta, o problema é dela. Qualquer ser humano tem a obrigação de seguir um caminho certo, ser honesto. Porque se ele passa para a desonestidade, o problema é dele. Não precisa ser filho-de-santo nem coisa alguma. É obrigação do ser humano ser bom, ser honesto. Caso ele parta para um caminho diferente, ele vai encontrar a resposta de acordo com o procedimento dele. Também por parte do Orixá. Não é dizer eu posso fazer isto, fazer aquilo, ele tem que ser leal com as pessoas, de não humilhar o seu semelhante. Isto é uma coisa muito séria que a gente não vê nos nossos dias. Nem tudo a gente pode levar à ponta de faca. Às vezes, a gente recebe uma saraivada de ofensas que, se a gente quiser revidar, sai perdendo. É preferível até bancar o covarde. Mas eu não tenho nada que me queixar. Desde que eu entrei para fazer meu santo, eu já sabia que tinha que ser Ialorixá. Eu lutei muito, porque achava que era muita responsabilidade, como é. Uma criatura como eu, que tem mania de perfeição, tem que fazer tudo direito. Eu achava que não ia me dar bem, porque eu não ia querer voltar atrás, ou fazer de acordo com o que me ensinaram. Esta é uma razão porque aqui é uma casa de preceito. Aqui eu faço meus negócios, não dou satisfação a ninguém. A única pessoa para quem dou satisfação é ao meu pai de santo: "Estou fazendo isto assim e assim. O que o senhor acha?" Se ele disser faz, está tudo bem. Se ele diz não faz não, faz por outro caminho, aí eu sigo. Não é uma casa de Candomblé formada com os elementos que tem que ter, como disse, Ogã, mãe pequena, mãe criadora, zeladora de Axé. Não é uma casa que tem uma administração de casa de Candomblé. Por exemplo, daqui há dois anos vou ter que fazer a obrigação de Oxalá. Faço 30 anos de santo. Então tem que chamar pessoas para vir pra cá e fazer. Pra tomar vulto na obrigação. Tem que chamar uma mãe de santo mais velha do que eu – no caso será a Ia Ditinha que sempre faz as coisas pra mim, Ditinha de Oxum, ela sempre dá comida a Orixá.

8 – Pergunta: São então 28 anos de iniciação com Oxalá. Neste tempo todo a sua relação pessoal com Oxalá cresceu? A senhora poderia falar um pouco sobre sua relação com Oxalá?

Antonieta: Pra mim é ótima. Só pode crescer. Meu pai me deu tudo o que mereço ter. Oxalá me deu. Nestes meios todos há os caminhos que os inimigos procuram tolher a gente. Eu venci isto tudo. Estou aqui e inteira. Graças a Deus e graças a ele. E estou vencendo. Ele não dá facilidade. De vez em quando ele torce um pouquinho pra ver se a gente tem mesmo fé e diz: Eu espero. O senhor não quer me dar agora, mas eu espero. A minha relação com ele é ótima. Com ele e com os demais Orixás. Nunca veio tentação nenhuma de deixar o Candomblé. Nasci católica apostólica romana; fui batizada, crismada, casada na Igreja. Por imposição do Orixá, confirmei Orixá e sou Ialorixá. Vou morrer nesta religião, vou morrer nesta seita. Por que vou mudar? Nem batista, nem outra similar. Eles dizem que estão salvos. Eles estão salvos e eu também estou, dentro da minha. Dentro do meu modo de ver eu também estou salva, junto com eles, com os católicos e com todo mundo. De acordo com o livre-arbítrio de cada um. Você tem a sua crença, então siga, de coração limpo, está salvo. Eu tenho a minha com o coração limpo. Estou salva. Todos os caminhos são diferentes, mas todo o mundo vai chegar lá. Vai se encontrar lá em cima, nos pés daquele que governa todos nós.

9 – Pergunta: Isto é uma compreensão ecumênica?

Antonieta: Claro. Há, porém, a vaidade de cada um. Essa coisa do batista dizer que ele é o maior, é o melhor, isto já é uma vaidade e uma fraqueza espiritual. Cristo, quando passou pela terra, ele não pregou isto de discriminar: esse vai ficar comigo, esse não. Ele disse que todos eram filhos. Cristo, Oxalá, estão no coração da gente, nas nossas virtudes, nas coisas que a gente pratica. Não é dos dentes pra fora, mas sim dos dentes pra dentro.

10 – Pergunta: *Esta compreensão foi o santo que deu à senhora depois que a senhora raspou ou já tinha antes esta compreensão?*

Antonieta: Eu sempre fui muito religiosa. Minha avó era lá esse negócio de Candomblé e dizia: "Deixa ela seguir a Igreja dela, quando chegar na hora e vem". Eu sempre fui muito religiosa. Sempre tive muita fé nos santos católicos como tenho até hoje. Tenho muita fé nos Orixás e tudo isso, mas de vez em quando faço minhas novenazinhas pra São Judas Tadeu, pra Santa Edwiges – quando estou devendo. Estou muito satisfeita. Lamento não poder me dedicar mais, se o Orixá me deu esta missão. Eu tenho neto agora depois de velha. Pela idade que eu tenho, era pra ter bisnetos. A minha filha teve filhos agora. Então eu fico mais lá. Só venho praqui no fim de semana. Antigamente eu vinha no meio da semana. Passava aqui quinta, sexta, sábado, domingo. Eu me dedicava mais. Mas agora eu tenho a minha netinha, que tenho que tomar conta dela. Se eles me deram isto e estão aceitando, é uma missão que eu tenho lá fora. É uma missão também. Estou criando minha neta. Minha filha trabalha e eu tomo conta dela de segunda a sexta. Sábado eu venho praqui. Às vezes, venho até na sexta. Quando tenho necessidade, venho na sexta, senão venho sábado.

11 – Pergunta: *Já descobriu o Orixá de sua neta?*

Antonieta: É de Oxum ela. E quando está aqui, ela não me larga. Tem 4 anos. Ela pergunta. Cadê o santinho da vovó. Eu digo, ele está coberto. Aí ela diz: por que ele está coberto? Eu respondo, porque ele não gosta que ninguém olhe pra cara dele. Eu digo: o santo está na sala (estátua de santo católico). Ela diz: mas tem aquele lá trás. Eu digo: não, o santo é este aqui. E aquele outro que está lá no quarto? Eu digo: não, você tem que ver este aqui.

12 – Pergunta: Por que não mostra aquele outro (o assentamento)?

Antonieta: Ah não, ela não vai entender. Deixa a menina. Ela diz: Vovó, você me dá aquela Santa Senhora da Conceição para mim? Eu digo: dou. Aí ela pergunta: Por que a Senhora não bota a Santa Senhora da Conceição lá naquele quarto? Eu digo: porque lá não pode, lá é diferente. Então eu não dou mais presença aqui porque agora tenho esta neta. Mas está bom assim. Eu estou satisfeita. O Orixá me protege, protege a todos quanto eu peço, dentro das possibilidades. E assim vamos levando.

13 – Pergunta: E o Axé?

Antonieta: O Axé é a força. Toda casa tem que ter o seu Axé, que é dado pelo pai de santo que confirmou a gente como Ialorixá ou babalorixá. De princípio, o meu Axé deveria vir do Engenho Velho, mas houve uma divergência entre o meu santo e o pai de santo do Engenho Velho – eu não tive nada a ver com isso. O problema foi dele com Oxalá. Não sei o que ele lá falou que Oxalá não quis mais a mão dele. Então o meu Axé vem do Opô Afonjá, mas o Opô Afonjá, como também o Gantois, saiu do Engenho Velho. O Engenho Velho foi que distribuiu este pessoal que está por aí. O meu Axé pertence ao Opô Afonjá, porque quem me deu o balaio de Ialorixá foi um pai de santo do Opô Afonjá, o Professor Agenor Miranda da Rocha, que é Oluwô do Opô Afonjá e do Engenho Velho e também do Gantois. Ele foi que me deu o Axé de mãe de santo. O Axé é a força que a gente recebe do Orixá e do babalorixá também, que transmite pra gente. Dentro daquele ritual que ele faz para nos coroar mãe de santo, ele pede as forças daquele Axé, dos Orixás que cultuam aquele Axé, para que ele nos receba como parte daquela comunidade.

14 – Pergunta: Qual a relação entre Axé e assentamento?

Antonieta: O Axé é força. O assentamento recebe o Axé. Vou preparar o Axé para o assentamento de fulano, isto é, com ervas, com aquilo tudo. Então aquilo ali está recebendo a força, Axé. A pessoa recebe do assentamento e no próprio corpo. Você não pode fazer o assentamento de uma pessoa sem preparar a pessoa primeiro. A pessoa tem que ser preparada, receber a força, aqueles Axés através do banho e outros preparos, pra depois receber o assentamento com os mesmos preparos que a pessoa recebeu.

15 – Pergunta: *O Axé tem que ser fortificado, renovado?*

Antonieta: Ele tem que ser fortificado. De tempos em tempos a gente fortifica o Igé com folhas. Tem que fortificar para não perder a força. Eu sou uma Ialorixá. Eu transmito força para as pessoas que vêm. Se eu não fortificar os meus assentamentos, eles vão perdendo a força. Ao mesmo tempo que eu fortifico os meus assentamentos, estou fortificando a mim materialmente. Quando estou fortificando, também estou recebendo para poder transmitir. Isto para eu não sucumbir. Senão daqui a pouco estou sem sangue.

16 – Pergunta: *Além de Exu, que é o mediador, também a Ialorixá ou o Babalorixá tem esta função de ser mediador?*

Antonieta: Eu sou mediadora porque eu converso com Exu, pedindo para afastar coisas ruins, pra proteger a pessoa em nome do Orixá tal. Eu sou a pessoa credenciada a conversar com aquela entidade, pra pedir a ela o bem ou o mal, seja lá o que for, e ele me ouvir. Aí Exu, então, leva a mensagem para o Orixá. Aí, através do jogo de búzios, a gente vê a resposta do Orixá, pois o Orixá fala no jogo de búzios. No Candomblé, o Orixá fala através dos búzios.

17 – Pergunta: *Quem olha de fora confunde o jogo de búzios com vidente, cartomante. A senhora tem algum contato com estas pessoas também?*

Antonieta: A vidência é uma dádiva que Deus dá à pessoa. Isto é uma coisa que independe de feitura de santo. Isto a pessoa já nasce com isto. A vidência é uma coisa nata. Ninguém dá vidência a outro. E no caso de mãe de santo jogar para ver, isto já é diferente. A gente é preparada para isto. Uns mais, outros menos. Nem todo o pai de santo tem mão de jogo. Eu jogo, mas as pessoas de Oxum são as melhores entre as que jogam. E gente de Exu também joga bem. O jogo está nas mãos das filhas de Oxum.

18 – Pergunta: *Joga-se Ifá ainda aqui no Rio?*

Antonieta: Muito difícil. Acho que não. Ifá é um jogo muito complicado e requer uma série de sacrifícios. O jogador de Ifá tem que morar sozinho, não pode coabitar com mulher. Pode ter em volta da casa dele uma porção de mulheres, mas dentro da casa dele tem que ser sozinho. Ifá não se joga na mesa, é sentado no chão, na esteira. E só homem pode jogar. Ainda continua esta tradição. Se tiver mulher jogando Ifá, pode crer que é enrolação, porque isto só é dado pra homem. As sociedades de Ifá na África – porque têm – são só de homem.

VII – ENTREVISTA COM LUÍS ALVES SOARES DE SOUZA – LUÍS DE JAGUM
Babalorixá da Casa Ilê de São Bento – Rio de Janeiro

1 – Pergunta: Dentro de sua experiência de longos anos de casa de Candomblé, quais as principais motivações que leva a pessoa a querer ser iniciada?

Luís: Primeiro, ao chegar a uma casa de Candomblé, toda pessoa que chega e que começa a querer entrar na seita leva o nome de Abiã. Logo em seguida, ele é preparado espiritualmente, o seu anjo de guarda, o seu Orixá. O anjo de guarda separado, tratado é a mesma coisa que fortalecer aquela pessoa, aquela cabeça para poder receber o Orixá. Portanto, o Ori-xá. Ori = cabeça, Xá = Guardião. Depois da preparação do seu anjo da guarda, ela vai saber qual é o seu verdadeiro Orixá. Fica então passando a ser um Iaô, um iniciado da seita. Ali é designado a sua feitura de santo, o tratamento espiritual, que dá uma nova vida. Na hora que ele está sendo preparado para ser um Iaô, preparado para ser um Vodunsi, um Musensa – Iaô é no Ketu, Vodunsi é no Gêge e Musensa é na Angola – ele está sendo preparado para ter uma nova vida. Uma vida com os deuses, com as pessoas ligadas à casa do santo. Não impede de ele ter um contato direto com outras pessoas. Mas ele passou a ter uma responsabilidade com o seu Orixá. Cada um tem o seu Orixá individual, tem o seu anjo da guarda. Então ele passa a cuidar daquele santo, passa a adorar aquela pedra que vem a ser o assentamento do santo dele, que é a força da natureza. Todos os santos no Candomblé são ligados a forças da natureza. Ele passa, daquele momento em diante, a ter um outro nome. Ele nasceu. Depois vem a obrigação de um ano, três, cinco, sete, quatorze, vinte e um. Estas são as obrigações que são obrigatórias.

2 – Pergunta: *A pessoa que entra em contato com seu Orixá, passa a cultuar, a adorar, ela recebe algo em troca?*

Luís: A seita do Candomblé mostra à pessoa o caminho da verdade, ela mostra as coisas boas às pessoas. A pessoa segue se quer; nós não obrigamos, mas mostramos o caminho à pessoa. Se a pessoa toma um conselho com um zelador de santo – como também com um padre no confessionário – a gente diz para aquela pessoa: não faça isto que não vai dar certo. Consultamos o Orixá e perguntamos: Vai dar certo? Às vezes as pessoas teimam e acham que vai dar certo, mas acaba não dando certo. A pessoa passou daquele momento em diante a obedecer o seu Orixá, ao seu santo, ao seu guardião.

3 – Pergunta: *E qual a sua relação com o seu Orixá?*

Luís: A minha relação com o meu Orixá é uma das melhores possíveis. Eu tenho 20 anos de santo. Tenho um problema cardíaco muito grande, já tenho 20 anos e não operei. Os médicos dizem que solução, só operando. Nunca operei. Mas tudo aquilo que quero, naturalmente eu peço a Olorum, peço a Deus e depois encaminho ao meu anjo de guarda, ao meu Orixá. Com permissão de Olorum, o meu Orixá chega até a fazer determinadas coisas para mim. Eu normalmente não converso com meu Orixá no assentamento dele, não converso com ele a toda a hora. Mas quando eu quero falar com o meu Orixá, não tem lugar. Eu chego em qualquer lugar, eu vibro o meu pensamento em cima dele e tenho a certeza que ele vem e me responde positivo. Naturalmente, sempre pedindo a Olorum, a Deus, que possa chegar até a ele aquele meu pedido. E consigo muitas coisas positivas. O meu relacionamento com o santo é muito bom. Com as pessoas ligadas à minha casa de santo – porque eu tenho 542 filhos de santo raspados por minha mão; tenho 50 casas abertas que eu já abri de filhos de santo; tenho 20 Ogãs e 12 Ekedes. Sou uma pessoa respeitada no mundo de santo. Procuro levar a cultura. Tenho princípio católico, sou batizado, fiz primeira comunhão, sou católico, mas a necessidade me obrigou a fazer o meu Orixá. Por esse motivo, procurei uma casa de Candomblé. Mas na minha casa de Candomblé, padres vêm e fazem missa, as portas estão abertas para qualquer outro tipo de seita, vêm pessoas de outras seitas na minha casa, de outras religiões, e estamos sempre abertos, pois acho que a união faz a força. Todos vão a Deus.

VIII – ENTREVISTA COM DICA DE OMOLU
Babalorixá da Casa Ilê de Sapatá, de Obaluaiye – Rio de Janeiro

1 – Pergunta: As pessoas procuram esta casa com qual motivação?

Dica: A maioria das vezes, 80% são motivações espirituais. As pessoas estão com um desencontro espiritual, problemas de santo realmente, mas as pessoas não estão cientes disso, que pertencem àquilo e que fazem parte da sociedade espiritual. Descobrem então que têm que ir em casa como estas para motivar o jogo de búzios e a partir do jogo de búzios começa a ligação entre matéria e espírito em casas de Candomblé.

2 – Pergunta: A pessoa que faz alguma iniciação passa a ter uma ligação mais direta com o Orixá? O que é para a pessoa ter uma ligação mais direta com o Orixá? O que isto traz para ela?

Dica: Em forma de retorno, quando as obrigações, as oferendas, a iniciação é feita por pessoas corretas, mãos certas, são bem-sucedidas – para isto, é preciso que haja um encontro total de matéria, natureza e espírito. O verdadeiro zelador não é só aquele que está sentado na cadeira, todo paramentado como zelador. O verdadeiro zelador é quem vem à casa do Candomblé precisar realmente da iniciação. Ele já tem a espiritualidade. Ele só não sabe é desenvolver. Ele precisa de um sumo sacerdote para ensinar a ele seguir os passos corretos. Então quando isto tudo é feito de uma forma correta, certa, e é bem aceita, o retorno é um dos mais maravilhosos possíveis. Tudo na sua vida se encontra, desde a matéria ao espírito. Os encontros são os melhores. A pessoa passa a se relacionar melhor com a sociedade, consigo próprio, com a família, em termos de emprego. O maior tesouro que ele ganha disto tudo é que ele caminha nos passos do sacerdócio. Futuramente ele também será um sumo sacerdote, como eu e muitos outros são em casas de Candomblé. Isto é um retorno que ele ganha por se iniciar com o Orixá.

3 – Pergunta: O que é cultuar o seu Orixá? Fazer uma obrigação uma vez ou outra, ter um determinado comportamento?

Dica: Cultivar o Orixá, em termos gerais, é ter um compromisso espiritual. É a necessidade espiritual do ser, da matéria. Senão ele se desgarra, fica muito na matéria. Nós, do Candomblé, acreditamos que, quando a pessoa é iniciada espiritualmente no Candomblé, ou qualquer outra religião, ela fica um pouco mais humana, ela vê as pessoas com mais humanidade. Então, para que ela não perca esta essência, ela tem um compromisso, que é dividido em datas. Elas variam de ano em ano, de sete a sete meses, de sete em sete anos. Isto varia muito de acordo com a entidade que o iniciado possui, o Orixá que ele carrega.

4 – Pergunta: O que significa para um iniciado o Orixá dele?

Dica: O Orixá, como em qualquer ocultismo, pode ser passado para o iniciado ou então para um leigo ou para um pesquisador, de uma forma maravilhosa e de uma forma horrível, bem assombrosa. Veja bem: quando alguém é iniciado numa casa decente, que o pai de santo é ciente do que está fazendo, ele sabe que o Orixá não é em si a salvação da vida dele, não é aquele galho de oliveira que veio sobrevoando o mundo após o dilúvio. Ele sabe que é a matéria. É uma ponte de vida. É claro que, com isso, ele tem regras a cumprir, ele tem posições na vida a tomar, ele tem resguardos a cumprir, respeitos, coisas para fazer no dia a dia, ou dar satisfação de sua vida – não para o seu zelador, mas para o seu próprio Orixá. Para o iniciado, o Orixá é, na verdade, para muitos, o pavio do barril de pólvora. De repente, explode e acaba com tudo. Para outros, é como a passagem do Orum ao Aiye, do céu à terra. Tudo o que vem de cima é de bom coração, é mandado por Deus. Eles têm no Orixá uma salvação eterna. Tudo é ele. Não dão um passo sem solicitar os seus Orixás primeiro. Têm como a salvação de tudo para eles. O significado do Orixá para o iniciado depende muito de como foi passado. Isto varia de zelador. Ele que cria aquela imagem: seu santo é isto, pelo amor de Deus, muito cuidado, se você andar errado vem um grande castigo. Mas isto não é bem verdade. Todo pai quer ver o filho da melhor maneira possível. E o Orixá é um verdadeiro pai espiritual da matéria.

5 – Pergunta: *Uma das formas mais conhecidas de entrar em contato com o Orixá é o transe. É este o único momento ou existem outras formas de entrar em contato com o Orixá?*

Dica: Também através do jogo de búzios, da vidência de copos, do sonho da pessoa. Não é só o transe. A pessoa entrando em transe é o momento em que existe uma separação de espírito, matéria e Orixá. Aquela energia que o sustenta, o espírito ou anjo da guarda também se afasta de seu corpo para que ele o possua em forma de transe. Existe até o médium que está em transe, mas está ouvindo as pessoas em volta. Porque o espírito dele ainda não confia no Orixá e não libera totalmente a matéria. O medo daquele espírito ir embora e aquela matéria implodir por falta de polo. No caso é negativo, pois o espírito e o Orixá é positivo. Na falta do espírito ou do Orixá, você pode morrer, pode desfalecer por falta de polos. Sem o positivo e o negativo só pode acontecer uma coisa: é entrar em curto. A melhor forma de você receber comunicação do Orixá é realmente quando você está em transe. Eles possuem a sua matéria e passam para os que estão assistindo um problema que está acontecendo não só com você, mas também como em muitos outros lugares até distantes.

6 – Pergunta: *Tem o iniciado um retorno deste contato com o Orixá?*

Dica: Isto é dado em relação a um problema que no exato momento está acontecendo com ele. Têm pessoas que são iniciadas no Candomblé sem estar acontecendo nada na vida delas de sobrenatural. Simplesmente porque acham uma religião bonita, é uma cultura. Têm pessoas que frequentam por serem seguidores, pesquisadores. Outros vão porque alguma coisa os levou. Então aquela restituição para ele é quando aquele problema foi exterminado, ou até ele se identificou com aquilo. Às vezes, são coisas de sua vida que nós chamamos de destino. Está escrito. E você não se identifica, não aceita. O iniciado do Orixá, a primeira coisa que ele vai aprender é isto. É respeitar o que foi escrito para ele. O que está escrito, vai acontecer. É o que nós chamamos de Odu, é o destino da pessoa. Aí está a resposta de sua pergunta. O único retorno que o cara ganha do Candomblé é este: ele aprende a operar na sua própria natureza, a controlar o seu próprio modo de ser, que ele carrega e não conhece. Se ele não é seguidor de uma seita, ele não sabe que é dotado destas coisas. Então o acontecido da vida dele, ele tem como azar. Para nós, tudo o que nos acontece, é porque está escrito para acontecer. Nós aceitamos com amor e carinho, seja a vida, seja a morte. Nós nos preparamos para isso, aprendemos a controlar esta coisa. O maior retorno que temos do santo é só isso, é ser um pouco mais sensível às coisas. E muitos entram para a religião sem ter esta sensibilidade. Frequentam casas sem nada a ver. Então não conseguem enxergar desta forma como eu enxergo.

7 – Pergunta: *Há algo dentro da religião do Candomblé que é muito importante, que é o Axé, a força para a vida. Essa força é conseguida ou perdida devido à maior ou menor relação com os Orixás?*

Dica: O Axé é a restituição da oferta, como também é seguida do próprio Orixá. Porque a cada Orixá foi dado a ele o direito de regência da natureza. E cada coisa da natureza que os olhos possam bater ou alcançar, mas não tenha sido construída pelo homem, ali está – para nós africanos – o verdadeiro Orixá. Ou seja, a vegetação, a flora, a fauna, as águas naturais, a chuva. Em tudo está a criação, a regência do próprio Orixá, que nós chamamos de Axé. Tudo o que é dado do Orixá, vindo de mão do iniciado mais velho para os mais novos, é tido como Axé. A palavra Axé significa aquilo que é distribuído, que é dado, que é propagado, é a germinação. Tudo o que entra dentro de uma casa de Candomblé passa a ser transformado simbolicamente, energeticamente em Axé. Até mesmo que você vá lá fora e compre alguma coisa, troque aquilo por dinheiro, aquilo vai passar a se tornar Axé, porque sabemos que, antes do homem colocar a mão, o Orixá rege por aquilo. Isto dentro da compreensão africana. O estudo nosso é isto aí. A água, a montanha, a pedra, o minério, o chumbo, os metais, tudo é dado pelo Orixá, tudo é dado pela natureza, e então aí é propagado o Axé. Então, o Axé é o verdadeiro retorno do Orixá. É a coisa dada pelo próprio Orixá tomando conta daquele espaço, daquele canto que não reservamos para ele dentro de nosso terreiro, dentro do Candomblé.

8 – Pergunta: O senhor já foi iniciado há muitos anos. Como foram as primeiras experiências com o seu Orixá e como continuaram a ser estas experiências?

Dica: Quando eu vim tomar ciência de tudo o que eu tinha que seguir para ser iniciado, foi quando nós perdemos o Tatá, 1982, quando vieram os mais velhos da Bahia e abriram o jogo de búzios, que viram que era da voz dele, apesar de estar escrito em testamento que eu seria o herdeiro da cadeira dele, que ele – o baba dele – me escolhia para prosseguir o Axé. Aquilo é sufocante. É bom, mas sufocante. É uma emoção de medo. Você não se acha capaz. De repente, você se vê no meio, as pessoas lhe procurando com suas necessidades, inseguranças. Quando você leva a sério, você se acha inseguro. Você vacila e se preocupa com o que vai falar e dizer. Mas eu me senti útil ao meu povo, aos seguidores da seita, da casa. Quando você se vê imprensado com as necessidades das pessoas lhe procurando.

Isto me realizou. Está aí um retorno do Orixá. Então, de repente, eu deixei de ser aquele garotão, de participar de pegas e corridas, de passar uma semana em Búzios e ficar os fins de semana aqui dentro desta casa e altamente feliz e contente com isso. Às vezes, entra uma pessoa por esta porta e sai daqui com o problema dela resolvido, independente até de ser questão de santo. Só em eu estar aqui sentado, ouvindo ela falar. Muitas das vezes, quem procura casa-de-santo não está só com problemas de santo. Está com problemas de carícia, está carente. Carente de palavra amiga, de ombro, de colo pra chorar. Aí, vê no zelador, no pai de santo, um pai, um líder espiritual, aquele cara que tem o dom da palavra. Aí é um perigo, você pode ter maus conselhos. O cara pode fazer sua cabeça, pode fazer de você um assassino. "Vá lá e mata tudo, quebra tudo". Mas também pode dizer: "Não é nada disso, você está vendo pelo lado errado". Dá o colo para ela ou para ele chorar. Deixe de ser filho, seja pai. Coisas deste tipo que um zelador tem que ser na realidade. Saber compreender. Hoje eu me sinto realizado, completo; me sinto unificado entre eu e meu Orixá. Hoje entendo por que tudo isto está aqui, por que meu pai foi iniciado no Candomblé, deixou de ser seminarista para ser pai de santo. Porque ele tinha que deixar as sementes. Ele plantou uma árvore que deu fruto. E eu sou uma semente dele. E espero que meus filhos e meus netos também sejam frutos desta mesma árvore, e que tenham o mesmo dom que ele teve. Não digo espiritual, que eu estarei longe de ter. Mas ter o mesmo dom material, que seja humano. As pessoas que procuram a casa de Candomblé também têm problemas muito humanos. Eu me sinto realizado, dono de um mundo.

9 – Pergunta: A relação com o seu Orixá se modificou com o tempo?

Dica: Ela se tornou muito mais propícia. O grande retorno com o tempo, o maior lucro que o zelador ganha quando ele se porta direito dentro das exigências do Orixá, é isso, é a relação entre ele e o Orixá. Não só o dele, mas também o das pessoas que o procuram. Às vezes, vêm pessoas aqui com problemas tão difíceis de resolver material e espiritualmente que se o zelador, o sacerdote não for capacitado, ele não resolve nada. O maior retorno está nisto. Este é o verdadeiro Axé. Você ganha de seu próprio Orixá o Axé, a criação dele, a sabedoria, a coisa milenar que ele tem em forma de espírito. Ele estando em transe na cabeça de uma pessoa, ele está à viva voz. Ele pode falar para a gente: "Olhe, este problema é assim". E muitas das vezes, quando não existe oportunidade de haver um transe, vai depender da parapsicologia da pessoa, coisa paranormal sua, entre você e o Orixá. Aí entra sua vidência, sua audição, a sua ligação mental. Você ouve realmente alguém conversar com você. Uma voz vinda de muito longe a lhe socorrer. Aí está a verdadeira espiritualidade, o sacerdócio. Com isto, você cresce, você aumenta. Quando você começa a perder isto, é porque os Orixás estão lhe abandonando. Eles não te querem mais, você não serve mais para eles. Eles vão embora e com isso some toda ciência, todo o encanto de uma casa como esta aqui. Desaparece tudo. Eles simplesmente nos abandonam por falta de um comportamento hierárquico. Tem que ter uma hierarquia. Quando o cara não se comporta direito, o Orixá vê que não consegue mudar aquela matéria, ele nos abandona. Graças a Deus até hoje tenho tido os maiores retornos do meu e de todos os Orixás dos que aqui vêm. Cada um que entra por aquela porta traz o seu sobrenatural. Ele só não sabe como se comunicar com ele. Ele precisa de mim, como sacerdote, para ensinar a ele a se adaptar com a coisa. Eu, tratando aquele Orixá bem, mesmo que ele vá futuramente trabalhar, fazer tudo de bom, ele sempre vai deixar uma migalhinha de sabedoria comigo. Aí está mais um retorno do bom sacerdote, daquele que sabe levar o Candomblé a sério.

IX – ENTREVISTA COM EURIDES DE OXUM
Ialorixá da casa que se chamava Ilê de Oxum – Rio de Janeiro

1 – Pergunta: Jogar búzios é um método de entrar em contato com o Orixá? Quais são as formas da pessoa entrar em contato com o seu Orixá? Como a senhora entrava em contato com o seu Orixá?

Eurides: Eu entrava em contato com o meu Orixá através do jogo de búzios, pois nós temos um meio de perguntas e respostas através do jogo de búzios. Tinha também a minha vivência do dia a dia. Quando eu cuidava, quando zelava, sentia que tinha aquelas intuições. Era muito palpável isto, a minha comunicação com o Orixá. Eu sentia isto muito mais forte. Na igreja não encontro coisa que seja tão palpável como era no Candomblé. Eu não sinto isto. Tem a Eucaristia e tudo, mas eu sinto que aquilo é muito longe de mim. Na minha vivência do dia a dia, aquilo do Candomblé era muito palpável. No momento em que eu ia acender uma vela, em que eu ia zelar daqueles assentamentos. Eu estava me comunicando diretamente com ele, sentindo o que ele queria de mim e sentindo que o que eu pedia ia ter uma resposta. Por estas duas formas, a maneira de cuidar, de zelar e através do jogo de búzios, que é uma maneira um pouco mais isolada daquele envolvimento interno, eu entrava, pois, em contato com o meu Orixá.

2 – Pergunta: O que significa para a pessoa ser iniciada para o Orixá? Ela vai ter de mudar seu comportamento no dia a dia, vai ter que seguir determinadas normas?

Eurides: O que eu acho é que, no momento que eu fui iniciada, foi um momento em que eu passei a assumir um compromisso maior com o meu Orixá e com as pessoas que futuramente iriam fazer parte do meu dia a dia, da minha comunidade religiosa, que era no caso a comunidade do meu pai de santo. Foi no momento de receber um compromisso maior com os meus irmãos de santo, de conviver, de viver ali com aquelas pessoas, de ajuda mútua. Eles comigo e eu com eles. No momento que eu fui iniciada, que fui recolhida, que passei por aquele período todo de iniciação, houve pessoas que me serviram. Isto foi em 1959. Era um período que a gente ficava mais tempo recolhida. No caso, eu fiquei praticamente cinco meses. Pessoas do lado de fora do camarim, do Roncol, me serviam, lavavam minha roupa, me davam a comida enquanto eu estava ali passando por aquele período de iniciação, de obrigação. E quando eu saí dali, todas aquelas pessoas se doaram. Depois daquele período, eu passei a ajudar outras pessoas que foram ali, que se recolheram. Passei a participar, a ajudar, a servir aqueles que me ajudaram antes e a outros que vieram. A iniciação foi um compromisso maior, de assumir as necessidades das pessoas que conviviam comigo, que precisavam de mim.

3 – Pergunta: Formou-se então uma comunidade espiritual onde não existia apenas a relação da senhora com o seu Orixá, mas também com os outros?

Eurides: Com todos os Orixás da casa, de todas as filhas da casa e inclusive do pai de santo também. Era um relacionamento com todos eles, com as pessoas e com os Orixás das outras pessoas e do pai de santo também. Era um compromisso maior.

4 – Pergunta: Quais as motivações que levaram as pessoas a pedir para ser iniciadas?

Eurides: Os motivos são diversos: uns por motivos de doenças, outros por situações de dificuldade de vida. Cada um vem com um motivo diferente procurar a solução para seus problemas. A gente procura, na medida do possível, ajudar a cada um que vem procurando uma solução para aquele problema. Algumas pessoas precisam ser iniciadas no santo, porque o problema daquela pessoa é proveniente da necessidade de iniciação, de feitura. Outros são resolvidos com alguns trabalhos, algumas obrigações. Outros que vêm pedir não são eles que vêm pedir. É o Orixá que determina que sejam iniciados. Isto através do jogo de búzios ou através de manifestação pessoal de cada um. Eles chegam, incorporam, caem.

5 – Pergunta: Nunca é a pessoa que escolhe ser iniciada?

Eurides: Não, a escolha não é da pessoa, é do Orixá de cada um que decide.

6 – Pergunta: A partir da iniciação, a pessoa passa a ter um contato mais profundo com o Orixá? Como é este contato? Ele é ameaçador?

Eurides: Ameaça não existe de espécie alguma. É tudo dentro de um amor muito grande. Existe uma compensação muito grande. Às vezes, por exemplo, uma pessoa muito doente, através daquela feitura, daquele contato muito profundo, a pessoa se cura. Tem acontecido vários casos. As pessoas ficam boas quando fazem as obrigações que têm que fazer, se iniciaram. Se instala uma harmonia entre a pessoa, o Orixá e a casa. São momentos de muita alegria, de muito amor, de muita vibração, de muita compreensão, de ajuda mútua. Não existe ameaça. A gente se sente no dever de agradar o nosso Orixá, porque sabe que, agradecendo, ele nos recompensa com aquilo que estamos precisando. Não é também um termo de barganha, tipo vou dar para poder receber. O que se faz, se faz por amor. Não é que o Orixá chega e exige que quer isto ou aquilo. Nós damos porque temos amor àquele Orixá, sentimos uma necessidade de ter aquele contato maior.

7 – Pergunta: Este contato vai sendo mais intenso com o tempo? Há uma evolução?

Eurides: Há uma evolução muito grande. A pessoa passa a conhecer muito mais, a entender muito mais. No início, quando somos iniciados, não sabemos muita coisa. Nós somos como crianças que entramos ali e começamos a aprender as coisas. À medida que o tempo vai passando nós vamos tomando um conhecimento maior do Orixá. De um ano até os sete anos é um período de aprendizagem. É quando a pessoa dá a obrigação dos sete anos. A partir daí, o conhecimento é maior, o relacionamento é muito maior. Tudo se torna mais profundo a partir dos sete anos em diante, aos vinte, aos trinta. Eu mesma tenho 33 anos de santo feito. O conhecimento que eu tenho agora, o meu relacionamento com o Orixá agora, é muito maior do que quando eu comecei, do que há dez anos atrás. Passei a conhecer melhor.

8 – Pergunta: Houve uma época em que houve um afastamento da senhora da prática do Candomblé. Todo um relacionamento com o Orixá foi interrompido?

Eurides: Foi interrompido. Eu, na época, tinha 22 anos que era feita, consagrada ao meu Orixá. Esta interrupção se deu de uma maneira que eu até agora não sei explicar. Eu sempre gostei muito da Igreja Católica. Nós que somos do Candomblé, todos nós somos católicos, batizamos os filhos na Igreja Católica, casamos na Igreja Católica. Eu mesma me casei na Igreja Católica no dia da Imaculada Conceição. Escolhi este dia porque tinha ela como minha padroeira, devota de Nossa Senhora. Antes de fazer santo e também depois, sempre frequentei muito a igreja, gostei sempre da igreja aqui no bairro. Aí, comecei a frequentar a igreja mais assiduamente. Comecei a ouvir as falas dos padres que me deixaram com drama de consciência: que as coisas do Candomblé não eram coisas de Deus, que a pessoa do Candomblé não era cristã, que não podia participar da mesa da Comunhão. Uma série de discriminações. Depois, um padre foi na minha casa também. Eu não tinha a consciência que tenho agora de Igreja. O pensamento que tenho de Igreja agora é bem diferente do que eu tinha antigamente. Eu achava que quem era da Igreja era santo. Não podia ser tocado pelas pessoas do Candomblé. Este conceito de santidade, vejo hoje que não é daquela maneira que eu pensava. Aquilo me deixou com um drama de consciência muito grande, me deixou dividida. Este padre foi na minha casa e me aconselhou a deixar o Candomblé, achou que eu deveria me desfazer de tudo aquilo, que aquilo não era de Deus. E disse assim para mim: "Isto não é de Deus e nem do diabo. Isto é de você." Segundo ele, era uma coisa que brotava de dentro de mim, de minha cabeça, do meu subconsciente, que era a minha mente que formava isto. Na época, eu só tinha o conhecimento de dentro do Candomblé, de minha iniciação, de toda aquela prática, daquela vivência. Mas ele conseguiu fazer minha cabeça nesta época e eu resolvi parar um pouco, dar um tempo. Mas agora eu me reencontrei.

9 – Pergunta: *Houve um tempo em que a senhora não mais teve contato com o seu Orixá? Ele não deixou de existir neste tempo? Ele continuou tendo contato com a senhora?*

Eurides: O contato passou a ser um contato mais invisível, através dos acontecimentos do dia a dia. Tudo o que eu possuía na época, foi através do Orixá que eu consegui. Através do Orixá, eu construí. Tudo o que eu consegui eu perdi. Perdi tudo. Me desfiz, mas me desfiz de uma maneira muito desvalorizada. Não que eu vendi, que tive lucro. Eu perdi, foi tudo desfeito. Houve uma queda muito grande de lá para cá. Eu senti que houve pouco contato, mas eu percebi que foi por causa da minha falha, por ter trocado radicalmente uma coisa pela outra.

10 – Pergunta: *Na casa da senhora havia diversos assentamentos, diversos objetos que concentravam em si todo um Axé. Isto foi levado para algum lugar? Foi destruído? Como ficou sua relação com o Orixá, sabendo que estes objetos que eram importantes não mais estavam aí?*

Eurides: Estes objetos foram levados por algumas pessoas. Nós que somos do Candomblé, falamos que o Orixá está na nossa cabeça. Ele está em nós e nós estamos nele. Eu fui feita, fui raspada. A profundidade do Axé de quando eu fui feita está na minha cabeça, não está naquele assentamento. O assentamento é mais uma coisa externa, é como se fosse uma imagem, que é para eu ver, para zelar. A não ser o Otá que fica. O que vai na nossa cabeça vai naquele Otá também. Mas ele está dentro do meu eu, dentro da minha cabeça, porque ele foi feito na minha cabeça. Aquelas vasilhas que se perderam, que levaram, com aquilo não se levou o meu Orixá. O meu Orixá está comigo, ficou em mim.

11 – Pergunta: *Mesmo no período de afastamento do seu Orixá, a senhora continuou a receber o Axé dele?*

Eurides: Continuei.

12 – Pergunta: *Como se recebe o Axé? Em determinados dias, só em determinados locais ou só depois de cerimônias? Como que se dá a doação do Axé para a pessoa?*

Eurides: O Axé é uma coisa que não se recebe em determinados dias. Ele é uma coisa diária. Ele se torna mais forte em determinados momentos, um momento que tem uma festa, uma obrigação na casa. Há pouco tempo houve uma festa de Xangô na casa do meu pai de santo. Aí eu senti aquela aproximação muito mais forte. Ali estava concentrada toda aquela força, toda aquela energia de quando eu fui feita. Eu senti uma força muito maior ali naquele momento daquelas obrigações que teve, daqueles Axés ali. Estava muito mais profundo, muito mais forte porque houve matança, teve sacrifício, os toques, as danças. Neste momento, torna-se muito mais forte. No dia a dia, este Axé continua. Eu sempre peço à minha mãe Oxum tudo aquilo que estou precisando e sempre recebo a resposta logo em seguida. Esse Axé continua. Ele não tem momento. O momento é aquele que a gente chama e é atendida. É isso que eu digo que é mais palpável. A gente sente, há comunicação. Quando eu peço, quando falo, eu o sinto mais perto. É mais palpável no dia a dia, o que não acontece na igreja. Eu não sinto isto todo o dia.

X – ENTREVISTA COM EXPEDITO DE PAIVA
Axogun de Omolu – Rio de Janeiro

1 – Pergunta: *E o senhor também é filho de Ogum?*

Expedito: Não, eu só assumo a posição de Ogum. Eu sou filho de Xangô. Meu Orixá de cabeça é Xangô. Fui confirmado, fui tirado para ser Axogun de Omolu. Sou Axogun de Omolu, tirado por Omolu para ele e para todos os Orixás. Omolu foi que me escolheu. Esta escolha de Omolu não é escolha simplesmente de um santo. Existe uma correlação entre o Orum e o santo. O santo é o elo de ligação entre a terra, a pessoa e o Orum. Esta escolha então não é só de Omolu. Ele veio proveniente de Orum, para que Omolu tirasse a mim e a outros Ogãs quaisquer para assumir aquele cargo. Este cargo não é o pai de santo que tira, e sim o santo que responde por Olorum na terra.

2 – Pergunta: *Como Axogun, o senhor tem tanto uma relação com o seu Orixá, no caso Xangô, como também uma relação com todos os Orixás,* *porque sacrifica para todos os Orixás. Qual a diferença básica de sua relação para com Xangô e sua relação para com os outros Orixás para os quais o senhor também sacrifica?*

Expedito: A minha relação íntima, mais particular, mais consistente é com o meu Orixá de cabeça, que é meu pai de Ori – Xangô – e o Orixá ao qual eu fui consagrado, no caso Omolu, e no caso do Orixá que me consagrou, no caso Oxumaré (em Ketu), Bessem (em Gêge). Com estes três Orixás eu tenho uma ligação maior. São os que estão comigo no dia a dia, na minha cabeça, na minha frente, nas minhas costas, no meu olhar, no meu ser. E ainda Yemanjá que é meu Ajuntó referente a Xangô, meu Ajuntó de Ori. Com estes Orixás eu tenho mais ligação. Não quer dizer que eu não tenha ligação com os outros Orixás. Tenho grande ligação com os outros. Como pai, como irmãos e como filhos. Como pai para mim, como irmãos de comunidade e como filhos de Roncol e de sacrifício.

3 – Pergunta: Qual o motivo que leva o senhor a querer entrar em contato com Xangô e leva de modo geral as pessoas a entrar em contato com o seu Orixá?

Expedito: Quando a pessoa é iniciada, a pessoa deixa de ser simplesmente o Paiva. O Orixá passa a estar inserido dentro da pessoa, na sua alma, no seu corpo, na sua vida. O Orixá faz parte da pessoa. A pessoa não é mais ele só. O Orixá está nela. A sua caminhada de vida depende em tudo dos conselhos e orientações do Orixá. Todos os motivos na vida comum fazem com que você entre em contato com o seu Orixá. Isto para você fazer uma viagem, para você tomar uma decisão importante, de casamento, de noivado. O que você pensar em relação à sua vida, o seu Orixá também faz parte de você. Você não pode tomar nenhuma decisão importante sem a orientação e sem a participação do seu Orixá.

4 – Pergunta: O Orixá passa então respostas para o fiel ou ele passa mais que isto?

Expedito: Eu não sei o porquê, mas eu creio que vem de uma parte ancestral, passado pelos ancestrais. O fato que se passou comigo e se passa com muita gente. As pessoas que são feitas, que são confirmadas, que fazem parte do Candomblé, o Orixá não aceita que tal pessoa seja evangélico, faça parte de nenhuma doutrina secreta como maçonaria, esoteria. O Orixá não aceita. Perguntar o porquê, o Orixá não diz. Só diz que não aceita. Agora ele aceita, também não sei o porquê, que a pessoa pode fazer parte da religião católica, pode ir à igreja, pode ir à missa, pode confessar, pode fazer o que for dentro da Igreja Católica. Mas fora do Candomblé, o Orixá só permite a Igreja Católica. Isto são fundamentos ancestrais e só cabe a eles. Eu também nunca tive a curiosidade de saber o porquê. O Orixá falou para nós e pronto, aquele assunto não se discute mais.

5 – Pergunta: Como Axogun, o senhor entra em contato com muito Axé no sacrifício e na sua liberação. Como é esta questão?

Expedito: Muita gente fala aí sobre o Axé, uns dizem que é força vital, no sentido de energia. Mas o Axé tem um sentido muito mais profundo, um sentido de vida. O Axé é a força vital, é a seiva da vida. Ele não é uma coisa à-toa como se fala aí como sendo amém. Ele é a própria vida da pessoa. De acordo com a doutrina yorubana, três forças provêm do trono de Olorum. Ele está sentado num trono que se chama Operê. Estas três forças são irradiadas do Operê de Olorum: Iwá, Axé e Abá. O Iwá é a força genética que mantém os seres; o Axé é a seiva que mantém a vida dos seres, que faz com que os seres se desenvolvam; e o Abá é aquele que dá a direção ao Axé e ao Iwá. Estas três forças fazem com que haja vida, haja energia. Não é simplesmente energia, é uma vida em si.

6 – Pergunta: O sacrifício é o momento de liberação do Axé?

Expedito: O sacrifício é uma coisa muito mais profunda, muito mais longa. Se teria que falar sobre transferência. O sacrifício é um momento máximo, onde o seu Orixá vai receber aquela oferenda, que é praticamente uma oferenda viva, pois não é só o animal, mas a pessoa em si é dedicada, oferecida àquele Orixá. O bolar no Candomblé é a morte para a vida profana. A pessoa, quando bola, cai, morre para a vida profana e nasce para a vida divina, para uma vida no Axé.

7 – Pergunta: O Axé é o objeto de troca entre o iniciado e seu Orixá?

Expedito: O sentido latino poderia ser troca. Mas não é simplesmente uma troca. É um dever. Faz parte da vida, do amor, está dentro de um contexto grande de tradição. Nós fazemos isto naturalmente, por amor. Não é que vamos fazer isto para o Orixá permanecer ou não. A gente faz isto porque faz parte da tradição, foi alguma coisa que nossos ancestrais trouxeram para nós e nós permanecemos fazendo isto. Este algo, nós fazemos por amor. Não é só uma troca, um me dá lá e toma cá. Isto faz parte da gente, faz parte da doutrina.

XI – ENTREVISTA COM MARCELO
Abiã – Rio de Janeiro

1 – Pergunta: O que é um Abiã?

Marcelo: Abiã é o primeiro cargo dentro de uma comunidade religiosa afro-brasileira. É o primeiro cargo que tem antes da pessoa ser iniciada, de passar pelos fundamentos, pelo ari-axé. A pessoa recebe algumas iniciações, mas muito leves, como um Obi d'água. São obrigações leves que a pessoa faz para a cabeça da pessoa. Envolve o Orixá sim, mas muito de leve. É um primeiro contato entre a pessoa e a divindade. A cabeça da pessoa, a matéria, é como que preparada, refrescada e fortalecida para o encontro do Orixá com a pessoa, do Orixá na pessoa por meio da possessão. Quando a pessoa não tem esta preparação ritual, não tem estas obrigações, acontece justamente que a pessoa cai. A pessoa que não está preparada no seu Ori, cai porque não tem forças para se manter em pé. É que o seu Ori não está preparado para receber um espírito tão forte como é o do Orixá. Por isso, a pessoa cai no chão. Como Abiã, a pessoa tem que se desenvolver. O fato de receber o Orixá é um dom. Nem todo mundo tem. Os Ogãs e as Ekedes não têm. E a pessoa é preparada para este dom. É preparada e ensinada. Ensinada quer dizer como agir, não se assustar. E preparar no sentido de obrigações rituais. Tudo isto não está no nível da vontade e da atividade racional. É um contato entre a sua natureza mais profunda e a divindade. É um mistério do qual nem sempre se tem o domínio racional.

2 – Pergunta: *Você poderia contar um pouco como foi o primeiro contato com o seu Orixá?*

Marcelo: Aconteceu que teve uma festa, uma obrigação de sete anos. Eu ia só para ver, com o interesse apenas no *show*, só para ver como era a dança, porque achava muito bonito e sinceramente não acreditava. Não via aquilo numa atitude de fé. Assistia, mas não tinha nada a ver. Acabada a festa, um Oxossi, que estava dançando, me disse que ele estava me chamando para me dar um abraço, para me cumprimentar. Justamente ele teve uma atitude típica do Orixá para com a pessoa que ele gosta, que ele preza. Ele me abraçou, encostou a testa na minha e começou a desenrolar a minha história. Começou a falar do meu avô, de minha mãe, de meus fundamentos de santo, da minha vida de modo geral. Disse que havia passado pela casa de Nosso Senhor – Jesus Cristo é senhor inclusive do Orixá. Embora a gente não fale muito disto, o Orixá considera assim, independente das pessoas. Começou a falar que eu saí do convento para justamente trazer minha mãe de volta para a casa de santo, para o cargo sacerdotal que ela havia abandonado. E quando ele falou que provavelmente eu poderia substituir minha mãe neste cargo – há muito tempo atrás o Oxum dela havia dito que eu era a pessoa que tinha mais fundamento dentro da casa. De repente, uma pessoa, um Oxossi que eu nunca tinha visto na minha vida, repetiu a mesma coisa que foi falada há 15 anos atrás. Quando ele tocou neste assunto, eu morri. A sensação que tive foi que eu morri. Eu fui perdendo os sentidos, os meus braços já não mexiam, a minha cabeça já não funcionava, a minha respiração também não. Eu fui sentindo o meu coração batendo muito forte até que parece que o meu Emi, a minha respiração saiu de mim e uma nova coisa tomou posse de mim, sem que minha vontade agisse aí e sem que eu tivesse o domínio consciente e racional do que estava acontecendo comigo. Uma coisa da vontade do Orixá mesmo. Eu sumi para dar lugar à divindade. Como não estava preparado, não havia passado por obrigação, a coisa normal foi esta, eu caí, eu bolei a primeira vez. Depois disso – fisicamente falando – eu me senti bem. Eu senti uma tranquilidade, uma força que de fato nunca havia sentido. Houve depois disso, é claro, aquele comentário, porque eu era muito querido na casa, eu havia passado pela experiência da vida religiosa, então ficaram dizendo: "O padre bolou". Foi uma coisa completamente nova para a casa. Por isso e pelo fato de as pessoas me conhecerem desde pequeno. Aquilo foi uma coisa esperada pela casa. Ao longo de 15 anos a minha família parece que esperava por este momento: momento do cumprimento daquilo que o Orixá havia falado há 15 anos atrás. Quase o cumprimento de uma "profecia". Foi um momento de alegria, de satisfação para as pessoas que estavam ali. Foi como que uma confirmação: o Orixá realmente existe, a divindade está aí. A reflexão que surgiu foi em torno disso, que eu teria que me iniciar, fazer algumas obrigações para o meu próprio bem e para o bem da minha casa e do meu pessoal. Eu cuidando da minha parte espiritual, que me preparam para o encontro com a divindade, para que a divindade venha em mim, para que ela se apose de mim, dance em mim e produza o bem no meu corpo. Isto foi muito bom para as pessoas. Eles esperavam por isso e isto aconteceu.

3 – Pergunta: *Você pretende agora fazer a iniciação completa?*

Marcelo: Nesta questão de Orixá, de santo, não é a pessoa que escolhe o Orixá. É o Orixá que escolhe a pessoa. Há pessoas que frequentam casa de Candomblé há muito tempo, há 20, 30, 40 anos, mas que nunca bolaram, nunca viraram com o santo, que não têm nenhum cargo dentro da casa, porque o Orixá não escolheu. O fato de a pessoa virar com o santo, de receber algum cargo dentro de uma casa de santo, é um dom e uma honra muito grande, porque a pessoa foi escolhida pela divindade. Na verdade, não posso dizer que pretendo fazer toda a iniciação. Eu, falando de minha vontade no momento, vou fazer uma obrigação leve, como Abiã, primeiro dar um Obi d'água, depois deitar no Bori por três dias mais ou menos, passar pelos Ebós que tem que passar, isto é, Ebó de Egun, de encruzilhada... Falando de minha vontade, por que não me iniciar? Desde que isto não me prejudique. Mas falando em termos de Orixá, ele não está me cobrando nada neste sentido. Ele quer que eu dê uma obrigação de Bori, mas é pra minha cabeça, pra me preparar, porque ele vai vim em mim outras vezes. É uma coisa para o meu próprio bem, mas não é uma coisa de obrigação, que tem que fazer senão vai morrer ou vai acontecer isto ou aquilo. É uma coisa que estou me preparando, pretendo de fato me iniciar, e, na verdade, não sou eu que pretendo, é o Orixá que me pretende iniciar, é ele que me quer para ele. É ele que me escolheu para ser o seu mensageiro aqui.

4 – Pergunta: Qual a sua expectativa em relação à sua relação futura com o seu Orixá?

Marcelo: A minha expectativa é a seguinte: eu pretendo ter um contato, não só um contato de troca de favores, mas justamente um contato de troca de amor com o meu Orixá. Eu amo o meu Orixá, eu gosto dele. A cada vez que ele vem em mim, eu me sinto bem, eu sinto como se tivesse nascido de novo. A sensação que eu tive quando bolei foi que eu morri e que estou nascendo para uma nova vida; uma vida de encontro entre uma coisa e outra, como se estas duas ocupassem o mesmo lugar no espaço, entre a minha personalidade e o Orixá que vem em mim. A minha expectativa é a seguinte: eu estou, por enquanto, começando, eu não sei o que o santo reserva para mim no futuro, mas a minha expectativa é das melhores possíveis no sentido de crescer na vida, crescer espiritualmente, de crescer também materialmente e de produzir um bem que o Orixá vai produzir em mim para outras pessoas. Mais cedo ou mais tarde, vou fazer o santo, pelo menos, é o que tudo indica isto. Não vai ser nem hoje nem amanhã, nem talvez no ano que vem, mas mais cedo ou mais tarde vou fazer. É uma expectativa de fato de uma nova relação, de uma coisa nova, que as pessoas viam antes como uma obrigação, como uma escravidão, o que minha família via antes como uma escravidão quando o santo vinha, se sentiam oprimidos, escravizados. Eu não vejo assim. Vejo como uma relação de amor, uma relação concreta, em que de fato o meu Orixá toma posse de mim. Eu abro espaço para o Orixá vir a mim. E é uma coisa que não se estende só a mim, mas também às pessoas da minha comunidade religiosa. Eles também se sentem felizes porque o Axé está continuando, porque o Axé está circulando por meio de outras pessoas que bolam e que viram com o Orixá.

5 – Pergunta: Esta relação sua com o Orixá – no caso Oxalá Oxalufã – faz você ter uma relação diferente com as outras pessoas?
Marcelo: Tem tudo a ver. Se, por exemplo, eu sou injusto com alguém ou se minto, ou se tenho um caso amoroso com uma irmã de santo minha, eu sou imediatamente avisado de que não estou no caminho certo, de que o caminho não é por aí, de que não é o caminho correto. E se eu persistir no caminho por um ato deliberado de minha vontade, eu sou imediatamente punido. Isto em caso extremo. A primeira coisa é o aviso. O castigo pode ser de várias formas. Pode ser um castigo invisível, pode ser um castigo de apanhar mesmo fisicamente. Isto realmente mudou muito a minha vida em relação às pessoas. Eu, sendo de Oxalufã, que é um santo da paz, um santo do branco, ele vindo em mim, eu já me sinto mais calmo, já não sou aquela pessoa quente, aquela pessoa irritada, que brigava o tempo todo. Eu já tenho mais calma para com as pessoas. Já consegui dominar um pouco a minha estupidez, a minha ignorância. Antes do Orixá vir em mim, eu agia de um modo muito rebelde com as pessoas. O fato é que agora, tendo consciência disto, eu já evito certas coisas, evito certas situações. O Orixá mesmo se encarrega de me favorecer a calma, a paz e a tranquilidade. Creio que, por isso, o meu modo de relacionamento com as pessoas acabou mudando também. O Orixá vem em mim e eu acabo me transformando também em uma coisa boa.

6 – Pergunta: Como você percebe o Axé, retorno da relação com o Orixá? Qual a sua experiência neste sentido?

Marcelo: Eu vejo isto na minha história. A história é que fornece a melhor interpretação da vida da gente. Olhando a vida, a gente vê os mistérios de Deus, os mistérios do Orixá. Eu passei um bom tempo da minha vida na vida religiosa. Foi uma das melhores fases da minha vida. Só tenho a agradecer e a bendizer a Deus. Eu andei em muitos ambientes e situações que me conduziam a muitos caminhos, mas nunca ao caminho do Orixá. Quer dizer, eu passei a estudar, passei a fazer filosofia, passei a participar de movimentos populares, etc. Eram todos caminhos que não tinham nada a ver com Orixá. Mas eu vinha de um Axé e este Axé circulava em mim, independente de minha vontade. Eu já fui em outras casas de santo, já tocaram para Oxalá Oxalufã, cantigas muito bonitas em casas imensas, grandes Axés. Já tive no Opô Afonjá da Bahia, no do Rio e outras casas ditas assim de fundamento. E quando tocavam para Oxalufã, eu não sentia nada. Agora, quando tocou na minha casa, na casa de minha nação, cantigas de qualidade do meu Oxalufã, aí justamente eu senti a força do Axé. Se, de repente, não tivesse Axé, ocorreria em qualquer lugar. Mas aconteceu justamente na casa de minha raiz em Vilar dos Teles, cantando pro santo da minha qualidade, que, aliás, eu nem sabia, justamente eu bolei lá. Aí que a gente vê a força da circulação do Axé.

XII – ENTREVISTA COM FERNANDES PORTUGAL

Babalorixá e Babalawô – Diretor do Centro de Estudos e Pesquisas da Cultura Yorubana – Rio de Janeiro

1 – Pergunta: Muitas pessoas procuram o senhor porque querem melhor entrar em contato com os seus Orixás. Quais as motivações que levam estas pessoas a procurar o contato com os Orixás?

Fernandes Portugal: As pessoas me procuram, como procuram também a outros Babalorixás, por problemas e questões do cotidiano. As questões mais insólitas. Hoje em dia, o aspecto da iniciação não faz parte, no Rio, nem da população urbana, nem rural, do interesse das pessoas. O que as pessoas, talvez, querem, é se iniciar para o Orixá, buscando não o alto conhecimento, elas querem resolver problemas imediatos, às vezes, criados por elas mesmas. Elas procuram o Babalorixá para resolver problemas que afligem a todo o homem: questão de felicidade, questão da moradia, questão da inter-relação entre os pares, questão profissional, questão sexual, a sua sexualidade dirigida ou mal conduzida, problemas pessoais. O Babalorixá é hoje em dia no Brasil uma espécie de faz de tudo. Ele é curandeiro, é astrólogo, é conselheiro sentimental, ele tem que arrumar emprego... O que ocorre nesta relação, é que as pessoas vêm somente por causa do desespero. É difícil encontrar uma pessoa que queira se iniciar no culto por amor ao Orixá.

2 – Pergunta: Muitas pessoas, depois deste encontro casual, motivado por problemas imediatos, fazem uma iniciação séria no culto. O que leva alguém a se consagrar ao Orixá, a buscar um contato muito maior com o Orixá?

Fernandes Portugal: Na maioria das vezes, nas experiências que temos visto, são experiências ligadas ao próprio psiquismo da pessoa: ela perdeu o seu pé de apoio diante da sociedade e não consegue mais relacionar-se com outras pessoas, no seu trabalho... Ela procura, através do culto, uma reintegração. O culto no Brasil está muito relacionado a esta ideia de pai e mãe. Há muitos abandonados no Brasil. Esta pessoa procura uma identidade, uma identificação. Lógico que há aquelas pessoas que são tomadas realmente pelo Orixá, que bolaram com o Orixá, com aquele ancestral que passa a ser divinizado e que é cultuado pela pessoa. Hoje se vê poucos motivos religiosos, temos mais projeção pessoal das partes: cabeças que querem ser raspadas e pais de santo que querem fazer filhos de santo. Alguns problemas que podem ser resolvidos com Ebó, com magias, as pessoas levam para este lado, que tem que se iniciar para resolver o problema. O que é um equívoco.

3 – Pergunta: Quais as formas de a pessoa entrar em contato com o Orixá? Ela tem que se iniciar?

Fernandes Portugal: Não necessariamente, porque ela, muitas vezes, na economia emocional dela, ela não sente necessidade. Quase sempre ela entra em contato com o Terreiro para descobrir alguma coisa que está acontecendo fora de sua realidade, ou através de sonhos, através de visões, ou através mesmo de algo que ela precisa segurar para a sua proteção e manter uma vinculação. Este primeiro contato é quase sempre através do Terreiro. Ou ela é levada por alguém, ou ela mesma se lança nesta busca. Ela vai a um pai de santo, um joga e ela começa a descobrir o seu Orixá. E aí ela parte para a iniciação. Aqui, no nosso meio, ela é quase sempre induzida para que haja esta iniciação. Eu não vejo partir da pessoa, tipo eu vim aqui porque quero me iniciar, porque eu entendi o Candomblé como uma forma de adoração à divindade, à natureza, e quero me integrar nisto tudo.

4 – Pergunta: A partir do momento que a pessoa se inicia, ela começa uma relação pessoal com o seu Orixá?

Fernandes Portugal: Depende da devoção, da adoração, sobretudo, da vinculação. Quando há iniciação, há derramamento de sangue de animais. Animais foram mortos para que haja esta vinculação. O que é uma forma também simbólica. As pessoas não entendem muitas vezes este comer, por parte do Orixá. Este comer é um comer fluídico, é um comer mítico. O Orixá não senta para comer. Ele na verdade não se alimenta do acarajé. Isto são formas. Como estas comidas todas têm muitas potências energéticas, ele revive através destas situações, funções que ele desconhecia em seu psiquismo, que são dos antepassados. Ele revive estas situações. Há algum mecanismo, que eu não conheço, mas pressinto alguma engenharia genética no indivíduo que o faz ter maior ou menor afinidade para esta função. Ou ele tem afinidade para o transe ou não. Aqueles que têm mais facilidade para o transe, é evidente, têm mais facilidade de serem iniciados. Há uma vinculação mais forte. Na iniciação, esta vinculação é feita através de rituais, através do sangue de ervas, do sangue dos animais. Há uma transformação disto tudo, há uma alquimia em relação a isto. Aí ela vive e revive um passado distante, imemorial. É possível que no seu passado, na antropogenética, ela tenha uma relação direta e igual com estas forças. Estes seres são seres que se apresentam geralmente em seu aspecto real. São dinastias – por exemplo, no caso de Xangô, que foi o terceiro rei de Oió. Então, na verdade, ele se superpõe, tanto uma potência, uma energia à pessoa para que ela possa se desenvolver e caminhar. E se ela acredita neste estágio e neste estado de Orixá, ela se integrou a este todo, a este universo africano. Esta vinculação é de respeito mútuo e existe uma série de Euós. Euó quer dizer proibição, isto é, proibições alimentares, proibições de determinadas antipatias criadas pela pessoa, pelo seu Orixá. Há cores, há determinados gestos, há determinadas situações que a colocam em harmonia com tudo isto. Se a pessoa não desobedecer a isto tudo, ela vive em constante harmonia. Este conjunto de saúde para nós não é apenas uma saúde física, é um todo, um bem-estar que se resume numa palavra, que é o Axé.

5 – Pergunta: *Como acontece o processo de desarmonia para a harmonia com o Orixá?*

Fernandes Portugal: Da desarmonia para a harmonia: As pessoas vêm sentindo determinados sintomas da iniciação. A cabeça da pessoa está desgastada. Ela passou por uma série de problemas na vida, uma série de situações, que podem ter sua origem na infância, na adolescência. As pessoas aqui no Brasil se iniciam na maioria das vezes com uma idade um tanto avançada, o que ocorre diferentemente na África. Lá ocorre na infância, é pelo menos mais comum na infância. Depois, ocorrendo todas estas desarmonias, ela entrando em contato com banhos de purificação até chegar à iniciação, ela entra então em estado de harmonia, quando suas energias estão compactadas no seu corpo, como se ela recebesse doses homeopáticas de determinadas potências energéticas dos vários reinos e que harmonizasse o seu corpo e a sua mente. Então ela se restabelece daquilo, como se fosse um remédio, um remédio natural.

6 – Pergunta: *Isto no caso de iniciação. Mas depois de iniciada, em seu processo de vida, a pessoa também pode entrar em desarmonia com seu Orixá?*

Fernandes Portugal: Ela entra em desarmonia com o seu Orixá quando ela viola ou frauda os seus compromissos para com o Orixá. Na verdade, existe um pacto. Isto estabelecido entre ela e o astral. Alguns Babalorixás evitam falar nesta questão, falam muito mitologicamente. A coisa é muito profunda e muito perigosa, no sentido lato da palavra. Quando ela viola, deixa de cumprir os seus resguardos, deixa de usar ou comer coisas que são aquela vibração, há um processo desarmônico, ou mesmo quando ela entra em contato com pessoas também desarmônicas. Esse reestabelecimento da ordem é uma constante, não é apenas um período. É um período vivenciado. Quanto mais a pessoa aprimorar esta questão dentro dela, mais o seu corpo é preservado. Não adianta, por exemplo, uma pessoa como Babalorixá, que no outro dia tem um compromisso com o Orixá, e passar a noite anterior em orgia, em devassidão. Com isso não é um simples banho de folhas que vai limpar o seu corpo. É um estado constante. A questão da desarmonia é como, por exemplo, numa ordem religiosa. Nela, se obedece a um superior. Se a pessoa começar a transgredir o seu juramento, a sua obediência religiosa, estaria pondo em risco a comunidade. Só que as suas são de ordem religiosa. No culto também. O corpo do Babalorixá, da Ialorixá é sacralizado. O corpo do Babalorixá é morada do próprio Orixá. Com isso, ele não pode transgredir certas regras. Ele, com isso, perde o Axé. Perdendo o Axé, ele está aberto a uma série de problemas. A pessoa está programada para determinada coisa. Esta transferência negativa traz os maiores problemas para ela. A pessoa possuía Axé porque estava viva, mas recebeu, através daquela comunidade, através da consagração, mais Axé. O Axé é transmissível através do hálito, através da imposição das mãos, através do banho. Tudo o que o Babalorixá bota a mão, com proposta ritual, ele sacraliza aquilo, ele passa Axé. Esta relação pode se perder no momento em que a pessoa passa a transgredir determinados atos da comunidade, seja um desvio da conduta, o uso imoderado da bebida alcoólica, a devassidão, o comportamento sexual não bem-conduzido, a exposição a determinados lugares, o não cumprimento de suas obrigações religiosas para com o Orixá nas épocas oportunas, tudo isto leva a perder Axé.

7 – Pergunta: O Axé é uma forma de retorno, de devolução da relação com o Orixá? O que se ganha do contato com o Orixá?

Fernandes Portugal: A pessoa busca a paz, o equilíbrio. Na verdade, há o interesse – expressão que eu uso com muita frequência e que está desgastada porque logo se atribui a esta expressão a questão do interesseiro – e sempre há um interesse: eu tive interesse em recebê-lo, o senhor teve interesse em fazer uma entrevista comigo, o senhor tem interesse de concluir o seu trabalho. Toda relação na vida é de interesse. Esta relação com o Orixá, exatamente pelo uso de determinadas expressões, ela também é uma relação de interesse. A pessoa quer buscar tranquilidade, paz, saúde, Axé, longevidade. O que nutre tudo isto é a paixão, o interesse por dias melhores. Ela também pensa em obter dinheiro. A maioria das pessoas pensam em obter dinheiro, para poder ter uma vida melhor. Mesmo que, às vezes, não tenha, mas ela pensa nesta possibilidade. Em princípio, ela pensa nisto: restabelecer a sua saúde, conquistar o amor perdido, reclamar uma injustiça que lhe foi feita e vários assuntos do quotidiano e que desde os primórdios atormentam os homens: busca pela paz, pela serenidade, o conhecimento...

8 – Pergunta: Aí se desenvolveu um envolvimento maior, para o senhor, no campo da pesquisa? São muitas as pessoas que se interessam também neste campo?

Fernandes Portugal: A princípio, as pessoas não procuram estudar muito nesta linha. A experiência do Orixá e do Terreiro é uma experiência oral. Os Terreiros, na verdade, são miniaturas de reinados africanos no Brasil e acrescido da situação escravocrata. O pai de santo brasileiro, hoje, é a forma inversa do escravo no poder. Ele é o ex-escravo que está no poder. Eu tive muitas dificuldades. Logo que eu me formei, eu tinha aquelas ideias que a gente recebe na universidade, de transformar o mundo. O próprio curso já nos leva, por tendência, a protestar, a propor uma saída para a situação. Depois, a gente vê que não é bem assim. O Candomblé é, na verdade, um reduto de rebeldia, é um quilombo, ele resiste em forma religiosa a todas as intempéries, a todos os governos, a todas as ditaduras no Brasil. Logo que eu fundei o Centro de Cultura Yorubana, tive muitas dificuldades. A principal dificuldade que eu vivia era o fato de que não havia experiência anterior na qual eu pudesse me basear, experiência consolidada. As experiências existentes são experiências privativas, sem apoio governamental, para estabelecimento de uma ordem. Eu era um Babalorixá com formação superior, que tentava passar informações sobre o culto para iniciados. Isto representava, de certa forma, até um perigo para eles. Até que ponto nós queríamos chegar com isto tudo? A questão da desconfiança ainda existe até hoje porque as informações são de boca, são informações sigilosas, que nós tentamos de certa forma sistematizar. Logo no estabelecimento do centro de estudos, esta coisa não foi bem-esclarecida. Até então, estas informações haviam saído em publicações esparsas. Os estudos afro-brasileiros caminham ainda lentamente no Brasil. Eles ainda não avançaram.

9 – Pergunta: Este estudo é um estudo sociológico?

Fernandes Portugal: Aqui, na verdade, não desenvolvemos um estudo sociológico. Esse trabalho nosso aqui é um trabalho intermediário. Nós temos dois tipos de curso: um curso para leigos, para qualquer pessoa, seja frei, freira, rabino, alguém do Candomblé, etc. Qualquer pessoa pode participar. E temos alguns cursos somente para iniciados no Candomblé. Foi o único critério que conseguimos para que não se estabelecesse conflito nesta situação. Na verdade, são cursos objetivos: Por exemplo, um curso do ritual de iniciação, específico, explicando o que é o ritual de iniciação. É o único no Brasil. Este é somente para pessoas iniciadas no Candomblé. Isto criou muitas demandas e muitos problemas até as pessoas entenderem. Hoje, o nosso conceito, conceito pessoal é bom e o próprio conceito de Yorubana. Eles começam a entender que, sem o estabelecimento de uma escrita permanente, a religião não sobrevive. Não há mais condição somente pela passagem oral. Há resistência ainda, é claro, há crítica, mas isto de grupos minoritários, que está no fim. No Brasil, quando se faz uma coisa aparentemente moderna, quando se sai na vanguarda, a primeira reação são as pedras. Depois eles aderem.

10 – Pergunta: Uma coisa é então saber fazer, outra é a experiência. As duas coisas estão muito ligadas?

Fernandes Portugal: Estão muito ligadas. As pessoas que fazem o curso, em sua maioria, já possuem Terreiros, já possuem experiências. O que elas querem é aperfeiçoar. O que elas querem é um aprofundamento. Elas percebem que há um egoísmo generalizado nos cultos afro-brasileiros no que se refere à passagem de informação. Isto até é compreensível, pois informação é poder. Essa passagem é lenta e gradual. Uma das formas do Axé é a sabedoria. O pai de santo, hoje, que se integra às novas realidades – inclusive no entendimento com os consulentes, porque eles chegam e fazem perguntas das mais diferentes e complexas – se ele não alinhar, ele perde a clientela. Por isso, ele busca novas formas de entendimento, ele tem que falar outras línguas. Ele não pode conhecer apenas a chamada língua do santo, a língua dos falares do Candomblé da qual falava Edson Carneiro. Ele tem que conhecer outras formas de entendimento e se adaptar também a novas realidades, sem – o que é muito difícil – quebrar as tradições. Na linguagem, ele não pode ter uma linguagem cifrada para falar com outras pessoas. Este nosso relacionamento com outros sacerdotes há vinte ou trinta anos atrás seria extremamente difícil. As nossas relações eram bastante deterioradas.

11 – Pergunta: São as religiões afro-brasileiras muitas vezes identificadas com anomalias existentes na religião, como a sua utilização para fazer o mal ou a sua utilização por charlatães?

Fernandes Portugal: Esta crítica vem, em sua maioria, de pessoas que não tiveram formação nenhuma sobre as chamadas culturas afro-brasileiras. O ensino dito oficial do Brasil, mesmo o superior, não mostra a África como um todo. Quando hoje se fala, o pessoal tem uma ideia. Quando eu falo que fui à África, muitos pensam que lá se senta em toco e se pega o cipó das 11. Pensa que tem Tarzan na rua com a macaca Chita. É este o conceito de muitas pessoas, que, inclusive, se dizem cultas, preparadas. É um conceito totalmente alienígena, racista, preconceituoso em relação não só às religiões afro-brasileiras, mas também, em geral, em relação ao homem descendente de negros. Esta é uma realidade. Então é muito prático para ela achar que as religiões como o cristianismo, como o protestantismo, como os batistas ou outras religiões ditas evangélicas, da Sagrada Escritura, são religiões supostamente brancas. Para elas, este conceito de pureza está relacionado a isto. Tudo o que vem da África, porque tem cor negra, é sujo, é primitivo, está relacionado ao mal. Tanto que eles dizem magia negra e magia branca. Este é um conceito curioso e racista. Uma consulente veio e disse assim: "Professor, o senhor trabalha com galinhas pretas?" Eu perguntei: você vai à churrascaria? Ela disse que sim. Você come galinha em casa? Você sabe a cor da galinha que vai para a sua mesa? Ela disse que era óbvio que não. Para ela, tanto fazia se a galinha era preta, vermelha ou amarela. Eram galinhas. Apenas a pena que é preta. Isto é já um conceito racista, pensando que apenas a galinha preta pode fazer o mal. A galinha branca, no conceito dela, não fazia mal, porque era branca. Então, quando a imprensa sensacionalista, e que certos Babalorixás ou Ialorixás deixaram que ela entrasse na intimidade de suas casas e mostrasse os rituais secretos, ela abriu uma possibilidade para atrair pessoas para si, mas, ao mesmo tempo, ela criou uma impossibilidade de outras pessoas entenderem a religião como um todo. Então há várias críticas, porque a pessoa lê, numa revista destas que fica em cabeleireiro e que não tem compromisso com nada, a não ser com vender sabonete, carro ou xampu. Aquilo é meramente uma coisa sem profundidade. Ela se baseia naquilo, e diz para mim que o Candomblé é uma coisa primitiva. Então eu quero discutir primeiro a questão do primitivo com ela, eu quero discutir a ecologia com ela, quero discutir a questão do sacrifício. Aí, sim, nós vamos chegar a uma conclusão sobre o que são as religiões afro-brasileiras. Muitos destes ritos chamados afro-brasileiros não são afro-brasileiros. Então, estas críticas vêm exatamente por isso, porque falta uma informação. Eu vejo mesmo amigos que se formaram em história, em universidades respeitadas pelo Brasil, vieram aprender um pouco de África comigo aqui na Yorubana. Inclusive história da África. É essa gente que vai para escola do primeiro e segundo graus formar brasileiros. Se eles não entenderem o africano do Brasil, eles não vão entender o que se passa. Vai ser muito difícil. Há todo um desejo da cultura "oficial" em embranquecer cada vez mais o país, exatamente com outros propósitos. Claro que eu não entendo o Brasil, como todo mundo com o cabelo trançado tipo Jimmy Cliff, com a boina da Jamaica e com os búzios. Nós somos homens de nossa época. Mas, sem entendermos a cultura afro-brasileira, é difícil entender o Brasil nos dias de hoje. Então há, na verdade, algumas pessoas com conceitos cardecistas que querem inferiorizar as religiões afro-brasileiras. Eles colocam assim: o Cardecismo é a universidade, o Candomblé é o curso médio, e a Umbanda é o curso primário. É esta a classificação que fazem! Eles vêm falar em conceitos tipo: porque o nosso culto é puro, nós não trabalhamos com cachaça, com farinha, com farofa. Eles não sabem o sentido. O mais curioso de tudo é ver que pessoas de outras religiões, de outros credos, de outros segmentos que estão em moda no Rio de Janeiro, como esotéricos, recorrem a pai de santo. É nesta hora que a minha galinha preta vai funcionar, porque o credo deles não adiantou! Eles estavam tão convencidos de sua realidade, mas vieram recorrer a mim, porque não entenderam mais nada do que estava se passando na vida deles.

Anexo 2: GLOSSÁRIO[1]

Abá – Objetivo, orientação. Ao lado de Iwá e Axé, Abá é a terceira força ou princípio do universo. Através do Abá pode a existência ter um objetivo. Olorum é a fonte de Abá.

Abassê – Pessoa responsável pela preparação das comidas rituais e pela cozinha ritual de um terreiro. Também chamada Iabassê.

Abiã – Grau mais inferior na hierarquia do Candomblé. Pessoa que ainda pretende fazer a iniciação. Também chamada Assiam.

Abicu – Designação para os filhos de Orixá que durante a iniciação não precisam passar pela cerimônia da raspagem da cabeça.

Aganju – Segundo um Itan, Aganju é simultaneamente irmão e esposo de Yemanjá.

Agogô – Instrumento musical ritual. É um instrumento metálico em forma de pequena campana (simples ou dupla), tocado com uma vareta e que pode ser utilizado para acompanhar o ritmo dos atabaques.

Aiye – Um dos dois níveis da existência: a existência física e palpável.

Ajibona – Cf. Mãe-Pequena.

Ajuntó – O segundo Orixá de uma pessoa.

Alabê – Pessoa responsável pelo toque dos atabaques no culto. Coordenador dos tocadores de atabaque.

Ara – Corpo ou habitante.

---

1. Não se trata aqui de um glossário do Candomblé, nem das religiões afro-brasileiras, mas de um glossário de palavras usadas neste trabalho.

Ara-Aiye – Designação geral para os habitantes do nível físico da existência. É usada especialmente para designar as pessoas humanas.

Ara-Orum – Designação geral para os habitantes do nível não palpável ou sobrenatural da existência. Esta expressão designa especialmente os Orixás e os Eguns.

Axé – Dinâmica, força de realização, vitalidade. Ao lado de Abá e Iwá, o Axé é a terceira força ou o terceiro princípio do universo. Olorum é a fonte última de Axé, que é administrado através dos Orixás. A obtenção de Axé é, no fundo, o objetivo último de toda atividade religiosa no Candomblé.

Axé Opô Afonjá – Cf. Ilê Axé Opô Afonjá.

Axexê – Ritual fúnebre no Candomblé.

Axogun – Pessoa responsável pela matança dos animais para o sacrifício.

Babalawô – Ministro do culto a Ifá e da consultação a Ifá.

Babalorixá – Autoridade máxima de um terreiro (quando se trata de um homem) e dirigente do culto no Candomblé. Também chamado pai de santo.

Babalossaim – Ministro do culto a Ossaim, o culto ao Orixá dos vegetais, e responsável pela coleta e preparação das plantas a serem usadas em cerimônias religiosas.

Babaogê – Ministro do culto aos mortos.

Batuque – Designação para a religião afro-brasileira praticada no Estado do Rio Grande do Sul.

Bori – Literalmente: dar de comer à cabeça. É o segundo rito no processo de iniciação no Candomblé e tem por objetivo fortalecer a cabeça do iniciando para receber o Orixá.

Búzios – Conchas de cauri usadas para a consultação aos Orixás. "Jogar búzios": consultar os Orixás usando 16 conchas de cauri.

Candomblé – Designação para a religião afro-brasileira na qual se pratica o culto aos Orixás, seguindo a tradição advinda do povo

Yoruba. Historicamente teve sua origem na cidade de Salvador da Bahia e atualmente espalhou-se por todo o Brasil.

Candomblé de Angola – Designação para uma tradição religiosa dentro do Candomblé.

Candomblé de Caboclo – Designação de um ramo do Candomblé no qual além dos elementos de origem africana há também uma forte influência de elementos religiosos indígenas.

Casa Branca – Cf. Ilê Iyanassô.

Casa de Minas – Designação para a religião afro-brasileira que teve sua origem na tradição religiosa dahomeana. É praticada principalmente na cidade de São Luís do Maranhão.

Catimbó – Tradição religiosa de origem indígena, praticada sobretudo no norte do Brasil e na qual houve influência de elementos religiosos oriundos da África.

Dagã – A mais velha das duas mulheres responsáveis pelo Padê de Exu.

Ebi – A família ou a parentela patrilinear.

Ebó – Oferta ou sacrifício feito aos Orixás.

Ebome – Título da pessoa que já passou pela obrigação dos sete anos da iniciação. Estas pessoas são consideradas aptas a abrir seu próprio terreiro. Também chamadas de Vodunsi.

Ebora – Orixá feminino. Esta designação é usada muito raramente no Brasil.

Egun – Finado, antepassado humano.

Ekede – Ajudante da pessoa que se encontra em transe. A Ekede não tem a aptidão de entrar em transe.

Emi – Respiração, hálito vital que Olorum soprou dentro do ser humano.

Encantamento – Designação para a tradição religiosa de origem indígena, praticada no norte do Brasil e que sofreu influência de elementos religiosos advindos da África.

Engenho Velho – Cf. Ilê Iyanassô.

Erê – Designação para a situação de transe suave que pode ocorrer após o transe profundo. Também se diz que o Erê é uma qualidade infantil do Orixá. Nesta condição de transe, o Orixá pode transmitir mensagens às pessoas.

Exu – Orixá da comunicação. Mensageiro dos outros Orixás.

Filho(a) de Santo – Designação geral para as pessoas iniciadas no Candomblé.

Gantois – Cf. Ilê Iyá Omi Axé Iyamassê.

Gêge – Designação brasileira para a tradição religiosa Ewê.

Iabassê – Cf. Abassê.

Ia-Kekerê – Cf. Mãe-Pequena.

Ialorixá – Autoridade máxima de um terreiro (quando se trata de uma mulher) e dirigente do culto no Candomblé. Também chamada Mãe de Santo.

Iaô – Designação para a pessoa que fez a iniciação até o sétimo ano de iniciada.

Ibeji – Orixás gêmeos.

Ifá – Orixá da sabedoria e da consultação. Também chamado Orumilá.

Igbá – Cabaça partida ao meio e que representa as duas metades (ou níveis) do universo.

Iku – Morte. Em alguns Itans Iku é personalizado.

Ilê – Casa.

Ilê-Axé – Espaço no terreiro, para o qual se recolhem as pessoas durante o tempo de iniciação.

Ilê Axé Opô Afonjá – Nome de uma das casas de Candomblé mais antigas e ainda existente no Brasil (em Salvador) e origem de uma das três tradições do Candomblé Ketu.

Ilê Iyanassô – Nome da mais antiga casa de Candomblé existente no Brasil. Este nome praticamente não é utilizado. Em vez disso, a casa é conhecida popularmente como "Casa Branca" ou "Candomblé do Engenho Velho". Origem de uma das três tradições do Candomblé Ketu.

Ilê Iyá Omi Axé Iyamassê – Nome de uma das mais antigas casas de Candomblé ainda existente no Brasil e origem de uma das três tradições do Candomblé Ketu. Esta casa de Candomblé é mais conhecida sob o nome de "Terreiro do Gantois".

Ilê-Orixá – Casa de Orixá. Designa os espaços ou pequenas casas no terreiro, nos quais se encontram os acentos (Pegi) dos Orixás.

Ilê-Saim – Casa ou espaço para os mortos no terreiro.

Iroko – Árvore sagrada dos Yoruba e também designação para o Orixá das árvores.

Itan – História ou lenda que conta a origem de alguma coisa.

Iwá – Força ou princípio da existência. Ao lado de Axé e Abá é uma das três forças ou princípios do universo e tem sua origem em Olorum.

Ketu – Uma tribo Yoruba. No Brasil este nome é utilizado para designar as três tradições que surgiram das três mais antigas casas de Candomblé ainda existentes: Ilê Iyanassô, Ilê Iyá Omi Axé Iyamassê e Ilê Axé Opô Afonjá.

Lê – Nome dado ao menor dos três atabaques usados no culto do Candomblé.

Macumba – Designação para a religião afro-brasileira surgida principalmente no Rio de Janeiro e advinda da tradição religiosa Banto. A palavra é utilizada muitas vezes de forma generalizada para designar as práticas religiosas das religiões afro-brasileiras e pode ter também um sentido pejorativo.

Mãe de Santo – Cf. Ialorixá.

Mãe-Pequena – Segunda pessoa na hierarquia de um terreiro (quando se trata de uma mulher) e responsável sobretudo pelos iniciandos. Também chamada Ajibona ou Ia-Kekerê.

Nagô – Língua dos Yoruba. No Brasil é usado como sinônimo para a tradição religiosa dos Yoruba.

Nanã – Orixá feminino e da lama. No Brasil também é cultuada como a mais idosa dos Orixás da água. Por isso, Nanã também é relacionada com a fertilidade, a agricultura e a colheita. Também chamada de Nananburucu ou Nanã Buruku.

Nanã Buruku – Cf. Nanã.

Nananburucu – Cf. Nanã.

Obá – Orixá feminino das águas.

Obaluaiyê – Cf. Omolu.

Obatalá – Orixá masculino da criação. Ele incorpora a fertilidade masculina e é contrapartida para Oduduwá. No Brasil, utiliza-se o nome de Obatalá também como uma designação para Oxalá.

Obi – Noz de Cola. O Obi é utilizado para diversos ritos no Candomblé, especialmente na consultação a Ifá.

Odu – Destino. Nome de cada uma das figuras no sistema de consultação.

Oduá – Cf. Oduduwá.

Oduduá – Cf. Oduduwá.

Oduduwá – Orixá feminino da criação. Ela incorpora a fertilidade feminina e é contrapartida para Obatalá. No Brasil, Oduduwá foi praticamente absorvida pela figura de Oxalá. Também chamada Oduá ou Oduduá.

Ogã – Membro honorário de um terreiro.

Ogum – Orixá masculino do ferro, da mata e da guerra.

Olodumaré – Literalmente: Senhor do destino eterno. Cf. Olorum.

Olori – Literalmente: Senhor ou dono da cabeça. Assim se designa o Orixá principal de uma pessoa.

Olorum – Senhor ou dono do Orum. O ser superior no Candomblé e criador do universo. Também chamado Olodumaré.

Olugama – Segundo um Itan, Olugama foi o ajudante de Olodumaré na criação do ser humano.

Omolu – Orixá das doenças e da cura. Também chamado Obaluaiyê, Soponna ou Xapanã.

Opô – Mastro de ligação entre o Orum e o Aiye.

Opô Afonjá – Cf. Ilê Axé Opô Afonjá.

Ori – Cabeça, inteligência, razão.

Orixás – Forças personalizadas da natureza que são cultuadas no Candomblé. Intermediadores das forças de Olorum. Antepassados sobrenaturais dos seres humanos.

Orixalá – Cf. Oxalá.

Orixanlá – Cf. Oxalá.

Orum – Um dos dois níveis ou formas de existência: a existência sobrenatural ou não palpável.

Orumilá – Cf. Ifá.

Orunga – Filho de Yemanjá e Aganju.

Ossaim – Orixá dos vegetais.

Otá – Pedra ou pedaço de ferro no qual está fixado o Orixá no Pegi.

Oxaguiã – Qualidade jovem de Oxalá.

Oxalá – O mais poderoso dos Orixás no Candomblé brasileiro. Orixá da origem e da criação. Aparece em diversas formas e é também chamado de Orixanlá, Orixalá ou Obatalá.

Oxalufã – Qualidade idosa de Oxalá.

Oxossi – Orixá masculino da caça.

Oxum – Orixá feminino dos rios e fontes de água doce.

Oxumaré – Orixá do arco-íris.

Oyá – Orixá feminino do vento. Também chamada de Yansã.

Padê de Exu – Oferenda a Exu com a qual se abre uma cerimônia no Candomblé.

Pai de Santo – Cf. Babalorixá.

Pajelança – Tradição religiosa indígena praticada no norte do Brasil.

Panam – Última cerimônia da iniciação. Resgate do iniciando e com isso passagem da clausura onde foi feita a iniciação para o ritmo normal de vida. Também chamado de "saída de Iaô".

Pegi – Altar onde se encontram as pedras dos Orixás e lugar onde se colocam as oferendas.

Pegigan – Senhor do altar. Pessoa responsável pelos Pegis.

Quartinha – Vasilha (geralmente de cerâmica) de água que se coloca diante do Pegi do Orixá.

Quilombo – Localidade de refúgio de escravos fugitivos.

Rum – O maior dos três atabaques usados no culto do Candomblé.

Rumpi – O atabaque médio dos três usados no culto do Candomblé.

Santerías – Designação da religião afro-americana praticada em Cuba.

Sidagã – A mais jovem das duas mulheres responsáveis pelo Padê de Exu.

Soponna – Cf. Omolu.

Terreiro – Local de culto do Candomblé. Este nome também é utilizado para designar o local de culto de outras religiões afro-brasileiras. Designa igualmente a comunidade do Candomblé.

Umbanda – Designação da religião afro-brasileira nascida no Estado do Rio de Janeiro e hoje a maior e mais conhecida das religiões afro-brasileiras. Fortemente influenciada pelo Espiritismo.

Vodu – Designação da religião afro-americana praticada no Haiti.

Vodunsi – Cf. Ebome.

Xangô – Orixá masculino do fogo, do trovão, do raio, da guerra e da justiça. O nome Xangô também é utilizado para designar a religião afro-brasileira de tradição Yoruba praticada em Recife.

Xapanã – Cf. Omolu.

Xaxará – Vassoura ritual do Orixá Omolu, com a qual ele varre as doenças.

Xirê – Designação para a sequência das canções e ritmos em homenagem aos Orixás, que são cantadas em uma cerimônia de Candomblé.

Yansã – Cf. Oyá.

Yemanjá – Orixá feminino da água salgada e do mar.

Yoruba – Povo sudanês, de cuja tradição religiosa originou-se o Candomblé brasileiro.

REFERÊNCIAS

AG = Ad gentes.
Compêndio do Vaticano II: Decreto "Ad gentes" sobre a atividade missionária da Igreja. 18. ed. Petrópolis 1986, 351-399.

AGOSTINI, N.: Evangelização.
Nova evangelização e opção comunitária – Conscientização e movimentos populares. Petrópolis 1990.

ALMEIDA CINTRA, R. de: Cultos.
Cultos afro-brasileños – Desafio para la Pastoral de la Iglesia Católica en el Brasil. In: *Misiones extranjeras* 112-113 (1989), 503-520.

AMADO, W.J. et al.: Religião.
A religião e o negro no Brasil. São Paulo 1989.

AMARAL LAPA, J.R.: Livro.
Livro da visitação do santo ofício da inquisição ao estado do Grão-Pará (1763-1769). Petrópolis 1978.

ANWANDER, A.: Einführung.
Einführung in die religionsgeschichte. Munique 1930.

ARAÚJO, C.: ABC.
ABC dos orixás. Rio de Janeiro 1993.

AUGEL, M.: Axé.
Axé – Lebensenergie und sakrale kraft. Die dynamische Struktur der welt der orixá. In: *Trigon 4* (1994), 83-92.

AUGEL, M.: Jesus.
Er heisst Jesus und ist Oxanguian. In: *ila* 155 (1992), 34-37.

AUGEL, M..: Poesia.
Poesia Negra. In: *ila* 155 (1992), 38-40.

AUGRAS, M.: Quizilas.
Quizilas e preceitos – Transgressão, reparação e organização dinâmica do mundo. In: MARCONDES DE MOURA, C.E. (org.). *Candomblé – Desvendando identidades.* São Paulo 1987, 53-86.

AZZI, R.: Cristandade.
A cristandade colonial, mito e ideologia. Petrópolis 1987.

AZZI, R.: Instituição.
A instituição eclesiástica durante a primeira época colonial. In: CEHILA (org.). *História da igreja no Brasil.* Band 2. Petrópolis 1977, 153-242.

BABALORIXÁ OMINARÊ: Candomblé.
Candomblé de keto (Alaketo). 4. ed. Rio de Janeiro 1985.

BARCELLOS, M.C.: Orixás.
Os Orixás e o segredo da vida. Rio de Janeiro 1991.

BARCELLOS, M.C.: Personalidade.
Os Orixás e a personalidade humana. Rio de Janeiro 1990.

BARROS DE CASTRO, A.: Mãos.
"As mãos e os pés do senhor de engenho": dinâmica do escravismo colonial. In: PINHEIRO, P.S. (org.). *Trabalho escravo, economia e sociedade.* Rio de Janeiro 1983, 41-66.

BARTOLUCCI, E.: Pastoral.
Hacia una pastoral afroamericana. In: *Misiones extranjeras* 112-113 (1989), 535-557.

BASTIDE, R.: Américas.
As Américas negras. São Paulo 1974.

BASTIDE, R.: Brasil.
Brasil: Terra de contrastes. São Paulo 1959.

BASTIDE, R.: Candomblé.
O Candomblé da Bahia. 3. ed. São Paulo 1978.

BASTIDE, R.: Estudos.
Estudos afro-brasileiros. São Paulo 1983.

BASTIDE, R.: Imagens.
Imagens do Nordeste místico em branco e preto. Rio de Janeiro 1945.

BASTIDE, R.: Poesia.
A poesia afro-brasileira. São Paulo 1943.

BASTIDE, R.: Religiões.
As religiões africanas no Brasil. 3. ed. São Paulo 1989.

BENÍCIO, J.C.: Axé.
Axé! A força do culto aos orixás [mimeo.].

BENISTES, J.: Língua.
A língua Yorubá. Nova Iguaçu 1990 [mimeo.].

BEOZZO, J.O.: Américas.
As Américas negras e a história da igreja: Questões metodológicas. In: CEHILA (org.). *Escravidão negra e história da igreja na América Latina e no Caribe*. Petrópolis 1987, 27-64.

BEOZZO, J.O.: Igreja.
A igreja na crise final do império. In: CEHILA (org.). *História da igreja no Brasil*. II/2. Petrópolis 1980, 255-307.

BEOZZO, J.O.: Mulher.
A mulher indígena e a igreja na situação escravista do Brasil colonial. In: CEHILA (org.). *A mulher pobre na história da igreja latino-americana*. São Paulo 1984, 70-93.

BERGMANN, M.: Povo.
Nasce um povo. 2. ed. Petrópolis 1978.

BERKENBROCK, V.: Religionen.
Die afro-brasilianischen religionen: Das unerwünschte erbe unserer geschichte? In: *Wissenschaft und weisheit 55* (1992), 145-156.

BERNER, U.: Synkretismus.
Synkretismus und inkulturation. In: SILLER, H.P. (org.). *Suchbewegungen*. Darmstadt 1991, 130-144.

BERNHARDT, R.: Absolutheitsanspruch.
Der Absolutheitsanspruch des Christentums – Von der Aufklärung bis zur pluralistischen religionstheologie. 2. ed. Gütersloh 1993.

BILOLO, M.: Begriffe.
Die begriffe "Heiliger Geist" und "Dreifaltigkeit Gottes" angesichts der afrikanischen religiösen überlieferungen. In: *Zeitschrift für Missionswissenschaft und Religionswissenschaft* 68 (1984), 1-23.

BIRMAN, P.: Comentários.
Comentários a propósito da "II Conferência mundial da tradição dos orixás". In: *Comunicações do Iser* 8 (1984), 47-54.

BOFF, C.: Comunidade.
Comunidade eclesial, comunidade política – Ensaios de eclesiologia política. Petrópolis 1978.

BOFF, C.: Teologia.
Teologia e prática – Teologia do político e suas mediações. 2. ed. Petrópolis 1982.

BOFF, L.: Destino.
O destino do homem e do mundo. Ensaio sobre a vocação humana. 2. ed. Petrópolis 1973.

BOFF, L.: Evangelização.
Nova evangelização – Perspectiva dos oprimidos. Fortaleza 1990.

BOFF, L.: Graça.
A graça libertadora no mundo. 2. ed. Petrópolis 1987.

BOFF, L.: Jesus.
Jesus Cristo libertador – Ensaio de cristologia crítica para o nosso tempo. 9. ed. Petrópolis 1983.

BOFF, L.: Lugar.
Do lugar do pobre. 3. ed. Petrópolis 1986.

BOFF, L.: Teologia.
Teologia do cativeiro e da libertação. 5. ed. Petrópolis 1987.

BOFF, L.; BOFF, C.: Teologia.
Teologia da Libertação no debate atual. Petrópolis 1985.

BOFF, L.; BOFF, C.: Teologia da Libertação.
Como fazer Teologia da Libertação. 3. ed. Petrópolis 1986.

BOFF, L.; KERN, B.; MÜLLER, A. (org.): Werkbuch.
Werkbuch Theologie der Befreiung. Anliegen – streitpunkte – personen. Düsseldorf 1988.

BUARQUE DE HOLANDA, S.: Raízes.
Raízes do Brasil. 9. ed. Rio de Janeiro 1976.

CAMPOS, J.J.P.: Guia.
Guia de Candomblé da Bahia. 3. ed. Rio de Janeiro 1989.

CAPONE, S.: Cerimônia.
A cerimônia do Bori no Candomblé da Bahia. In: *Comunicações do Iser* 34 (1989), 59-66.

CARMO, J.C. do: Candomblé.
O que é Candomblé. São Paulo 1987.

CARNEIRO, E.: Candomblés.
Candomblés da Bahia. Rio de Janeiro (Ediouro) [s.d.].

CARNEIRO, E.: Negros.
Negros Bantus. Rio de Janeiro 1937.

CARNEIRO, E.: Xangô.
Xangô. In: FREYRE, G. (org.). *Novos estudos afro-brasileiros*. Rio de Janeiro 1937. 139-145.

CARVALHO DA COSTA, V.: Umbanda 1.
Umbanda: os 'Seres Superiores' e os Orixás/Santos. Vol. 1. São Paulo 1983.

CARVALHO DA COSTA, V.: Umbanda 2.
Umbanda: os 'Seres Superiores' e os Orixás/Santos. Vol. 2. São Paulo 1983.

CARVALHO, J.J. de: Força.
A força da nostalgia. A concepção de tempo histórico dos cultos afro-brasileiros tradicionais. In: *Religião e Sociedade* 14/2 (1987), 36-61.

CELAM (org.): Arbeitsdokument.
Arbeitsdokument zur IV. Generalkonferenz der lateinamerikanischen bischöfe: Neue evangelisierung, menschliche entwicklung, christliche kultur. In: SEKRETARIAT DER DEUTSCHEN BISCHOFSKONFERENZ (org.). *Arbeitshilfen* 89B. Bonn 1992.

CELAM (org.): Documento.
Documento de Consulta. Santo Domingo 1992.

CHIAVENATO, J.J.: Negro.
O negro no Brasil. 3. ed. São Paulo 1986.

CNBB (org.): Clamor.
Ouvi o clamor deste povo – Campanha da Fraternidade 1988, Manual. Brasília 1988.

CNBB/Leste 1 (org.): Macumba.
Macumba. Rio de Janeiro 1972.

COLLET. G.: Bekehrung.
Bekehrung – Vergleich – Anerkennung. Die Stellung des Anderen im Selbstverständnis der Missionswissenschaft. In: *Zeitschrift für Missionswissenschaft und Religionswissenschaft* 77 (1993), 202-215.

COMBLIN, J.: Espírito
O Espírito Santo e a libertação. Petrópolis 1987.

COMBLIN, J.: Tempo.
O tempo da ação – Ensaio sobre o Espírito e a história. Petrópolis 1982.

COMISSÃO REGIONAL DOS AGENTES DE PASTORAL NEGROS (org.): 500 anos.
500 anos de evangelização? – Sete atos oficiais que decretaram a marginalização do povo negro no Brasil [mimeo.].

COMISSÃO REGIONAL DOS AGENTES DE PASTORAL NEGROS (org.): Brasil.
Brasil: Assuma o seu rosto [mimeo.].

COMISSÃO REGIONAL DOS AGENTES DE PASTORAL NEGROS (org.): Ritual.
Ritual experimental para um casamento segundo a cultura afro-brasileira [mimeo.].

CONGAR, Y.: Geist
Der Heilige Geist. 2. ed. Freiburg 1986.

DAMASCENO, C.M.: Orixá.
Cantando para subir: Orixá no altar, santo no peji. Rio de Janeiro 1990.

DAMASCENO, C.M.: Oxalá.
Oxalá e Jesus. Identidade étnica negra e o contexto cristão. In: *Comunicações do ISER* 21 (1986), 4-25.

DAMASCENO, C.M.; SANTOS, M.C.L.: Sobrevivência.
Sobrevivência e identidade dividida. In: *Comunicações do Iser* 15 (1985), 38-40.

DANTAS, B.G.: Pureza.
Pureza e poder no mundo dos Candomblés. In: MARCONDES DE MOURA, C.E. (org.). *Candomblé* – Desvendando identidades. São Paulo 1987, 121-127.

DANTAS, B.G.: Repensando.
Repensando a pureza nagô. In: *Religião e Sociedade* 8 (junho 1982), 15-19.

DANTAS, B.G.: Vovó.
Vovó nagô e papai branco. Rio de Janeiro 1988.

DELGADO, M.: Theologie.
Theologie angesichts religiöser vielheit. Die theologische hauptaufgabe im umgang mit nichtchristlicher religiösität. In: *Zeitschrift für Missionswissenschaft und Religionswissenschaft* 77 (1993), 183-201.

DENZINGER, H.; HÜNERMANN, P. (org.): Kompendium.
Kompendium der glaubensbekenntnisse und kirchlichen lehrentscheidungen. 37. ed. Freiburg 1991.

DH = Dignitatis Humanae.
Compêndio do Vaticano II: Declaração "Dignitatis Humanae" sobre a liberdade religiosa. 18. ed. Petrópolis 1986, 601-616.

DIAS DE ARAÚJO, J.: Imagens.
Imagens de Jesus Cristo na literatura de cordel. In: *Revista de Cultura Vozes* 7 (1974), 41-48.

DIOCESE DE DUQUE DE CAXIAS E SÃO JOÃO DE MERITI (org.): Novena.
Novena do Natal 1991. Duque de Caxias 1991.

DOPAMU, P.A.: Exu.
Exu: o inimigo invisível do homem. São Paulo 1990.

DORNAS FILHO, J.: Escravidão.
A escravidão no Brasil. Rio de Janeiro 1939.

DUSSEL, E.: Erfindung
Von der erfindung Amerikas zur entdeckung des anderen – Ein projekt der transmoderne. Düsseldorf 1993.

ECHEGARAY, H.: Prática.
A prática de Jesus. Petrópolis 1982.

ELBEIN DOS SANTOS, J.: Nàgô.
Os nàgô e a morte. 5. ed. Petrópolis 1988.

ELBEIN DOS SANTOS, J.: Pierre Verger.
Pierre Verger e os resíduos coloniais: o "outro" fragmentado. In: *Religião e Sociedade* 8 (1982), 11-14.

EN = Evangelii nuntiandi.
Papa Paulo VI: *Carta Apostólica "Evangelii nuntiandi".*

ESPÍN, O.: Iroko.
Iroko e ará-kolé: Comentário exegético a um mito ioruba-lucumi. In: *Perspectiva Teológica* 18 (1986), 29-61.

FAGUNDES HAUCK, J.: Igreja.
A Igreja na emancipação. In: CEHILA (org.). *História da igreja no Brasil.* II/2. Petrópolis 1980, 7-139.

FARELLI, M.H.: Rituais.
Os rituais secretos da magia negra e do Candomblé. 5. ed. Rio de Janeiro 1984.

FERNANDES, G.: Xangôs.
Xangôs no Nordeste. Investigações sobre os cultos negro-fetichistas do Recife. Rio de Janeiro 1937.

FERNANDES TRINDADE, D.: Iniciação.
Iniciação à Umbanda. São Paulo 2. Aufl. [ohne Datum].

FIGGE, H.H.: Geisterkult.
Geisterkult, Besessenheit und Magie in der Umbanda-religion Brasiliens. Freiburg/Munique 1973.

FIGUEIRÔA, T.: Senhora.
Nossa Senhora do Carmo do Recife: a brilhante Senhora de muitos rostos e sua festa. In: *Comunicações do Iser* 35 (1990), 30-34.

FRAGOSO, H.: Igreja.
A igreja na formação do Estado liberal. In: CEHILA (org.). *História da igreja no Brasil*. Band II/2. Petrópolis 1980, 141-253.

FRAGOSO, H.: Sklaverei.
Sklaverei in Brasilien: Die haltung der orden in einer umstrittenen frage. In: SIEVERNICH, M. et al. (org.). *Conquista und evangelisation*. Mainz 1992, 167-200.

FRANCO MARTÍNEZ, F.: Esclavitud.
La esclavitud en el Brasil. In: *Misiones extranjeras* 112-113 (1989), 493-501.

FRANZISKANER; WERL (org.): Geist.
"Ein neuer geist für die neue zeit" – Dokumente des generalkapitels 1991. Werl 1991.

FREITAS, B.T. de; FREITAS, V.C. de: Orixás.
Os orixás e o Candomblé. Rio de Janeiro 4. Aufl. [ohne Datum].

FRIGERIO, A.: Umbanda.
Umbanda e africanismo em Buenos Aires: duas etapas de um mesmo caminho religioso. In: *Comunicações do Iser* 35 (1990), 52-63.

FRISOTTI, E.: Afro-América.
Afro-América – O terreiro nos evangeliza. São Paulo 1990 [manuscrito].

GÄDE, G.: Offenbarung.
Offenbarung in den religionen? Anselmianische überlegungen zum dialog mit den religionen. In: *Münchener Theologische Zeitschrift* 45 (1994), 11-24.

GENOVESE, E.D.: Mundo.
O mundo dos senhores de escravos. Rio de Janeiro 1979.

GERBERT, M.: Religionen.
Religionen in Brasilien. Berlim 1970.

GIACOMINI, S.M.: Leitura.
Uma dupla leitura: macumba, cultura negra e ideologia do recalque. In: *Comunicações do Iser* 28 (1988), 55-71.

GIOBELLINA-BRUMANA, F.: Comida.
A comida de santo no Candomblé. In: *Comunicações do Iser* 34 (1989), 40-49.

GLAZIK, J.: Mission.
Die Mission der Bettelorden ausserhalb Europas. In: JEDIN, H. (org.). *Handbuch der Kirchengeschichte*, Vol. III/2. Freiburg 1985, 479-489.

GOLDMAN, M.: Construção.
A construção ritual da pessoa: A possessão no Candomblé. In: *Religião e Sociedade* 12/1 (1985), 22-53.

GOMES, B.M.: História.
Por uma história do homem negro. In: *Revista de Cultura Vozes* 1 (1974), 41-45.

GUTIÉRREZ, G.: Força.
A força histórica dos pobres. Petrópolis 1981.

GUTIÉRREZ, G.: Teologia.
Teologia da Libertação. 4. ed. Petrópolis 1983.

GUTIÉRREZ AZOPARDO, I.: Vision.
Vision de las culturas afroamericanas en America Latina. In: *Misiones extranjeras* 112-113 (1989), 433-437.

HASENBALG, C.A.: Discriminação.
Discriminação e desigualdades raciais no Brasil. Rio de Janeiro 1979.

HEINSFELD, A.: Deus.
Cristianizar para meu Deus e escravizar para meu amo: a Igreja e a escravidão na América Latina. In: *Teocomunicação* 98 (1992), 503-524.

HERINGER, R. et al.: Negros.
Negros no Brasil: dados da realidade. Petrópolis 1989.

HERSKOVITS, M.J. et al.: Negro.
O negro no Brasil. Rio de Janeiro 1940.

HILBERATH, B.J.: Gnadenlehre.
Gnadenlehre. In: SCHNEIDER, T. (org.). *Handbuch der dogmatik*. Vol. 2. Düsseldorf 1992, 3-46.

HOEBERICHTS, J.: Franziskus.
Franziskus und mission. In: *Cibedo* 6 (1992 n. 2/3), 46-57.

HOFBAUER, A.: Anpassung.
Zwischen Anpassung und Widerstand. *Ordensnachrichten* (1992/6), 18-24.

HOFBAUER, A.: Schwarzsein.
Schwarzsein in Brasilien – gestern und heute. In: *Ordensnachrichten* (1992/6), 11-17.

HOORNAERT, E.: Cristandade.
A cristandade durante a primeira época colonial. In: CEHILA (org.). *História da Igreja no Brasil*. Vol. 2. Petrópolis 1977, 243-411.

HOORNAERT, E.: Evangelização.
A evangelização do Brasil durante a primeira época colonial. In: CEHILA (org.). *História da Igreja no Brasil*. Vol. 2. Petrópolis 1977, 19-152.

HOORNAERT, E.: Igreja.
A igreja no Brasil. In: DUSSEL, E. (org.). *Historia liberationis* – 500 anos de história da igreja na América Latina. São Paulo 1992, 297-317.

HURBON, L.: Igreja.
A igreja e a escravidão moderna. In: DUSSEL, E. (org.). *Historia liberationis* – 500 anos de história da Igreja na América Latina. São Paulo 1992, 531-545.

HURBON, L.: Sklavenhandel.
Sklavenhandel mit Schwarzafrikanern und Sklaverei in Amerika. In: *Concilium* 26 (1990), 505-512.

HURBON, L.: Sklaverei.
Sklavenhandel, Sklaverei und Kirche. *Ordensnachrichten* (1992/6), 3-11.

IWASHITA, P.: Iemanjá.
Maria e Iemanjá – Ensaio de método para uma análise religiosa e psicológica do feminino. In: *Perspectiva Teológica* 55 (1989), 317-331.

WASHITA, P.: Maria.
Maria no contexto da religiosidade popular brasileira. Fribourg/Schweiz 1987.

JOÃO PAULO II: Ansprache.
Ansprache an die katholische Gemeinschaft auf der Insel Gorée/Senegal am 22. Februar. In: *L'Osservatore Romano* (dt.) 10 (1992), 9-10.

JOÃO PAULO II: Mensagem.
Mensagem aos indígenas da América. Santo Domingo – IV Conferência do Episcopado Latino-Americano. 2. ed. Petrópolis 1993, 155-160.

KARDEC, A.: Livro.
O Livro dos Médiuns. 57. ed. Rio de Janeiro [s.d.].

KASPER, E.A.: Afrika.
Afrika in Amerika. In: *Ordensnachrichten* (1992/6), 34-39.

KING, D.A.: Pastoral.
Pastoral afro-americana. In: BEOZZO, J.O. et al. *Vida, clamor e esperança.* São Paulo 1992, 371-378.

KLOPPENBURG, B.: Católico.
O católico perante a Umbanda. Petrópolis 1952.

KLOPPENBURG, B.: Cruzada.
Cruzada de defesa da fé católica no I centenário do Espiritismo. Petrópolis 1957.

KLOPPENBURG, B.: Ensaio.
Ensaio de uma nova posição pastoral perante a Umbanda. In: *Revista Eclesiástica Brasileira* 28 (1968), 404-417.

KLOPPENBURG, B.: Espírita.
Por que o católico não pode ser espírita? Petrópolis 1951.

KLOPPENBURG, B.: Igreja.
Por que a igreja condenou o Espiritismo? Petrópolis 1953.

KLOPPENBURG, B.: Material.
Material para instruções sobre a heresia espírita. I e II. Petrópolis 1953.

KLOPPENBURG, B.: Reencarnação.
Por que não admito a reencarnação? Petrópolis 1952.

KLOPPENBURG, B.: Resposta.
Resposta aos espíritas. Petrópolis 1954.

KLOPPENBURG, B.: Sincretismo.
O sincretismo afro-brasileiro como desafio à evangelização. In: *Teocomunicação* 96 (1992), 203-215.

KLOPPENBURG, B.: Umbanda.
A Umbanda no Brasil. Petrópolis 1961.

KOCH-WESER, M.R.M.: Yoruba-Religion.
Die yoruba-religion in Brasilien. Bonn 1976.

KÜNG, H.: Christ.
Christ sein. Munique 1974.

L'ESPINAY, F.: Fé.
Fé e cultura. In: *Comunicações do ISER* 21 (1986), 57-59.

L'ESPINAY, F. de: Igreja.
Igreja e religião africana do Candomblé no Brasil. In: *Revista Eclesiástica Brasileira* 188 (1987), 860-890.

L'ESPINAY, F.: Religião.
A religião dos orixás – outra palavra do Deus Único? In: *Revista Eclesiástica Brasileira* 187 (1987), 639-650.

LEUZE, R.: Christentum.
Das Christentum – Die absolute religion? In: *Zeitschrift für Missionswissenschaft und Religionswissenschaft* 68 (1984), 280-295.

LG = Lumen Gentium.
Compêndio do Vaticano II: Constituição dogmática "Lumen Gentium" sobre a igreja. 18. ed. Petrópolis 1986, 39-117.

LIMA MIRA, J.M.: Evangelização.
A evangelização do negro no período colonial brasileiro. São Paulo 1983.

LINARES, R.A. et al.: Cosme.
Cosme/Damião e Oxalá. São Paulo 1988.

LODY, R.: Árvores.
Árvores sagradas. Etnografias e ecologia no Candomblé, no Xangô e no Mina Jeje-Nagô. In: *Comunicações do Iser* 40 (1991), 72-79.

LORSCHEIDER, A.: Armen.
Die armen haben mich bekehrt. In: MISSIONSZENTRALE DER FRANZISKANER E.V. (org.). *Berichte, dokumente, kommentare* 34. Bonn 1987.

LUZ, M.A.: Cultura.
Cultura negra e ideologia do recalque. Rio de Janeiro 1983.

LUZ, M.A.; LAPASSADE, G.: Segredo.
O segredo da macumba. São Paulo 1972.

MAESTRI FILHO, M.J.: Depoimentos.
Depoimentos de escravos brasileiros. São Paulo 1988.

MARINHO DE AZEVEDO, C.M.: Onda.
Onda negra – Medo branco. Rio de Janeiro 1987.

MARTINI, C.M.: Islam.
Wir und der Islam. In: *Cibedo* 5 (1991), 1-11.

MARZAL, M.M.: Sincretismo.
Sincretismo iberoamericano e inculturacion. In: *Medellín* 60 (1989), 522-541.

McKENZIE, P.R.: Culto.
O culto aos Orixás entre os Yoruba: algumas notas marginais relativas a sua cosmologia e a seus conceitos de divindade. In: MOURA,

C.E.M. (org.). *Candomblé* – Desvendando identidades. São Paulo 1987, 129-148.

McVEIGH, M.: Afrika.
Afrika: Der religionsbegriff in den christlichen theologien Afrikas. In: *Concilium* 16 (1980), 433-437.

MEIER, J.: Eroberung.
Die geistliche eroberung der neuen welt. In: *Trigon* 4 (1994), 63-73.

METZLER, J.: America.
America Pontificia. Primi saeculi evangelizationis 1493-1592. Vol. I. Vaticano 1991.

MONTEIRO, P.: Doença.
Da doença à desordem – A magia na Umbanda. Rio de Janeiro 1985.

MÜLLER, K.; SUNDEMEIER, T. (org.): Lexikon.
Lexikon missionstheologischer grundbegriffe. Berlin 1987.

MUÑOZ, R.: Deus.
O Deus dos cristãos. Petrópolis 1986.

NA = Nostra aetate.
Compêndio do Vaticano II: Declaração "Nostra aetate" sobre as relações da Igreja com as religiões não cristãs. 18. ed. Petrópolis 1986, 619-625.

NEIS, R.: Igreja.
Igreja e escravatura no Brasil. In: *Teocomunicação* 84 (1989), 179- 194.

ORO, A.P.: Mobilidade.
Mobilidade religiosa dos católicos no Sul do Brasil. In: *Revista Eclesiástica Brasileira* 201 (1991), 309-331.

ORO, A.P.: Negros.
Negros e brancos nas religiões afro-brasileiras no Rio Grande do Sul. In: *Comunicações do Iser* 28 (1988), 33-71.

PAMPLONA, G.: Olorum.
Olorum é católico. Em ato de fé ao Documento de Santo Domingo, negros brasileiros introduzem sua cultura na igreja. In: *IstoÉ* 1267 (1994), 42-44.

PARAÍSO FERREIRA DE ALMADA, V.: Escravismo.
Escravismo e transição. Rio de Janeiro 1984.

PIEPKE, J.G.: Heritage.
The religious heritage of Africa in Brazil. In: *Verbum SVD* 33 (1992), 165-184.

PIEPKE, J.G.: Kulte.
Die afro-brasilianischen kulte. Herausforderung des heilsmonopols der Katholischen kirche in Lateinamerika. In: *Theologie der Gegenwart* 36 (1993/3), 196-208.

PINHEIRO, I.: Schwarz.
Nicht schwarz sondern zimtfarben. In: *ila* 155 (1992), 29-31.

PORTUGAL, A.M.G.: Culto.
O culto dos Orixás. Rio de Janeiro [s.d.].

PORTUGAL, F.: Axé.
Axé: Poder dos deuses africanos. Rio de Janeiro [s.d.].

PORTUGAL, F.: Exu.
De Exu a Oxalá – Os deuses yorubá [mimeo.].

PORTUGAL, F.: Yorubá.
Yorubá: a língua dos Orixás. Rio de Janeiro 1985.

PUEBLA = A evangelização no presente e no futuro da América Latina. *Documento da III Conferência Geral do Episcopado Latino-Americano.* 4. ed. Petrópolis 1982.

QUERINO, M.: Costumes.
Costumes africanos no Brasil. Rio de Janeiro 1938.

RAHNER, K.: Grundkurs.
Grundkurs des glaubens – Einführung in den begriff des christentums. 4. ed. Freiburgo 1984.

RAHNER, K.; VORGRIMLER, H.: Konzilskompendium.
Kleines konzilskompendium. 20. ed. Freiburg 1987.

RAMERS, P.: Absolutheitsanspruch.
Der "absolutheitsanspruch des christentums" und der dialog mit den nichtchristlichen religionen. In: *Verbum* SVD 23 (1982), 211-243.

RAMOS, A.: Culturas 1.
As culturas negras no novo mundo – O negro brasileiro III. 2. ed. São Paulo 1946.

RAMOS, A.: Culturas 2.
As culturas negras no novo mundo. 4. ed. São Paulo 1979.

RAMOS, A.: Introdução 1.
Introdução à antropologia brasileira: As culturas europeias e os contatos raciais e culturais. Rio de Janeiro 1947.

RAMOS, A.: Introdução 2.
Introdução à antropologia brasileira: As culturas não europeias. Rio de Janeiro 1961.

RAMOS, A.: Negro.
O negro brasileiro. 3. ed. São Paulo 1951.

RATZINGER, J.: Glaube.
Der christliche glaube vor der herausforderung der kulturen. In: GORDAN, P. (org.). *Evangelium und inkulturation*. Viena 1993, 9-26.

RÉGIS, O.F. et al.: Encontro.
Encontro de Nações-de-Candomblé. Salvador 1984.

REHBEIN, F.C.: Candomblé.
Candomblé e salvação – A salvação na religião nagô à luz da teologia cristã. São Paulo 1985.

REHBEIN, F.C.: Heil im Candomblé.
Heil im Candomblé und in der christlichen erlösungslehre. *Ordensnachrichten* (1992/6), 50-63.

REHBEIN, F.C.: Mensch.
Der afro-brasilianische mensch und seine suche nach heil. In: *Ordensnachrichten* (1992/6), 40-50.

REIS, J.J.: Malhas.
Nas malhas do poder escravista: a invasão do Candomblé do accú, na Bahia, 1829. *Religião e Sociedade* 13/3 (1986), 108-127.

RIBEIRO, J.: Cerimônias.
Cerimônias da Umbanda e do Candomblé. 3. ed. Rio de Janeiro. [s.d.].

RIBEIRO, J.: Magia.
Magia do Candomblé. 2. ed. Rio de Janeiro 1988.

RODRIGUES, N.: Africanos.
Os africanos no Brasil. 3. ed. São Paulo 1945.

ROTTLÄNDER, P.: Eroberung.
Die eroberung Amerikas und wir in Europa. Aachen 1992.

ROTZETTER, A.; MORSCHEL, R.; BEY, H. (org.): Conquista.
Von der conquista zur theologie der befreiung – Der franziskanische traum einer indianischen Kirche. Zurique 1993.

RZEPKOWSKI, H. (org.): Lexikon.
Lexikon der mission. Colônia 1992.

SANTO DOMINGO = Nova evangelização, promoção humana e cultura cristã.
Documento da IV Conferência do Episcopado Latino-Americano. 2. ed. Petrópolis 1993.

SANTOS, D.R. dos: 500 anos.
Os 500 anos de evangelização frente à comunidade negra brasileira [mimeo.].

SANTOS, D.R.: Contribuição.
Uma contribuição ao debate em torno do rito católico afro-brasileiro [mimeo.].

SANTOS, D.R.: Ecumenismo.
Ecumenismo e religiões afros [mimeo.].

SANTOS, D.R.: Perguntas.
Perguntas e respostas sobre alguns aspectos das religiões afro-brasileiras [mimeo.].

SANTOS, J.A. dos: Candomblé.
O Candomblé e seus mistérios. Rio de Janeiro [s.d.].

SANTOS, J.T. dos: Imagens.
As imagens estão guardadas: reafricanização. In: *Comunicações do ISER* 34 (1989), 50-58.

SANTOS MIRANDA, R. dos: Candomblé.
Candomblé, Umbanda e suas obrigações. 2. ed. Rio de Janeiro. [s.d.].

SÃO FRANCISCO DE ASSIS: Escritos.
Escritos e biografias de São Francisco de Assis. Crônicas e outros testemunhos do primeiro século franciscano. 2. ed. Petrópolis 1982.

SAYER, J.: Pastoral.
Pastoral der befreiung. erfahrungen mit der "kirche der armen". In: EICHER, P. (org.). *Theologie der Befreiung im gespräch*. Munique 1985, 51-79.

SCANNONE, J.C.: Mestizentum.
Kulturelles mestizentum, volkskatholizismus und synkretismus in Lateinamerika. In: SILLER, H.P. (org.). *Suchbewegungen*. Darmstadt 1991, 106-116.

SCHALÜCK, H. et al.: Botschaft.Botschaft an die schwestern und brüder der franziskanischen familie in aller welt anlässlich des fünfhundertjahrgedenkens der evangelisierung Amerikas. In: *Ordenskorrespondenz* 33 (1992), 273-278.

SCHILLEBEECKX, E.: Christus.
Christus und die Christen – Die geschichte einer neuen lebenspraxis. Freiburg 1977.

SCHILLEBEECKX, E.: Jesus.
Jesus – Die geschichte von einem lebenden. Freiburg 1975.

SCHLEGELBERGER, B.: Zeugnisse.
Zeugnisse des Überlebens – Spuren indianischer und afrikanischer Religion in der Gegenwart Lateinamerikas. In: *Trigon* 4 (1994). 74-82.

SCHREIJÄCK, T.: Tawantinsuyu.
Von Tawantinsuyu nach Abya-Yala. In: SCHREIJÄCK, T. (org.). *Die indianischen gesichter Gottes*. Frankfurt 1992, 285-291.

SCHÜSSLER, W.: Prinzip.
Das kopernikanische prinzip und die theologie der religionen. Zu Paul Tillichs religionsphilosophischem beitrag zum interreligiösen dialog. In: *Zeitschrift für Missionswissenschaft und Religionswissenschaft* 77 (1993), 137-151.

SCHWANTES, M.: Wurzel.
Biblische wurzel der Befreiungstheologie. In: *Hirschberg* 45, Nr. 7/8 (1992), 1-6.

Secunda Relatio = CELAM (org.): Für eine kultur solidarischen lebens.Die stimme der lateinamerikanischen kirche vor der IV. Konferenz in Santo Domingo 1992: Secunda Relatio. In: MISEREOR/ MISSIONSZENTRALE DER FRANZISKANER (org.). *Berichte und Dokumente* 8. Aachen 1993.

SEGNA, E.V.: Análise.
Análise crítica do catolicismo no Brasil. Petrópolis 1977.

SETILOANE, G.M.: Teologia.
Teologia africana [mimeo.].

SILLER, H.P.: Handeln.
Synkretistisches handeln. In: SILLER, H.P. (org.). *Suchbewegungen*. Darmstadt 1991, 174-184.

SILLER, H.P.: Lernertrag.
Ein lernertrag. In: SILLER, H.P. (org.). *Suchbewegungen*. Darmstadt 1991. 193-203.

SILLER, H.P.: Synkretismus.
Synkretismus: bestandsaufnahme und problemanzeigen. SILLER, H.P. (org.). *Suchbewegungen*. Darmstadt 1991. 1-17.

SILVA, A.A. da: Evangelização.
Evangelização libertadora a partir dos negros. In: BEOZZO, J.O. et al. *Vida, clamor e esperança*. São Paulo 1992, 379-385.

SILVERSTEIN, L.M.: Mãe.
Mãe de todo mundo: Modos de sobrevivência nas comunidades de Candomblé da Bahia. In: *Religião e Sociedade* 4. 143-169.

SKIDMORE, T.E.: Preto.
Preto no branco: Raça e nacionalidade no pensamento brasileiro. 2. ed. Rio de Janeiro 1989.

SMUTKO, G.: Luta.
A luta dos capuchinhos contra a escravidão dos negros durante os séculos XVII e XVIII. In: *Revista Eclesiástica Brasileira* 202 (1991), 552-567.

SOBRINO, J.: Cristologia.
Cristologia a partir da América Latina – Esboço a partir do seguimento do Jesus histórico. Petrópolis 1983.

SOBRINO, J.: Jesús.
Jesús en América Latina – Su significado para la fe y la cristologia. Santander 1982.

SODRÉ, M.: Terreiro.
O terreiro e a cidade. Petrópolis 1988.

SÔLANKÊ, L. et al.: Negro.
O negro no Brasil. Rio de Janeiro 1940.

SOMETTI, J.: Maravilhoso.
O maravilhoso: Pastoral e teologia. São Paulo 1991.

STOLBERG, C.F.: Afrika.
Afrika in Amerika. In: *ila* 155 (1992), 4-7.

SUESS, P.: Etíope.
Etíope resgatado. In: *Revista Eclesiástica Brasileira* 204 (1991), 902-921.

SUESS, P.: Geschichte.
Zur geschichte und ideologie von sklaverei und sklavenbefreiung in Brasilien. In: *Münchener Theologische Zeitschrift* 43 (1992), 293-313.

SUESS, P.: Perspektive.
Aus der Perspektive der Opfer. Kirchliche Stimmen aus Lateinamerika. In: PÄPSTLICHE MISSIONSWERKE (org.). *Kein Grund zum feier!* Zum 500. Jahrestag der Entdeckung Amerikas. Kirchliche Stimmen aus Lateinamerika. Viena 1991, 13.

TOSSOU, K.J.: Geister.
Welche geister rufen wir? Voraussetzungen und möglichkeiten einer theologie des Heiligen Geistes aus afrikanischer sicht. In: *Theologie und Glaube* 78 (1988), 242-260.

TRINDADE-SERRA, O.J.: Morte.
A morte africana no Brasil. In: OLIVEIRA, R.C. de (org.). *Anuário antropológico* 77. Rio de Janeiro 1978, 256-273.

UCLAF (org.): Botschaft.
Botschaft der Union der Lateinamerikanischen Provinzialenkonferenz (UCLAF) an alle Brüder in Lateinamerika (Lima, Peru, im Mai 1992). (Publicado pela Missionszentrale der Franziskaner. Bonn 1992).

VIVEIROS DE CASTRO CAVALCANTI, M.L.: Origens.
Origens, para que as quero? Questões para uma investigação sobre a Umbanda. In: *Religião e Sociedade* 13/2 (1986), 84-101.

VOGEL, A. et al.: Moeda.
A moeda dos orixás. In: *Religião e Sociedade* 14/2 (1987), 4-17.

WAGUA, A.: Folgen.
Heutige folgen der europäischen Invasion in Amerika. Aus der Sicht der Ureinwohner. In: *Concilium* 26 (1990), 477-483.

WALDENFELS, H.: Begegnung.
Begegnung der Religionen. Bonn 1990.

WALDENFELS, H.: Christentum.
Das Christentum im Gespräch mit den Religionen. In: *Korrespondenzblatt des Canisianums* 127 (1993/1994), 2-9.

WALDENFELS, H.: Dialog.
Zwischen Dialog und Protest. Religionstheologische Anmerkungen zu den Neuen Religiösen Bewegungen. In: *Stimmen der Zeit* 210 (1992), 183-198.

WALDENFELS, H.: Frömmigkeit.
Frömmigkeit jenseits der Kirche. Profile und Gestalten ausserchristlicher Spiritualität. In: RENDTORFF, T. (org.). *Charisma und Institution.* Gütersloh 1985, 145-159.

WALDENFELS, H.: Fundamentaltheologie.
Kontextuelle Fundamentaltheologie. 2. ed. Paderborn 1988.

WALDENFELS, H.: (org.): Lexikon.
Lexikon der Religionen. Freiburg 1987.

WALDENFELS, H.: Mission.
Mission und interreligiöser Dialog: Was steht auf dem spiel? In: *Zeitschrift für Missionswissenschaft und Religionswissenschaft* 73 (1989), 182-194.

WALDENFELS, H.: Nirvana.
Nirvana als Friede zwischen Hinkehr und Rückkehr. Zur Friedenskonzeption des Buddhismus. In: ZSIFKOVITS, V. (org.). *Religion – krieg – friede*. Viena 1991, 33-54.

WALDENFELS, H.: Phänomen.
Phänomen Christentum – Eine weltreligion in der welt der religionen. Freiburg 1994.

WALDENFELS, H.: Spiritualität.
"Spiritualität": Zur 'Wahrnehmung des Geistes' und zur 'Unterscheidung der Geister'. In: BÖHNKE, M.; HEINZ, H. (org.). *Im Gespräch mit dem Dreieinen Gott*. Elemente einer trinitarischen Theologie. F.S. für Wilhelm Breuning. Düsseldorf 1985, 376-398.

WEINGÄRTNER, L.: Umbanda.
Umbanda. Erlangen 1969.

WIEDENHOFER, S.: Vorüberlegungen.
Methodologische Vorüberlegungen zur theologischen Synkretismusrede. In: SILLER, H.P. (org.). *Suchbewegungen*. Darmstadt 1991, 150-173.

WULFHORST, I.: Espíritos.
Discernindo os espíritos – O desafio do espiritismo e da religiosidade afro-brasileira. São Leopoldo/Petrópolis 1989.

ZEHNER, J.: Dialog.
Der notwendige dialog. Die Weltreligionen in katholischer und evangelischer Sicht. Gütersloh 1992.

CULTURAL
Administração
Antropologia
Biografias
Comunicação
Dinâmicas e Jogos
Ecologia e Meio Ambiente
Educação e Pedagogia
Filosofia
História
Letras e Literatura
Obras de referência
Política
Psicologia
Saúde e Nutrição
Serviço Social e Trabalho
Sociologia

CATEQUÉTICO PASTORAL
Catequese
Geral
Crisma
Primeira Eucaristia

Pastoral
Geral
Sacramental
Familiar
Social
Ensino Religioso Escolar

TEOLÓGICO ESPIRITUAL
Biografias
Devocionários
Espiritualidade e Mística
Espiritualidade Mariana
Franciscanismo
Autoconhecimento
Liturgia
Obras de referência
Sagrada Escritura e Livros Apócrifos

Teologia
Bíblica
Histórica
Prática
Sistemática

REVISTAS
Concilium
Estudos Bíblicos
Grande Sinal
REB (Revista Eclesiástica Brasileira)

VOZES NOBILIS
Uma linha editorial especial, com importantes autores, alto valor agregado e qualidade superior.

PRODUTOS SAZONAIS
Folhinha do Sagrado Coração de Jesus
Calendário de mesa do Sagrado Coração de Jesus
Agenda do Sagrado Coração de Jesus
Almanaque Santo Antônio
Agendinha
Diário Vozes
Meditações para o dia a dia
Encontro diário com Deus
Guia Litúrgico

VOZES DE BOLSO
Obras clássicas de Ciências Humanas em formato de bolso.

CADASTRE-SE
www.vozes.com.br

EDITORA VOZES LTDA.
Rua Frei Luís, 100 – Centro – Cep 25689-900 – Petrópolis, RJ
Tel.: (24) 2233-9000 – Fax: (24) 2231-4676 – E-mail: vendas@vozes.com.br

UNIDADES NO BRASIL: Belo Horizonte, MG – Brasília, DF – Campinas, SP – Cuiabá, MT
Curitiba, PR – Fortaleza, CE – Goiânia, GO – Juiz de Fora, MG
Manaus, AM – Petrópolis, RJ – Porto Alegre, RS – Recife, PE – Rio de Janeiro, RJ
Salvador, BA – São Paulo, SP